高等学校"十一五"规划教材

计算机网络原理与技术

主　编　姚万生
副主编　张世龙
编　者　李　萌　田崇瑞
　　　　张　翼　李怀伟

哈尔滨工业大学出版社

内容简介

本书主要内容包括计算机网络概述，数据通信基础，计算机网络体系结构，局域网络，网络互连，互联网，内联网，网络设计与组网工程等内容，最后附有12个实验供基本网络操作训练。同时本书每章后都附有习题，帮助读者加深对内容的理解。

本书是计算机及非计算机专业教材，同时也是其他科技人员的参考书。

图书在版编目(CIP)数据

计算机网络原理与技术/姚万生主编.—哈尔滨：哈尔滨工业大学出版社，2007.9
　　ISBN 978-7-5603-2269-8

　　Ⅰ.计⋯　Ⅱ.姚⋯　Ⅲ.计算机网络－高等学校－教材
Ⅳ.TP393

中国版本图书馆 CIP 数据核字(2007)第 086532 号

责任编辑	张秀华
封面设计	卞秉利
出版发行	哈尔滨工业大学出版社
社　　址	哈尔滨市南岗区复华四道街10号　邮编　150006
传　　真	0451-86414749
网　　址	http://hitpress.hit.edu.cn
印　　刷	黑龙江省地质测绘印制中心印刷厂
开　　本	787mm×1092mm　1/16　印张 22　字数 505 千字
版　　次	2007年9月第1版　2007年9月第1次印刷
书　　号	ISBN 978-7-5603-2269-8
印　　数	1～4 000册
定　　价	26.00元

(如因印装质量问题影响阅读，我社负责调换)

前　言

21世纪是以数字化、网络化和信息化为特征的世纪，而它的基础是支持全社会信息交换的计算机网络。计算机网络是计算机科学与技术中发展最为迅速的技术之一，也是计算机应用中一个空前活跃的领域。

计算机网络是计算机技术与通信技术相结合，互相渗透而形成的一门学科，在过去的几十年里得到了迅速的发展并逐步形成体系。计算机网络为人们提供了一个理想的信息交换平台。它的飞速发展推动了人们交往方式的改变，缩小了人类信息交往的时空距离和文化及语言的差异，改变了人类的生存环境、生活方式和思维方式，对社会的进步产生了不可估量的影响。网络技术的发展和应用已成为影响一个国家和地区政治、经济、科学与文化发展的重要因素之一。

我国信息技术与信息产业的发展，需要大批掌握计算机网络与通信技术的人才。因此，网络技术已经成为大学生学习的一门重要课程，也是从事计算机应用与信息技术的研究、应用和专业技术人员应该掌握的重要知识。

计算机网络学科具有涉及面广、概念多、知识体系跨度大的特点。目前国内出版了很多的计算机网络方面的教科书和参考书，都各有自己的特点和精彩之处。考虑到计算机网络内容不断扩充，难于在一门课程中完全包含进去，我们把计算机网络分解为几门课程，以便于组织和理顺相关的内容，同时也能适应不同专业或专业方向读者对计算机网络知识的需要。

《计算机网络原理与技术》作为网络系列课程中的第一本教材，重点是对于网络基本原理、理论和技术的介绍。对将来从事计算机网络专业方向的学生，将通过网络系列中的其它课程的学习以加深网络方面的知识和能力。而对于一般软件和信息科学专业方向的学生，本书的内容已基本满足要求。

本书在编写过程中，参考并引用了一些书籍和文献资料的内容，参阅和引用的参考书已在参考文献中列出，本人在此对这些书籍的作者表示衷心的感谢。若有引用不当之处，诚请批评指正。

本书由三部分构成，第一部分为网络的基本概念、基本原理和理论，其中第1章讲述网络基本概念和基础知识；第2章讲述计算机网络中涉及的数据通信的知识和相关理论、技术；第3章是关于网络的体系结构，这是计算机网络的理论基础，网络的基本理论都包含在体系结构中。第二部分是有关网络技术，介绍了各种网络，全面了解各种网络技术，第4章介绍局域网的原理与技术；第5章是关于网络互连的方法和互连的方案；第6章讲述因特网的原理技术和应用；第7章介绍企业网的相关技术。第三部分是关于网络设计与组网工程，综合利用前面的理论知识来设计和组建实际网络。第 8 章介绍网络设计的方法、步骤、组网技术及相关网络设备。本书最后附有 12 个教学实验供教学过程中选作，以使学生得到一些基本的网络操作训练。

本书以计算机网络的基本理论为基础，介绍主要的网络技术，结合工程应用紧密，实用性强，为进一步学习和掌握网络新技术打下良好的基础。

参加本书编写工作的还有王成全、江歆南、郭俊凤、崔然、修建新、张磊等，全书由李萌协助编写整理。

本书在编写过程中得到王开铸、于之硕、王广召教授的指导和帮助，在此一并表示感谢。

由于计算机网络的内容极为广泛和我们的水平有限，书中不妥之处在所难免，敬请各位专家、读者批评指正，不胜感谢。

作　者

2006 年 2 月

目 录

第1章 计算机网络概述 ··· 1
1.1 计算机网络的产生和发展 ·· 1
1.2 计算机网络组成 ·· 6
1.3 计算机网络的定义和分类 ·· 9
1.4 网络拓扑结构 ·· 11
1.5 计算机网络的功能与应用 ··· 15
1.6 中国互联网的发展 ·· 16
1.7 计算机网络的标准制定机构 ·· 18
习题 1 ·· 19

第2章 数据通信基础 ·· 21
2.1 基本概念 ·· 21
2.2 数据通信 ·· 22
2.3 数据通信的理论基础 ··· 30
2.4 传输介质 ·· 34
2.5 通信方式 ·· 41
2.6 数据传输技术 ·· 44
2.7 数据编码技术 ·· 51
2.8 差错控制 ·· 55
习题 2 ·· 62

第3章 计算机网络体系结构 ··· 64
3.1 网络体系结构 ·· 64
3.2 OSI 分层结构概念 ·· 67
3.3 OSI 参考模型 ·· 71
3.4 物理层 ··· 76
3.5 数据链路层 ··· 80
3.6 网络层 ··· 99
3.7 传输层 ·· 113
3.8 高层 ··· 117
习题 3 ··· 125

第4章 局域网络 ··· 126
4.1 局域网络概述 ··· 126
4.2 介质访问控制方法 ··· 129
4.3 局域网络参考模型与标准 ·· 138
4.4 以太网络 ··· 143

4.5 高速局域网 ……………………………………………………………………149
4.6 快速以太网 ……………………………………………………………………150
4.7 1 Gbps 和 10 Gbps Ethernet ………………………………………………158
4.8 交换式局域网 …………………………………………………………………164
4.9 光纤分布数据接口 FDDI ……………………………………………………170
4.10 无线局域网 WLAN …………………………………………………………175
4.11 虚拟局域网 …………………………………………………………………183
习题 4 ………………………………………………………………………………188

第 5 章 网络互联

5.1 网络互联概述 …………………………………………………………………189
5.2 中继器（Repeater）……………………………………………………………193
5.3 网桥（Bridge）…………………………………………………………………195
5.4 路由器（Router）………………………………………………………………198
5.5 网关（Gateway）………………………………………………………………207
5.6 局域网络互联 …………………………………………………………………208
5.7 广域网互联 ……………………………………………………………………213
5.8 因特网的互联结构及网际互联协议 …………………………………………216
习题 5 ………………………………………………………………………………217

第 6 章 互联网 Internet

6.1 Internet 概述 …………………………………………………………………219
6.2 TCP/IP 协议 …………………………………………………………………222
6.3 网络接口层协议 ………………………………………………………………225
6.4 网络互联层协议 ………………………………………………………………227
6.5 传输控制层协议 ………………………………………………………………250
习题 6 ………………………………………………………………………………258

第 7 章 内联网 Intranet

7.1 Intranet 概念 …………………………………………………………………260
7.2 Intranet 基本组成 ……………………………………………………………261
7.3 Intranet 网络技术 ……………………………………………………………263
7.4 Intranet 的安全技术 …………………………………………………………265
7.5 网络计算 ………………………………………………………………………266
7.6 Internet 接入技术 ……………………………………………………………270
7.7 Internet 提供的服务 …………………………………………………………276
习题 7 ………………………………………………………………………………289

第 8 章 网络设计与组网工程

8.1 网络的规划与设计 ……………………………………………………………291
8.2 网络实现技术方案设计 ………………………………………………………297
8.3 网络系统与设备选型 …………………………………………………………306
8.4 结构化综合布线系统 …………………………………………………………316

  8.5 网络测试 …………………………………………………………………………321
  8.6 网络性能评价 ………………………………………………………………………323
  8.7 网络设计与组网工程举例——校园网建设 ……………………………………327
  习题 8 ………………………………………………………………………………………331
附录：实验指导书 …………………………………………………………………………………333
  实验一 网络通信线的制作和测试 ……………………………………………………333
  实验二 局域网络组网基础 ………………………………………………………………334
  实验三 对等网组网 ……………………………………………………………………335
  实验四 Windows 2000 Server 的安装 …………………………………………………335
  实验五 主从网络的配置 ………………………………………………………………336
  实验六 Windows 2000 Server 用户管理 …………………………………………………336
  实验七 文件共享和安全性 ……………………………………………………………337
  实验八 DHCP 的配置 …………………………………………………………………338
  实验九 DNS 的配置 ……………………………………………………………………339
  实验十 FTP 的配置和使用 ……………………………………………………………340
  实验十一 WWW 的配置和使用 …………………………………………………………340
  实验十二 E-mail 服务器的安装与配置 ……………………………………………………341
参 考 文 献 ………………………………………………………………………………………342

第1章 计算机网络概述

1.1 计算机网络的产生和发展

1.1.1 计算机网络的产生

世界上第一个真正的计算机网络是 1969 年建成的 ARPANET 网络。ARPANET（ADVANCED RESERCH PROJECTS AGENCY NET）是美国国防部高级研究计划局于 1968 年提出的,其目的是将若干大学、科研机构、公司的多台计算机互联,以达到资源共享。最初的网络只有 4 个节点,1971 年发展到 15 个节点,到 80 年代已扩展到 100 多个,范围从美国本土扩展到欧洲和日本,是目前 Internet 的前身。

ARPANET 是计算机网络发展史上的一个里程碑,标志着以资源共享为目的的现代计算机网络的诞生。它对计算机网络技术的贡献主要表现在以下几个方面:
- 提出并实现了分组交换的数据交换方式;
- 采用了层次化的网络体系结构模型;
- 提出了通信子网和资源子网两级子网的概念,等等。

ARPANET 网络推动了计算机网络的发展,随后出现的许多网络都是遵从它的构想而实现的。计算机网络的出现反过来又影响了计算机体系结构。主要表现在:
- 从过去的传统的大型计算机系统走向分布式系统;
- 数据处理和数据通信技术进一步结合;
- 数据、语音和图像综合处理;
- 单机、多机系统,局域网、远程网之间的界限越来越模糊。

1.1.2 计算机网络的发展过程

计算机网络源于计算机与通信技术的结合,自 ARPANET 网络问世至今,网络技术得到迅猛的发展。从单机与终端之间的远程通信,到今天世界上成千上万台计算机互联,计算机网络的发展经历了几个阶段。

1. 以单计算机为中心的联机数据通信系统

以单计算机为中心的联机数据通信系统,如图 1.1 所示,称为第一代网络。

图 1.1 面向终端的联机数据通信系统

第一代网络是面向终端的数据通信系统。在计算机上设置了一个通信装置,使主机具有了通信功能,产生了具有通信功能的单机系统。它与过去的单机系统相比:

- 面向终端的联机数据通信系统是一种计算机通信系统,提高了计算机系统的工作效率和服务能力。
- 促进了计算机系统和通信技术的发展和结合。

联机终端网络和多处理机网络相比具有如下缺点:

(1)主机负荷较重,既要承担通信工作又要承担数据处理,使主机的处理效率降低。

(2)通信线路的利用率低,尤其是在远距离时,分散的终端都要单独占用一条通信线路,费用高。

(3)这种结构属于集中方式,可靠性低。

为了克服上面的缺点,使用了多种通信线路、集中器及前端处理机,如图1.2所示。

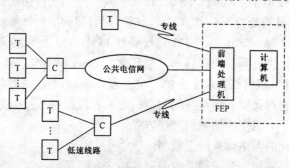

图1.2 面向终端数据通信的多机网络

- 在主机之前设置了一个前端处理机,专门承担主机与终端之间的通信任务。
- 在终端集中的地方设置一台集中器C,通过低速线路与终端连接,而在集中器与前端处理机之间采用公共通信网或高速专用线路。

面向终端的数据通信网络最早应用于民用方面,如20世纪60年代投入使用的美国飞机订票系统SABRE-1。这个系统有一台中央计算机与全美范围内的2 000多个终端组成。这些终端采用多点线路与中央计算机相连。美国通用电气公司的信息服务系统(GE.Information System)是世界上最大的商用数据处理网络,其地理范围从美国本土延伸到欧洲、大洋洲和日本。该系统于1968年投入运行,具有交互式处理和批处理能力。网络配置为分层星形结构:各终端设备连接到分布于世界上23个地点的75个远程集中器;远程集中器分别连接到16个中央集中器,各主计算机也连接到中央集中器;中央集中器经过56 kbps线路连接到交换机。

2. 计算机-计算机网络

从20世纪60年代到70年代中期,随着计算机技术和通信技术的进步,将多个主机(Host)连接在一起,形成了计算机-计算机网络。利用通信线路将多个计算机连接起来,为用户提供服务。第一种形式是通过通信线路将主计算机连接起来,主机既承担数据处理又承担数据为通信工作,如图1.3所示。

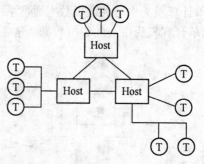

图1.3 计算机-计算机网络

第二种形式是把通信任务从主机分离出来，设置通信控制处理机(communication control processor, CCP)，主机间的通信通过CCP的中继功能间接进行。由CCP组成的传输网络称通信子网，如图1.4所示。

通信控制处理机负责网上各主机间的通信控制和通信处理，他们组成的通信子网是网络的内层，是网络的重要组成部分。网上主机负责数据处理，是计算机网络资源的拥有者；它们组成了网络的资源子网，是网络的外层。

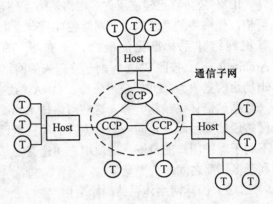

图1.4 具有通信子网的计算机网络

通信子网与资源子网的关系是：前者为资源子网提供信息传输服务，资源子网用户间的通信是建立在通信子网的基础上。没有通信子网，网络不能工作；没有资源子网，网络不能向用户提供软硬件资源；通信子网的作用也就失去了意义，两者结合起来形成了统一的资源共享的完整网络。将通信子网的规模进一步扩大，使之成为社会公用的数据通信网，如图1.5所示。广域网络，特别是国际级的计算机网络大都采用这种形式。这种形式网络允许异种机入网，兼容性好，通信线路利用率高，是计算机网络概念最全、设备最多的一种形式。

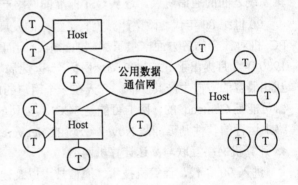

图1.5 具有公共数据通信网的计算机网络

现代意义上的计算机-计算机网络是从1969年美国建立的ARPANET实验网开始。它在资源共享、分散控制、分组交换采用专门的通信处理机、分层网络协议等方面表现了现代计算机网络的典型特征，也为以后网络技术的发展在理论和实现技术上打下了很好的基础。类似的其它国家网络还有20世纪70年代英国国家物理实验室NPL网络（主机12台，80个终端），法国信息与自动化研究所（IRIA）的CYCLADES分布式数据处理网络（1975），加拿大的DATAPAC公用分组交换网（1976）等。

3. 网络迅速发展与结构标准化

经过20世纪60年代和70年代前期的发展，特别是由于PC机的出现及大量应用，促进了局域网络的迅速发展。对于组网的技术、方法和理论的研究日趋成熟。为了促进网络产品的开发，各大计算机公司纷纷制定自己的网络技术标准，最终促成国际标准的制定。遵循网络体系结构标准建成的网络成为第三代网络。依据标准化水平和发展过程可以分为两个阶段。

（1）各计算机制造厂商网络结构标准化

IBM 公司自己建立了许多网络，为了使自己公司制造的计算机易于联网，并有标准可依，使网络的系统软件、网络硬件具有通用性，1974 年在世界上首先提出了完整的计算机网络体系标准化的概念，宣布了 SNA 标准系统网络结构（System Network Architecture）。按照 SNA 标准建立起来的网络称为 SNA 网。为了增强计算机产品在世界市场上的竞争力，DEC 公司公布了 DNA（数字网络系统结构），Univac 公司公布了 DCA（数据通信体系结构）等。这些网络技术标准只是在一个公司范围内有效，能够互联的网络通信产品，只是同一公司生产的同构型设备。网络通信市场上这种各自为政的状况不利于保护用户的投资，也使用户在建网上从网络设计到选择网络产品无所适从，也不利于多厂商之间的公平竞争。

（2）国际网络体系结构标准化

1977 年国际标准化组织（ISO）为适应网络向标准化发展的需要，成立了 TC97（计算机与信息处理标准化委员会）下属的 SC16（开放系统互联分支委员会），在研究、吸收各种已存在的网络体系结构标准化经验的基础上，开始着手制定"开放系统互连参考模型"（Open System Interconnection, OSI）。作为国际标准，OSI 规定了可以互联的计算机系统之间的通信协议，遵从 OSI 标准的网络产品都被称之为开放系统。

20 世纪 80 年代，微型计算机有了很大的发展。这种更适合办公室环境和家庭使用的 PC 机对社会的各方面产生了深刻的影响，因而局域网络的技术也得到了相应的发展。1980 年 2 月提出了 IEEE802 局域网标准。因此局域网络生产厂商从一开始就按照标准化、互相兼容的方向生产其产品。今天在一个用户的局域网中，工作站可能是 IBM 的，服务器可能是 Compaq 的，网卡可能是 3COM 公司的，集线器也可能是 DEC 公司的，而网络上运行的软件则可能是 Novell 公司的 Netware 或是 Microsoft 公司的 Windows NT。

4. 计算机网络互联与高速计算机网络

进入 90 年代，计算机技术、通信技术以及建立在互联计算机网络技术基础上的计算机网络技术得到了迅猛的发展。特别是 1993 年美国宣布建立国家信息基础设施（National Information Infrastructure, NII）后，全世界许多国家纷纷制定和建立本国的 NII，从而极大地推动了计算机网络技术的发展，使计算机网络进入了一个崭新的阶段，这就是计算机网络互联与高速网络阶段。目前，全球的以 Internet 为核心的高速计算机互联网络已经形成，Internet 已经成为人类最重要的、最大的知识宝库。网络互联和高速计算机网络就成为第四代计算机网络。

目前，计算机网络的发展正处于第四代，这一阶段 Internet 被广泛应用，高速网络技术和网络计算技术迅速发展。

Internet 是全球最大和最具影响力的计算机互联网，也是世界范围的信息资源宝库。Internet 是通过路由器实现多个广域网和局域网互联的大型网际网，它对推动世界科学、文化、经济和社会的发展有不可估量的作用。如果用户将自己的计算机联入 Internet，便可以在这个信息宝库中漫游。

20 世纪 90 年代，世界经济的发展推动着信息产业的发展，信息技术与网络的应用已成为衡量 21 世纪综合国力与企业竞争力的重要标准。NII 被形容为信息高速公路。美国这一计划触动了世界各国，人们开始认识到信息产业将对各国经济发展产生的重要作用。

很多国家开始制定各自的信息高速公路计划,1995年2月,全球信息基础委员会(Global Information Infrastructure Committee, GIIC)成立,以推动与协调各国信息技术与信息服务的发展与应用。

一般认为,国家信息基础设施NII主要由以下几部分组成:

(1) 通信网络
- 互联网、公用网和专用网互操作;
- 有公共的技术标准;
- 通信速率从低速到高速;
- 传递的是多媒体信息;
- 具有各种服务机制,如电子汇款、数字签名。

(2) 计算机
- 常驻在网上的高性能计算机;
- 功能强的个人计算机、工作站;
- 网上分布式计算应用。

(3) 信息
- 公共和专用数据库、数字图书馆;
- 提供各种信息服务和目录服务。

(4) 人
- 各种背景的应用人员和用户;
- 专门人才,开发应用服务,生成信息。

NII的层次结构可以划分为以下四层:

① 传输层次:负责信息的传输,是基础层次。
- 以光纤为主体的高速度、大容量、宽频带的传输干线;
- 辅助的电缆、卫星通信、移动通信等多媒体;
- 多种接入的传输手段。

② 网络层次:交换信息,控制、调度和管理网络,以提高通信效率。以ATM(异步转移模式)为主体的交换设施和智能化的监控、调度和管理网络系统将是其中的主要组成部分。

③ 终端系统:包括用于电信方面的电话、传真、计算机、终端和用于声像类的有线电视、可视图文为主体的声、图设备。合成统一的多媒体接口。

④ 信息服务:提供电话、传真、电子邮件、信息查询、资源共享、分布计算、可视电话、电视会议、交互式电视节目点播等服务。

在Internet飞速发展与广泛应用的同时,高速网络的发展也引起人们越来越多的注意。高速网络技术发展主要表现在:宽带综合业务数字网B-ISDN,异步传输模式ATM,高速局域网,交换局域网与虚拟网络。目前传输速率为100 Mbps,1 Gbps的Fast Ethernet, Gigabit Ethernet网络。同时交换式LAN、虚拟LAN技术发展迅速。基于光纤通信技术的宽带城域网与宽带接入网技术已成为当前研究、应用于产业发展的热点问题。

1.1.3 计算机网络未来的发展

未来的计算机网络将覆盖所有的企业、学校、科研部门、政府及家庭。为了支持各种信息的传输、网上电话、视频会议等应用，对网络传输的实时性要求很高，未来的网络必须具有足够的带宽、很好的服务质量与完善的安全机制，以满足电子政务、电子商务、远程教育、远程医疗、分布式计算、数字图书馆与视频点播等不同应用的需求。

为了有效地保护金融、贸易等商业秘密，保护政府机要信息和个人隐私，网络必须具有足够的安全机制，以防止信息被非法窃取、破坏和损失。因此，随着社会生活对网络技术与基于网络的信息系统依赖程度的提高，人们对网络与信息安全的需求就越来越强烈。所以网络与信息安全的研究、应用引起了社会的高度重视。

综合几年来计算机网络的发展，计算机网络的技术变革表现在以下方面：
- 从模拟信号到数字信号；
- 从传统的半导体器件到微处理器；
- 从主机系统到客户/服务器（C/S）结构和浏览器/服务器（B/S）结构；
- 网络带宽容量从窄带到宽带；
- 信息的形式从数据文本到多媒体。

20 世纪末和 21 世纪初，计算机网络的发展表现为以下特征：

（1）从模拟传输走向数字传输，综合业务服务数字网（ISDN）将有大的发展。
（2）宽带网在办公自动化及生活领域的应用将日益广泛。
（3）数以百万计的设备入网，将形成多层次网络和网络地址。
（4）网络支持大量的、形式多样的智能工作站和终端，多窗口工作，同时接收几个网络服务。
（5）网内和网间的信息交换及合作广泛实现，局域网、广域网、ISDN，各种形式的网间接口及传输速率，网络互联的标准将得到很好的解决。
（6）网络的标准化将进一步完善。
（7）网络的访问、服务、管理进一步完善，网络的安全与保密进一步加强；网络的可用性将大大提高。

计算机网络的发展及与几个相关技术的关系，可由图 1.6 表示。

1.2 计算机网络组成

如图 1.7 所示，计算机网络从结构上分成两部分：一是负责数据处理、向网络用户提供各种网络资源和网络服务的用户子网，二是负责数据转发的通信子网。

1.2.1 用户子网（资源子网）

"用户子网"又称资源子网，主要有资源节点和部分转接节点构成的本地网络系统，它是用户资源配置与管理、数据处理和操作应用的环境。在通信上，它为用户设备提供接入通信子网的服务能力。该子网主要有三类设备：主机 H、网络接入控制设备 C 和终端设备 T。

（1）主机 H：指端节点上的计算机系统，是拥有各类资源（如处理机、数据、软件等资源），担负数据处理任务的计算机系统（单机或多机系统）。它由数据处理主机和通信控制装置（通常称为通信控制器、通信处理机、通信接口或网络适配器等）两部分组成。主机可由通信控制装置通过一条通信链路直接连接到通信子网的一个节点上，但多数是经由本地网络接入通信子网。

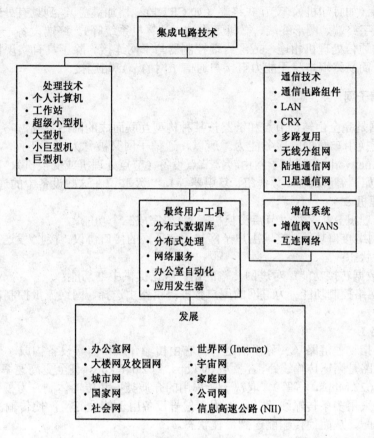

图 1.6 网络发展及相关技术

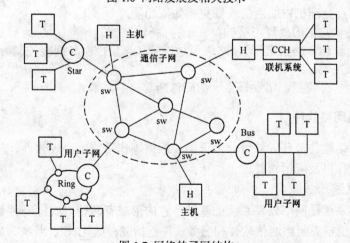

图 1.7 网络的子网结构

（2）网络接入控制设备 C：是指构成本地网络并将该网络接入到通信子网去的各种设备，包括集线器、交换器、路由器、桥接器等。这些设备将一群本地设备完成本地组网，提供数据集中和连接到通信子网的功能，这样就不必要求每一个端点设备都有一条链路与子网连接，减少了通信线路，降低通信费用。

（3）终端设备 T：是用户进行网络操作时所使用的末端设备，它的种类很多，从最简单的终端（如打印机）、交互式终端（如 CRT 监视器加键盘），到具有处理能力的智能终端（如汉字终端、图形终端、微机工作站、计算机系统等）。终端设备一般可以直接与通信子网的通信处理机相连，或经终端控制器与子网连接。除了具有实现协议能力的智能终端外，简易终端本身无能力直接与通信子网的节点相连接。

1.2.2 通信子网

通信子网是完全由转接节点和链路按某种构型互联而成的网络系统，它为用户子网提供传输和交换用户数据的服务能力。所以，通信子网又被称为"主干网"或"骨架网"（backbone network）。通信子网由转接节点设备（节点处理机或交换机）、高速传输链路及其设备（如调制解调器、数传机、复用器等），以及驻留在这些设备中的通信软件组成。

1. 节点处理机 SW

节点处理机 SW 又称"节点交换机"，主要完成三个功能。

（1）网络接口功能：实现用户子网与通信子网的接口协议，接收/发送用户数据，监督数据传输状态；

（2）数据转接功能：对进网传输的用户数据提供中继功能；

（3）网络控制功能：为进网的用户数据提供路由选择、网络流量控制以及对网络状态的监控等。

2. 传输链路 L

这里是指物理链路（又称"信道"），它由传输介质和信号设备构成。一般地，通信子网中的链路是高速传输线路，容量从 64 kbps 到 2 048 kbps，甚至更高速率（如 45 Mbps，155 Mbps，622 Mbps，等等），取决于所采用的介质类型和传输体制。为了可靠起见，有些链路可以采用多条传输线路并行运用。信号设备用于信号变换，使传输波形与信道物理特性相匹配，从而使传输能达到最佳状态。

3. 通信软件

驻留在节点处理机中的通信软件完成如下功能：

（1）对传输数据的处理与缓冲，实施存储-转发控制。

（2）通路管理（路由选择），网络流量控制（流量控制和拥塞控制）。

（3）差错控制。

（4）网络状态监视、错误报告、故障诊断等。

1.2.3 计算机网络软件

计算机网络软件部分大致可分为五类：网络操作系统、协议软件、网络管理软件、交换及路由软件以及应用软件。

1. 网络操作系统

网络操作系统是网络软件系统的基础。它的形成有两种方式：一种是在原来分时操作系统的基础上扩充网络通信软件和服务软件而构成，如 UNIX 系统。另一种是以全新的方式构成网络操作系统，从而使网络软件有更高的效率，如 Windows NT 系统。

2. 协议软件

协议软件是计算机网络中各部分之间通信所必须遵守的规则的集合，它定义了通信交换信息的顺序、格式和语法。协议软件是计算机网络软件中最重要、最核心的部分。计算机网络的体系结构都是由协议决定的，而且网络管理软件、交换与路由软件以及应用软件等都要通过协议软件才能发生作用。

3. 管理软件

管理软件管理计算机网络的用户与网络的接入、认证，计算机网络的安全以及网络运行状态和负责计费等工作。

4. 交换与路由软件

交换与路由软件负责为通信各部分之间建立和维护传输信息所需的路径。

5. 应用软件

应用软件是计算机网络通过应用软件为用户提供网络服务，即信息资源的传输和共享。应用软件分为两类：

（1）一类是由网络软件厂商开发的通用应用软件工具，包括电子邮件、Web 服务器及相应的浏览搜索工具等。例如，使用电子邮件软件传输信息，使用网络浏览器查询服务器上的各类信息等。

（2）另一类应用软件则是依赖于不同的用户业务，例如网络上的商业、金融、电信管理、制造厂分布式的控制与操作方面的软件。与操作系统为开发用户程序提供系统调用功能一样，计算机网络为这类应用软件的开发提供相应的结构和服务。人们常把这一类应用软件的开发与网络建设一起称为系统集成（system integration）或系统整体解决方案，它包括解决出错问题、传输网络的资源管理问题、通信地址问题、文件格式问题等。解决这些问题需要互相通信的计算机之间以及计算机与通信网之间进行频繁的协调。与其它计算机软件一样，这些协调以及信息发送和接收可以用各种不同的设计方法来实现。

1.3 计算机网络的定义和分类

1.3.1 计算机网络定义

对于计算机网络（computer networks）在不同阶段或从不同的观点有多种不同的定义，但其基本意义相差不多。比较广泛使用的定义是把计算机网络定义为：利用通信线路和设备将分布在不同地理位置的功能独立的多台计算机连接起来，以功能完善的网络软件（网络通信协议和 NOS）实现网络中的资源共享和信息传送。

1.3.2 计算机网络分类

由于计算机网络的广泛使用，目前有各种形式的计算机网络，对网络的分类方法也很多。从不同的角度观察网络，划分网络，有利于全面了解网络系统的各种特性。

1. 按距离划分

按网络的作用范围可将网络划分为以下几种：

（1）广域网（远程网）（wide area networks, WAN）。广域网的作用范围一般为几十到几千公里。

(2) 局域网 (local area network, LAN)。局域网的作用范围通常为几米到十几公里。

(3) 城域网 (metroplitan area network, MAN)。城域网的作用范围介于 WAN 与 LAN 之间，其运行方式与 LAN 相似。

2. 按通信介质划分

根据通信介质的不同，网络可以划分为以下两种：

(1) 有线网：采用如同轴电缆、双绞线、光纤等物理介质来传输数据的网络。

(2) 无线网：采用卫星、微波等无线形式来传输数据的网络。

3. 按通信传播方式划分

根据通信传播方式的不同，将网络划分为以下几种：

(1) 点对点传播方式网络：这种网络是以点对点的连接方式，把各个计算机连接起来。其主要的拓扑结构有：星形、树形、环形、网状。

(2) 广播式传播方式网：这种网络使用一个公共的传播介质，把整个计算机连接起来。主要的网络构形有：以同轴电缆连接起来的总线形网；以微波、卫星方式传播的广播形网。

4. 按通信速率划分

根据通信速率的不同，将网络划分为以下几种：

(1) 低速网：网上数据传输速率在 300 bps～1.4 Mbps 之间的系统。这种系统通常是借助调制解调器利用电话网来实现的。

(2) 中速网：网上数据传输在 1.5 Mbps～45 Mbps 之间的系统。这种系统主要是传统的数字式公用数据网。

(3) 高速网：网上传输速率在 50 Mbps～750 Mbps 或 1 000 Mbps 之间的系统。作为骨干网的信息高速公路，其传输速率会更高。

5. 按使用范围划分

根据使用范围的不同，将网络划分为以下几种：

(1) 公用网：公用网又称为公众网，是为全社会所有的人提供服务的网络。

(2) 专用网：专用网为一个或几个部门所拥有，只为拥有者提供服务。

6. 按网络控制方式划分

按网络所采用的控制方式，可把计算机网络分为集中式和分布式两种网络。

(1) 集中式计算机网络：这种网络处理的控制功能高度集中在一个或少数几个节点上，这些节点是网络处理的控制中心，而其余的节点则只有较少的处理控制功能。星形网络和树形网络是典型的集中式网络。

(2) 分布式计算机网络：在这种网络中，不存在一个处理的控制中心，网络中的各个节点均以平等地位互相协调工作和交换信息，并可共同完成一个大型任务。分组交换网，网状形网络都属于分布式网络。这种网络具有信息处理的分布性、高可靠性、可扩充性及灵活性等一系列优点。目前的大多数广域网中的主干网，便是采用分布式的控制方式，并采用较高的通信速率，以提高网络性能。

7. 按网络环境划分

按网络环境的不同，可把计算机网络分成部门网络、企业网络和校园网络三种。

（1）部门网络（departmental network）：部门网络是局限于一个部门的 LAN，这种网络通常有几个至 20 个工作站，1～2 个服务器以及可共享的打印机等组成。在大型企业和校园网中，通常包括多个部门网络，它们通过网桥/路由器或其它方式互联。部门网络中的信息流仍主要局限于部门内部流动，约占 80%，只有少量，约占 20%的信息越出了部门网络而到其它网络中进行远程资源访问。

（2）企业网络（enterprise network）：这是在一个企业中配置的、能覆盖整个企业的计算机网络。一个大型企业网包括若干个地理上分散的子公司式分布。中等规模的企业网络通常有两级网络组成，其底层是分布在各个部门的部门网络，而高层则是用于互联这些部门网络的主干网。主干网通常都具有较高的速率，如 100 Mbps，并挂有中、小型机作为整个企业的数据库服务器，存储整个企业的数据。

（3）校园网（campus network）：指在学校中配置的覆盖整个学校的计算机网络，通常在一个大学的院、系都配置了部门 LAN，他们分散在各个大楼中，网络中心通过骨干网络互连成统一的校园网。

8. 按拓扑结构划分

按照网络的拓扑结构，可以划分为 5 种，即星形网络、树形网络、总线型网络、环形网络、点-点形网络。网络具体特点将在拓扑结构一节叙述。

1.4 网络拓扑结构

1.4.1 拓扑结构概念

在计算机网络中，用拓扑系统方法来研究计算机网络的结构。拓扑（topology）是从图论演变而来的，是一种研究与大小形状无关的点、线、面特点的方法。在计算机网络中抛开网络中的具体设备，把工作站、服务器等网络设备抽象为点，把电缆线等通信介质抽象为"线"，这样从拓扑学看计算机和网络系统就形成了点和线组成的几何图形，从而抽象出了网络系统的具体结构，称这种采用拓扑学方法抽象的网络结构为计算机网络的拓扑结构。

拓扑结构定义：是指计算机网络中的通信线路和节点间的几何排序，并用以表示整个网络的整体结构外貌，也反映了各模块之间的结构关系。网络拓扑结构影响着整个网络设计、功能、可靠性和通信费用等重要方面。

网络的拓扑结构可以用类似于图的表示方法进行描述，如图 1.8 所示为一种用图来表示的网络结构。一个网络由一些节点及连接这些节点的传输链路组成，即

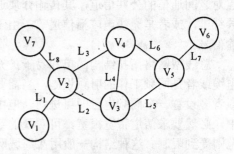

图 1.8 网络中的节点和链路

$$\text{网络} = \{\text{节点，链路}\}$$

或者为

$$N = \{V, L\}$$

其中 V 表示节点集合，L 表示链路集合。

对于图 1.8 可以写成

$$V = \{V_1, V_2, \cdots, V_7\}$$
$$L = \{L_1, L_2, \cdots, L_8\}$$

（1）节点（node）

网络中的节点可分为两类：端节点和转接节点。端节点是指自身拥有计算机资源的用户设备，如用户主机或用户终端等，端节点往往是网络中的资源节点。同时端节点又是网络信息流的源节点和宿节点。在图 1.8 中，V_1, V_6, V_7 都属于网络的端节点。

转接节点是指那些支持网络连通性并在网络中对数据起转接与交换作用的节点，因此它拥有通信资源。通信网中的集中器、节点处理机（交换机）、终端控制器、路由控制器、桥接器、集线器等都可以看做是转接节点。图 1.8 中的 V_2, V_3, V_4, V_5 都属于转接节点。

（2）链路（link）

链路是支持网络图的连通性而连接两个节点的连线，图 1.8 中的 $L_1 \sim L_8$ 都是链路。在网络中，链路是指两个节点间数据流的传输线路（信道），可用各种介质实现，如电话线、双绞线、同轴电缆、光纤以及无线电路、微波中继器线路、卫星线路等。一条链路在单位时间内可以传输的最大数据量称为链路容量。

在网络图中还经常用到"通路"的概念。通路（path）是指从一个源点到宿点所经过的一串节点和链路的有序集。在实际的通信网中，通路就是从某一个源端点，经过若干链路和转接节点到达某一个宿端点所建立起来的一条线路，称为"端到端通路"。如图 1.8 中的有序集 $\{V_1, L_1, V_2, L_3, V_4, L_6, V_5, L_7, V_6\}$ 就是一条端-端通路。

1.4.2 拓扑结构形式及其特点

从网络拓扑结构形式上区分，可以划分 5 类网络构型。图 1.9 中给出了这 5 类网络构型的拓扑图。下面简要地说明各类网络拓扑的基本特点。

1. 总线网络（bus）

如图 1.9（a）所示，网络的各个节点都挂接在一条公共总线上。这条总线是任意节点对之间通信的公共信道，其传输介质通常是具有足够带宽的双绞电缆、同轴电缆、光导纤维，或者是无线电广播信道等。由于是公共总线，往往采用广播方式或复用方式传输信号。

总线型网络拓扑结构简单和易于扩充是其主要特点。整个网络的通信信道只是一根电缆或者是同频工作的射频设施，当需要增加节点时，只需在总线上增加一个分支接头或者多设置一个同频电台即可进网。但由于所有网络业务都归入到一条公共信道的频带中，必然要求信道带宽很宽，可实现的数据速率很高。因此，总线的长度和网络覆盖的范围受到限制。这种结构一般用在局域网络中。

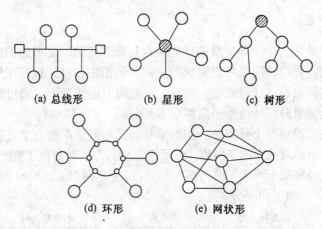

图 1.9 网络拓扑类型

2. 星形和树形网络（star and tree）

星形是树形的特例，可近似地归为同一类，要求有一个中心（或根）节点，而且是通信子网中唯一的转接节点。所有端点都有各自的专用线路接入中心节点，形成辐射型网络构型。这样，虽然在访问接入及通路管理方面极其简便，但信道的利用率却极不充分。而且，拓扑本身的中心化特征就决定了这种构型的网络控制往往是集中式，整个网络的工作受它的集中控制。例如，以主机系统为核心的面向终端的数据网络一般是星形结构，主机即为网络的中心节点，网络的全部操作都服从于中心主机的控制。又如电话交换机、以太网交换机、ATM 交换机等设备为核心的网络，也是星形或树形结构，交换机即是中心节点。

星形网络具有结构简单、易于建网、易于管理等特点，但网络通信成本高、通信资源利用率低。中心节点的故障会直接造成整个网络的瘫痪。当然，这个缺点也可以通过某种方法克服。

3. 环形网络（ring）

如图 1.9（d）所示，网络链路连接成环状构型，网络数据流在公共环路内单方向流通。如果要实现双向数据流通，必须使用双向结构。

环形网络与其它构型网络比较，具有两个突出的特点：

（1）环路上的数据流必须单向流动（除非使用复式链路构成双环），所以每个环接口部件必须是有源的，以保障对数据流的单向转发。

（2）任意节点发送的数据都将串行地穿过每个环接口部件，两节点间的链路连接是数据的唯一通路。

以上两个特点使环路的健壮性成为影响网络可靠性的重要因素，而且也导致环形网络工作模式具有许多独特之处。

4. 网状网络（mesh）

如图 1.9（e）所示，网状形网络构型中，网络中的任一节点一般都至少有两条以上链路与其它节点相连。网络中没有中心节点，数据也没有固定的流向。所以，这种网络的控制采用分布式，又称分布式网络。网状形网络有许多特殊问题需要研究，如拓扑优化，路径选择，拥塞控制等。网状形网络是大型网络的基本构型。

1.4.3 网络拓扑设计

网络拓扑设计是一个十分复杂的优化规划与计算问题，要考虑的因素很多。一般只在广域网络规划设计时，可以考虑对它的应用。所谓拓扑设计是指在给定计算机和终端位置及保证一定网络性能（可靠性、时延、吞吐量）的情况下，通过选择合适的通路、线路的容量以及流量分配，使整个网络成本最低。

目前尚无法获得对整个网络拓扑图的最佳解，一般采用的方法是将整个网络的拓扑设计划分为若干个相对独立的子网络，然后用近似的方法对简化了的子网进行优化求解。比较常用的方法是将整个网络划分为两大部分，即主干网（backbone）和本地接入网（local access network），如图 1.10 所示。

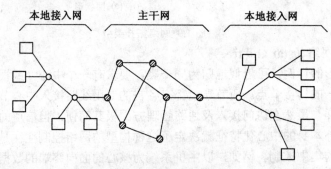

图 1.10 网络图的划分

主干网也称骨干网，是整个网络的躯干部分，即是指通信子网，一般是分布式的数据传输与交换网络结构。本地接入网也可认为是用户子网，它是由资源节点构成，主要提供用户设备接入主干网的服务。

主干网的主要设计问题涉及：主干网的构型设计及链路容量和流量的分配。而本地接入网的主要设计问题涉及：集中器位置的选定、用户设备或用户子网与集中器的连接设计，以及每个用户子网内用户设备的配置与连接设计等。主干网和本地接入网的上述设计问题通常又会相互关联互相影响，结果使整个网络拓扑结构设计过程非常复杂。对主干网和接入网分别进行设计之后，还可能根据初步的设计结果进行调整。

对于更复杂的网络，可以将网络划分为更多层次的结构，其拓扑设计原则一般是自上而下的。比较完整的网络拓扑结构设计大致分为以下三个步骤：

（1）问题定义：包括确定要求最优化的决策变量，确定决策变量的约束条件以及确定目标函数。

（2）建立模型：这是从现实的问题中抽象出一种求解的数学模型或模拟模型，建立决策变量以及约束条件的数学表达式。

（3）理论分析或计算机模拟：达到最优化或得到次最佳解，在理论分析时使用的工具有优化理论、整体规划、图论或排队论。

由于网络拓扑设计问题最佳解的算法一般都很复杂，而且算法的复杂性又与问题大小的指数成正比，因此在许多情况下只好寻找一种启发式算法或多项式算法，以简化计算过程。在网络拓扑设计中经常遇到的制约因素是可靠性、时延、吞吐量和费用，由于通信网络一般耗资都很大，因此费用成为网络拓扑设计中的十分重要的制约因素。

1.5 计算机网络的功能与应用

1.5.1 网络功能

以资源共享为主要目的的计算机网络,应具有以下几方面的功能。

1. 数据通信

该功能用于实现计算机与终端、计算机与计算机之间的数据传输,这是计算机网络的最基本功能,也是实现其它几项功能的基础。电子邮件已为世人广泛接受,网上电话,视频会议等各种通信方式正在迅速发展。

2. 资源共享

计算机网络的主要目的是共享资源,计算机在广大地域范围联网后,资源子网中各主机的资源原理上都可共享,突破了地域范围的限制。

计算机网络中的资源可分成三大类,即软件资源、硬件资源和数据资源。相应的资源共享也分为以下三类:

(1) 数据共享:数据共享包括各种数据文件、各种数据库等。随着信息时代的到来,数据资源的重要性也越来越大,共享数据资源也是计算机网络的重要目的。现代的计算机网络已把网络中是否设置了大型数据库及设置了什么样的数据库作为衡量计算机网络水平的重要标志之一。

(2) 软件共享:包括各种语言处理程序、服务程序和各种应用程序等。

(3) 硬件共享:共享资源有超大型存储器、特殊的外部设备以及大型、巨型机的CPU处理能力等,共享硬件资源是共享其它资源的基础。

3. 提高可靠性

计算机网络一般都是采用分布式控制方式,如果有单个部件或少量计算机失效,由于相同的资源可以分布在不同地方的计算机上,这样,网络可通过不同路由来访问这些资源,不影响用户对这类资源的访问。

4. 分布式数据处理和分布式数据库

由于计算机价格下降,在计算机网络内计算机和通信装置的价格也发生了显著的变化,所以在获得数据和需要进行数据处理的地方都可以设置计算机,把数据处理的功能分散到各个计算机上,并可以利用网络环境来实现分布处理和建立性能优良、可靠性高的分布式数据库系统。

1.5.2 计算机网络应用

计算机网络应用涉及社会生活的各个方面,对人们经济和文化生活影响最大的应用列举如下。

(1) 办公自动化:网络化办公系统的主要功能是实现信息共享和公文流转。其功能包括领导办公、电子签名、公文处理、日程安排、会议管理、档案管理、信息发布、全文检索等,解决各种类型的无纸化办公问题。对办公自动化系统的要求是:简单、可靠、安全、易用、容易安装和通用。在目前大力推广政府上网、企业上网的情况下办公软件具有越来越广阔的应用前景。

　　(2) 电子数据交换：电子数据交换（electronic data interchange，EDI）是一种新型的电子贸易工具，是计算机通信和现代管理技术相结合的产物。它通过计算机网络将贸易、运输、保险、银行和海关等行业信息表示为国际公认的标准格式，实现公司之间的数据交换和处理，并完成以贸易为中心的整个交易过程。由于使用 EDI 可以减少甚至消除贸易过程中的纸质文件，因此又被称为"无纸贸易"。EDI 传输的文件具有跟踪、确认、防篡改、防冒领功能等，具有一系列安全保密功能。中国公用电子数据交换业务网（CHINAEDI）是面向社会各行业开放的公用 EDI 网络，可作为专用 EDI 网的公共转换和交换中心。CHINAEDI 应用范围涉及电子报关、电子报税、银行托收、港口集装箱运输和铁路货运，以及制造业和商业订单的处理等。用户可以通过各种公用网络接入 CHINAEDI。

　　(3) 远程教育：远程网络教学是利用因特网技术与教育资源相结合，在计算机网络上运行的教学方式。网络远程教育的优势在于可以使有限的教育资源成为几乎无限的、不受时空和资金控制的、人人可以享受的全民教育资源。网络教学利用现代通信技术实施远程交互作用，学习者可以与远地的教师通过电子邮件，BBS 等建立交互联系，采用最好的教材与教法，利用最好的资源，最大限度地实现资源共享，取得更好的教学效果。

　　(4) 电子银行：电子银行是一种在线服务系统。他以因特网为媒介，为客户提供银行账户信息查询、转账付款、在线支付、代理业务等自助金融服务。这种系统需要采用高强度加密算法，客户的资料和信用卡不会被外界获取。电子银行的出现标志着人类的交换方式已从物物交换、货币交换发展到了信息交换的新阶段。

　　(5) 证券和期货交易：证券和期货交易是一种高利润、高风险的投资方式。由于行情变化快，所以投资更加依赖于及时准确地提供交易信息。证券和期货市场通过计算机网络提供行情分析和预测、基金管理和投资计划等服务。还可以通过无线网络迅速地将各机构相连，利用手持通信设备输入交易信息，通过计算机网络迅速地传递到计算机、报价服务系统和交易大厅的显示板。交易人员可以利用手持通信设备进行交易，使传输的信息更加准确和及时。

　　(6) 娱乐和在线游戏：随着宽带通信与视频演播的快速发展，网络在线游戏正在逐步成为互联网娱乐的重要组成部分。目前世界各地一大批网络游戏如雨后春笋般地涌现出来，已经在全球形成了一种极有前景的产业。

1.6　中国互联网的发展

1.6.1　我国互联网的建设情况

　　我国的互联网络始于 1986 年，中国科学院等一些单位通过长途电话拨号方式进行联机数据库检索。1990 年，中国科学院高能所、电子工业部十五所等单位开始把计算机连接到中国公用数据分组交换网（China PAC），利用欧洲的计算机做网关，在 X.25 网与 Internet 间进行转接，实现了中国用户与国际互联网用户间的电子邮件服务。1993 年 3 月 2 日，中国科学院高能所开通一条 64 kbps 的国际数据信道，和美国斯坦福大学线形加速器中心联通。1994年4月中国科技网首次开通可以全功能访问国际互联网专线，标志着我国正式进入国际互联网。

1994年1月4日，NCFC工程通过美国Sprint公司连入Internet的64 kbps国际专线开通，实现了与Internet的全功能连接。从此我国正式成为有Internet的国家。

从1994年开始，分别由国家计委、邮电部、国家教委和中科院主持，建成了我国的四大互联网，即中国金桥信息网、中国公用计算机互联网、中国教育科研网和中国科技网，并投入使用，形成了国家主干网的基础。

1996年以后，我国互联网的发展进入了应用平台建设和增值业务开发阶段。中国互联网进入了高速发展时期，一大批中文网站，包括综合性的"门户"网站和各种专业性的网站纷纷出台，提供新闻报道、技术咨询、软件下载、休闲娱乐等IPC服务，以及虚拟主机、域名注册、免费空间等技术支持服务。与此同时各种增值服务也逐步展开，其中主要有电子商务、IP电话、视频点播、无线上网等。

1997年6月3日，根据国务院信息化工作领导小组办公室的决定，中国科学院在中科院网络信息中心组建了中国互联网络信息中心CNNIC，同时，国务院信息化工作领导小组宣布成为中国互联网络信息中心工作委员会。

1997年11月，中国互联网络信息中心发布了第一次《中国Internet发展状况统计报告》。截止到1997年10月31日，我国共有上网计算机29.9万台，上网用户62万人，CN下注册的域名4 066个，WWW站点1 500个，国际出口带宽为18.64 Mbps。

中国计算机互联网发展到现在，根据最近CNNIC第13次报告统计（2004年1月15日），我国上网的计算机已达3 069万台，上网用户7 950万人，CN下注册的域名为34万个，WWW站点数约59.55万个。我国国际出口带宽27 216 Mbps,连接的国家有美国、加拿大、澳大利亚、英国、德国、法国、日本和韩国等。

经过几年的发展，中国开始拥有了一批商业互联网服务商ISP（Internet Service Provider）和一些专门从事网站内容的服务商ICP（Internet Content Provider）。电子邮件、个人主页、搜索引擎、网上论坛、网上购物等概念逐渐被中国互联网用户所熟悉。进入90年代以来，我国计算机网络技术的发展突飞猛进，我国目前有四大全国性的商用互联网服务提供商，它们是中国公用计算机互联网CHINANET，金桥网CHINAGBN，中国教育科研网CERNET，中国科学技术网CSTNET等。现在，全国的各个行业都在建设自己行业的专用网和与互联网络相连接的全国性网络，例如金融信息网、医疗信息网、农业信息网、商业信息网及金税网等。计算机网络正在成为信息化社会的基础。网络是一个国家综合国力强弱的标志之一，我国于1994年提出了建设国家信息公路基础设施的三金工程（金桥、金卡、金关）。信息化建设遵循"统筹规划、国家主导；统一标准，联合建设；互联互通，资源共享"的24字指导方针，到2010年，将建立起健全的具有相当规模的先进的国家信息网体系。

1.6.2 我国建设的四大互联网络

目前我国建成的四大Internet主干网的情况如下。
1. 中国公用计算机互联网CHINANET

CHINANET是原邮电部组织建设和管理的，1994年开始在北京、上海两个电信局进行 Internet 网络互连工程。目前，CHINANET 在北京和上海有两条专线，作为国际出口。CHINANET 由骨干网和接入网组成，骨干网是 CHINANET 的主要信息通路，连接各直辖市和省会网络节点，骨干网已覆盖全国各省市、自治区，包括 8 个大区网络中心和 31 个省市网络分中心。接入网是由各省内建设的网络节点形成的网络。

1997 年，中国公用计算机互联网实现了与其它三个互联网络，即中国科技网、中国教育和科研计算机网、中国金桥信息网的互联互通。1998 年 7 月启动的第二期工程将使 8 个大区间的主干带宽扩充至 155 Mbps，并且将 8 个大区的节点路由器全部换成千兆位路由器。

2. 中国教育科研网 CERNET

中国教育和科研计算机网 CERNET 是全国最大的公益性互联网。CERNET 已建成由全国主干网、地区网和校园网在内的三级层次结构网络。CERNET 分四级管理，分别是全国网络中心、地区网络中心和地区主节点、省教育科研网和校园网。到 2000 年，CERNET 主干网的传输速率已达 2.5 Gbps。CERNET 有 28 条国际和地区性通道，与美国、加拿大、英国、德国、日本和中国香港特区联网，总带宽 400 Mbps 以上。CERNET 地区网的传输速率达到 155 Mbps。联网的大学、中小学教育和科研单位达 895 个，其中高等学校 800 所以上。联网主机 100 万台，网络用户达 749 万人。

CERNET 也是中国开展下一代互联网研究的网络。1998 年 CERNET 正式参加下一代协议（IPV6）试验网 GBONE，同年 11 月起成为骨干网成员。CERNET 在全国第一个实现了在国际下一代高速网 Internet2 的互联。

3. 中国科学技术网 CSTNET

中国科技信息网利用公用数据通信网建立的信息增值服务网，在地理上覆盖全国各省、市科技信息机构，是国家科技信息系统骨干网，同时也是国际 Internet 的接入网。中国科技信息网从服务功能上是 Internet 和 Intranet 的结合，其 Intranet 功能为国家科委系统内部提供了办公自动化的平台，以及国家科委、各省市科委和其它部位之间的信息传输渠道，其 Internet 功能则服务于专业科技信息服务机构，包括国家、各省市和各部委科技信息服务机构。

4. 国家公用经济信息通信网络 CHINAGBN

金桥网是为金桥工程建立的业务网，支持金关、金税、金卡等"金"字头工程的应用。它是覆盖全国、实行国际联网、为用户提供专用信道、网络服务和信息服务的骨干网并接入 Internet。

1.7 计算机网络的标准制定机构

为了使计算机网络的接口、协议、计算机网络体系结构都有公共遵循的标准，国际标准化组织（ISO）以及国际上一些著名标准制定机构专门从事这方面标准的研究和制定。

1. 国际标准化组织（ISO）

ISO 是一个自发的不缔约组织，由各技术委员会（TC）组成，其中的 TC97 技术委员会专门负责制定有关信息处理的标准。1977 年，ISO 决定在 TC97 下成立一个新的分技术委员会 SC16，以"开放系统互连"为目标，进行有关标准的研究和制定。现在 SC16 改为 SC21，负责七层模型中高四层及整个参考模型的研究。另一个与计算机网络有关的分技术委员会为 SC6，它负责低三层的标准及与数据通信有关的标准制定。

2. 国际电报电话咨询委员会（CCITT）

CCITT 是原国际电报电话咨询委员会的简称，现已改名为国际电信联盟电信标准化局（International Telecommunication Union-Telecommunication Standardization Sector, ITU-T）。这是一个国际条约组织，主要是由各成员国的邮政、电话、电报部门组成。CCITT 早期主要从事有关通信标准的研究和制定，随着计算机网络与数据通信的发展，该组织与 ISO 密切合作，已经采纳了 OSI 体系结构，并将其指定的已趋成熟的数据通信标准融入 OSI 七层模型中。

3. 美国国家标准局（NBS）

NBS 是美国商业部的一个部门，其研究范围较广，包括 ISO 和 CCITT 的有关标准，研究的目标是力争与国际标准一致。NBS 在美国已颁布了许多与 ISO 和 CCITT 兼容或稍有改动的标准。

4. 美国国家标准学会（ANSI）

ANSI 是由制造商、用户通信公司组成的非政府组织，是美国的自发标准情报交换机构。它的研究范围与 ISO 相对应，例如电子工业协会（EIA）是电子工业的商界协会，也是 ANSI 成员，主要涉及 OSI 的物理层标准的制定；又如电器和电子工程师学会（IEEE）也是 ANSI 成员，主要研究最低两层和局域网的有关标准。

5. 欧洲计算机制造协会（ECMA）

ECMA 由在欧洲经营的计算机厂商组成，包括某些美国公司的欧洲部分，专门致力于有关计算机技术标准的协调开发。ECMA 是 CCITT 和 ISO 的无表决成员，并且也发布自己的标准，这些标准对 ISO 的工作有着重大影响。

习 题 1

一、名词解释

1. 计算机网络　　2. 网络拓扑结构　　3. 链路　　4. 节点
5. 通信协议　　6. 通信子网　　7. 资源子网

二、填空

1. 计算机网络的主要目的在于_____，_____，_____。
2. 按照网络覆盖地理范围，计算机网络分为_____，_____，_____。
3. 网络拓扑结构分为_____，_____，_____，_____，_____。
4. 计算机网络系统中，通信子网的任务是负责_____。
5. 计算机网络协议中的基本要素是_____，_____，_____。

三、选择题

1. 早期的计算机网络是由（　　）组成。

   A. 计算机、通信线路、计算机　　　　B. PC 机、通信线路、PC 机
   C. 终端、通信线路、终端　　　　　　D. 计算机、通信线路、终端

2. 下列不属于网络技术发展趋势的是（　　）。

   A. 从单一的数据通信网向综合业务数字通信网发展

B. 各种通信控制规程逐步符合国际标准
C. 从资源共享网到面向终端的网络发展
D. 使用越来越方便，速度越来越快

3. 计算机网络系统是由（　　）子网和（　　）子网构成。
   A. 通信、资源　　B. I/O、资源　　C. 通信、I/O　　D. 主机、I/O

4. （　　）结构要求把工作站连接到一台中央设备。
   A. 星形　　B. 环型　　C. 树型　　D. 总线型

5. 组建计算机网络的目的是实现联网计算机系统的（　　）。
   A. 硬件共享　　B. 软件共享　　C. 资源共享　　D. 数据共享

6. 计算机网络拓扑结构反映了网络中各实体间的（　　）。
   A. 结构关系　　B. 主从关系　　C. 接口关系　　D. 层次关系

7. 下列网络单元中，属于访问节点的是（　　）。
   A. 通信处理机　　B. 主计算机　　C. 路由器　　D. 线路控制器

8. 下列设备中，不属于通信子网的是（　　）。
   A. 主机　　B. 分组交换设备　　C. 路由器　　D. 网间连接器

9. 目前仍然在使用的一种最简单网络形式是（　　）。
   A. 基于服务器的网络　　　　B. 主机-终端网络
   C. 主机到主机网络　　　　D. 端到端对等网络

10. 局域网与广域网之间的区别不仅在于覆盖的地理范围，还在于（　　）。
    A. 所使用的传输介质　　　　B. 所提供的服务
    C. 所支持的通信量　　　　D. 所使用的协议

11. ARPANET 是（　　）网络。
    A. 通信控制处理机　　　　B. 前端处理机
    C. 分组交换网　　　　D. 物理线路

12. 哪个因素在整个网络的设计、功能、可靠性和费用方面有重要影响（　　）。
    A. 网络距离　　B. 拓扑结构　　C. 网络传输速率　　D. 误码率

四、问答题

1. 把局域网、广域网和多机系统的性能作一比较。
2. 计算机网络发展的过程分成哪几个阶段？各阶段有什么特点？
3. 什么是网络协议，其基本要素是什么？
4. 计算机网络有哪几部分组成？各自的作用是什么？
5. 什么是网络拓扑结构？有哪几种拓扑结构？各有什么特点？

第 2 章 数据通信基础

2.1 基本概念

2.1.1 数据、信息和信号

数据（data）是记录下来的可以被鉴别的符号。数据具有稳定性和表达性。数据分数字数据和非数字数据两类，数字数据由阿拉伯数字和小数点组成，它可以进行算术运算；非数字数据是由包括阿拉伯数字在内的各种符号组成的，它不能进行算术运算。对于计算机系统而言，所有能用计算机进行编码和通信的符号都属于数据。

信息（information）是对数据的解释，数据经过处理并经过解释而具有意义，才能成为信息。

数据和信息是有区别的，数据是独立的，是尚未组织起来的事实的集合；信息则是按照一定要求以一定格式组织起来的数据。凡经过加工处理或换算成人们想要得到的数据，即可称为信息。数据与信息的关系可用图 2.1 表示。

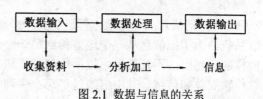

图 2.1 数据与信息的关系

信号是数据的表示形式，是数据的电编码或电磁编码，是数据在载体中存在的形式。在数据通信系统中，数据在传输媒体中以适当形式传输的都是信号。电信号有模拟信号和数字信号两种形式。

2.1.2 信息处理和数据处理

数据处理（data processing）是把数据加工处理成为所需要的信息的过程。不过信息处理的含义比数据处理的含义广得多。信息处理过程可以被理解为对构成信息的数据进行处理，以从原有的信息中得到进一步的信息的加工。

2.1.3 模拟数据和数字数据

表达数据的方式和承载数据的媒体是紧密相关的，不同的媒体能够表达数据的方式是有限的。模拟数据和数字数据是表达数据的两种方式。当数据采用电信号方式时，由于受到电物理特性限制，数据只能被表示成离散的编码和连续载波两种形式。当数据采用离散的电信号表示时，这样的数据就被称为数字数据，当数据采用电波表示时，这样的数据就称为模拟数据。所以，在采用电信号表达数据的系统中，数据有模拟数据和数字数据两种。

在通信系统中，如果数据是利用电信号的形式从一点传到另一点时，就把用连续的电信号表示的模拟数据称为模拟信号，而把用数字编码表示的数字数据信号叫做数字信号。模拟数据和数字数据是可以相互转换的。

2.1.4 信息网络与计算机网络

信息网络（information network）从广义上讲它是两个以上的单位为了某种需要，以一种共同的方式进行信息交流，则它们之间就形成了一个相互联系的系统，这个系统就是信息网络。

现代的信息网络，由于采用了计算机技术，将计算机技术和通信系统结合起来进行信息传输，所以，现代的信息网络同计算机网络有许多相同之处。其主要表现在：它们都是由计算机系统和通信系统联合组成的；通信都是数据通信，它们所传输的是数据，而不是信息。虽然信息网络和计算机网络之间的区别越来越小，但是它们之间有本质的区别：信息网络的目的是进行信息交流，而计算机网络的目的是实现网络软、硬件资源的共享。

2.2 数据通信

2.2.1 数据通信的概念

1. 通信

通信是把信息从一个地方传送到另一个地方的过程，用来实现通信过程的系统称为通信系统。为了把信息从一个地方传到另一个地方，信息中所采用的信息传送方式是多种多样的。然而，不管通信系统采用何种通信方式，它必须具备三个基本要素：信源、信息传输媒体和信宿。其中信源是信息产生和出现的发源地；信息传输媒体是信息传输过程中承载信息的媒体；信宿是接收信息的目的地，如图 2.2 所示。

图 2.2 通信系统基本要素

2. 数据通信

如果一个通信系统传输的信息是数据，则称这种通信为数据通信，实现这种通信的系统是数据通信系统。以计算机系统为主体构成的网络通信系统属于数据通信系统。因为在计算机网络通信系统中，信源和信宿共同遵守一种规则，系统只按规则进行传输，系统传输的目的不是要了解所传送的信息内容，而是要正确无误地把数据传送到信宿中，让信宿接收。

3. 数据通信的特点

（1）数据通信是实现计算机和计算机之间，以及人和计算机之间的通信。

（2）计算机之间的通信过程需要定义出严格的通信协议或标准。

（3）数据通信对数据传输的可靠性要求很高。

（4）数据通信中，信息量具有突发性。

（5）数据通信的"用户"所使用的计算机和终端等设备多种多样，它们在通信速率、编码格式、同步方式和通信规程等方面都有很大的差别。

（6）数据通信的数据传输效率高。

（7）数据通信系统中不同用户、不同应用的通信业务的信息平均长度和延时变化很大。

2.2.2 数据通信系统

1. 通信系统模型

广义的数据通信系统是由数据终端（处理）设备和数据传输系统组成，如图 2.3 所示。

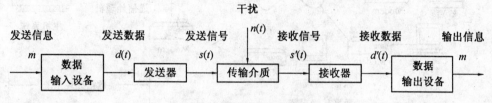

图 2.3 广义的数据通信模型

在该系统中，由信源发出数据 m，经过数据输入设备变成发送数据 $d(t)$。根据不同介质的传输特性，需要把发送数据通过发送器变成合适的传输信号 $s(t)$ 才能在传输介质上传输。通信对方把接收信号 $s'(t)$ 还原成数据信号 $d'(t)$ 后再送给信宿端设备处理。图中 $s'(t)$ 和 $d'(t)$ 表示因信道噪声干扰而引入的信号或差错。

在实际的数据通信系统中，数据终端设备主要指计算机系统和各种各样的终端设备，包括智能的和非智能的设备。另外，实际的数据通信还涉及各种传输控制、接口和信号变换等许多方面的技术和设备。图 2.4 表示一种最简单的点-点式数据通信系统，它的各个组成部分与图 2.3 所示的广义通信模型基本上有一一对应的关系，是更接近实际的系统。

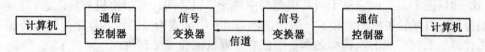

图 2.4 最简单的点-点式数据通信模型

该系统中包括五个部件：计算机、终端、通信控制器、信号变换器和通信线路。其中计算机和终端是作为信源和信宿数据设备（通常它包含消息/数据之间的转换功能，即信源编-译码功能）；通信控制器完成源/宿间数据传输控制作用；信号变换器完成数据信号/传输信号之间的变换，目的是匹配通信线路的信道特性，以便以尽可能低的误码率实现尽可能高的数据传输速率。信号变换器在基带传输时，通常称为"波形变换器"；在频带传输时，通常称为"调制解调器"（modem）。通信线路在这里泛指实际使用的电、磁或光信号的传输介质，它是用于传播信号的通路。涉及信道和信号方面的问题，将在第 2.3 节中讨论。

图 2.5 又给出一个实际的数据通信系统的例子，它实现多台远程终端与中央计算机系统之间的数据通信。从图中可以看出数据通信系统有两大部分：数据传输系统和数据处理系统。数据传输系统起着对数据信号进行传输和转接（交换）的作用，把终端和中央计算机连接起来，构成数据传输通路，以完成对数据信号进行有效的、可靠的传送。图中的传输系统采用了电话交换线路或专用线路。由于普通电话线路只能传输模拟信号，所以每个数据终端都要经过调制解调器（一种信号变换器）接入信道。数据处理系统的作用是以最优的程序迅速而正确地完成数据传输控制和其它处理任务。

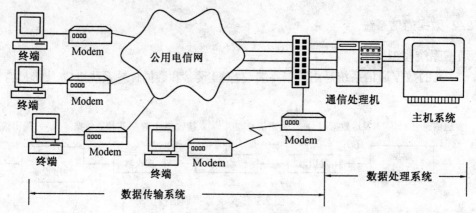

图 2.5 一种实际的数据通信系统

2. 数据通信系统的组成

数据通信系统由硬件和软件两部分组成。

（1）数据通信硬件

a. 终端设备：包括用户计算机、用户终端及各种输入输出设备。

b. 通信设备：一般包括传输设备（信号变换器和信道设备）、多路复用器、集中器、交换设备以及线路接入设备。

c. 中央计算机：以它为主体构成数据处理系统，通信系统中的计算机软、硬件资源主要集中在中央计算机。

d. 通信控制设备：它位于通信线路与中央计算机之间，负责主机与终端之间的数据传输控制，以减轻主机的负担。一般地说，采用专用装置构成的设备称之为通信控制器，而用计算机系统构成的设备称之为通信控制处理机或前置处理机。

（2）数据通信软件

图 2.5 所示只是一种"计算机-终端"通信系统，实际的数据通信系统还包括"计算机-计算机"通信系统。在这些系统中不管是计算机还是终端，它们之间的所谓"通信"，实质上是它们内部的系统进程或应用进程之间的通信。直接参与这种通信的双方进程，统称为"通信实体"（communication entity）。

为了保证两个通信实体之间的通信，要求双方同时服从一套约好的、完成数据传送的、交换控制的定时、格式、顺序等的一系列规则。这些规则的集合称为"协议"（protocol）或"规程"(procedure)。在通信控制设备或计算机内部用于实现这种协议或规程的程序，统称为"通信软件"，它们有一部分驻留在通信控制设备中，有一部分驻留在计算机存储器中。

3. 数据通信过程

数据从发送端发出到被接收端接收的整个过程称为通信过程。通信过程中每次通信包含传输数据和通信控制两个内容，其中通信控制主要起各种辅助操作，并不交换数据，但这种辅助操作对交换数据是不可缺少的。

对于利用交换网络进行数据通信，其过程被划分为五个阶段，每个阶段包含一组操作，这样的一组操作就称为通信功能，其具体内容如下。

第一阶段：建立通信线路，用户把要通信的对方地址信息告诉交换机，交换机查询该地址终端，若对方同意通信则由交换机建立双方通信的物理通道。

第二阶段：建立数据传输链路，通信双方建立同步关系，使双方设备处于正确收发状态，通信双方相互核对地址。

第三阶段：传送控制信息和数据，可以是单向或双向同时传送。

第四阶段：数据传输结束，断开数据链路，双方通过通信控制信息确认此次通信结束。

第五阶段：断开通信线路连接（断开物理连接）。由通信双方之一通知交换机，通信结束，可以断开线路连接。

采用专用通信线路时，不存在建立和断开线路连接的问题，这时第一和第五阶段可以省去。

2.2.3 模拟通信系统和数字通信系统

1. 模拟通信系统

模拟通信系统是指数据通信系统中处于 DCE 设备之间传送的信号为模拟信号的通信系统。以电话通信系统为例，其模型如图 2.6 所示。

图 2.6 电话通信系统模型

在图中，由信源得到的电信号，变成适合信道传输的信号，该信号是随时间连续变化的模拟信号，所以这个系统是模拟通信系统。在这个系统中，信号经过了两次变换：经非电-电转换器把非电信号转换为电信号；为了适应信道传输而对电信号进行调制。通信系统中，把调制前的信号称基带信号，调制后的信号为频带信号。

由信源产生的信号可以是数字信号也可以是模拟信号。不论是哪一种信号，在模拟通信系统中经调制后变成模拟信号。经过信道把模拟信号传送到接收端，在解调器把调制信号（模拟信号）转换为基带信号，由接收端接收。

模拟通信中通过信道的信号频谱通常比较窄，因此信道的利用率较高，但抗干扰能力差。

2. 数字通信系统

数字通信系统是数据通信系统中处于 DCE 设备之间的信号为数字信号的通信系统。

在数字通信系统中信源发出的信号可能是离散的数字信号，如二进制表示的数据。也可能是连续的模拟信号。但不论是哪一种形式的信号，在数字通信系统中通过数据电路的信号都是数字信号。数字通信系统模型如图 2.7 所示。

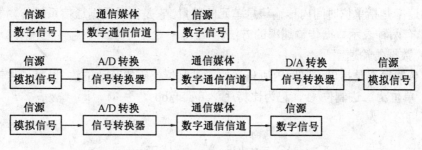

图 2.7 数字通信系统模型

数字通信系统的抗干扰性明显地优于模拟通信系统。数字通信系统采用的电路是数字电路，其设备便于集成化和微型化。需要指出的是，在一般情况下，数字通信比模拟通信在信道上所占用的频带要宽得多，随着微波和卫星信道的发展，其频带宽度可达几百兆赫甚至更高，因而数字通信占用频带较宽的矛盾可以较好地解决。

2.2.4 数据通信的特点

和一般的电话、传真等通信比较，数据通信的特点是：
（1）数据通信是实现计算机和计算机之间、人和计算机之间的通信。
（2）计算机之间的通信过程需要定义出严格的通信协议或标准。
（3）数据通信对数据传输的可靠性要求高。
（4）数据通信中，信息量具有突发性。
（5）数据通信的"用户"所采用的计算机和终端等设备多种多样，它们在通信速率、编码格式、同步方式和通信规程等方面都有很大的差别。
（6）数据通信的数据传输效率高。
（7）数据通信系统中不同用户不同应用的通信业务的信息平均长度和延时变化很大。

数据通信涉及诸多方面的技术问题：
（1）信息的编码和译码。
（2）信号的设计、产生与检测。
（3）传输媒介的选择和使用。
（4）通信线路的利用和管理。
（5）传输差错的检测和校正。
（6）数据传输的控制。
（7）通信设备间的接口。

2.2.5 数据通信的主要技术指标

对数据通信系统的要求是，传输速度快、传送信息量大、可靠性高、经济和便于维护。在数据通信网络中，信号的传送是由数据传输系统来完成的，那么如何对传输系统的性能进行评价呢？通常用传输速度、信道容量、带宽以及可靠性等指标来对数据通信系统进行定量分析。

1. 传输速率

传输速率是指单位时间内传输信息单元的数量。它是衡量数据通信系统传输能力的重要指标，有两种表示数据传输速率的方法。

（1）数据传输速率

数据传输速率是指单位时间内所传送的二进制位代码的有效位数，以每秒传输的比特数计算，单位为二进制位/秒，记为比特/秒，b/s 或 bps。

计算机公式为

$$S = \frac{1}{T}\log_2 N \quad \text{(bps)}$$

式中，T 为一个数字脉冲信号的宽度（全码宽）或重复周期（归零码），单位为秒（s）；N 为一个码元所取的离散值个数。

当 $N=2$ 时，$S=\dfrac{1}{T}$，表示数据传输速率等于码元脉冲的重复频率。

（2）信号传输速率（调制速率）

信号传输速率是指在信号调制过程中，单位时间内通过信道传输的码元数，单位为波特，记作 baud。通常用于表示调制器之间传输信号的速率。

计算公式为

$$B=\frac{1}{T} \quad (\text{baud})$$

式中，T 为信号码元的宽度，单位为秒（s）。信号的传输速率，也称码元速率、调制速率、波特率或传码率。

数据传输速率 S 和调制速率 B 有如下关系

$$S=B\log_2 N \quad (\text{bps})$$

或

$$B=\frac{S}{\log_2 N} \quad (\text{baud})$$

式中，N 为一个脉冲信号所表示的有效状态数。在二进制数中，脉冲只有两个状态 0 或 1，即 $N=2$，所以数据传输速率 S 和信号传输速率 B 是一致的。若采用不同的调制方式，N 的取值是不同的，这时即使调制速率相同，得到的数据传输速率也是不同的。

例 2.1 采用四相调制方式，即 $N=4$，且 $T=833\times 10^{-6}$ s，则

$$S=\frac{1}{T}\log_2 N=\frac{1}{833\times 10^{-6}}\log_2 4=2\,400 \quad (\text{bps})$$

$$S=\frac{1}{T}=\frac{1}{833\times 10^{-6}}=1\,200 \quad (\text{bps})$$

2. 信道带宽

带宽是描述信号和传输系统的一个重要参数。我们知道信号是由特定的电磁波来传输的，而电磁波都有一定的频率范围，信号的带宽是指信号占有的频带宽度，在实际应用中指信号能量比较集中的那个频率范围。而任何实际的信道所不失真传输的信号频率也有一定范围，这一范围称为该信道频带的宽度，即带宽。信道的带宽是由传输介质和相关的附加设备及其电路的频率特性等综合确定的。信道的带宽限制了信道的传输能力，信道的带宽越宽，则其传输能力越强，如果传输信道的带宽超过所传输信号的频带宽度，在传输过程中就不会引起失真。宽带一般用赫兹（Hz）来表示。数据传输速率（bps）有时也可以用来表示带宽。

3. 信道容量

信道容量表示一个信道的数据传输速率，单位是位/秒(b/s 或 bps)，也就是信道传输信息的最大能力。

信道容量与数据传输速率的区别是，前者表示信道的最大数据传输速率，是信道传输

数据能力的极限,而后者是实际的传输速率。在实际应用中,信道容量应大于传输速率。

对于信道容量的估算,有两个定理:

(1) 离散的信道容量

奈奎斯特(nyquist)定理描述了在无噪声下的码元速率极限值 B 与信道宽度 H 的关系

$$B = 2 \times H \text{ (baud)}$$

奈奎斯特公式描述了无噪声信道的传输能力

$$C = 2H\log_2 N \text{ (bps)}$$

式中,H 为信道的带宽,即信道传输上下限频率的差值,单位为赫兹(Hz);N 为一个码元所取的离散值个数。

例 2.2 普通电话线路带宽约 3 kHz,则码元速率极限值 $B = 2 \times H = 2 \times 3k = 6k \text{ (Baud)}$,若码元的离散值个数 $N = 16$,则最大数据传输速率为

$$C = 2 \times 3k \times \log_2 16 = 24 \text{ k(bps)}$$

(2) 连续的信道容量

仙农公式——带噪声信道容量公式为

$$C = H \times \log_2(1 + \frac{S}{N}) \text{ (bps)}$$

式中,H 为信道的带宽;S 为信号功率;N 为噪声功率;S/N 为信噪比,通常把信噪比表示成 $10\lg(S/N)$ 分贝(dB)。

例 2.3 已知信噪比为 30 dB,带宽为 3 kHz,求信道的最大数据速率

$$10 \lg(S/N) = 30$$
$$S/N = 10^3 = 1000$$
$$C = 3000 \times \log_2(1 + 1000) \approx 30 \text{ k(bps)}$$

4. 传输质量

数据信号在传输过程中,接收到的信号常常和发送的信号不一样,这是由于在传输过程中信号的衰减、畸变、噪声及串音干扰等因素造成的。

(1) 衰减:所谓衰减指信号能通过传输系统传输后,系统输出的电功率小于输入端的电功率。模拟信道可以采用放大器对衰减的信号进行放大,数字信道可以用中继器对信号进行再生整形。

(2) 增益:信号电能经过传输系统传输后,系统输出的电功率大于输入端的电功率。

(3) 失真:信号通过传输系统时其波形可能发生畸变,波形的畸变称为失真。

由衰减随频率变化引起的失真称为衰减失真或振幅失真。

由不同频率分量的传播速度不一致所引起的失真,称为相位失真。

(4) 噪声:噪声是通信系统中存在的独立于有用信号,并且叠加在有用信号之上的无用部分,它对系统中的信号传输与处理起扰乱作用,但又不能完全控制。噪声可以从系统的各部分侵入,按其来源可分为通信系统外部噪声和系统内部噪声。

• 外部噪声:是指有用信号在系统的传输过程中,由外界辐射引入的噪声,包括:自然噪声(电磁辐射)、人为干扰(高压输电线、火花电弧、电动器具等电磁波源引起的干扰)。这一类噪声随机性很强,强度也很大,又称冲击噪声,它很难以某一统计规律来描述。

• 内部噪声：是指系统内部各级电路（包括天线在内的馈线）产生的噪声；包括热噪声（电阻、馈线等无源器件中自由电子的布朗运动所引起的噪声）、离散噪声（半导体等有源器件中因电子发射不均匀产生的噪声）、其它噪声（因电路自激、电源交流声等引起的噪声），又称随机噪声。这种噪声在时间上分布较平稳，频谱也比较均匀，可以用统计规律来描述。

(5) 串音干扰：引起传输损害的还有串音干扰等因素。串音干扰是由于电磁耦合所引起的线对之间信号的相互串扰，称为串音干扰。串音干扰分为近端串扰和远端串扰。串音干扰与电缆质量、线对间位置及信号频率等有关。实际工作中，在综合布线工程中有一项工作就是测试线缆的串音干扰指标。

(6) 畸变：数据信号的畸变有两种类型：规则畸变、不规则畸变。

规则畸变包括两个分量：偏畸变、特性畸变，主要因信道特性、相位失真引起的。

• 偏畸变：二进制"1"和"0"的时间变长或缩短，分为正偏和负偏。

• 特性畸变：短"1"和短"0"的时间都伸长（正特性畸变）或都缩短（负特性畸变）。

不规则畸变没有规律，随机发生，主要由噪声、串扰等引起。

电信号在传输信道上由发送端传送到接收端的过程中，其所经过的传输信道可以是同轴电缆、光纤、双绞线、电话线等有线信道，也可以是卫星、地面微波站等构成的无线信道，信道特性可能是恒参数信道也可能是随参信道，另外传输信道为数据信号提供通路的同时，也会引入噪声和干扰信号，使数据传输出现差错。比如电话线路的音频信道或载波信道是典型的恒参数信道，其传输特性通常可以用幅度/频率特性及相位/频率特性来表征。幅度/频率特性发生畸变，引起信号波形失真。此时若传输的是数字信号，会引起相邻数字信号波形之间在时间上的相互重叠，出现码间干扰。一般需采取幅度均衡进行补救。相位/频率特性发生畸变对模拟语音通信的影响不显著，但对数字信号传输将会引起严重的码间干扰，造成误码率加大，对通信带来损害，一般要采用相位均衡措施进行补救。

无线传输信道等随参信道的特性要比恒参信道复杂得多，对信号的影响也严重得多。如对信号的衰耗随时间的变化而变化；传输的延时也随时间不同而改变；还有多径传播效应。这时传播的信号的波形易畸变，传输的高速数字信号将引起严重的码间干扰，需采取相应措施补救。

同时信道噪声的污染和侵入、线间串扰等也使信号传输后产生畸变，因此必须采用各种措施提高数据的传输质量。数据传输质量用差错率来表示，它是数据传输质量的最终评价尺度。常用的差错率指标是误码率。

误码率是指二进制数据位传输时出错的概率，是某一段时间内的平均误码率。误码率是衡量数据通信系统在正常工作情况下的传输可靠性的指标。在计算机网络中，一般要求误码率要低于 10^{-6}。为了克服由于误码率造成的传输差错，可通过差错控制方式检错和纠错。

误码率公式为

$$P_e = \frac{N_e}{N}$$

式中，N_e 为其中出错的位数；N 为传输的数据总位数。

该公式表示误码率 = 收信误码元数/传输的全部码元数。

5. 频带利用率

频带利用率是描述一个数据传输系统数据传输效率的性能指标,在比较不同数据传输系统的效率时,单看它们的数据传输速率是不够的,或者说,即使两个系统的信息速率相同,它们的效率也可能不同,所以还要看传输这样的信息所占的频带宽度。通信系统占用的频带愈宽,传输信道的能力应该愈大。在通常情况下,可以认为二者成比例,频带利用率指的是单位传输带宽所能实现的传输速率,即

$$\eta = \frac{R}{B}$$

式中,R 为数据传输系统的传输速率;B 为传输系统所占的频带宽度;η 的单位是 Baud/Hz(传输速率为调制速率);bps/Hz(传输速率为数据信号传输速率)。

6. 延迟时间

对信道而言,延迟时间用来表示网络中相距最远的两个站点之间的传播时间,例如:500 m 同轴电缆的延迟时间大约 2.5 μs,卫星信道的延迟时间大约是 270 ms。对于网络上某一站点来说,延迟时间是指从接收信息到将该信息再转发出去的延迟时间。

7. 吞吐量

吞吐量表示网络在单位时间内成功传输或交换的总信息量,单位是 bps。

2.3 数据通信的理论基础

数据传输是以信号传输为基础,在理想情况下,接收信号的幅度和波形与发送信号完全一样。然而,实际上信号在传输中会发生衰减、变形,使接收信号与发送信号不一致,甚至使接收端不能正确识别信号携带的信息。数据传输质量的好坏,除了与发送和接收设备的性能有关外,要实现成功的数据传输还取决于两方面的因素:

- 传输信号本身的质量;
- 传输媒体(信道)的特性。

2.3.1 基带传输

由计算机或数字终端产生的信号,是一连串的脉冲信号,它包含了直流、低频和高频等分量,随着频率的升高,其相应幅度减小,最后趋于零。实际上信号只占有一定的频率范围,这种由计算机或终端产生的频谱从零开始,而未经调制的数字信号所占用的频率范围叫做基本频带,简称基带,这种数字信号称为基带信号。利用基带信号直接传输的方式称基带传输。基带传输多用在短距离的数据传输中。例如,在近程终端到计算机之间的数据传输,局域网中用基带同轴电缆作传输介质的数据传输。

2.3.2 数据信号的波形和频谱

讨论数据信号的"波形"和"频谱"是为了充分认识数据信号的两个侧面。信号的波形是时间的函数,可以用与时间有关的参数(如脉冲的重复周期,脉冲的持续时间,脉冲前后沿的陡度等)来表征信号的特点。频谱则是信号中各种频率成分(如直流、基波、二次谐波及高次谐波等)的集合,它描述了信号中各频率成分的幅度、相位与频率的关系。

1. 脉冲信号的傅里叶分析

通信线路上传送的数字信号是电压脉冲的序列，如图 2.8 所示。电压脉冲序列是时间的单值函数，由傅里叶分析得知，频率为 f 的任意周期函数 $g(t)$，均可以表示为直流和无限多正弦和余弦函数之和

$$g(t) = \frac{1}{2}a_0 + \sum_{n=1}^{\infty} a_n \cos(n2\pi ft) + \sum_{n=1}^{\infty} b_n \sin(n2\pi ft)$$

式中，f 为基本频率；T 为周期，$T = \frac{1}{f}$；$a_n = \frac{2}{T}\int_0^\pi g(t)\cos(n2\pi ft)\mathrm{d}t$；

$b_n = \frac{2}{T}\int_0^\pi g(t)\sin(n2\pi ft)\mathrm{d}t$；$a_0 = \frac{2}{T}\int_0^\pi g(t)\mathrm{d}t$ 为常数。

图 2.8 数字信号的电压脉冲序列

对上述用傅里叶级数表示的函数进行分析，分析的目的是：

（1）通过对信号的频谱分析，可以清楚地了解该信号的频谱分布情况以及所占用的频带宽度，分析信号的特性可以给数据信号传输准备合适的信道。

（2）了解对于某个给定的信道，对在其上传输的信号的要求。

2. 周期矩形脉冲的频谱

对于周期性脉冲，其幅度为 A，宽度为 τ，周期为 T，且对称于纵轴，如图 2.9（a）所示，则傅里叶级数中只含直流和余弦项，而不存正弦，即

$$g(t) = \frac{1}{2}a_0 + \sum_{n=1}^{\infty} a_n \cos(n2\pi ft)$$

根据脉冲幅度 A 和脉冲宽度 τ，可求得式中各项系数

$$a_n = \frac{2}{T}\int_{-\frac{T}{2}}^{+\frac{T}{2}} g(t)\mathrm{d}t = \frac{2A\tau}{T}$$

$$a_n = \frac{2}{T}\int_{-\frac{T}{2}}^{+\frac{T}{2}} g(t)\cos\frac{2\pi nt}{T}\mathrm{d}t = \frac{2A\tau}{T} \cdot \frac{\sin(\pi n\tau/T)}{\pi n\tau/T}$$

因此，周期性矩形脉冲的傅里叶级数可写为

$$g(t) = \frac{A\tau}{T} + \sum_{n=1}^{\infty} \frac{2A\tau}{T} \cdot \frac{\sin(\pi n\tau/T)}{\pi n\tau/T} \cdot \cos(n2\pi ft)$$

令上式中 $\pi n \tau/T = x$，则 $g(t)$ 与 x 的关系如图 2.9（b）所示。

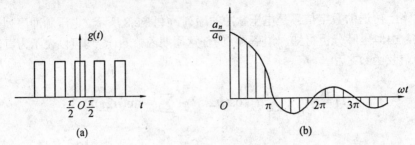

图 2.9 周期性脉冲及其频谱

在图中，纵轴用归一化幅度 a_n/a_0，故 $x = 0$ 时，幅度为 1。此图显示的是频谱，但其络（幅值随 x 变化的曲线）为 $\sin x/x$ 型，当 $x \to \infty$ 时，它摆动于正值和负值之间而逐渐趋于零。

从图中可以看出，谐波次数越高，幅度越小。可以认为信号的绝大部分能量集中在第一个过零点左侧的频率范围内，这个频率范围代表信号的带宽 B。现在第一个过零点发生在 $x = \pi$ 处，即 $(\pi n \tau)/T = \pi$，所以有 $n = T/\tau$。而信号的带宽

$$B = nf = \frac{T}{\tau} \cdot \frac{1}{T} = \frac{1}{\tau}$$

上式表明，信号的带宽与脉冲宽度成反比。

3. 单个矩形脉冲信号的频谱

当周期信号的周期 T 趋近于无穷大时，就可以认为只有一个脉冲波形，这就是非周期信号，如图 2.10(a)所示。对于周期信号，已看到其频谱由离散的频率成分即基波和谐波构成。对于非周期信号，频谱由连续频率组成，如图 2.10(b)所示。

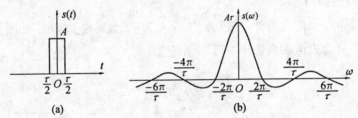

图 2.10 单个矩形脉冲及其频谱

图 2.10(a)所示单个矩形脉冲，可用如下函数表示

$$S(t) = \begin{cases} A & (-\tau/2 \leq t \leq \tau/2) \\ 0 & (t < -\tau/2, t > \tau/2) \end{cases}$$

由傅氏变换

$$S(t) = \frac{1}{2\pi} \int_{-\infty}^{\infty} S(\omega) e^{j\omega t} dw$$

$$S(\omega) = \frac{1}{2\pi} \int_{-\infty}^{\infty} S(\omega) e^{j\omega t} dw$$

将上面第一个式代入到第二个式子，可求得 $S(\omega)$ 为

$$S(\omega) = A\tau \frac{\sin\frac{\omega\tau}{2}}{\frac{\omega\tau}{2}}$$

当 $\omega = 0$ 时，$S(0) = A\tau$，故若纵坐标为归一化的频谱 $S(\omega)/S(0)$，则 $\omega = 0$ 时，其幅值为 1；当 $S(\omega) = 2\pi f = 2\pi/\tau$ 时，$\sin\pi = 0$，此时 $S(\omega) = 0$，这是第一个零点，由此可确定单个矩形脉冲的带宽为 $B = f = 1/\tau$。

从上述单个矩形脉冲信号的频谱分析和带宽 $B = 1/\tau$，可以得出结论：信号的频带宽度与脉冲宽度成反比，数字信号频率越高，脉冲宽度越窄（τ 越小），要求信道带宽越宽。

4. 信道带宽有限和噪声对信号传输的影响

信道指的是以传输介质为基础的信号通路，它是传输数据的物理基础，信道既给数据传输以通路，又给数据传输以限制。由于各种实际因素，信道提供的带宽总是有限的，信道特性总是不完善的，数据信号通过信道时，往往发生振幅失真和相位失真，从而产生波形失真。除失真外，信号功率也由于信道的损耗而下降。同时，数据信号还被信道中一切不需要的和不确定的电磁干扰或噪声所损害。下面先讨论信道带宽有限对信道传输的影响。

设信道具有理想低通滤波器特性，即理想矩形振幅频率特性。截止频率为 ω_1，在此频率以下，幅度 $A(\omega) = 1$；而相位特性是线性的，相应于固定的延时 τ_0，如图 2.11（a）所示。由傅里叶变换可得：窄脉冲通过矩形频率特性的信道传输后，接收端的波形除在横轴上移动了 τ_0 外，还具有 $\sin x/x$ 形式，如图 2.11（b）所示。

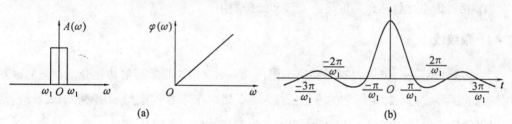

图 2.11 信道有限带宽对信号传输的影响

显然，如果每隔 $\Delta t = \pi/\omega_1 = 1/(2f_1)$ 的时间发送数据信号，不管是 0 码还是 1 码，只要准确地按照这种间隔 $1/(2f_1)$，依次发送脉冲，就不会发生码间串扰。因为每一位码的波形的峰值，正是前后位码的零点，如图 2.11(b)所示。

从上述分析可知，当信道具有理想低通滤波特性，带宽为 H 时，在发送端每隔 $\Delta t = 1/2H$ 秒发送一个数据脉冲时，在接收端每隔 $1/(2H)$ 就能收到一个脉冲的峰值，这样每秒可发送 $2H$ 个数据脉冲不会发生相互干扰。这是一个极限速率，不能再高了。例如，一个带宽为 3 kHz 的信道不能传输速率超过 6 kbps 的二进制信号。

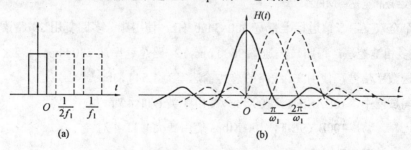

图 2.12 发送脉冲序列及其接收时的波形

实际信道都存在噪声，用 N 表示噪声功率，S 表示信号功率，S/N 表示信噪比。1948年香农(Shannon)得出关于噪声信道的主要结论：对于带宽为 H，信噪比为 S/N 的信道，有：

$$最大数据率 = H \cdot \log_2(1 + S/N)$$

例如，典型的电话线路，带宽为3kHz，信噪比为30dB，在这种信道上，不管采样多少次，不管用多少级信号，数据率不会超过理论上限30kHz。

2.4 传输介质

传输介质是构成信道的主要部分，它是数据信号在两地之间传播的媒介。传输介质的特性直接影响通信的质量指标，如：信道容量、传输速率、误码率及线路费用等。一般从下列几方面来了解传输介质的特性：

(a) 物理特性：传输媒体的物理结构和形态尺寸。

(b) 传输特性：包括可用信号带宽、传输损耗、传输信号的形式、调制技术、传输速率、误码率等。

(c) 抗干扰性：防止噪声、电磁干扰对数据影响的能力。

(d) 连通性：采用点-点连接、多点连接等。

(e) 地理范围：网络上各节点间的最大距离。

(f) 相对价格：包括介质价格、安装和维护费用。

2.4.1 双绞线

双绞线（twisted pair）是在短距离范围内（局域网中）最常用的传输介质。把两根互相绝缘的铜导线在一起用规则的方法扭绞起来，然后在外层再套上一层保护套或屏蔽套，就可以做成双绞线，如图2.13(a)所示，(b) 为UTP，(c) 为STP。

双绞线特性：

(a) 物理特性：双绞线是铜线，有良好的传导率。

(b) 传输特性：

- 传输模拟信号：5~6 km 要有一个放大器进行放大。

- 传输数字信号：2~3 km 要有一个中继器整形放大。

- 双绞线带宽达3MHz。

- 一个全双工语音信道标准带宽 300~3400 Hz，使用频分多路复用 24 路语音信道容量。采用多相键控法，每路传输速率 9600 bps，24 路总速率达 230 kbps。

- 传送数字信号，使用 T1 线路的总传输速率为 1.544 Mbps。

- 在局域网中，10BASE-T，10 Mbps 使用 3 类 UTP 4 对。
  100BASE-T，100 Mbps 使用 5 类 UTP 4 对。

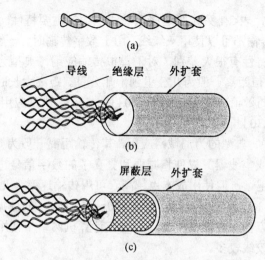

图 2.13 双绞线示意图

(c) 连通性：可用于点对点，点对多点连接。

(d) 地理范围：在 15 km 范围内提供数据传输。对于 10 M 和 100 Mbps 速率，10BASE-T 和 100BASE-T 距离为 100 m。

(e) 抗干扰性：低频时，双绞线与同轴电缆相同，高频时（>10 ～100 kHz），抗干扰性差。

(f) 价格低。

表 2.1 双绞线电缆的分类和特征

类别	描述名称	特性参考标准	应用场合
1 类非屏蔽双绞线	UTP-1	EIA/TIA 类 1	模拟/数字电话用户线
2 类非屏蔽双绞线	UTP-2	EIA/TIA 类 2	数字电话用户线 ISDN 和 T1 线路（1.544 Mbps）
3 类非屏蔽双绞线	100Ω UTP-3	EIA/TIA 类 3 NEMA100-24-LL UL Level III	4 Mbps 令牌环网 10 Mbps 以太网 ISDN 话音线路
4 类非屏蔽双绞线 低损耗	100Ω UTP-4	EIA/TIA 类 4 NEMA100-24-LL UL Level IV	16 Mbps 令牌环网 10 Mbps 以太网
5 类非屏蔽双绞线 低损耗，扩展频率	100Ω UTP-5	EIA/TIA 类 5 NEMA100-240-XF UL Level V	16 Mbps 以上令牌环网 10 ～100 Mbps 以太网
屏蔽双绞线	150Ω STP	EIA/TIA 150ΩSTP NEMA100-22-LL	16 Mbps 以上令牌环网 100 Mbps 以上的以太网 600MHz 以上的全息图像

双绞线采用扭绞结构是为了减少外界的电磁干扰，绞与不绞、绞得好与否，效果大不一样。如果带有金属屏蔽外套，则可大大提高抵抗外部干扰的能力。在双绞线的产品中，有 5 个类型的非屏蔽双绞线（UTP），其抗干扰能力较差，误码率为 10^{-5}～10^{-6}，1 个类型

的屏蔽双绞线（STP），表 2.1 列出了这些双绞线电缆的主要特性。

模拟传输和数字传输都可以使用双绞线。用于数字传输时，一般短距离的传输。这两种应用场合下的传输特性有很大差别。对于模拟传输应用，典型为电话接入网应用（用户线或中继线），其通信距离一般为几公里到十几公里。距离太长时就要加放大器把衰减了的信号放大到合适的数值。可用带宽为 200 kHz 左右，典型应用时可复用 24 路话音，约 268 kHz（可折合 230 kbps 的数据速率）。

在数字传输应用中，典型的为局域网应用，其传输距离一般为几米到几百米。距离再远时需加上中继器（或集线器）以便将减弱和失真了的数字信号进行整形放大。导线越粗，其通信的距离就越远，但使用成本也越高。可用传输速率为几 Mbps 到几百 Mbps。例如 UTP-5 双绞线在 100 m 范围内的应用是 100～155 Mbps 的数据传输速率。由于双绞线的价格便宜、使用方便且性能也不错，因此在计算机网络中使用十分广泛，特别是在建筑物内布线，用双绞线较多。

2.4.2 同轴电缆

同轴电缆（coaxial cable）由内导体铜质芯线（单股实心线或多股绞合线）、绝缘层、外导体屏蔽层及塑料保护外套等构成，如图 2.14 所示。外导体屏蔽层的作用，同轴电缆具有较高的抗干扰能力，比较宽的可用频带，所以被广泛用于较高速率的数据传输。

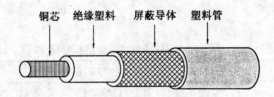

图 2.14 同轴电缆结构示意图

同轴电缆按其特性阻抗值的不同，分为两类：

1. 50Ω 同轴电缆

50Ω 同轴电缆又称基带同轴电缆，用于传输基带数字信号，专为数据通信所用，在局域网中广泛地使用这种同轴电缆作为传输介质。用这种同轴电缆在 1km 距离内，基带数字信号传输速率上限可达 50 Mbps，误码率为 $10^{-7} \sim 10^{-11}$。一般来说，传输速率越高，所能传输的距离也就越短。使用基带同轴电缆作传输介质的一般都是总线型拓扑网络。常用的 50Ω 同轴电缆为 RG-58 以太细缆和 RG-8 或 RG-11 以太粗缆。

2. 75Ω 同轴电缆

75Ω 同轴电缆是公用天线电视系统 CATV 中的标准传输电缆，一般用于模拟传输系统，传输的信号通常采用频分复用的宽带信号，所以又称它为宽带同轴电缆。

宽带同轴电缆用于传输模拟信号时，在 100 km 传输距离内，其频带可高达 300～400 MHz。在作数字数据传输应用时，必须将其数字信号转换成模拟信号在缆线上传输。在接收端，则把接收到的模拟信号转换成数字信号。一般来说，每秒传输 1 比特需要 1～4 Hz 的带宽，具体还与对信号编码形式和传输设备的电气性能有密切关系。通常一条带宽为 300 MHz 的电缆可以支持 150 Mbps 的数据速率。

由于在宽带系统中要用到放大器来放大和中继模拟信号，而放大器只能单向工作，所以在宽带电缆的双工传输中，一定要有数据发送和数据接收两条分开的数据通路，采用双工电缆系统和单电缆系统都可以达到这个目的。

同轴电缆是常用的传输介质之一，其主要特性如下：

（1）物理特性：由内导体、外屏蔽层和绝缘层同轴构成，它的介质特性参数是由内、外导体和绝缘层的电参数和机械尺寸决定的。

（2）传输特性：同轴电缆根据其通频带分为基带和宽带同轴电缆。特征阻抗是描述同轴电缆的一个重要参数。特征阻抗的大小与内、外导体的几何尺寸、绝缘层的介电常数有关。网络通信中常用的同轴电缆的特征阻抗为 50Ω，用于基带传输、传输速率为 10 Mbps。特征阻抗为 75Ω 的同轴电缆可以传输模拟信号、也可以传输数字信号。传输模拟信号时带宽可达 400 MHz。

（3）连通特性：同轴电缆支持点对点连接，也支持多点连接。宽带同轴电缆可支持数千台设备的连接，基带同轴电缆也可以支持数百台设备的连接。

（4）传输距离：基带同轴电缆的最大传输距离为几公里，宽带同轴电缆的传输距离可达几十公里。

（5）抗干扰性：同轴电缆的屏蔽层使它具有良好的抗干扰能力。

（6）相对价格：同轴电缆价格介于双绞线与光缆之间，且维护方便。

2.4.3 光纤（光导纤维）

随着光电子技术的发展和成熟，利用光导纤维（optical fiber）简称光纤，传送信号的光纤通信，已经成为一个十分重要的通信技术领域。光纤用作通信的传输介质时，在发送端要有光源，可以采用发光二极管或半导体激光器，它在电脉冲的作用下能产生光脉冲。在接收端利用光电二极管做成光检测器，在检测到光脉冲时可还原电脉冲。光纤通过传递光脉冲来进行数字通信，在有光脉冲时相当于传输"1"，而没有光脉冲时相当于传输"0"。一根光纤相当于一条 $10^{14}\sim10^{15}$Hz 频带内工作的光波导（激光），可用传输带宽约为 10^8MHz 数量级，所以它是目前最理想的宽带传输介质。光纤通常由非常透明的石英玻璃拉成细丝，主要由纤芯和包层构成双层同心圆柱体，如图 2.15 所示。

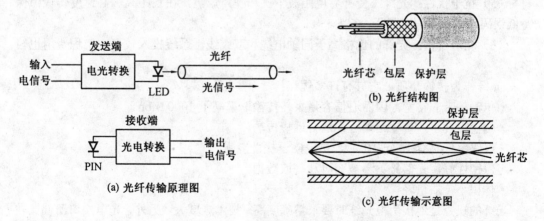

图 2.15 光缆结构示意图

光纤通过纤芯来传导光波,包层较纤芯有较低的折射率。当光线从高折射率的介质射向低折射率的介质时,其折射角将大于入射角。因此,如果入射角足够大,就会出现全反射,即光线碰到包层时就会折射回纤芯。这个过程不断重复,光也就沿光纤传下去。现代的生产工艺可以制造出超低损耗的光纤,即做到光纤在纤芯中传输好几公里而基本上没有什么损耗,可在 6~8 km 距离内无需中继放大。

如果射到光纤表面的光线的入射角大于某一个临界角度,就可以产生全反射,这样就会有许多条不同角度入射的光线在一条光纤中传输,这种光纤称为"多模光纤"。但是,如果光纤的直径减少到只有一个光的波长,则光纤就像一根波导那样,它可使光线一直向前传播,这样的光纤称为"单模光纤"。单模光纤的光源要使用较贵的半导体激光器,而不能使用较便宜的发光二极管。但单模光纤的损耗较小,在 2.5 Gbps 高速率下的无中继距离可达几十公里。由于近年来在生产工艺方面有了突破性的解决,已可以大规模地生产单模光纤,所以目前在传输干线上几乎都使用单模光纤,多模光纤只在局域网上还有使用。

由于光纤非常细,其直径不到 0.2 mm,所以都将多条光纤集在一起做成光缆。一根光缆可以包括几根至数百根光纤,再加上加强芯和填充物就可以大大提高其机械强度。最后加上包层和外保护套,就可以使抗拉强度达到几公斤,可以满足工程施工的强度要求。

综上所述,可以概括光纤的特性如下:

(1)物理特性:光纤是一种直径很小,只有 50~100 μm、质地柔软、具有良好光传导性的介质。用超高强度石英玻璃拉制的光纤具有最低的传输损耗。在折射率较高的单根光纤外面用折射率较低的包层,构成一条光纤信道,多条光纤信道集合成束,就构成光缆。

(2)传输特性:光纤可以看做是一个 10^{14}~10^{15}Hz 的光波导,这个频带覆盖了可见光谱和部分红外光谱,以小角度进入光纤的光波可沿纤维以全反射方式向前传送。光信号经过光纤传输,接收端将光信号通过光电二极管 PIN 检波器或 APD 检波器转换成电信号。光载波采用亮度调制方法。光纤传输速率高达数千兆比特/秒。

(3)连通性:光纤最常用的是点对点的连接方式,但有时也采用多点方式。

(4)地理范围:光纤信号的传输衰减极小,在 6~8 km 范围内传输不使用中继器。

(5)抗干扰性:光纤不受外界电磁波干扰和噪声影响,在长距离、高速度传输中保持低误码率,其误码率低于 10^{-10} 。

(6)相对价格:光纤的价格高于同轴电缆和双绞线,系统投入较多,工程费用也较多。

光纤作为传输介质,它具有许多优点:
- 传输频带非常宽,因而通信容量大,传输速率高于 1000 Mbps。
- 传输损耗小,传输距离远,适合远程传输。
- 误码率低只有 10^{-9}~10^{-10} ,抗电磁干扰性能强。
- 保密性好,光信号不易被窃听和截取数据。
- 体积小,质量轻。

光纤的缺点是连接两根光纤时要求精确度高,技术难度大,另外,光电接口器件比较昂贵。目前主要用在传输速率高(超过 100 Mbps)抗干扰性好的主干网上。

2.4.4 无线传输介质

前面介绍的双绞线、同轴电缆和光纤都是属于"有线"传输介质，无线传输介质指的是利用大气和外层空间作为传播电磁波的通路，但由于信号频谱和传输技术的不同，主要包括：各个波段的无线电，地面微波接力线路，卫星微波线路，以及激光、红外线，等等。各种无线传输介质对应的电磁波谱范围如图 2.16 所示。

图 2.16 各种通信介质使用的电磁波谱范围

下面主要介绍微波通信和卫星通信。

1. 地面微波接力通信

微波通信是指用频率在 2~40 GHz 的微波信号进行通信。由于微波的直线传播特性，加之地球表面是个曲面，因此作为地面通信使用时，电波只能沿地球表面的切线方向传播，在一般可方便实现的天线高度情况下，能达到的通信距离为 50 km 左右。加高天线高度，则传输距离可再增大，但实现距离很难超过 100 km。如果要实现更远距离通信，只能采用"接力"的办法，即在欲实现通信的两个站点之间建立若干个中继站，每个站把前一站送过来的信号经过放大后再发送到下一站，进行逐站传递以形成一条端到端的通信信道。

微波是指其频率为 300MHz~300 GHz 的电波，但主要是使用 2~40 GHz 的频率范围。微波通信把微波作为载波信号，用被传的模拟信号或数字信号调制，采用无线通信。它既可传输模拟信号，又可传输数字信号。

由于微波段的频率很高，其频带范围也很宽，故微波信道的容量很大，可以同时传送大量的信息。目前各国大量使用的微波设备信道容量为 960 路、1200 路、1800 路和 2700 路，我国多为 960 路。

2. 卫星通信

卫星通信是指利用人造卫星进行中转的通信方式。用于通信的卫星是定位于距地球 3 万 6 千公里上空的一种人造同步地球卫星。所谓同步是指它沿着轨道旋转的角速度与地球自转的角速度相同，所以它相对于地球的位置始终是固定的。卫星通信正是在各个地球站之间利用这种卫星作为中继站的一种微波接力通信。卫星就是太空中微波通信的中继站。如图 2.17 所示。

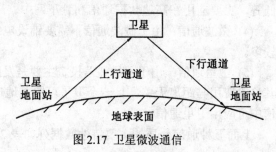

图 2.17 卫星微波通信

卫星通信的最大特点是，因为同步卫星发射出的电磁波能辐射到地球上的广阔地区，其通信覆盖区的跨度达 1 万 8 千多公里，相当于三分之一的地球表面。这样，可以实现的通信距离很远且通信费用与距离无关。只要在地球赤道上空的同步轨道上，等距离地放置 3 颗相隔角度为 120 度的卫星，就能基本上实现全球的通信。

目前常用的卫星通信频带为 6/4GHz，即上行（从地球站发往卫星）频率为 5.925～6.425 GHz，下行（从卫星转发到地球站）频率为 3.7～4.2 GHz，频段宽度都是 500 MHz。由于这个频带已经非常拥挤，因此现在也使用频率更高些的 14/12 GHz 的频段，甚至还有更高的。一个典型的通信卫星通常拥有 12 个转发器，每个转发器的频带宽度为 36 MHz，可用来传输 50 Mbps 速率的数据。

卫星通信区别于其它通信的一个最大的特点就是它具有很大的传播时延。由于各地球队站的天线仰角并不相同，因此，不管两个地球站之间的地面距离是多少，从一个地球站经卫星到另一个地球站的传播时延在 250～350 ms 之间，一般取典型值 270 ms。例如，对于地面微波接力通信链路，其传播时延约为 3 μs/km，而对于同轴电缆链路，由于电磁波在电缆中传播得比在空气中慢，因此传播时延一般是按 5 μs/km 来计算。

2.4.5 传输媒体的选择

上面介绍了双绞线、同轴电缆、光纤和无线通信线路，分析了它们的性能指标，目的是为了正确地选择与运用这些介质。选择传输介质应考虑的因素很多，它受到网络拓扑结构、网络连接方式、网络应用特点、地理条件、投资限制等许多问题的影响，另外还要考虑以下几个因素：

• 容量：通信系统所期待的通信量。
• 可靠性：应满足系统对可靠性的要求。
• 支持的数据类型：根据需传输的数据类型（数据、文字、图像或语音）及模拟数据或数字数据，选择合适的传输介质。
• 性能价格比：传输介质和传输设备的选择应在性能与价格之间取得一个折中，以获得较高的性能价格比。
• 环境范围：根据网络覆盖的范围，按节点间距离等因素选择传输介质。

上面介绍的几种传输的介质，其典型应用情况如下。

(1) 双绞线：由于其价格便宜，布线容易但带宽有限，其典型的应用是建筑物内部，低通信量的 LAN。

(2) 同轴电缆：主要用在局域网中，允许的通信量较大。

(3) 光纤：其特点是频带宽、速率高、体积小、质量轻、衰减小、电磁隔离和误码率低等，主要应用在高速数据通信和骨干网中。

(4) 微波通信：由于微波通信不需要铺设电缆，所以对不宜进行线缆施工的地区应用较多。

(5) 卫星通信：由于卫星通信投资主要是发射卫星和火箭的成本，卫星通信建成后，其传输费用与距离无关，且一个卫星可覆盖地球的三分之一面积，所以在远距离数据通信中可应用卫星通信。

上面五种通信介质的主要特性数据列如表 2.2 所表示。

表 2.2 五种通信介质的主要特性

传输介质	总数据率	带宽	转发器距离	差错率
双绞线	4 Mbps	3 MHz	2～10 kM	10^{-5}～10^{-6}
同轴电缆	500 Mbps	350 MHz	1～10 kM	10^{-7}～10^{-9}
光纤	2 Gbps	2 GHz	10～100 kM	10^{-10} 以下
微波	2 MHz 带宽速率	2～20 GHz	50～100 kM	高
卫星	可达数 Mbps	6/4 GHz	卫星与地面站距离	高

2.5 通信方式

在计算机系统的各个部件之间以及计算机与计算机之间，数据信息都是以通信的方式进行交换的。

2.5.1 并行传输和串行传输

按照计算机系统各部件之间同时传送的位数，可分为串行和并行传输。

1. 并行传输

在并行传输中，至少有 8 个数据位在各设备之间传输。发送设备将 8 个数据位通过 8 条数据线传送给接收设备，还可以有 1 位数据检验位，接收设备可同时接收到这些数据。在计算机内部的数据通信通常都以并行方式进行，并把并行的数据线称为总线，如 8 位总线、16 位总线等，如图 2.18 所示。

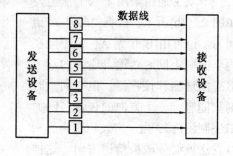

在并行数据传输中，使用的并行数据总线的物理形式有多种，但功能都是一样的，并行传输一般用在近距离，如机器内部。

图 2.18 并行数据传输

2. 串行传输

在串行传输中，每次由源端发往目的端的数据只有 1 位，所以减少了使用的数据线，如图 2.19 所示。

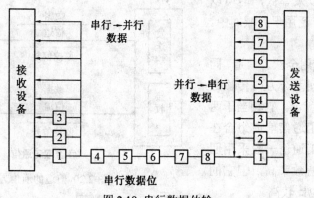

图 2.19 串行数据传输

在串行传输中，每次由源端发往目的端的数据只有 1 位，因此所需要使用的数据线大大减少了。在具有 8 位数据总线内，发送设备将 8 位数据同时送给并串转换硬件，数据以串行方式逐位传输到接收站的设备中。在发送端的并串转换硬件是将并行方式转换为串行方式。在接收端则从串行方式转换为并行方式。

2.5.2 信道的通信方式

根据信号在信道上的传输方向，把数据通信方式分为单工通信、半双工通信和全双工通信，如图 2.20 所示。

1. 单工通信

单工通信使用单个信道，如图 2.20(a)所示。数据信号仅从一个地方传送到另一个地方，亦即信息流沿一个方向流动，发送站和接收站是固定的。在数据通信系统中，接收方要对接收的数据进行校验，检出错误信息要求发送方重新发原信息，接收方正确收到数据也要返回确认信息，因此必须有一个控制信道，传送的确认信号、请求重发信号等称为监视信号。

在数据通信系统中，单工通信方式采用较少。

2. 半双工通信

半双工通信采用半双工信道，如图 2.20(b)所示。数据信号从 A 传到 B，也可由 B 传到 A，但不能在两个方向上同时传输。通信的双方都有发送器和接收器，但在同一时刻只能容纳一个方向的传输（例如二进制线路）。由一方发送变为另一方发送就必须改换信道方向。这样在一条信道上用开关进行转换，实现A→B和B→A两个方向的通信称为半双工通信。

由于在半双工通信中频繁地变换信道方向，所以效率低，但可以节省传输线路，广泛用于局域网中。

3. 全双工通信

全双工通信使用全双工信道，同一时刻能在两站间两个方向传输数据，如图 2.20(c)所示。它相当于两个相反方向的单工通信信道组合在一起。一般全双工通信一般采用四线制，全双工通信效率高，但它的结构复杂，成本也比较高。

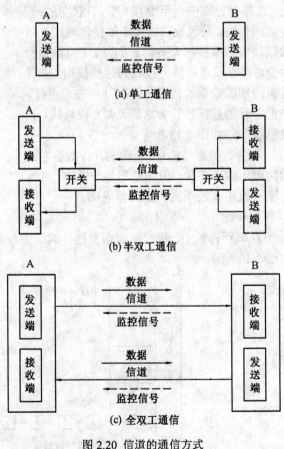

图 2.20 信道的通信方式

2.5.3 数据传输方式

在计算机网络的数据传输中，如果按照传输数据信号的特征，可以分为基带传输、频带传输和宽带传输。

1. 基带传输

在计算机等二进制数字设备中，表示二进制数字序列最方便的电信号形式为方波，即"1"、"0"分别用高、低电平或低、高电平表示，人们把方波固有的频率称基带，方波电信号亦称为基带信号。在信道上直接以基带信号传送数据称为基带传输。一般来说，要将信源的数据经过变换变为直接传输的数字基带信号，这些工作由编码器完成。在发送端由编码器进行编码，在接收端由译码器进行译码，恢复发送端发送的数据。基带传输是一种最简单最基本的传输方式。

编码之前的数据基带信号会有从直流到高频的频率特性，如果直接传送这种基带信号，就要求信道具有从直流到高频的频率特性。广义的基带传输也称直流传输。基带传输容易发生畸变，主要是因为线路中有分布电容、电感的影响及信道带宽的限制，基带传输的传送数据距离受到限制。

采用基带传输的一个例子是 Ethernet 网络，当传送距离为 1km 时，传输速度高达 10 Mbps，它有很高的性能价格比。在距离不大时，它是一个理想的速率/距离折衷方案，最远 2.5 km 左右。

2. 频带传输

在实现远距离通信时，经常借助于电话线路，此时需利用频带传输方式。所谓频带传输是指把数字信号调制成音频信号后再发送和传输，到达接收端时再把音频信号解调成原来的数字信号。可见，在采用频带传输方式时，要求在发送端安装调制器，在接收端安装解调器。在实现双工通信时，则要求收发两端都安装调制解调器 Modem。利用频带传输不仅解决了利用电话系统来传输数字信号的问题，而且可以实现多路复用，以提高传输信道的利用率。

3. 宽带传输

宽带传输常用于 LAN 中。这是利用频带宽度至少为 0～300 MHz 的宽带同轴电缆作为传输介质。使用时通常将这样宽的频带划分为若干个子频带，分别用这些子频带来传送音频信号、视频信号和数字信号，因此可以利用宽带传输系统来实现声音、文字和图像的一体化传输。宽带同轴电缆原来是用来传输电视信号的，当用它来传输数字信号时，需要利用射频调制解调器把数字信号变换成频率为几十 MHz 到几百 MHz 的模拟信号。

2.5.4 通信线路的连接方式

在数据通信系统中，主计算机与终端设备之间的通信线路有三种不同的连接方式，以适应不同通信场合的要求。

1. 点-点连接

终端和计算机之间直接连接或者通过调制解调器连接,如图2.21(a)所示。连接的线路可以是交换式的,也可以是专用线路或租用线路,后者适用于通信量较大的场合。

2. 分支式连接

图2.21(b)表示的是多点(多个终端)通过主干线路与计算机连接的方式。在该连接方式中,计算机为控制站,负责对各终端的信息进行发送控制和接收控制,各终端则为从站。控制站对接收和发送使用不同的方法进行控制。控制站采用轮询的方法从各终端接收信息,逐一询问各从站(终端)是否要发送消息,若有信息要发

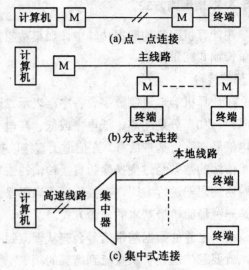

图 2.21 通信线路的连接方式

送,则被询问的终端可以向计算机发送信息,计算机接收;否则控制站询问下一终端。控制站向终端发送信息采用选择的方法,向终端发送选择帧,询问终端是否准备好接收信息,若准备好,控制站就向其发送信息;否则选择下一个终端。采用询问和选择技术,解决了多终端争用主线路的问题。分支连接能充分利用线路,故线路利用率高。

3. 集中器式连接

当多个终端设备都要与距离较远的计算机通信时,可把各终端先经集中器汇聚起来,再用频带较宽的高带宽线路与计算机连接,如图 2.21(c)所示。集中器与终端之间采用低速本地线路,而主机与集中器之间采用高速线路。

2.6 数据传输技术

2.6.1 数据同步技术

所谓同步,就是接收端要按照发送端所发送的每一个码元的重复频率以及起止时间来接收数据,也就是在时间基准上必须取得一致。在通信时,接收端要校准自己的时间和重复频率,以便和发送端在时间上取得一致。

同步是数据通信中需要解决的重要问题。同步不好会导致通信质量下降直至不能正确工作。同步主要分为位同步、字符同步和帧同步。

1. 位同步

位同步就是使接收端接收的每一位数据信息都与发送端准确地保持同步。实现这种同步的方法有外同步法和自同步法。

(1) 外同步法:这种同步方法是在发送数据之前,向接收端发出一串同步的时钟,接收端按照这个时钟频率,调整接收时序,并把接收时的时钟重复频率锁定在接收的同步频率上,以便接收数据信息时,也能用同步频率的时钟作为外同步信号接收数据,如图 2.22 所示。

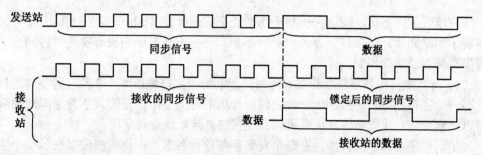

图 2.22 外同步的接收过程

从图中可以看出，外同步法的同步接收过程分两步，首先是校准同步，然后用校准后产生的同步信号作为定时信号接收数据信息。所谓外同步，就是接收端的时钟定时信号是由对方送来的，而不是从数据信息中提取出来的，所以称这种同步法为外同步法。

（2）自同步法：自同步法是从数据信息波形的本身提取同步信号的方法。在编码器进行编码信号传输的系统中，从编码信号中提取同步信号，相位编码（或称相位调制）的脉冲信号以调相方法进行传输就是一例。按照这种方法，每位二进制信息在位周期中间必须改变相位，并规定"0"信息时编码输出信号先负后正，而"1"信息时是先正后负。C-net 微机网络所用的就是调相制编码。这种相位都有电平变化的编码称为曼彻斯特码，如图 2.23 所示。

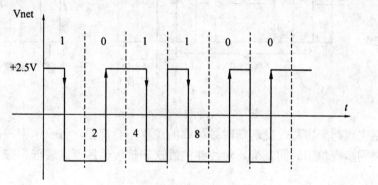

图 2.23 C-Net 用的调相制编码

2. 字符同步

在解决比特同步之后，下一步要解决的是字符同步问题。标准的 ASCII 字符是由 8 位二进制 0、1 组成。发送端以 8 位为一个字符单元来发送，接收端也以 8 位的字符单元来接收。保证收发双方正确传输字符的过程叫做字符同步。

在字符同步中，仅仅识别各位数码是不够的，至少要把各个字符正确地识别出来，如图 2.24 所示。

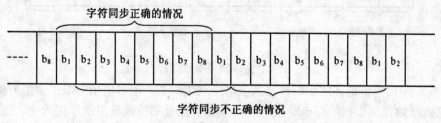

图 2.24 串行数码和字符同步

按位串联数码 $b_1b_2\cdots b_8b_1b_2\cdots b_8b_1\cdots$，如能把它划分为（$b_1b_2\cdots b_8$）（$b_1b_2\cdots b_8$）…这就实现了字符同步。如果划分为（$b_2b_3\cdots b_8b_1$）（$b_2b_3\cdots b_8b_1$）…则没有实现字符同步。字符同步有异步制和同步制。

(1) 异步制：也称字符起止式。采用异步制每个字符都按照一个独立的整体进行发送，即一个字符的最后一位到下一位之间所经历的时间是不固定的。字符之间的间隔时间可以任意变化，也就是说发送端可以在任何时刻异步地发送字符。

为了识别字符和字符同步，在每个发送字符前后各加入一位或多位以表示一个字符的开始和结束。异步制可用 5 单位、7 单位和 8 单位编码，起始位一般为 1 位，而停止位可以是 1 位、1.5 位或 2 位。图 2.25 为 7 单位异步制字符编码。

每 7 位构成一个字符，另有 1 位校验位。当线路无信号时处于高电平，一旦检出有负电位信号，即表示一个字符开始，由 1 位逻辑上是"1"的位领先，由 1.5～2 位的停止位（逻辑上是"0"）在字符编码 7 位和 1 位校验位之后。下一字符的起始位能在前一字符停止位之后的任意长时间出现。

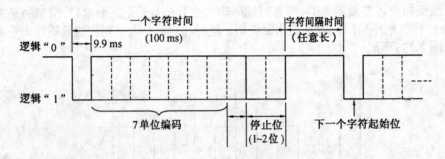

图 2.25 七单位异步制字符编码

异步制实现起来容易，发送端时钟频率的漂移不会积累，每一个字符的起始位都给该字符的位同步提供了时间基准，对线路的发送和接收设备要求较低，或者传输的可靠性高。

由于外加了起始位和停止位这些专用于同步的信息位，所以传输效率低。异步制在低速终端信道上获得了广泛的应用。

(2) 同步制：同步制对于面向成组的传送提供了更高的线路利用率。字符没有任何附加位而连续地发送。每组字符必须由一个或多个确定的同步字符领先。接收端通过检测同步字符来获得同步。只要接收端能用自己的时钟信号准确地收到发送端的同步字符 SYN，则说明了接收端达到了位同步，也就找到了划分字符的边界，如图 2.26 所示。

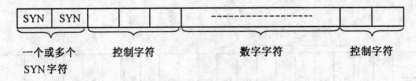

图 2.26 同步传输的原理

接收端用反向信道（同步制传送大多用全双工信道，也可使用半双工信道）确认后，发送端就开始发送数据的每一个字符，直到出现控制字符指出组的结束为止。这和位同步使用外同步法是一致的。同步制传送时间如图 2.27 所示。

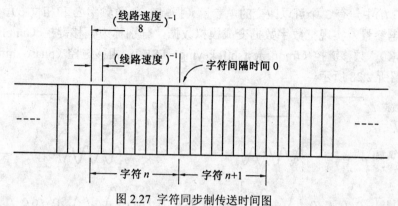

图 2.27 字符同步制传送时间图

同步制对串行通信链路的两端要求是：发送端必须按照串行线路所需求的速率提供字符，接收端也必须按此速率得到信息，字符间的任意停顿都会使接收端失去同步。

3. 帧同步

在两个工作站以报文分组为单位传送数据时，在字符正确同步的基础上，必须将线路上的数据流划分成报文分组或 HDLC 规程的帧。划分帧主要依靠帧的开始标志和结束标志。HDLC 帧标志为 F（01111110），当检出标志 F 时，认为帧开始或结束。帧同步除使用帧同步信号外，还可在帧间加入定位码，它有特定的码型，以便与信道码相区别。

2.6.2 调制解调技术

从计算机和终端出来的数据信号是基带信号，不适合远距离传送，需要把基带信号变成频带信号在模拟信道上传送。在公共电话交换网上与计算机系统连接实现远程通信，要把数字信号和模拟音频信号互相转换。在公共电话网上使用频带宽度为 300～3400 Hz 传送模拟信号（声音）。由于数字信号频谱在零赫兹到几千兆赫兹，所以传送声音的模拟信道不能传送数字信号。另外由于干线路上使用的是音频放大器、模拟滤波器，不允许使用数字信号。为了实现一个信道传输多路数字信号，便于信道复用，也需要把数字信号调制成频谱的模拟信号。

调制解调技术是实现数字数据的模拟传输的方法。电话通信信道是典型的模拟通信信道，它是目前世界上覆盖面积最大应用普遍的一类通信信道。无论网络与通信技术如何发展，电话仍然是一种基本的通信手段。传统的电话通信信道是为传输语音信号设计的，只适用于传输音频范围（300～3400 Hz）的模拟信号，无法直接传输计算机的数字信号。为了利用模拟语音通信的电话交换网实现计算机的数字数据信号的传输，必须首先将数字信号转换成模拟信号。

我们将发送端数字数据信号变换成模拟数据信号的过程称为调制(modulation)，将调制设备称为调制器（modulator）；而将接收端模拟数据信号还原成数字数据信号的过程称为解调(demodulation)，将解调设备称为解调器(demodulator)。同时具有调制与解调功能的设备，就称为调制解调器(modem)。

在调制过程中，首先要选择音频范围内的某一角频率 ω 的正(余)弦信号作为载波，该正(余)弦函数可以写为

$$u(t) = u_m \cdot \sin(\omega t + \varphi_0)$$

在载波 $u(t)$ 中,有 3 个可以改变的电参量(振幅 u_m,角频率 ω 和相位 φ)。可以通过变化 3 个电参量,实现把数字数据变成模拟数据,分别称为幅移键控(amplitude shift keying,ASK)、频移键控(frequency shift keying,FSK)、相移键控(phase shift keying,PSK),如图所 2.28 所示。

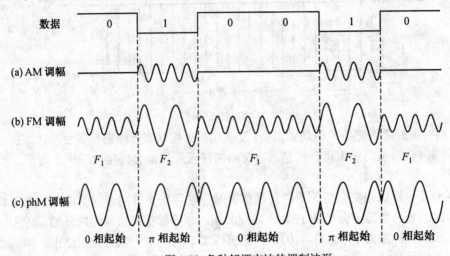

图 2.28 各种解调方法的调制波形

1. 幅移键控 ASK

在 ASK 方式中,用不同幅值的正弦载波信号来分别表示数字"1"和"0"。例如,用某一幅值的正弦载波信号表示数字"1",用零幅值(无载波信号)表示数字"0"。ASK 的技术简单实现容易,但抗干扰能力差。

2. 频移键控 FSK

在 FSK 方式中,用不同角频率的正弦载波信号分别表示数字"1"和"0"。FSK 的技术简单实现容易,抗干扰能力强,是目前常用的方法。

3. 相移键控 PSK

在 PSK 方式中,用不同初相位的正弦载波信号分别表示数字"1"和"0"。它的抗干扰能力强,但实现技术复杂。具体的实现方法有绝对调相(用相位的绝对值表示数字"1"、"0")和多相调相(用不同的相位值表示"1"、"0"码组合,如用位相差 $\pi/2$ 的相位值分别表示 00,01,10,11)。

为了让 Modem 支持更高的数据传输率,必须采用新的调制方式。最常用的方法是让每波特的载波携带多位二进制数,即用多位二进制编码来控制改变 Modem 载波的多个参量,例如同时改变载波的振幅和相位。我们将这种调制方式称为正交幅度调制(quadrature amplitude modulation,QAM)。

每种调制解调器有各自不同的调制方式,以支持不同的数据传输率。Modem 的调制方式和数据传输率大多数由国际电信联盟(international telecommunication union,ITU)进行标准化,如 ITU V.32 标准支持 9.6 kbps 数据传输率。支持 14.4 kbps 数据传输率的调制解调器的标准为 V.32 bis,即 V.32 规范的扩展形式。V.32 bis 规范后面是数据传输率为 28.8 kbps 的 V.34 标准,以及支持 33.6 kbps 的 V.42 标准。上述这些 Modem 标准都是通过在 2400 波特的电话线路上每波特传输多位二进制数实现的。而支持 56 kbps 的 V.90 标准的实现机制完全不一样。有关 Modem 更详细的描述可参看有关资料。

2.6.3 多路复用技术

在数据通信系统和计算机网络系统中，传输媒体的带宽或容量往往超过传输单一信号的需求，为了有效地利用通信线路，从共享信道资源的要求出发，希望一个信道同时传送多路信号，这就是所谓的多路复用技术（multiplexing）。

多路复用是把来自多个信源的信息合并，合并后的信息在单一的线路上传输，在接收端，把合并后的信息分离成各路单独的信息。或者说多路复用技术是将信道在频率域或时间域进行分割，形成若干个独立的子信道，每一个子信道单独传输一路数据信号。这种使用一条共享的信道传输多路信号称"多路复用"。采用多路复用技术能把多路信号组合在一条物理信道上传输，在远距离传输时，可大大节省电缆的安装和维护费用。

多路复用技术主要包括频分多路复用 FDM(frequency division multiplexing)技术和时分多路复用 TDM（time division multiplexing)技术两种。

1. 频分多路复用

在物理信道的可用带宽超过单个原始信号所需带宽的情况下，可将该物理信道的总带宽分割成若干个与传输单个信号带宽相同（或略宽）的子信道，每个子信道传输一路信号，这就是频分多路复用，如图 2.29 所示。多路原始信号在频分复用前，先要通过频谱搬移技术将各路信号的频谱搬移到物理信道频谱的不同频段上，也即使各路信号的带宽不互相重叠，可以通过采用不同的载波频率进行调制实现。例如，在图 2.29 中，6 个信号源输入到一个多路复用器中，该多路复用器用不同的频率（$f_1 \sim f_6$）调制每一个信号，每个信号需要一个以它的载波频率为中心的一定带宽的通道。为了防止相互干扰，使用保护带隔离每一个子信道，保护带是一些不用的频谱区。

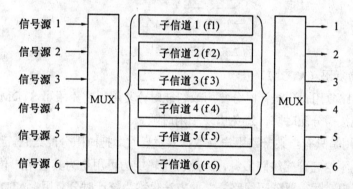

图 2.29 频分多路复用

例如，在载波话路中，声音的有效频率范围是 300～3400 Hz(声音的频带为 0～20 kHz)，CCITT 规定，把 12 条 4 kHz 话路复用在 60～108 kHz 频带上。在国际上，对于频分复用等级是以话路频带为单位子信道制定的标准，规定一个话路带宽 4 kHz(有效带宽 300 Hz～3400Hz)。CCITT 载波群频体系标准如 2.3 表。

表 2.3 CCITT 载波群频体系标准

话路数目	带 宽	频谱范围	群体名称
12	48 kHz	60-108 kHz	基群
60	200 kHz	312-3552 kHz	起群 = 5 基群
300	1232 MHz	812-32044 kHz	主群 = 5 起群
900	3872 MHz	856-312388 kHz	起主群 = 3 主群

2. 同步时分多路复用（STDM）

同步时分复用是固定分配信道，在通信信道上形成一种时间上的逻辑子信道的通信媒体共享方式。同步时分复用的特点是，对信道进行固定的方式分配给各路数字信号。在 STDM 方式中，时隙是预先分配给各终端，而且是固定的。不论终端是否有数据要发送，都要占用一个时隙，而实际上不是所有终端在每个时隙都有数据输出，所以时隙的利用率较低。

同步时分复用有下列关系

$$复用器输出线路容量 = \Sigma 复用器输入线路容量$$

所以与复用器相连接的低速终端数目及速率受复用传输速率的限制，同步时分多路复用原理如图 2.30 所示。

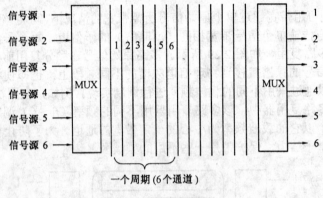

图 2.30 同步时分多路复用

3. 异步时分多路复用（ATDM）

异步时分多路复用也称统计时分复用或智能时分复用，它克服了 STDM 浪费时隙的缺点，能动态地按需分配时隙，避免出现空闲时隙。

异步时分复用是只有当某一路用户有数据要发送时才把时隙分配给它。当用户暂时停止发送数据时，不给它分配线路资源，线路的传输能力可用于为其它用户传输更多的数据。这种根据用户实际需要分配线路资源的方法也称为统计时分复用，ATDM 的每个用户的数据传输速率可以高于平均速率，最高可达到线路总的传输能力。

例如，线路传输速率为 9600 bps，4 个用户的平均速率为 2400 bps，当用预分配复用方式时，每个用户的最高速率为 2400 bps，而在统计复用方式下，每个用户的最高速率可以达到 9600 bps。在 ATDM 中，由于数据不是以固定的顺序出现，所以接收端不知道应该将哪一个时隙内的数据送到哪一个用户。为了解决这个问题，ATDM 在发送数据中加入了用户识别标记，以便使接收端的复用器按标记分送数据。ATDM 也具有如下关系

$$复用器输出线路容量 = \Sigma 复用器输入线路容量$$

即总时间复用的时间片数 N 等于复用器输入端的低速线路数，以保证每个用户都有数据发送时仍能及时发出。异步时分复用原理如图 2.31 所示。

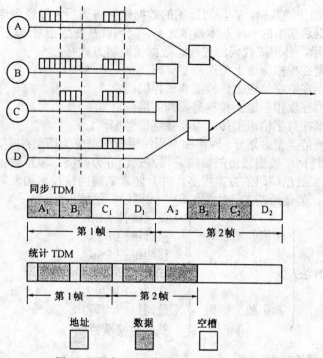

图 2.31 同步 TDM 和统计 TDM 的比较

时分复用的标准因国家和地区的不同而存在着一些差异。T_1 速率的复用是北美和日本的标准,而在欧洲和中国采用的是 E_1 标准(即:复用 32 路话音信号,采样频率为 8 kHz,256 级量化、速率为 $32 \times 8 \times 8 = 2.048$ Mbps)。此外,还可以对 T_1 和 E_1 速率作进一步的复用,如表 2.4 所示。表中的速率并不是整数倍关系,这是因为每多一级复用,都是增加一些诸如帧同步之类的额外开销。

表 2.4 T_1 和 E_1 系列多路复用标准

应用地区		一次群	二次群	三次群
北 美	名称	T_1	$T_2 = T_1 \times 4$	$T_3 = T_2 \times 7$
	原始信道路数	24	96	672
	数据速率/M bps	1.544	6.312	44.736
欧洲及中国	名称	E_1	$E_2 = E_1 \times 4$	$T_3 = T_2 \times 4$
	原始信道路数	30	120	480
	数据速率/M bps	2.048	8.448	34.368

2.7 数据编码技术

2.7.1 概 述

计算机中的数据是以二进制 0、1 比特序列方式表示的。数据在传输过程中的数据编码类型,主要取决于它采用的通信信道所支持的数据通信类型。根据不同的信道可以采用模拟信号传递信息,也可以采用数字信号来传递信息。无论采用模拟信号还是数字信号，为了正确地传输数据，都要对原始的数据进行编码后才能送到信道上传输。

编码是数据通信中的一项基本技术之一，编码就是在数据发送端，把要发送的数据用适当的代码表示，并形成代码的过程。数据的编码方式有：
- 模拟数据在模拟信道上传送不要编码。
- 模拟数据在数字信道上传输需要采样编码。
- 数字数据在模拟信道上传输需要调制编码。
- 数字数据在数字信道上传输需要数字信号编码。

根据数据通信类型来划分，网络中常用的通信信道分为两类：模拟通信信道和数字通信信道。相应地用于数据通信的数据编码方式也分为两类：模拟数据编码与数字数据编码。网络中数字数据编码的方案很多，并且随着高速网络技术的发展，已经出现了一系列的新的技术，但是最基本的数据编码方式可以归纳如下几种：

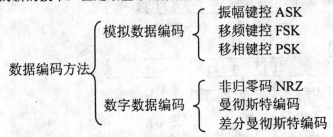

2.7.2 数字数据编码方法

在数据通信中，分为基带传输和频带传输两种。频带传输是指利用模拟通信信道通过调制解调器传输模拟数据信号的方法。这种方法在调制解调技术中已介绍。基带传输在基本不改变数字数据信号频带（即波形）的情况下，直接传输数字信号，可以达到很高的数据传输速率与系统效率。因此，基带传输是目前迅速发展的数据通信方式。在基带传输中，数字数据的编码方式有：
- 非归零编码 NRZ
- 曼彻斯特编码
- 差分曼彻斯特编码

1. 非归零码 NRZ

非归零码（non-return to zero，NRZ）的波形如图 2.32 所示，NRZ 码可以规定用低电平表示逻辑"0"，用高电平表示逻辑"1"，也可以有其它方式表示。

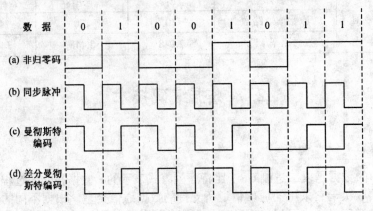

图 2.32 数字数据信号的波形

NRZ 码的缺点是无法判断一位的开始和结束，收发双方不能保持同步。为了保证收发两方的同步，必须在发送 NRZ 码的同时，用另一个信道同时传送同步信号。另外，如果信号中"1"与"0"的个数不相等时，存在直流分量，这是在数据传输中不希望存在的。

2. 曼彻斯特（Manchester）编码

曼彻斯特编码是目前应用最广泛的编码方法之一，典型的曼彻斯特编码波形如图 2.32 所示。曼彻斯特编码的规则是：每比特的周期 T 分为前 $T/2$ 与后 $T/2$ 两部分；通过前 $T/2$ 传送该比特的反码，通过后 $T/2$ 传送该比特的原码。

曼彻斯特编码的优点是：

（1）每一个比特的中间有一次电平跳变，两次跳变的时间间隔可以是 $T/2$ 或 T，利用电平跳变可以产生收发双方的同步信号。因此，曼彻斯特编码信号又称作"自含时钟编码"信号，发送曼彻斯特编码信号时无需另外同步信号。

（2）曼彻斯特编码信号不含直流分量，曼彻斯特编码的缺点是效率较低，如果信号传输速率是 10 Mbps，那么发送的时钟信号频率应为 20 MHz。

3. 差分曼彻斯特编码

差分曼彻斯特编码是对曼彻斯特编码的改进，典型差分曼彻斯特编码的波形如图 2.32(b)所示。差分曼彻斯特编码与曼彻斯特编码不同点主要是：

（1）每比特的中间跳变仅做同步之用。

（2）每比特的值根据其中开始边界是否发生跳变来决定，一个比特开始处出现电平跳变表示传送二进制"0"；不发生跳变表示传送二进制"1"。

我们可以根据图 2.32 来比较曼彻斯特编码与差分曼彻斯特编码的区别。图中被编码的数据 $b_0 = 0$，根据曼彻斯特编码规则，前 $T/2$ 取 0 的反码。按照这里的规定，0 用低电平表示，那么其反码为高电平；后 $T/2$ 取 0 的原码低电平。$b_0 = 1$，根据曼彻斯特编码规则，前 $T/2$ 取 1 的反码低电平，后 $T/2$ 则取高电平。$b_3 = 0$ 根据曼彻斯特编码，b_3 的前 $T/2$ 取高电平，后 $T/2$ 取低电平。而根据差分曼彻斯特编码，$b_3 = 0$，在 b_2 与 b_3 交换处发生电平跳变，那么 b_2 的后 $T/2$ 为高电平，b_3 的前 $T/2$ 一定是低电平，后 $T/2$ 是高电平。依照这个规律，我们就可以画出图中的曼彻斯特编码与差分曼彻斯特编码。曼彻斯特编码与差分曼彻斯特编码是数据通信中最常用的数字数据信号编码方式，它们的优点前面已叙述了，但也有明显的缺点，那就是它需要的编码的时钟信号频率是发送信号频率的两倍。例如，如果发送速率为 10 Mbps，那么发送时钟要求达到 20 MHz，因此，在高速网络研究中，又提出了其它的数字数据的编码方法。

2.7.3 脉冲编码调制

由于数字信号传输失真小，误码率低、数据传输速率高。因此在网络中除计算机直接产生的数字外,语音、图像信息的数字化已成为发展的必然趋势。脉冲编码调制（pulse code modulation，PCM）是模拟数据数字化的主要方法。

PCM 技术的典型应用是语音数字化。语音可以用模拟信号的形式通过电话线路传输，但是在网络中将语音与计算机产生的数字、文字、图形与图像同时传输，就必须将语音信号数字化。在发送端通过 PCM 编码器将语音信号变换为数字化语音数据，通过通信信道传送到接收端，接收端再通过解码器将它还原成语音信号。数字化语音数据的传输速率高、失真小，可以存储在计算机中，并且进行必要的处理。因此，在网络与通信中，首先要利用 PCM 技术将语音数字化。

PCM 操作包括采样、量化与编码 3 部分内容。

1. 采样

模拟信号数字化的第一步是采样。模拟信号是电平连续变化的信号。采样是隔一定的时间间隔，将模拟信号的电平幅度值取出来作为样本，让其表示原来的信号。因此，采样频率 f 应为

$$f \geq 2B \text{ 或 } f = 1/T \geq 2 \cdot f_{max}$$

式中，B 为通信信道带宽；T 为采样周期；f_{max} 为信道允许通过的信号最高频率。

采样的工作原理如图 2.33（a）所示。研究结果表明，如果以大于或等于通信信道带宽 2 倍的速率定时对信号进行采样，其样本可以包含足以重构原模拟信号的所有信息。

2. 量化

量化是将采样样本幅度按量化级决定取值的过程。经过量化后的样本幅度为离散的量级值，已不是连续值。

量化之前要规定将信号分为若干量化级，例如可以分为 8 级或 16 级，以及更多的量化级，这要根据精度要求决定。同时，要规定好每一级对应的幅度范围，然后将采样所得样本幅值与上述量化级幅值比较。例如，1.28 取值 1.3，1.52 取值为 1.5，即通过取整来定级。

3. 编码

编码是用相应位数的二进制代码表示量化后的采样样本的量级。如果有 k 个量化级，则二进制的位数为 $\log_2 k$。例如，如果量化级有 16 个，就需要 4 位编码。在目前常用的语音数字化系统中，多采用 128 个量级，需要 7 位编码。经过编码后，每个样本都要用相应的编码脉冲表示，如图 2.33 表示。图中 D_5 取样幅度为 1.52，取整后为 1.5，量化级为 15，样本编码为 1111。将二进制编码 1111 发送到接收端，接收端可以将它还原成量化级 15，对应的电平幅度为 1.5。

当 PCM 用于数字化语音系统时，它将声音分为 128 个量化级，每个量化级采用 7 位二进制编码表示。由于采样速率为 8000 样本/s，因此数据传输速率应达到 $7 \times 8000 = 56$ kbps。此外，PCM 还可以用于计算机中的图形图像数字化，以及传输处理中。

PCM 采用二进制编码的缺点是使用的二进制位数较多，而编码效率较低。

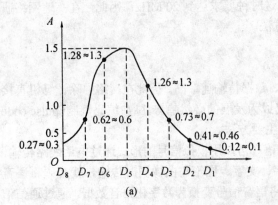

图 2.33　PCM 工作原理示意图

2.8 差错控制

信号在信道中进行传输,我们希望的是高效无差错的传输,但是差错却是不可避免的。数据在通信线路上传输时,由于通信设备的质量不好,或传输介质电子热运动的存在,或外界电磁干扰的影响,有可能使被传输的数据出现差错。

2.8.1 差错产生的原因

所谓差错就是在数据通信中,接收端接收的数据与发送端实际发送的数据出现不一致的现象。差错包括:
- 数据传输过程中位丢失。
- 发送的位值为"0",而接收到的位值为"1";或反之,即发出的位值与接收到的位值不一致。

引起信道传输差错的原因是热噪声的影响,热噪声有两大类:随机热噪声和冲击热噪声。随机热噪声是通信信道上固有的,持续存在的热噪声。这种热噪声具有不固定性,所以称为随机热噪声,由它引起的差错称为随机差错。所谓随机差错是指某个码元出错时,与其前后码元无关。冲击热噪声是由于外界某种原因呈突发状,称为突发差错。

热噪声是影响数据在通信媒体中正常传输的主要因素,数据通信中的热噪声主要包括:

(1)在数据通信中,信号在物理信道上传输时由于线路本身电气特性随机变化产生的信号幅度、频率、相位的畸形和衰减。

(2)电信号在线路上产生反射造成的回音效应。

(3)相邻线路之间的串线干扰。

(4)大气中的闪电、电源开关的跳火、自然界磁场的变化,以及电源的波动等外界因素。

数据传输中所产生的差错主要是热噪声引起的,由于热噪声会造成传输中的数据失真,产生差错,所以在传输中要尽量减少热噪声。

2.8.2 误码率

由于上述原因,使数据通信系统的接收端接收的数据出现概率性的错误。用误码率来衡量通信线路传输信息的准确度。

误码率是指二进制比特在数据传输系统中被传错的概率,它的数值近似等于

$$P_e = N_e/N$$

式中,N 为传输二进制比特总数;N_e 为被传错的比特数;P_e 为误码率。

在实际的物理线路的传输过程中,人们需要进行大量的测试,求出各种信道的平均误码率。例如,电话线路传输速率在 300~2400 bps 时,平均误码率在 10^{-4}~10^{-6} 之间,传输速率在 4800~9600 bps 时,平均误码率在 10^{-2}~10^{-4} 之间。

在理解误码率定义时,应注意以下几个问题:

(1)误码率是衡量数据传输系统正常工作状态下传输可靠性的参数。

(2)对于一个实际的数据传输系统,不能笼统地说误码率越低越好,要根据实际的传输要求提出误码率要求。在数据传输速率确定之后,误码率越低,传输系统设备越复杂,造价越高。

(3)对实际的传输系统,如果传输的是十进制位,要折合成二进制位来计算。

2.8.3 提高传输质量的方法

在数据通信中，提高传输质量的对策与方法有三个：

（1）提高信道质量：改善通信线路的性能，使错码出现的概率降低到满足系统要求的程度。具体做法是：
- 使用高质量的信道，即使用具有热噪声小，信号屏蔽能力强的信道。
- 使用中继器，中继器的作用是每经过一定的传输距离将数据信号重新复制一次。

（2）提高数据信号的健壮性
- 纠错码，为传输的数据信号增加冗余码，以便能自动纠正传输差错。
- 检验码，为传输数据信号增加冗余码，以便查出哪一位出错。

（3）采用合适的差错控制协议：与检错码相比，纠错码具有自动纠错码的功能，但实现复杂造价高，传输效率低。通常是采用检错码检查出差错，由合适的差错控制协议来补救。

2.8.4 差错控制方式

差错控制是指在数据通信过程中发现和检测错误，对差错进行纠正，从而把差错限制在数据传输所允许的尽可能小的范围的技术和方法。在数据通信中，没有差错控制的传输是不可靠的；在数据通信系统中，一般是通过差错控制编码来检错和纠错，从而分为检错码和纠错码。

- 检错码：能够自动发现错误的编码。
- 纠错码：能够自动发现和纠正错误的编码。

进行检错和纠错的规则是对所传输的信息序列按一定的规则增加一些冗余码元,在发送端把信息码元和冗余码元一起发送。经信道到达接收端后，按预先确定的规则进行检查，从而达到发现和纠正差错的目的。

检错码的检错能力取决于两方面的因素，一是检测位数的多少，检测位越多，则检错能力越强。二是检测码的形成规则，严密和科学的检测计算规则将会使检错能力增强。在计算机网络通信中常用的检错编码有：

- 垂直冗余校验（VRC）
- 水平冗余校验（CRC）
- 方阵校验（垂直水平冗余校验）
- 循环冗余校验（CRC）

在数据通信中采用的差错控制基本方式有三种：

1. 前向纠错方式（forward error control，FEC）

在发送端用编码器对发送数据单元进行差错编码，在接收端用译码器对接收到的数据单元进行译码，通过按预定规则的运算，确定差错的位置和性质，自动发现和纠正错误。所以 FEC 不求助于反向操作，故称为"前向纠错"。

2. 自动反馈重发纠错（automatic repeat request，ARQ）

发送端用编码器对发送数据单元进行差错编码，而接收端经译码器处理后，只是检测有无差错，不作自动纠正。如检查到差错，则利用反向信道请求发送端重发有错的数据单元，直到接收端接收到正确数据为止。

3. 混合方式（HEC）

接收端对少量的接收差错进行自动前向纠正，而对超出纠正能力的差错则通过反馈重发方式加以纠正，所以是一种 FEC 和 ARQ 混合方式。

在数据通信和计算机网络中，几乎都采用 ARQ 差错控制技术。

2.8.5 奇偶校验

奇偶校验是一种通过增加冗余位使得码字中"1"的个数恒为奇数或偶数的编码方法，它是一种检错码。在实际使用时又可分为垂直奇偶校验、水平奇偶校验和方阵校验（水平垂直奇偶校验）等几种。

1. 垂直奇偶校验

垂直奇偶校验又称为纵向奇偶校验，它是将要发送的整个信息块分为定长 p 位的若干段（比如说 q 段），每段后面按"1"的个数为奇数或偶数的规律加上一位奇偶位，如图 2.34 所示。

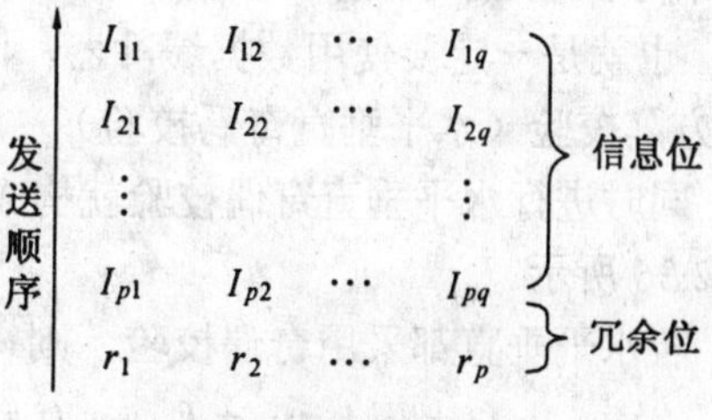

pq 位信息（I_{11}，I_{21}，…，I_{p1}，I_{p2}，…，I_{p8}）中，每 p 构成一段（即图中的一列），共有 q 段（即共有 q 列）。每段加上一位奇偶校验冗余位，即图中的 r_i。编码规则为

偶校验：$r_i = I_{1i} + I_{2i} + \cdots + I_{pi}$　　（$i = 1,2,\cdots, q$）

奇校验：$r_i = I_{1i} + I_{2i} + \cdots + I_{pi} + 1$　　（$i = 1,2,\cdots, q$）

这里的" + "是指模 2 加，也即异或运算。

图中箭头给出了串行发送顺序，即逐位先后次序为 I_{11}，I_{21}，…，I_{P1}，r_1，I_{12}，…，I_{P2}，r_2，…，I_{1q}，…，I_{pq}，r_q。在编码和校验过程中，用硬件方法或软件方法很容易实现上述连续半加运算，而且可以边发送边产生冗余位。同样，在接收端也可以边接收边进行校验后去掉校验位。

垂直奇偶校验方法的编码效率为 $R = p/(p + 1)$。通常，取一个字符的代码为一个信息段，这种垂直奇偶校验有时也称为字符奇偶校验。例如，在 8 位字符代码（即用 8 位二进制位表示一个字符）中，$p = 8$，编码效率便为 8/9。

垂直奇偶校验方法检测出每列中的奇数位错，但检测不出偶数位错。对突发错误来说，奇数位错和偶数位错的发生概率接近于相等，因而对差错的漏检率接近 1/2。

图 2.34 垂直奇偶校验

2. 水平奇偶校验

为了降低对突发错误的漏检率，可以采用水平奇偶校验方法。水平奇偶校验又称为横向奇偶校验，它是对各个信息段的相应位横向进行编码，产生一个奇偶校验冗余位，如图 2.35 所示。

编码规则为：

偶校验：$r_i = I_{i1} + I_{i2} + \cdots + I_{iq}$ $(i = 1,2,\cdots, p)$

奇校验：$r_i = I_{i1} + I_{i2} + \cdots + I_{iq} + 1$ $(i = 1,2,\cdots, p)$

图 2.35 水平奇偶校验

若是每个信息段就是一个字符的话，这里的 q 就是发送的信息块中的字符数。水平奇偶校验的编码效率为 $R = q/(q + 1)$。

水平奇偶校验不但可以检测出各段同一位上的奇数位错，而且还能检测出突发长度≤p 的所有突发错误。因为按发送顺序从图 2.35 可见，突发长度≤p 的突发错误必然分存贮在不同的行上，且每行一位，所以可以检出错误，它的漏检率要比垂直奇偶校验方法低。但是实现水平奇偶校验时，不论采用硬件方法还是软件方法，都不能在发送过程中边产生奇偶校验冗余位边插入发送，而必须等待要发送的全部信息块到齐后，才能计算冗余位，也就是一定要使用数据缓冲器，因此它的编码和检测实现起来要复杂一些。

3. 方阵校验（水平垂直奇偶校验）

同时进行水平垂直奇偶校验就构成方阵校验，如图 2.36 所示。

若水平垂直都采用奇偶校验，则

$r_{i,q+1} = I_{i1} + I_{i2} + \cdots + I_{iq}$ $(i = 1,2,\cdots, P)$

$r_{p+1,j} = I_{1j} + I_{2j} + \cdots + I_{pj}$ $(j = 1,2,\cdots,q)$

$r_{p+1,q+1} = r_{p+1,1} + r_{p+1,2} + \cdots + r_{p+1,q} = r_{1,q+1} + r_{2,q+1} + \cdots + r_{p,q+1}$

I_{11}	I_{12}	$\cdots$	I_{1q}	$r_{1,q+1}$
I_{21}	I_{22}	$\cdots$	I_{2q}	$r_{2,q+1}$
$\vdots$				
I_{p1}	I_{p2}	$\cdots$	I_{pq}	$r_{p,q+1}$
$r_{p+1,1}$	$r_{p+1,2}$	$\cdots$	$r_{p+1,q}$	$r_{p+1,q+1}$

图 2.36 方阵校验

水平垂直奇偶校验的编码效率为

$$R = pq/[(p + 1)(q + 1)]$$

方阵校验能检测出所有 3 位或 3 位以下的错误（因为此时至少在某一行或某一列上有一位错）、奇数位错、突发长度≤$p + 1$ 的突发位错以及很大一部分偶数位错。测量表明，这种方式的编码可使误码率降至原误码率的百分之一到万分之一。

水平垂直奇偶校验不仅可以检错，还可以用来纠正部分错误。例如数据块中仅存在一位错时，便能确定错码的位置就在某行和某列的交叉处，从而可以纠正它。

2.8.6 循环冗余校验

在数据通信和计算机网络中用得最多的检错码，是一种"循环冗余检验"（cyclic redundancy check, CRC）码，简称循环码。循环码与前述的校验码不同，它有两个显著的优点：一是它的结构适用于代数方法进行分析研究，而使用代数方法可以设计各种有用的、有很强纠错能力的码；二是由于码的循环特性，可使编码、译码电路简单，容易实现。为此，循环校验码在计算机通信网中得到了广泛的应用。

1. 循环码的概念

为了使传送的信息具有检错的能力，必须对所传送的信息码进行编码，一般采用的办法是在信息位的后面附加上若干校验位，如图 2.37 所示。在图中，信息码元为 k 位，校验码元为 r 位（$n = k + r$），这种码也称为（n,k）码，其中 n 表示码长，k 表示信息码长。码的检错能力大小与检验码元的位数有关，位数越多，检错能力越大，同时还与产生校验位的规则有关。

如果有 r 位校验码元，其中每一个校验码元是前面某些信息码元的模 2 和，那么，这样组成的一个长 n 位的码，我们称其为线性分组码，简称线性码。当一个（n,k）线性码满足循环的特性时，我们称其为循环码。

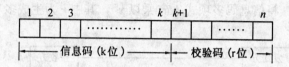

图 2.37 系统码的结构形式

如有一个（n,k）线性码 C，当 $C =$（$C_0, C_1, \cdots, C_{n-2}, C_{n-1}$）是 C 的一个码字时（其中 $C_0, C_1, \cdots, C_{n-1}$ 是"0"或"1"），将 C 循环右移一位得

$$C^{(1)} = C_{n-1}, C_0, C_1, \cdots, C_{n-2}$$

也是 C 的一个码字，即在 C 的码字集合中，将任意二个码字的对应位作模 2 加，则得到一个新的码字。这个新的码字属于 C 的码字集合中的一个。故称线性码 C 为循环码。

2. 代码多项式 $M(x)$

我们把要传送的整个 k 位数据块看成一个连续的二进制数，从代码结构上看，把它的各位的值（0，1）看成多项式的系数，这样该数据块就和一个 k 次的多项式相对应。例如代码 1010111 对应的多项式为 $x^6 + x^4 + x^2 + x + 1$。并且 CRC 码在发送端编码和接收端校验都可以利用事先约定的生成多项式 $G(x)$ 来得到。对于一个 k 位的信息码，其对应的代码多项式为

$$M(x) = a_{k-1}x^{k-1} + a_{k-2}x^{k-2} + \cdots + a_0x^0$$

例如 $M = 1101$

$$M(x) = 1x^3 + 1x^2 + 0x^1 + 1x^0 = x^3 + x^2 + 1$$

3. 生成多项式 $G(x)$

CRC 生成多项式 $G(x)$ 由通信协议规定，目前有多种生成多项式列于国际标准中，例如：

CRC-12　　　$G(x) = x^{12} + x^{11} + x^3 + x^2 + x + 1$

CRC-16　　　$G(x) = x^{16} + x^{15} + x^2 + 1$

CRC-CCITT　$G(x) = x^{16} + x^{12} + x^5 + 1$

CRC-32　　　$G(x) = x^{32} + x^{25} + x^{23} + x^{22} + x^{16} + x^{12} + x^{11} + x^{10} + x^8 + x^7 + x^5 + x^4 + x^4 + x^3 + x + 1$

生成多项式 $G(x)$ 的结构及检错效果是经过严格的数字分析与实验后确定的。

4. 循环码的形成

设要发送的 k 位信息码为 M，则对应的信息码多项式为 $M(x)$（k 次），如采用的生成多项式为 r 次，则循环码多项式为 $n = kr$ 次，即对应的线性码为（n,k）。用 $M(x)$ 乘以 $G(x)$ 的最高阶 x^r（即将 $M(x)$ 左移 r 位）再除以 $G(x)$

$$\frac{M(x) \cdot x^r}{G(x)} = Q(x) + \frac{R(x)}{G(x)}$$

式中，$Q(x)$为商式，$R(x)$为余式。采用模2运算规则，上式改为

$$V(x) = M(x) \cdot x^r + R(x) = Q(x) \cdot G(x)$$

式中，$V(x)$为循环码多项式。它应能被生成多项式$G(x)$除尽。由$V(x)$即可得到n位循环码V，发送端发送的是n位循环码。

5. CRC 检错原理

（1）把要发送的数据M作为一个连续的二进制数据块，把其系数构造信息码多项式$M(x)$。

（2）在发送端，将信息码多项式$M(x)$乘以x^r，其中r为生成多项式的最高幂的值，形成多项式$M(x) \cdot x^r$。

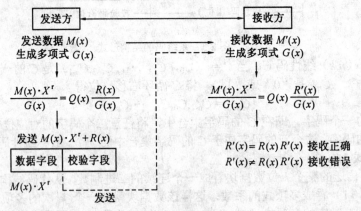

图 2.38　CRC 校验过程

（3）将$M(x) \cdot x^r$除以生成多项式$G(x)$得

$$\frac{M(x) \cdot x^r}{G(x)} = Q(x) + \frac{R(x)}{G(x)}$$

式中$R(x)$为余数多项式。

（4）将$M(x) \cdot x^r + R(x)$多项式系数作为整体，从发送端通过通信信道传送到接收端。

（5）接收端对接收数据多项式$M'(x)$采用同样的运算，即

$$\frac{M'(x) \cdot x^r}{G(x)} = Q(x) + \frac{R'(x)}{G(x)}$$

求得余数多项式$R'(x)$。

（6）接收端根据计算余数多项式$R'(x)$是否等于发送余数多项式$R(x)$，来判断是否出现传输错误。

6. 举　例

实际的 CRC 校验码生成是采用二进制模2算法，即减法不借位，加法不进位，这是一种异或操作。下面通过实例进一步说明 CRC 校验码的生成过程。

例 1　设发送的信息码为$M = 101$，生成多项式为$G(x) = x^4 + x^3 + x^2 + 1$，求发送的循环码

① 因为发送信息码为$M = 101$，则$M(x) = x^2 + 1$

② 生成多项式 $= x^4 + x^3 + x^2 + 1$，$r = 4$

③$M(x) \cdot x^r = M(x) \cdot x^4 = (x^2+1) \cdot x^4 = x^6 + x^4$

④用生成多项式 $G(x)$ 除 $M(x) \cdot x^4$ 得余式 $R(x) = x+1$

$$
\begin{array}{r}
x^2+x+1 \\
x^4+x^3+x^2+1 \overline{\smash{\big)}\ x^6 + x^4 } \\
\underline{-x^6+x^5+x^4+x^2} \\
x^5 + x^2 \\
\underline{-x^5+x^4\ x^3+x} \\
x^4\ x^3+x^2+x \\
\underline{-x^4\ x^3+x^2+1} \\
x+1
\end{array}
$$

⑤得到循环码多项式

$V(x) = M(x) \cdot x^r + R(x)$
$ = (x^2+1) \cdot x^4 + x+1$
$ = x^6 + x^4 + x + 1$

由循环码多项式可求出循环码：

V = 1 0 1 0 0 1 1 ← 循环码

　　　　↑　CRC校验码　比特序列

　发送信息
　比特序列

例2 发送信息比特序列为 110011，生成多项式 $G(x) = x^4 + x^3 + 1$，求发送的循环码

解：①发送数据比特序列为 110011（6个比特）。

②生成多项式比特序列为 11001（5个比特，$r=4$）。

③将发送数据比特序列乘以 2^4，那么产生的乘积为 1100110000。

④将乘积用生成多项式比特序列去除，按模2运算规则为

```
                    100001      ← Q(x)
G(x)→11001 ) 1100110000         ← M(x)·X^r
                  11001
                  ─────
                  10000
                  11001
                  ─────
                   1001         ← R(x)
```

求得余数比特序列为 1001

⑤将余数比特序列加到乘积中得

1 1 0 0 1 1　1 0 0 1
发送数据　　CRC校验码
比特序列　　比特序列
└─────────────────┘
　带 CRC 校验码的
　发送数据比特序列

⑥如果在数据传输过程中没有发生传输错误，那么接收端收到的带有 CRC 校验码的

接收数据比特序列一定能被相同的生成多项式整除，即

```
       _____
11001 / 1100111001
        11001
        ‾‾‾‾‾
           11001
           11001
           ‾‾‾‾‾
               0
```

在实际网络应用中，CRC 校验码的生成与校验过程可以用软件或硬件方法来实现。目前，很多超大规模集成电路芯片可以实现标准 CRC 校验码的生成与校验功能。

7. CRC 检错方法的特点

CRC 校验码的检错能力很强，它除了能检查出离散错外，还能检查出突发错。CRC 检验码具有以下检错能力：

（1）CRC 校验码能检查出全部单个错。
（2）CRC 校验码能检查出全部离散的二位错。
（3）CRC 校验码能检查出全部奇数个错。
（4）CRC 校验码能检查出全部长度小于或等于 r 位的突发错。
（5）CRC 校验码能以 $[1-(1/2)^{r-1}]$ 的概率检查出长度为 $(r+1)$ 位的突发错。

例如，如果 $r=16$，则该 CRC 校验码能全部检查出小于或等于 16 位的所有的突发差错，并能以 $1-(1/2)^{16-1}=99.997\%$ 的概率检查出长度为 17 位的突发错，漏检概率为 0.003%。

习 题 2

一、名词解释

1. 数字通信　　　2. 数据通信　　　3. 差错控制　　　4. 误码率　　　5. 信道带宽
6. 信道容量　　　7. 网络延迟时间　8. 信道　　　　　9. 编码　　　　10. 多路复用
11. 调制解调　　 12. 同步技术　　 13. 基带传输　　 14. 频带传输

二、填空

1. 数据传输的成功主要依靠两个因素：_____的质量和_____特性。
2. 传输数据的传输率为 2Mbps 的数字信号，不采用特殊的调制方式，为了达到较好的波形表示，要求介质带宽应达到_____MHz？如果不考虑波形表示效果，则带宽应至少达到_____MHz？
3. 数字数据用模拟信号表示可以通过_____实现，模拟数据用数字信号表示可以通过_____实现。
4. 如果模拟信号承载的是数字数据，在距离适当的地方采用_____而不是_____为信号增益。
5. 数字数据在模拟信道上传输需要进行调制编码，调制方法主要有三种：_____，_____和_____，其中_____方法效率最低，_____方法效率最高。
6. 模拟数据的数字信号编码一般需要三个过程：_____，_____和_____。
7. 对于 2000 Hz 以下的音频数据，至少需要每秒_____次采样，如果需要有 128 个量化级，则其数据传输率为_____bps。

三、选择题

1. 模拟数据采用数字信号表示是采用下列哪种转换设备（　　）。
　 A. 中继器　　　　B. 放大器　　　　C. 调制解调器　　　　D. 编码译码器
2. 具有 100MHz 最高传输特性的是下列哪一类双绞线（　　）。
　 A. 3 类　　　　　B. 4 类　　　　　C. 5 类　　　　　　　D. 6 类

3. 信号通路中因相邻线缆之间产生了不必要的耦合而出现的噪声属于（   ）。
A. 热噪声   B. 内调制杂音   C. 串扰   D. 脉冲噪声
4. 采用载波信号的相位移动来表示数据描述的是（   ）。
A. ASK   B. PSK   C. FSK   D. QAM
5. 信号发送时，可以不需要编码的是（   ）。
A. 模拟数据采用模拟信号发送   B. 模拟数据采用数字信号发送
C. 数字数据采用数字信号发送   D. 数字数据采用模拟信号发送

四、问答题
1. 画出数据通信系统的广义模型？简述数据通信系统的主要构成？
2. 在带宽为 10 MHz 的信道上，如果使用 4 个电平的数字信号，每秒钟能发送多少比特？
3. 什么是多路复用？实现多路复用的技术有哪些？
4. 画出比特流 01101100 的曼彻斯特编码和差分曼彻斯特编码波形图。

五、计算题
1. 某通信系统需通过光缆发送显示器屏幕图形，屏幕分辨率为 640×480，每个像素为 24 比特，每秒需传送 50 帧，那么其频带应为多少？
2. 电视信道的带宽为 6 MHz，理想情况下如果数字信号取 4 种离散值，那么可获得的最大传输率是多少？
3. 设码元速率为 800 Baud，采用 8 相 PM 调制，其数据速率为多少？
4. 利用生成多项式 $G(x) = x^5 + x^4 + x + 1$，校验接收到的信息 11001010101 是否正确？
5. 对于带宽为 3kHz 的信道，若有 8 种不同的物理状态来表示数据，信噪比为 20 dB，问：按 Nyquist 定理和 Shannon 定理最大限制的数据速率是多少？
6. 若在相隔 1000 km 的两地间要传送 3 k 位的数据，可以通过电缆以 48 kbps 的数据速率传送或通过卫星信道以 50 kbps 的数据速率传送，问用哪种方式从发送方开始发送到接收方收到全部数据为止的时间较短？

第3章 计算机网络体系结构

计算机之间的通信是实现资源共享的基础，计算机通信网络的核心是数据通信设施。为实现数据通信，相互通信的计算机必须遵守一定的协议。这些协议依赖于网络体系结构，由硬件和软件协同实现。

3.1 网络体系结构

3.1.1 网络体系结构的历史背景

近40年来，计算机网络飞速发展，已成为一种复杂多样的大系统。计算机网络的实现要解决很多复杂问题：支持多种通信介质，如电话线、同轴电缆、双绞线、光纤、微波和卫星等；支持多厂家异种机互联，包括软件的通信约定至硬件接口的规范；支持多种业务，如批处理、交互分时、数据库和分布式数据库等；支持多种人机接口以满足不同网络用户的要求。处理计算机网络这样复杂的大系统如同处理其它计算机软硬件系统一样，把复杂系统分层处理，每一层完成特定功能，各层协调起来实现整个网络系统。

作为近代网络体系结构发展的里程碑，20世纪70年代诞生的ARPANET网络采用了分层结构方式实现的，它确立了通信子网和资源子网两层网络及网络层次结构等概念，并研究了检错、纠错、中继路由选择、分组交换和流量控制等网络技术问题。另外还制定了远程通信和文件传输等多种用户级协议，为网络体系结构的形成和发展提供了实践的经验。

在ARPANET之后，世界上几家大型计算机厂家相继制定了基于本公司软硬件产品的计算机网络体系结构。如IBM公司，研究和开发了针对几百种通信产品，约40种远程信息处理方法，十几种数据链路协议。这些软件和硬件产品由于没有统一的标准，给应用带来很多困难。1974年，IBM公司制定了联网标准系统网结构SNA（System Network Architecture）。其它许多大型计算机制造厂家也发表了各自的网络体系结构标准，以支持本公司计算机产品的联网。

1977年，国际标准化组织（ISO）适应网络向标准化发展的需求，成立了SC16委员会，在研究和吸收了各计算机厂商网络体系标准化的经验基础上，制定了开放系统互联参考模型（OSI/RM），从而形成了网络体系结构的国际标准。

3.1.2 网络分层通信原理

1. 计算机系统间的通信

计算机网络功能的分层结构是实现网络的完整设计的基本概念。要完成任一对计算机之间的通信，最基本的是网络系统必须提供位通信所必需的接续通路（数据传输通路）。当然，在实际通信过程中，网络还必须要有其它重要功能和服务。

这里，我们考虑一种最简单的情况：网络中一对计算机系统之间互相传送文件的过程，如图 3.1 所示。在图中：
- 网络系统提供通信所需的接续电路；

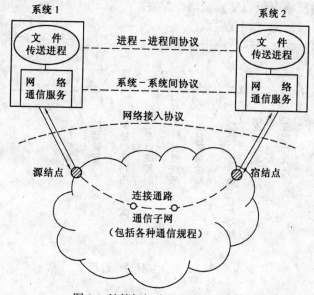

图 3.1 计算机间分层通信示意图

- 源系统（如系统 1），应将数据通路激活，以便让源系统接入网络，并告知网络如何寻找和识别目标系统（如系统2），已确知目标系统已接入网络；
- 源系统必须确认目标系统是否准备好接受数据；
- 源系统的文件传输进程必须确认目标系统的相应进程是否已建立并准备好接收文件，以及一些其它的任务。

在一个计算机系统中，任何能完成某一特定功能的进程或程序，都可成为一个"实体"（entity）。如图 3.1 中的"文件传送进程"和"网络通信服务"都是实体，其中能完成发送和接收数据的实体，称为"通信实体"。"系统"（system）则是包含一个或多个实体的具有数据处理和通信功能的物理整体。

2. 分层通信实现过程

从图 3.1 中可以看出，完成两台计算机之间某一应用的通信，必须要求两系统中对等实体之间密切协调地工作。实现这种协调工作的规则称为"协议"（protocol）或"规程"（procedure）。即是说，这种通信是依靠不同层次上的对等实体间在某种协议控制下的通信。图 3.2 中的两个系统间传输文件的过程如下：

（1）发送端
- 实体①从系统 1 的终端上打入各种命令；
- 这些命令在应用层和表示层得到解释和处理；
- 处理结果交给对话层，要求与系统 2 的相应实体②建立联系；
- 建立对话联系后，对传送的内容进行编址（传输层）；
- 在网络层进行报文分组和路由选择；
- 分组报文在数据链路中控制传输；
- 分组的报文在物理设备中变成二进制数据流（比特流），以脉冲信号的形式沿着公用载波线路传送出去。

(2) 接收端
- 系统 2 从载波线路上接收信号；
- 经数据链路层将二进制脉冲编码接收下来；
- 根据编制情况将分组报文重新组合起来；
- 送到对话管理层建立相互联系；
- 送到应用管理层，去执行应用程序。

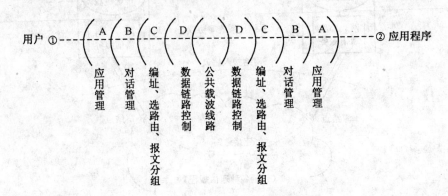

图 3.2 应用实体通信过程

3.1.3 网络体系结构的分层原则

1. OSI 划分层次的原则

（1）层次不能太多也不能太少，太多则系统的描述和集成都有困难，太少则会把不同的功能混杂在同一层次上。

（2）应在接口服务描述量最小、穿过相邻边界相互作用次数最少或在通信量最小的地方建立边界。

（3）每一层应该有明确定义的功能，这种功能应在完成的操作过程方面，或者在设计的技术方面与其它功能层次有明显的不同，因而类似的功能应归入同一层次。

（4）每一层的功能要尽可能局部化，这样随着软硬件技术的发展，层次的协议可以改变，层次的内部结构可以重新设计，但是不影响相邻层的接口和服务关系。

（5）已有的结构证明是成功的层次应予以保留，这是通信设备制造商们最为关心的事情。这在一定程度上保护了一些用户的投资。

（6）考虑数据处理的需要，在数据处理过程中需要不同的抽象级，例如，词法、句法、语义等的地方设立单独的层次。

（7）每一层只与它的上下邻层产生接口，规定相应的业务，在同一层内相应子层的接口也适用于这一原则。

（8）在进行数据处理和通信时，应对接口标准化有好处的地方建立边界。

2. 分层结构的好处

计算机网络体系结构采用分层结构有以下好处：

（1）独立性强。独立性是指被分层的具有相对独立功能的每一层，在不必知道下一层是如何实现的，只要知道下一层通过层间接口提供的服务是什么，本层向上一层提供的服务是什么就可以。

（2）功能简单。系统经分层后，整个复杂的系统被分解成若干个小范围的功能简单的部分，使每一层功能都变得比较简单，易于实现。

（3）适应性强。当任何一层发生变化时，只要层间接口不发生变化，那么这种变化就不影响其它任何一层。这就意味着可以对分层结构中的任何一层的内容进行修改，甚至可以取消某层。

（4）易于实现和维护。分层之后使得实现和调试一个大的、复杂的网络系统变得简单和容易。

3.2 OSI 分层结构概念

3.2.1 开放系统互连环境

1974 年，ISO 发布了著名的 ISO/IEC7498 标准，ISO 7498 标准定义了描述网络体系结构的对象类、关系及约束，还定义了 7 层功能的开放系统互连（open system interconnection, OSI）参考模型（RM），用于异种计算机应用进程间的通信，如图 3.3 所示。

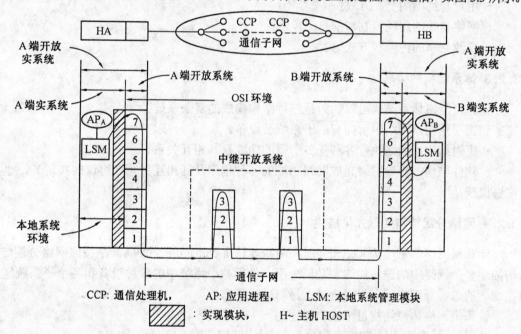

图 3.3 OSI 开放系统互连环境

图中计算机 A、B 分别为 A 端实系统、B 端实系统，具有 OSI 7 层功能的端系统称为开放式系统。所谓开放式系统，就是指遵循 OSI/RM 标准的任何系统都能进行互连通信。

图 3.3 中表示了 A 端实系统的应用进程 AP_A，由本地系统管理模块（LSM）协调，从最高层的应用层逐层向下传递到物理层，通过物理层的通信接口，传输媒体进入通信子网。通信子网内的交换设备仅包括下三层的功能。B 端开放系统将收到的信息流由物理层开始逐层处理并向上传递，直到 B 端的应用进程 AP_B。图中：

- 本地末端实系统：指本地计算机终端及操作系统。
- 末端开放系统：在本地实系统上增加的硬件和软件，使其可以和其它末端开放系统连接。

- 末端开放实系统 = 末端实系统 + 末端开放系统。
- OSI 环境：指末端开放实系统及中继开放系统组成的环境。

3.2.2 网络体系结构研究的内容

计算机网络是将各种计算机终端设备等实体通过通信网络和交换节点互相连接在一起，形成可以互相协作和互相服务的复杂系统。

为了简化对复杂的计算机网络的研究，设计出一种网络体系结构模型，从而摆脱具体的问题，把网络执行的功能抽象化和形式化。

网络体系结构研究的内容是指网络的基本设计思想及方案，包括：
- 网络的拓扑构形；
- 系统信息处理的方式；
- 各系统间的信息传输规程（或协议）；
- 用户与终端的交互方式；
- 网络传输的路径控制和信息流控制；
- 资源共享的内容和方式等。

3.2.3 体系结构的构成

计算机网络体系结构可以认为是三种结构构成的复杂系统。
- 物理结构：网络中所拥有的子系统及设备。
- 逻辑结构：网络执行各种任务所需的功能及其相互关系。
- 软件结构：引导网络完成网络功能的各种程序及其相互关系（协议的实现），也称协议栈。

3.2.4 网络分层结构的形式化描述

计算机网络体系结构（computer networks architecture，CNA）是按照网络分层结构描述整个网络中的逻辑构造和功能分配，使得整个系统中的各种设备和各个子系统能在统一的思想原则指导下，最合理、最有效地运行。

计算机网络体系结构可形式化描述为

$$网络体系结构（CNA） = \{实体.层.系统.服务.协议\}$$

（1）实体（entity）：指能发送和接收信息的任何东西，任何能完成某一特定功能的进程和程序，称逻辑实体。它可以指用户应用程序、数据库管理系统、电子邮件系统和终端设备等。

（2）系统（system）：包括一个或多个实体的具有信息处理和通信功能的物理整体，如计算机、终端、设备等。

（3）层（layer）：系统中能提供某一种或某一类服务功能的逻辑构造。

（4）服务（services）：对等实体通信必须通过相邻层的通信来完成，第（N）层向第（$N+1$）层实体提供的通信功能。

（5）协议（protocol）：为进行网络中数据交换建立的规则和约定。协议有三要素：
- 语法：表达数据与控制信息的结构或格式，规定通信双方"讲什么"如 HDLC 协议中帧的格式：

| F | A | C | Text | FCS | F |

· 语义：对协议元素的解释，即要发出何种信息，完成什么动作，做出什么响应等。如：在 BSC 规程中，SOH～报文报头开始。ETX～正文结束。

· 规则（定时）：规定了事件的执行顺序，说明事件实现的详细过程、步骤，包括速度匹配、排序和拥塞控制等。如收到报文后给 ACK 回答或 NAK 回答。

3.2.5 层内操作功能元素

在计算机网络体系结构的设计中，有些问题变得很关键，是各层或大多数层都需要解决的。

(1)分解和重组：在网络数据传输过程中，往往需要对传送数据单位进行分解或重装。

· 分解：较高层的协议把报文分解成较小的数据块以便可以在较低层传送。

· 重组：报文分组传送到对方相应层必须重组，以恢复原来的报文数据单位。

(2)封装：每个协议数据单位包括数据和控制信息，把数据和控制信息封装成一个分组。分组控制信息包括：发送/接收地址；差错控制码；协议控制：执行协议功能的控制。

(3)连接控制：通信的服务方式有面向连接服务和面向无连接服务两种。

①面向连接服务（又称虚电路服务）。在通信之前要预先建立连接，使用连接进行数据传输，然后释放连接。所以面向连接的服务分三个阶段：

· 连接建立：两个通信实体间都同意数据交换，协议协商取得一致；

· 数据传送：传送的数据分组中包括数据和控制信息；

· 连接终止：通信一方或通信管理机构提出或强迫通信终止。

一般长报文，采用面向连接的虚电路服务方式。

②面向无连接服务（又称数据报服务）。每个报文分组都带有完整的目的地址，且每一个报文分组都独立于其它报文分组，由系统选定的路线传递。

(4)信息流控制：为避免发送方发送数据过快致使接收方难以应付而丢失数据，甚至引起网络死锁，必须进行数据流量的控制。流量控制指接收实体限制发送实体发送的数据速率或数据量。实现的方法有等待发送法，窗口法用来接收下一个报文的指令以决定是否发送。

(5)差错控制：由于物理信道和设备原因，使通信不会完全可靠。因此，差错控制是另一个重要问题。差错控制就是防止数据和控制信息在传送过程中丢失。

通常采用的方法是：差错检测；PDU 重发。

差错控制要在不同级别的协议中共同完成。

(6)同步：根据实体中包含某些协议参数（如窗口大小、连接参数、定时值）而确定实体的状态，使通信中两个协议实体处于确定状态。

(7)排序：发送数据要分成多个数据块，一组一组地发送。为了使这些数据分组到达终节点能按序恢复，必须对 PDU 进行编号，其目的是：按顺序传送；信息流控制；差错控制。

(8)寻址：实体间通信需要标识对方，互相能够鉴别。不同层采用不同的地址表示和识别方法。如在 TCP/IP 协议中应用层采用域名标识地址，传输层采用端口号，网络层采用 IP 地址，而链路层则采用 MAC 地址，各层地址之间按一定规则实现地址变换。

(9)复用技术：任何一层都可以采用多路复用技术以提高信道利用率，从而降低成本，提高效率。

(10)传输服务：协议对实体提供附加的服务。

- 优先级：某种信息（如控制信息）要求有较高的优先数；
- 服务等级：延时要求，吞吐量. 服务质量要求；
- 安全：限制访问的安全控制。

3.2.6 数据单元

1. 协议数据单元（protocol data unit，PDU）

（1）协议数据单元是不同站点对等实体间交换信息的单元：第 N 层协议数据单元为 (N)PDU。如图 3.4 所示。包括：

- (N)PCI: N 层协议控制信息；
- (N)用户数据: N 层传送的用户数据。

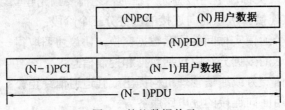

图 3.4 协议数据单元

（2）接口数据单元(IDU)：同一系统的相邻两层实体间的一次交互中，经过层间接口的信息单元。

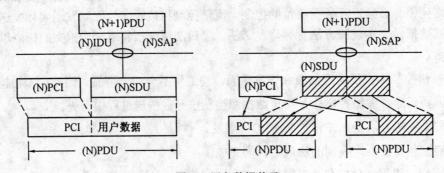

图 3.5 服务数据单元

（3）服务数据单元(SDU)：为完成(N+1)实体请求的功能,(N)实体所需要数据单元。(N)SDU 就是(N)服务所传送的逻辑数据单元。

2. 服务访问点（service access point, SAP）

同一系统中相邻两层之间的实体交互之处称为服务访问点。(N)服务是(N)实体作用在一个(N)服务访问点提供的，如图3.6所示。

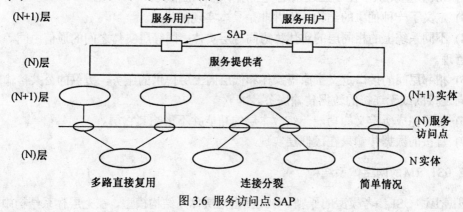

图3.6 服务访问点SAP

3. 服务原语

当第(N+1)层实体向第(N)层实体请求服务时，服务用户与服务提供者之间进行的一种交互称服务原语，如图3.7所示。OSI规定每一层可使用四种服务原语：

- 请求原语request(请求)：一个实体(服务使用者)请求得到某种服务；
- 指示原语indication(指示)：把关于某一事件的信息告诉某实体；
- 响应原语response(响应)：一个实体愿意响应某一事件；
- 证实原语confirm(证实)：确认一个实体的服务请求并告诉它。

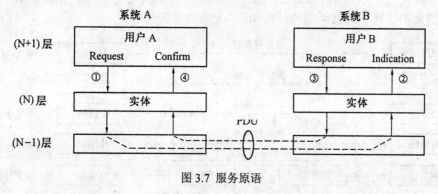

图3.7 服务原语

3.3 OSI参考模型

ISO于1977开始研究体系结构，提出开放系统互连参考模型(open system interconnectiom reference mode, OSI/RM)是连接异种计算机的标准结构。开放强调对OSI标准的遵从，是对标准的共同认识和支持，开放系统互连参考模型是为协调系统互连标准的开放提供一个共同的基础，是一个概念性和功能性结构，允许用户在规范内进行具体技术开发。

3.3.1 OSI参考模型特性

(1) 从整个网络体系结构考虑，定义了一种将异构系统互连的分层结构。

(2) OSI 模型提供了控制互连系统交互规则的标准框架。

(3) 定义了一种抽象的结构,而并非是具本实现的描述。

(4) 不同系统上的相同层的实体称为同等层实体,同等层实体之间的通信由同等层协议来管理。

(5) 相邻层间的接口定义了原语操作和低层向上层提供的服务,提供的公共传输服务是面向连接的或无连接的数据传输服务。

(6) 每层完成所定义的功能,修改本层的功能并不影响其它层。

(7) 直接的数据传输只在最低层实现。

3.3.2 OSI/RM 的网络体系结构

根据上述 OSI 参考模型的原则,OSI 提出七层体系结构模型,在七层体系结构中,下三层称为低层,构成了开放系统的网络通信平台,实现 OSI 参考模型面向通信的功能,包括物理层(physical layer,Ph),数据链路层(data link layer,D)和网络层(network layer,N)。

OSI 参考模型的高层主要指上三层,是面向用户的应用进程进行分布的信息处理。涉及两个终端用户应用进程相互作用的协议,一般由本地网络操作系统提供的一套服务,实现资源子网的功能。包括会话层(session layer,S),表示层(presentation layer,Pr)和应用层(application layer,A)。第四层为传输层(transport layer,T),它是计算机通信的关键层次,一方面它面向应用的上三层,同时又屏蔽了下三层(通信子网)的操作细节,起到高层和低层间的连接和通信两端的桥接作用,如图 3.8 所示。

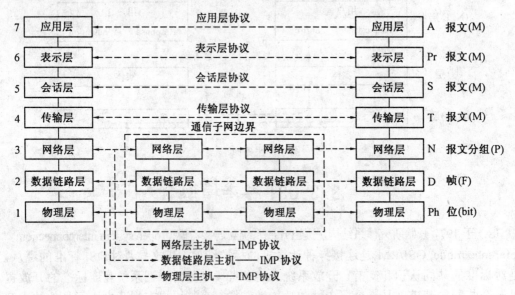

图 3.8 ISO 模型的网络体系结构

3.3.3 层结构中的两种协议

在计算机网络体系结构中,包括多种协议,各层的功能主要是通过相应层的协议来实现的,主要包括两个方面的协议。

1. 同等层协议

将网络功能分解成许多层次,在每个功能层中,通信双方有许多约定和规程,称同等层协议。只有双方都遵守协议,才能互相配合工作。在数据链路层以上的同等层协议是逻辑上的概念,它们都需要低层的协议支持,所以称虚拟通信。

2. 接口协议

从一个层次过渡到另一个层次,两个层次之间要做好进入下一层的准备工作,以便顺利地转入下一层。两层之间的过渡条件称接口协议(硬件、软件)。

3.3.4 OSI 参考模型各层功能

1. 物理层

物理层是 OSI 七层模型的最低层,主要功能是为计算机开放系统之间建立、保持和断开数据电路的物理连接,并确保在通信信道上传输可识别的透明比特流信号和时钟信号。物理层的四个基本特性是:机械特性、电气特性、功能特性和规程特性,用以提供连接服务。物理层协议的目标是使所有厂家的计算机和通信设备在接口上按规定互相兼容。比较典型的物理层协议有 ITU-TV 系列建议、X.21 建议和 I 系列的 I.411/I.412 接口规范。

2. 数据链路层

数据链路层是 OSI 参考模型的第二层,其目的是屏蔽物理层的特征,面向网络层提供几乎无差错、高可靠性传输的数据链路,确保数据通信的正确性。数据链路层主要解决以下两个问题:

(1)数据传输管理,包括信息传输格式,差错检测与恢复、收发之间的双工传输和争用信道等。

(2)流量控制,协调主机与通信设备之间数据传输速率匹配。

数据链路层的主要功能是:数据链路的建立和释放,数据链路服务单元定界、同步、定址、差错控制和数据链路层管理。

按照不同的信息传输方式,数据链路层协议也不完全相同。目前多采用面向比特的传输控制规程,能向上层提供比较高的数据透明性,基本的数据传输单元是帧(frame)。常用的数据链路层协议有:高级数据链路控制(HDLC)规程,同步数据链路控制(SDLC)规程,ITU-T X.25 的 LAPB(平衡链路访问协议)、N-ISDN 的 I.440/I.441 LAPD,帧中继的 LAPF 等。

3. 网络层

网络层是管理和控制通信子网的重要层次,其主要的功能是:

• 路由选择和中继;

• 激活和终止网络连接;

• 数据的分段和合并;

• 差错的检测和恢复、排序、流量控制、拥塞控制,在一条数据链路上复用多条网络连接以及网络层的管理。

网络层的主要协议有公用的分组交换网的 P-DTE 入网接口 ITU-T X.25 分组级;网间互通的控制信令有 ITU-T X.75 建议。此外,还有广泛应用的因特网(Internet)互连子层 IP 协议,Novell 网的 IPX 协议等。

需要强调的是，从原理上来说，数据链路层提供了相对无差错的数据链路，并在网络层设有一定的检测和纠错能力，但在网络连接上仍有可能出现意外的差错。为此，通常用残留差错率和可通告的故障率来衡量差错。前者表示在网络连接上传输出错的网络服务数据单元与所有传输的网络服务数据单元总数的比值；后者则表示不可恢复的差错数在可检测出的差错中所占的比例。网络服务可分为以下三种类型：

(1)A 型网络服务：具有小的残留差错率和小的可通告差错率。

(2)B 型网络报务：具有小的残留差错率和大的可通告差错率。

(3)C 型网络服务：具有大的残留差错率。

4. 传输层

传输层是计算机通信网络体系结构中最关键的一层。它汇集下三层功能，向高层提供完整的、无差错的、透明的、高效低费用的端到端的通信服务，起到承上启下的作用。

传输层的主要功能是：传输连接的建立和释放，分段和合并，拼接与分割，传输协议数据单元(TPDU)的传输，连接的拒绝，数据 TPDU 的编号，加速数据及重同步等。

传输层协议按照传输实体是否提供分流、合流、复用/分解、差错检测和恢复等要求，可分为五类，如表 3.1 所示，允许用户按不同的网络连接的服务类型来选用，一个传输连接上的同等传输实体必须协商用同一类型或兼容类的协议操作。

表 3.1 OSI 传输协议的类别

类别	符号	网络连接类型	基本功能
0	TP0	A	简单类
1	TP1	B	基本差错恢复
2	TP2	A	复用
3	TP3	B	差错恢复与复用
4	TP4	C	差错检测与恢复、复用

5. 会话层

会话层是指两个用户按已协商的规程，为面向应用进程的信息处理而建立的临时联系。会话的目标是为会话服务用户(表示实体)之间的对话和活动提供组织和协商与交换必须的措施，并对信息传输进行控制与管理。

会话实体向会话服务用户提供如下功能：

(1)在两个会话服务用户之间建立一组会话连接，并以同步方式提供信息交换和有序的会话连接、释放。

(2)协商使用标记来控制信息交换、同步以及释放。

(3)在数据流中设置同步点，可根据会话服务用户的请求和利用已设的同步点，提供重新同步的功能。

(4)为会话服务用户提供中断与恢复会话的功能。

会话层提供交互会话的管理功能，有三种数据流方向的控制模式：单路交互、两路交互和两路同时会话模式。

6. 表示层

表示层主要解决不同开放体系结构互联时的信息表示问题，并描述对等实体共享的数据，在 OSI 环境中，信息的表示约定称为语法。应用实体可根据具体的应用，选用不同的语法(称局部语法)。在应用实体之间传输的信息具有公共的信息表示法(称为公共语法)，表示层的功能就是实现其语法转换。

表示层中定义了两种语法概念：

(1)抽象语法：对数据一般结构的描述，由应用实体来定义数据元素，例如应用协议数据单元(APDU)。ISO推荐的标准抽象语法是抽象语法(ASN.1)。

(2)传送语法：对等表示实体之间通信时用户信息的描述，用于信息转换。传送语法和抽象语法之间的对应关系构成了表示上下文。表示上下文在通信前约定，也可以在表示连接时协商确定，或者在通信过程中重新定义，一旦确定了表示上下文，对应的表示实体可知相应的应用实体采用了何种抽象语法，以及其数据值用何种编码来传送。

由此可知，表示层的主要功能包括：给应用实体提供执行会话服务的方式，提供一种确定复杂数据结构的方法，管理当前的请求数据结构组，传送语法的选择和转送，抽象语法与传送语法间的转换。此外，数据的加密/解密/压缩也是表示层的任务。

7. 应用层

应用层是OSI参考模型中的最高层，也是开放系统中直接向应用进程或用户提供服务的唯一层次。应用层的作用是：在实现多个系统中应用进程间相互通信的同时，完成一系列业务处理所需的功能。应用层负责用户信息的语义表示，并对应用进程间的通信进行语义适配。它通过应用实体、应用层协议和表示服务进行信息交换，并给应用进程访问OSI提供唯一的窗口。应用实体中包括的各种支持应用进程的服务元素如下：

(1)公共应用服务元素(CASE)：包括联系控制服务单元(ACSE)、托付、并发和恢复(CCR)。

(2)特殊应用服务元素(SASE)：包括文件传送、访问及管理(FATM)，虚拟终端(VT)，作业传送与操作(JTM)，电子邮件(E-mail)等。

此外，一部分与用户有关的用户元素UE，用作应用进程和开放系统互连，起到数据源和数据宿的作用。

上述各层功能及其关系可以用图3.9表示。

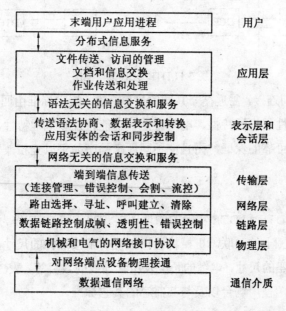

图3.9 各层协议功能

总之，可以用一句话表示各层功能，如图3.10所示。
- 物理层正确利用媒介；
- 数据链路层协议走遍每个节点；
- 网络层选择走哪条路由；
- 传输层找到对方主机Host；
- 会话层指出对方实体是谁；
- 表示层决定用什么语言交换；
- 应用层指出做什么。

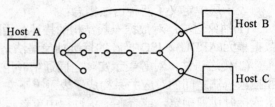

图3.10 网络通信传输示意图

3.4 物理层

物理层是OSI模型的最底层，它向下直接与传输介质相连接，向上服务于数据链路层。它的作用是在数据链路层实体之间提供必须的物理连接，按顺序传送二进制位，并进行差错检查。在发现错误时，向数据链路层提出报告。物理层协议要解决的是主机、工作站等数据终端设备与通信线路上通信设备之间的接口问题。

数据终端设备(data terminal equipment，DTE)指数据输入、输出设备和传输控制器或者计算机等数据处理设备及其通信控制器。数据电路设备(data circuit equipment，DCE)指自动呼叫设备、调制解调器(Modem)以及其它中间设备的集合。DTE的基本功能是产生、处理数据；DCE基本功能是沿传输介质发送和接收数据。图3.11是DTE/DCE接口框图。

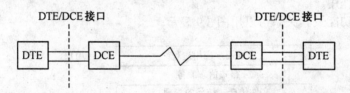

图3.11 DTE/DCE接口框图

DTE与DCE之间连接，需遵循守共同的接口标准。接口标准由四个接口特性来详细说明。这四个接口特性是机械特性、电气特性、功能特性和规程特性。接口标准不仅为完成实际通信提供了可靠的保证，而且使不同厂家的产品可以互相兼容，设备之间可以有效交换数据。

1. 机械特性

机械特性确定了DTE和DCE实际的物理连接。DTE和DCE作为两种独立设备，通常采用接插件实现机械上的互联。机械特性详细说明了接插件的尺寸，插针的数目，排列方式以及插头和插座的尺寸，电缆的长度及所含导线的数目等。表3.2列出了已被ISO标准化了的机械接口，使用场合以及与其兼容的其它标准。

表 3.2 ISO 标准化的机械接口

接插件类型	引线数	使用场合	兼容标准
ISO2110	25	语音频带 Modem	
		公共数据网接口	
		电报网接口	EIA RS-232-C
		自动呼叫设备	EIA RS-399-A
ISO2593	34	CCITT 建议的宽带 Modem	
ISO4902	37/9	语音频带 Modem	EIA RS-449
		宽带 Modem	
ISO4903	15	CCITT X.20，X.21 和 X.22 建议中确定的公共数据接口	

2. 电气特性

电气特性规定了数据信号及有关的特性。包括最大数据传输速率，表示信号状态(逻辑电平，通/断，传号/空号)的电压和电流的识别，以及电路特性的说明和与互联电缆相关的规定。如 RS-232-C 可以直接用作 DTE 和 DCE 之间的连接，它规定了 DCE 设备用母插座，DTE 设备用公插座。

为了保证二进制数据正确传送和对设备正确控制，有必要对所用信号做出统一的规定。RS-232-C 的电气特性和控制信号的电压范围如表 3.3 和图 3.12 所示。

表 3.3 RS-232-C 的电气特性

交换的电压	二进制逻辑状态	信号状态	接口控制功能
正	0	空号	通
负	1	传号	断

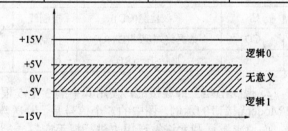

图 3.12 RS-232-C 控制信号电压范围

3. 功能特性

功能特性规定接口信号所具有的特定功能，即 DTE-DCE 之间各信号的含义。通常信号线分四类：数据线、控制线、同步线和地线。如 RS-232-C 的功能特性主要体现在其引线的分配上，如表 3.4 所示。

• 发送数据(TD)：引线 2，该引线上的信号从 PC 发送到调制解调器。在无数据发送时，异步通信适配器使这条线保持在传号状态，即等效于停止位的逻辑状态 1。

• 接收数据(RD)：引线 3，该引线上的信号从调制解调器发送到 PC 的异步通信适配器上。当无数据发送时，该引线也保持在传号状态。

- 请求发送(RTS)：引线 4，此引线用来发送信号至调制解调器，以请求允许在引线 2 上发送数据，该信号和允许发送字符一起用来控制从 PC 到调制解调器的数据流。
- 允许发送(CTS)：引线 5，调制解调器用此字符向 PC 表示它已作好接收数据的准备。当该引线是 OFF(负交换电压或逻辑 1)状态时，表明调制解调器正告诉 PC 没做好接收数据的准备。
- 调制解调器就绪(DSK)：引线 6，当此线为 ON(逻辑 0)状态时，通知 PC 调制解调器已正确连接到电话线上并处在数据传输方式。自动拨号的调制解调器在成功地拨通主计算机后将该信号送到 PC。
- 信号地(SG)：引线 7，此信号用来作为通信中所有其它信号的参考信号，它相对于所有其它信号为零伏电压。
- 载波检测(CD)：引线 8，当本地调制解调器接收到来自远地调制解调器的正确载波信号时，便由该引线向 PC 送出一个 ON 信号，该信号用来使位于调制解调器面板上发光二极管指示灯 CD(载波检测)点亮。
- 数据终端就绪(DTR)：引线 20，PC 上该引线处于 ON 状态。多数调制解调器在该引线处于 ON 状态之前是不能将"与主计算机的电话连接已正确接通"的信号送到 PC 的。
- 振铃指示(RI)：引线 22，自动应答的调制解调器用此引线信号作为电话振铃指示。在铃响期间，该引线保持为 ON，铃不响时为 OFF。

表 3.4　RS-232-C 功能特性

引角编号	信号名称	功能说明	信号类型	连接方向
1	AA	保护地线(GND)	地线	
2	BA	发送数据(TD)	数据线	DCE
3	BB	接收数据(RD)	数据线	DTE
4	CA	请求发送(RTS)	控制线	DCE
5	CB	清除发送(CTS)	控制线	DTE
6	CC	数据设备就绪(DSR)	控制线	DTE
7	AB	信号地线(Sg. GND)	地线	
8	CF	载波检测(CD)	控制线	DTE
20	CD	数据终端就绪(DTR)	控制线	DCE
22	CE	振铃指示(RI)	控制线	DTE

在通常的应用中，25 根线不是全部连接的，使用其中的 3 至 5 根就够了。图 3.13 表示计算机和终端通过 Modem 接口的示例。图中的 5 个信号是：发送数据和接收数据提供两个方向的数据传送，而请求发送和允许发送用来进行握手应答，控制数据主要使用 2 号、3 号、4 号、5 号和 7 号线，甚至只用 2 号、3 号和 7 号线。

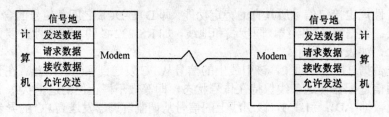

图 3.13　计算机和终端通过 Modem 接口示意图

RS-232-C/V24 标准提供了一个利用公共电话网络作为传输媒体,并通过调制解调器将远地设备连接起来的技术规定,如图 3.14(a)所示。

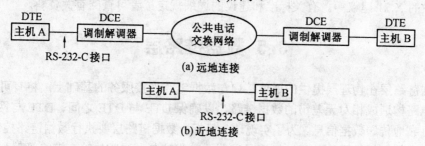

图 3.14 RS-232-C 的远程连接和近地连接

RS-232-C 的 DTE-DCE 连接如图 3.15 所示。

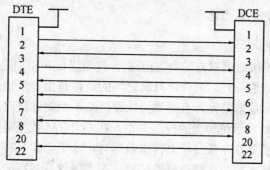

图 3.15 RS-232-C 的 DTE 和 DCE 连接

若两台 DTE 设备,如两台计算机在近距离直接连接,则可采用图 3.16 所示的方法,其中(a)为完整型连接,(b)为简单型连接。

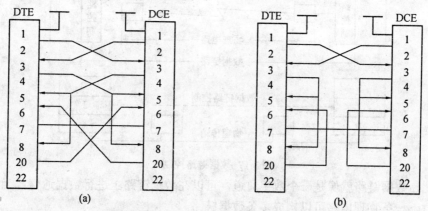

图 3.16 RS-232-C 的 DTE-DTE 连接

RS-232-C 的工作过程是在各根控制信号线有序的"ON"(逻辑"0")和"OFF"(逻辑"1")状态的配合下进行的。在 DTE-DCE 连接情况下,只有当 CD(数据终端就绪)和 CC(数据设备就绪)均为"ON"状态时,才具备操作的基本条件;此后,若 DTE 要发送数据,则须先将 CA(请求发送)置为"ON"状态,等待 CB(清除发送)应答信号为"ON"状态后,才能在 BA 线(发送数据)上发送数据。

物理层的标准除了 RS-232-C 外，还有 EIA RS-449\RS-422 及 RS-423 接口标准，在 CCITTV 系列的 V.24 建议中有关 DTE-DCE 之间的接口标准 100 系列和 200 系列，X 系列标准中的 X.21 建议等。有关标准和建议的详细规定读者可查阅有关资料。

3.5 数据链路层

数据链路层在物理层提供的通信接口与数据链路连接服务的基础上，将有可能出错的数据电路构造成相对无差错的数据链路，以确保 DTE 与 DTE 之间、DTE 与网络之间有效和可靠地传送数据信息。为了实现这一目标，数据链路层要执行数据链路控制规程，它的主要功能包括帧同步、寻址，流量控制、差错控制、透明传输，链路管理和异常状态的恢复等。

3.5.1 数据链路控制的基本概念

1. 数据电路与数据链路

数据电路是一条连接通信双方的物理电路(含传输媒体和相关设备)，中间不包括任何交换节点。在进行数据通信时，两台计算机之间的通路是由许多物理电路连接而成，物理电路在网络中是一个基本单元，有时称为物理链路，或简称链路。

数据链路(data link)表示逻辑上的控制关系，在 OSI/RM 数据链路层上，常用虚线表示通信双方的连接。当要在一条线路上传送数据时，除了必须具有一条物理电路外，还必须有一些必要的规程来控制这些数据的传输。把实现这些规程的硬件和软件加到物理链路上，就构成了数据链路，如图 3.17 所示。

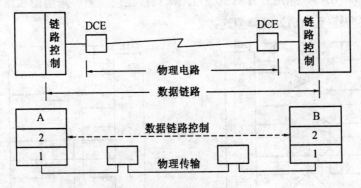

图 3.17 数据链路控制

因此，数据链路就像是一个数字通道，可以在数据链路上进行数据通信。当采用复用技术时，一条物理电路可以构成多条数据链路。

2. 数据链路控制的功能

数据链路最重要的作用就是，通过一些数据链路控制规程(即数据链路层协议)，在不太可靠且有外来干扰的物理链路上实现可靠的几乎无差错的数据传输。数据链路层的主要功能如下：

(1) 帧同步(frame synchronous):在数据链路层，数据的传送单元是帧(frame)，数据一帧一帧地依次传送。如果传输中出现差错，只需将有差错的帧重传一次，可避免将全部数据都进行重传。帧同步是指接收方应能从收到的比特流中准确地判断出一帧的开始和结束，以便协调收发双方之间的工作；同时也是提供一种有利于高效通信的传输方式。

(2) 寻址(addressing)：在多点连接的物理链路中，必须保证每一帧都能送到正确的地址，同时接收方也应知道数据来自哪一个站。

(3) 流量控制(flow control)：目的是确保通信的基本要求，发送方的发送数据速率必须不能超过接收方及时接收和处理的能力。当接收方来不及接收时，就必须采取相应的措施来控制发送方发送的速率。

(4) 差错控制(error control)：在计算机数据通信中，都要求有较低的比特差错率。为此，广泛采用了编码技术，一般采用检错重发的方法，接收方一旦检测出收到的帧中有差错，就要求发送方重发这一帧。

(5) 数据和控制信息的识别(data and control information)：由于数据和控制信息都是在同一信道中传送，在许多情况下数据和控制信息是处在一个帧中。因此，一定要有相应的办法使接收方能将它们区别开来。

(6) 透明传输(transparent transmission)：所谓透明传输就是不管所传数据是什么比特组合，都应当能够在物理链路上传送。当所传数据中的比特组合恰巧与某一个控制信息完全一样时，就必须采取适当的措施，使接收方不会将这样的数据误认为是某种控制信息，这就是说保证了数据链路的传输具有透明性。

(7) 链路管理：当网络中的两个节点要进行通信时，数据的发送方必须确知接收方是否已在准备接收的状态。为此，通信的双方必须先交换一些控制信息，即必须先建立一条数据链路。同样地，在传送数据过程中要维持数据链路的畅通，而在通信结束时要释放数据链路。数据链路的建立、维持和释放的过程就叫做数据链路管理。

上述数据链路控制功能与其数据链路控制协议(规程)密切相关，不同的网络采用不同的协议(规程)。

3.5.2 数据链路流量控制协议

流量控制不仅在数据链路层上需要，在一些较高层次上，如网络层、传输层等也需要，区别在于它控制的对象不同。在数据链路上控制的是相邻节点间数据的流量，而在传输层上控制的是端到端的流量。

当接收方的接收能力小于发送方的发送能力时，必须进行流量控制。影响接收能力的因素包括设备的处理速度和缓冲区的容量等。当发送方发送的速率较高，使得接收方来不及处理而使缓冲区溢出丢失信息。为了控制发送速率，必须使用某种反馈机制，随时向发送方报告接收方当前的接收能力。在具体操作时，这种反馈机制是用应答来实现的，而且流量控制常常和差错控制一起实现。下面介绍两种常用的流量控制策略：停止-等待协议和滑动窗口协议。

1. 停止-等待协议

停止-等待协议是最简单的流量控制协议，当发送方发完一帧后，即停止发送，等待对方的应答；如果收到肯定应答，接着发送下一个帧。帧编号只需用 1 比特(0 或 1)表示是新帧还是重发帧(发送方)或新帧还是重复帧(接收方)。

停止-等待协议的操作过程如下：

初始时双方维护的帧编号都为0,发送方维护的帧编号表明当前所发帧的序号,接收方维护的帧编号表明接收方当前期望接收的帧序号。

发送方从缓冲区中取出一个帧,加上帧编号,发送出去。

接收方接收帧并校验帧,如果帧校验正确且帧编号同当前期望接收的帧编号相同,则将该帧存入接收缓冲区中,将接收方维护的帧频编号取反,放入应答帧中,表示期望接收一个新的帧;如果帧校验错误或帧编号不是当前期望接收的帧序号,则维持当前帧编号不变,并发回应答帧,要求重发指定编号的帧。

发送方收到应答帧后,如果帧编号与当前维护的帧编号不同,则表明当前帧已被正确接收,于是将发送方维护的帧编号取反,从缓冲区中取出一个新的帧,加上帧编号发送出去;如果应答帧中的帧编号与当前维护的帧编号相同或超时未收到相应答,则重发当前编号的帧。

(1)停止-等待协议的特征描述

图 3.18 表示以数据帧为单位,并且数据链路采用半双工的传输方式。设仅由节点 A 向节点 B 发送数据帧,节点 B 向节点 A 回送确认帧。

停止-等待协议的特征是:当节点 A 发出一个数据帧后,必须停止发送,等待节点 B 的应答(acknowledgement)。节点 B 收到数据帧后,经校验无差错,则回送一应答帧(确认)通知节点 A,这时节点 A 才能发送下一个数据帧。

(a)正常情况

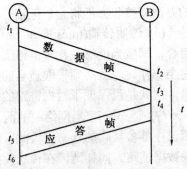

图 3.18 停止-等待协议的通信过程

所谓正常情况是指在传输过程中,任何帧都不会出错或被丢失,这是一种理想情况。主机 A 将原文送到节点 A,以数据帧格式通过数据链路传到节点 B。节点 B 收到数据帧后,经验证无误,应立即执行。

• 把数据帧送到主机 B
• 向节点 A 回送一个应答帧(ACK)确认。

下面从传输一个数据帧的时间顺序的简单过程分析停止-等待协议的特征。设 t_1 为数据帧传输第 1 个比特的开始时刻,t_2 为第 1 比特到达节点 B 的时刻,t_3 为数据帧最后 1 比特到达时刻,则数据帧的传播时间 t_p 为

$$t_p = t_2 - t_1 = l/v$$

式中,l 为节点 AB 间的传输距离(km);v 为电波速度,一般在线媒质中取为 2×10^5 km/s;而数据帧的传输时间 t_F 为

$$t_F = t_3 - t_2 = F/C = (H + D)/C$$

式中,F 为数据帧长度(bit);C 为数据传输速率(bit/s)。

又设每个帧 F 由控制信息和数据信息两个部分组成

$$F = H + D$$

式中,H 为控制信息的比特数;D 为每帧数据信息的比特数。

节点 A 和 B 的处理时间 t_{proc} 为

$$t_{proc} = t_4 - t_3 = t_7 - t_6$$

应答帧(ACK)的传输时间 t_A 为

$$t_A = t_6 - t_5 = A/C$$

因此,停止-等待协议传输一个数据帧中 D 比特数据的信道利用率 U 为

$$U = \frac{t_D}{t_F + t_A + 2t_p + 2t_{proc}} = \frac{D}{F + A + 2C + (t_p + t_{proc})}$$

如果在理想条件下,即既不考虑数据传输时间又忽略传播时延,也不计确认帧的开销,则信道利用率 U 仅与帧的结构 $F = H + D$ 有关。例如,设帧 F 的 D 长度为 128 字节,而 H 为 6 字节,由此可算得 $U = 95.5\%$。与异步通信方式传输一个字符的信道利用率 $U = 80\%$(设数据字符为 8 比特,1 比特校验位,1 比特停止位)相比较,以帧为单元的同步通信信道利用率有了较大的改善。

(b)非正常情况

现在,讨论节点 A 与 B 之间的数据传输有可能出现差错的情况,具体表现在以下两方面:

- 节点 A 向节点 B 发送数据帧时,在传送中受到干扰而出错或丢失。
- 节点 B 收到数据帧后,回送出 ACK 帧,在 B→A 传输过程中,受到干扰或丢失。

这两方面出现的问题,其结果都会使节点 A 将一致等不到 ACK 确认帧,所以节点 A 就永远无法发送下一个帧,这就形成了死锁(dead lock)。

解决上述问题的办法是:在节点 A 设置一个定时器 T_1,它的预定时间为 t_0。当发出一个数据帧后,启动定时器 T_1。若在预定时间 T_0 内,节点 A 能收到 ACK,则可继续地传送下一个待发帧;若在预定时间内收不到 ACK,称超时(time out),则节点 A 由此可判定应重发数据帧。

定时器的 t_0 值取多少?如上所述,t_0 值必须大于节点 A 与 B 之间往返的传播时间,节点 A 向 B 发,收帧的处理时间以及回送确认帧 ACK 的传输时间,即 $t_0 \geq (2t_p + 2t_{proc} + t_A)$。很明显,如果 $t_0 < (2t_p + 2t_{proc} + t_A)$,则有可能在回送 ACK 的行程中,节点 A 的定时器已超时,误认有错而重发,这样节点 B 将会收到两个相同的数据帧,形成重复帧,这是在数据链路控制协议中要采取措施的又一个问题。

要解决重复帧的问题,行之有效的办法是对每一个发出的数据帧都编上号。若接收端收到相同编号的帧,可认为出现了重复帧。这样,应当丢弃这一重复帧,因为上一个同样的数据帧已被正确收到并交给主机 B。与此同时,节点 B 仍需向节点 A 发送确认帧 ACK。

接着要考虑的问题是如何编号,对于停止-等待协议,节点 A 每次只能发送一个数据帧,所以只需用 1 个比特的两个状态 0、1 加以编号。在正常的数据帧交换过程中,帧的序号 0、1 交替地出现,每发送一个新的数据帧,编号值与上一次不同,于是收方就能区分出新的或重复的数据帧。

(2)停止-等待协议的定量分析

首先对上述的停止-等待协议作定量分析。考虑到传输差错的影响,若基帧被干扰或丢失,设定时器的时限为 T,则不成功传输所占用的传输容量 Q_1 为 $F + CT$,如果每帧重发平均次数为 R,那么会有 R 个废帧、1 个正确帧的信道总容量 Q_0 为

$$Q_0 = R(F + CT) + (F + A + 2CI)$$

式中
$$I = t_p + t_{\text{proc}}$$

那么，考虑到传输差错影响的信道利用率 U_0 为

$$U_0 = D/R(F + CT) + (F + A + 2CI)$$

现在再计算每帧重发的 R。设 P_1 为丢失某一数据帧的概率，P_2 为丢失 1 个 ACK 概率。当数据帧和 ACK 帧两者均被正确接收，即帧发送成功概率为 $(1-P_1) \times (1-P_2)$，显然有故障的概率 P 为 $1 - (1-P_1) \times (1-P_2)$，在 k 次试验中有 $k-1$ 次重发的概率为 $(1-P)P^{k-1}$，那么，每帧传送的平均数 R 为

$$R = (1-P)\sum_{k=1}^{\infty} kP^{k-1} = \frac{1}{1-P}$$

所以，每个数据帧重发的平均次数 R 为

$$R = \frac{P}{1-P}$$

代入上式后，可得

$$U_0 = \frac{D}{\frac{P}{1-P}(F+CT) + (F+A+2CI)}$$

为简化分析，假设定时器超时值 T 近似等于 $(A/C-2I)$，那么信道利用率可化简为

$$U_0 = \frac{D}{H+D} \times (1-P) \times \frac{I}{1+CT/(H+D)}$$

上式表明停止-等待协议的实际信道利用率 U_0 与以下的三个因素有关：

• 第一项 $D/(H+D)$，表明帧内附加控制信息的大小 H 会直接影响 U_0 的值，即使在正常情况下，为传送数据位 D 也要考虑附加 H 时所引起的开销；

• 第二项 $(1-P)$，表明在传送过程中出现差错的概率 P 决定着重发过程，即差错概率越大，重发可靠性越大，致使 U_0 降低；

• 最后一项表明协议的控制过程所引起的开销，每发送一个数据帧，要等待 T 时间才能发送下一数据帧，因此 T 值越大，其 U_0 越低。

当上式中的 $H \ll D$，且 $CT \ll F$ 时，则该式就简化为 $U < (1-P)$，说明信道利用率 U_0 取决于故障的概率 P。从上面分析可知，停止-等待协议简单，但信道利用率不高。

(3) 停止-等待协议的算法描述

下面用程序语言来描述停止-等待协议的算法。为了讨论方便，设数据链路仍为半双工的工作方式。节点 A 为发送数据帧，节点 B 为接收数据帧；并假定只回送 ACK 确认帧的简单情况。发送节点内设发送状态变量 $V(S)$，接收节点 B 内设接收状态变量 $V(R)$，分别表示下一个待发帧序号和期望接收帧序号。停止-等待协议(半双工传输方式)基本的收发过程如图 3.19 所示，其工作过程如下：

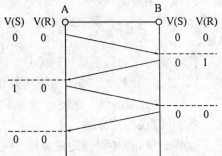

图 3.19 停止-等待协议(半双工传输方式)基本收发过程

- 经数据链路初始化后，$V(S)$、$V(R)$ 分别置于 0。
- 对停止-等待协议的 $V(S)$、$V(R)$ 若用 1 比特编号，只能是 0、1 两个值。
- 节点 A 每发送一个新帧，在其控制字段中填上 $N(S)$ 值，此值取自 $V(S)$。图中节点 A 发送第一个数据帧格式内含 $V(S)$，其值为 0，因为 $N(S) = V(S)$。
- 在节点 B，每收到一个数据帧，将其 $N(S)$ 与节点 B 内的 $V(S)$ 相比，若相等，表明该帧序号为期望值，那么：

①把数据帧的信息内容送往主机；

②修改 $V(R)$，取 $V(R) \leftarrow V(R) + 1$(模 2)，赋值 $V(R) = 1$；

③同时对节点 A 回送确认帧 ACK，内含节点 B 期望收到的下一个帧序号 $N(R)$，此值为修改后的 $V(R)$。如不相等，表明出错。

当节点 A 收到了节点 B 的确认帧 $RR[N(R) = 1]$，RR 表示接收端准备好(receive ready)。取出 $N(R) = 1$，节点 A 判定为 0 的数据帧已被节点 B 正确接收了，可以发下一个数据帧。其 $V(S)$ 应为 $V(S) + 1 = 0 + 1 = 1$。

对于上面的停止-等待协议(半双工传输方式)的收发过程，下面给出用 C 语言编写的算法程序：

```
const int MaXseq = 1;
enum EventType {Frame Arrival, CkNumErr, TimeOut} ;
struct Frame{
   char  info[131];
   int   seq;
   int   ask;
} r, s;
int vs, vr;
char  buffer [131];
EventType event;
Void protocol-1()
{vs = 0;      /*初始化发送状态变量*/
vr = 0;       /*初始化接收状态变量*/
From Host (buffer);    /*从主机取信息*/
Strcpy (s, info, buffer);   /*准备发送开头的帧*/
s·seq = vs;    /*将发送状态变量的值写入帧发送序号*/
s·ask = 1-vr;  /*捎带(piggy—backingACK)*/
Send f(s);     /*发送帧*/
StartTimer(s.seq);   /*定时器开始运行*/
While(! doomsday)
{wait(event);    /*待可能性帧到达，校验和差错，超时*/
```

```
if(event = FrameArrival)    /*有效帧到来*/
{Get  f(r);
if(r, seq = vr)    /*处理输入信息流中序列号*/
{ToHost(r, info);   /*报文送往主机*/
vr ++;             /*变更接收序号*/
}if(r.ack = vs)    /*处理输出信息流*/
{From Host (buffer);   /*主机取新报文*/
vs ++;             /*变更发送序号*/
}
}
}
s.info = buffer;   /*构成输出帧*/
s.seq = vs;    /*在帧中入序号*/
s.ack = 1−vr;   /*这是上一次所收到的序号*/
Send f(s);    /*发送一个帧*/
StartTimer(s.seq);   /*定时启动*/
}
```

有关程序的说明：

(1)发送部分
- 初始化 $V_{(S)} = 0$；
- 从主机取一数据信息；
- 将数据信息送到发送缓冲区；
- 构成数据帧$[(N_{(S)} = V_{(S)})]$；
- 发送数据帧；
- 启动定时器；
- 等待；
- 取一确认帧 ACK，修改 $V_{(S)}$。

(2)接收部分
- 初始化 $V_{(R)} = 0$；
- 等待；
- 收到一有效帧；
- 将数据信息送往主机；
- 修改 $V_{(R)}$；
- 回送 ACK。

从上述算法程序可见，在实用中，停止-等待协议(半双工传输方式)通信的双方必须设置缓冲区，定义内置的状态变量，如 $V(S)$、$V(R)$。接收端节点 B 收到数据帧，要做出判断，其依据是 $V(R)$ 是否等于 $V(S)$。若相等，回送确认帧 ACK；若不相等，则不预回答(这种方式称为证实停止-等待协议)。节点 A 收不到 ACK，定时器超时，则重发原数据帧。在此基础上，可进一步将停止-等待协议的内容加以扩展，可从以下几方面加以考虑。

- 当接收端的节点 B 收到的 $N(S)$ 与 $V(R)$ 不等，表明序号有错，也可以回送一否认帧(NAK)，表明收到的帧有误。增加这一功能，标志通信协议已有了变化。
- 可将半双工数据链路推广到全双工传输工作方式上，即节点 A 和 B 都可发送和接收数据帧、确认帧或否认帧等。于是，收发双方均需各自设置 $V(S)$ 和 $V(R)$。在传输的数据帧中应有 $V(S)$ 与 $V(R)$ 两个值，分别取自 $V(S)$ 与 $V(R)$。这种方式称为捎带(piggy backing)确认，其中 $N(R)$ 值告诉发送方，表明 $[N(R)-1]$ 序号的帧已正确地被接收到，期望对方发送的帧号为 $N(R)$，而 $N(S)$ 为本方发送的数据帧序号。

在程序设计中还应考虑的是，发送端在发送数据帧后，必须在发送缓冲区内保证该数据帧的内容，以防出现差错时可重发。只有在收到对方发来的 ACK 后，才能加以清除。由于这种机理是通过接收端检错，发送端执行重发的控制机制，常称之为自动请求重发(automatic repeat request, ARQ)。

2. 滑动窗口的流量控制方法

实用的数据链路的一般要求是：双向传输，即每个节点都能发送和接收数据。同一帧中既有数据信息，又含有控制信息，发送节点发出的每一个帧均应有序号。使用窗口(slide-window)机制来循环重复使用已收到确认的帧的序号。其目的是有效地提高信道利用率，提供可靠的流量控制手段，保证信息传输的准确性。

(1) 滑动窗口的概念

"滑动窗口"机制是实现数据帧的顺序控制的逻辑过程，它要求通信两端节点设置发送存储单元(缓冲区)，用于保存已发送但尚未被确认的帧，这些帧对应着一些连续序号列表。实质上，这也等效成一个先进先出的队列，如图 3.20 所示。

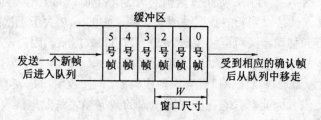

图 3.20 滑动窗口的概念图

图中所示的已发送但未收到确认的序号队列的界，称为发送窗口，其上界和下界分别称为发送窗口的上沿 $H(W)$ 和下沿 $L(W)$。上沿与下沿的区间定义为窗口尺寸 W。设 W_T 为发送窗口的尺寸，这表示要占用存储单元的数量。同理，在接收端也可设置类似的接收窗口，设 W_R 为接收窗口尺寸，指示期待接收的帧序号。

窗口尺寸 W 的选择与信道的数据速率以及传输时延有关，还与编号的比特数有关。若用 n 位比特编号，可以编 2^n 个序号，从 0 到 2^n-1，其中最大序号值 $S_{max}=2^n-1$。经常

选用的 n 值为 3 或 7。当 $n = 3$ 时，序号为(0～7)模 8 循环使用；当 $n = 7$ 时，序号可为(0～127)模 128 循环使用。

假设使用 3 比特进行编号，则窗口尺寸 W 的最小值为 0，最大值为模数值-1，即 $2^n-1 = 7$。对于模 8 的应用，则数据帧的顺序编号总是 0～7 这 8 个数字循环，于是，可以把窗口看做是由一个圆的多个连续的八等分扇表面所组成，如图 3.21 所示。

每个扇形面代表一个序号，并按顺时针方向编号，发送窗口是用来在发送端进行控制的，发送窗口尺寸 W_T 表示在没有收到对方确认的条件下发送端可连续发送的帧数。就停止-等待协议而言，按照窗口尺寸的概念，其 $W_T = 1$，意味着发出一个帧后，在没有收到对方确认的条件下，就不能连续发下一个数据帧。

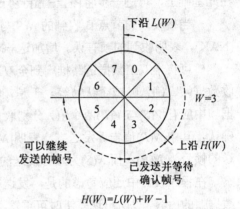

图 3.21 滑动窗口机制的流量控制

(2)滑动窗口机制的流量控制方法

现在来解释图 3.21 中滑动窗口的流量控制方法。假定其发送窗口尺寸 $W_T = 3$，表明在没有收到对方确认的情况下，发送端可最多连续发送 3 个数据帧。在节点初始化后，图 3.21 的发送窗口内包含 3 个序号，即 0～2。当发送端依次发送 0～2 号数据帧后，而尚未收到确认信息，那么发送窗口已满，就应停止发送，进入等待状态。此时窗口的下沿 $L(W) = 0$，而窗口的上沿 $H(W) = 2$。假设最后收到的确认帧的 $N(R) = 3$，表示发送的编号为 0、1 及 2 号帧已全部被对方接收。这时将收到帧的 $N(R)$ 作为窗口的下沿 $L(W) = 3$，则窗口的上沿 $H(W) = W + N(R)-1(模 8) = 5$，表示现在可以发送的数据帧号为 3、4、5，整个扇形面按顺时针方向滑动了一个区域。若此时 $V(S)$ 值为 4，表示编号为 3 的帧已经发送，还允许继续发送 4、5 号帧，如果发送帧的 $N(S)$ 等于窗口的上沿，则窗口关闭，应停止发送，等待确认。待接收到新的数据帧或确认帧，它的 $N(R)$ 大于上次的 $N(R)$，则窗口的下沿按顺时针方向移动，又可继续发送 $N(S) = V(S)$ 的数据帧。因为窗口按照上述规律不断地向前滑动，故称滑动窗口机制的流量控制方法。

接收窗口的设置原理与发送窗口设置原理相类似，但接收窗口是表明接收端允许接收的数据帧的序号范围。因此，只有在接收窗口内的数据帧才是期望接收的，而接收窗口之外的帧，看成非法而丢弃。

滑动窗口机制的流量控制方法可用于包括数据链路控制协议在内的各层控制协议，例如在网络层、传输层中都有应用。

3. 连续 ARQ 协议

连续 ARQ 协议的工作原理是：应用滑动窗口流量控制方法，改进了停止-等待协议的缺点，在发送一个数据帧后，不是停止发送，而是允许继续发送多个数据帧，使通信的效率得到提高。

在连续 ARQ 协议中，所用的发送窗口尺寸 W_T 大于 1，但接收端是有序接收的，允许连续发送数据帧的个数取决于窗口尺寸的大小。一般 $W_T \leq 2^{n-1}-1$,其 P_n 为编号的比特数。

现举例说明 ARQ 协议的工作过程,如图 3.22 所示,假设节点 A 向节点 B 发送数据帧,设发送窗口的尺寸 $W_T=5$,表明节点 A 可连续发送 5 个数据帧,其序号为 0~4,当节点 A 发完 0 号数据帧后,可以继续发送后续的 1 号帧、2 号帧等,对于每一帧分别按顺序编号,而接收窗口的尺寸 $W_R=1$。

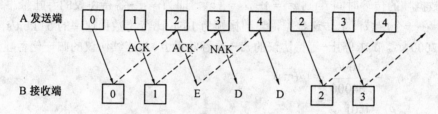

图 3.22 连续 ARQ 协议的工作过程

设节点 B 在收到一帧后立即应答,应指明的是对那个帧号予以确认或否认,因为节点 A 已发送了多个帧。现假设 2 号数据帧在传输中出了差错(图中用 E 表示),于是节点 B 发送否认帧 NAK_2(实际上用 REJ:Reject 表示帧拒绝),它到达节点 A 时,节点 A 正在发送 4 号帧。节点 A 根据收到了 REJ 中附带的 $N_{(R)}=2$,应当重发 2 号帧,但应在 4 号帧发送完后才能重发 2 号帧。

节点 B 应答 NAK_2 后,接着连续收到 3、4 号帧,尽管这些帧号是帧正确到达的序号,但节点 B 也要将其丢弃(图中用 D 表示)。由于有序接收的约束,节点 B 期待的只是 2 号帧。因此,连续 ARQ 有这样一个特征:节点一旦发现出错的数据帧,其状态变量 $V(R)$ 值一直不变,等待该帧序号的到达,如该例中的 $V(R)=2$,因此任何不等于 $N(S)$ 的都不加以处理。

节点 A 在发送 4 号帧后,还要向回走,重传从 2 号帧开始的所有帧。所以连续 ARQ 协议又称 Go-back N ARQ,它指的是出现差错必须重传时,要向后走 N 个帧,然后开始重传。

由此可知,连续 ARQ 协议应允许连续发送多个数据帧,提高吞吐率;但重传的方法(即把原已正确的帧也不得不重传)又增加了开销。在数据链路不太可靠(误码率大)的网络环境中,连续 ARQ 协议的工作效率并不会改善。

通过定性分析连续 ARQ 协议的工作过程,来寻找连续 ARQ 协议的吞吐量关系式。由图 3.22 可见,在无差错时,成功地发送一个数据帧所需的时间为 t_p,当出现差错时,重发一个数据帧所需的时间为 t_T。若取图中重发处理所需时间 t_T 近似为 $3t_F+2t_p$,可得出在连续 ARQ 协议情况下,正确传送一个数据帧所需的平均时间为

$$t = t_p + (1-P)\sum_{i=1}^{\infty} iP^i t_T = \frac{t_p[1+(\alpha-1)P]}{1-P}$$

式中,$\alpha = \dfrac{t_T}{t_P}$。

当发送节点处于饱和状态时,吞吐量的最大值(每秒钟成功发送的最大帧数) $\lambda_{\max}$ 为

$$\lambda_{max} = \frac{1}{t} = \frac{1-P}{t_F[1+(\alpha-1)]P}$$

而归一化的吞吐量 ρ 为

$$\rho = \lambda t_F \leq \frac{1-P}{1+(\alpha-1)P} = \rho_C$$

式中，λ 为每秒钟到达的帧数，小于 λ_{max}。若上式中 λ = 1(即传播时间和超时限值都远小于一个数据帧的传输时间 t_F)则 ρ = 1-ρ = ρ_S，即为停止-等待协议的吞吐量。

例 在一个广域网上传送数据，设数据帧为 1096 比特，数据速率的 64 kbit/s，链路长度为 2000 km。试求停止-等待协议的归一化吞吐量 ρ_S 与连续协议的归一化吞吐量 ρ_C。

解 $t_F = \dfrac{1096}{64000} \approx 17(ms)$

$\rho = 0.01$

$t_p = \dfrac{1}{v} = \dfrac{2000}{2 \times 10^5} = 10(ms)$

$t_T = t_F + 2t_p + 2t_F = 2t_F + 2t_p = 71(ms)$

$\alpha = \dfrac{t_T}{t_F} = \dfrac{71}{17} \approx 4.176$

$\rho_C = \dfrac{1-\rho}{1+3.176\rho} = \dfrac{0.99}{1+0.03176} \approx 0.959,$

$\rho_S = \dfrac{1-\rho}{4.176} = \dfrac{0.99}{4.176} \approx 0.237$

从此例的结果可以看出，在题中的条件下，采用连续 ARQ 协议的归一化吞吐量 ρ_C 可达 95.9%，而同样情况下，停止-等待协议的归一化吞吐量 ρ_C 只有 23.7%。

值得注意的是，在连续 ARQ 协议中，为了减少接收端开销，不必像上图 3.22 那样，每收到一个正确的数据帧就立即回送一个确认帧或否认帧，而是等连续收到好几个正确数据帧后，只对最后那个帧发一个确认信息即可。用 $N(R)$ 表示接收端期望接收的帧序号，也表明 $N(R)$ -1 号帧及此号以前的各个数据帧均已正确无误地收到。例如，如图 3.22 中，发送窗口 W_T = 5，发送端节点允许连续发送 0~4 号帧，然后窗口关闭，等待确认；而接收端节点每收到一个正确序号的帧，用 $V(R)$ 与 NS 相比.如果相等，$V(R) \leftarrow V(R) + 1$(模 N)。由于接收是有序的，每当 $V(R)$ 增加后，则表示前一帧已判断为正确帧；若不相等，接收端节点应立即回送一个否认帧。

当接收端节点接收了所有应接收的序号，如果接收端恰有数据帧传送到节点 A，则可由数据帧将 $N(R)$ 信息捎带传到节点 A。如果接收端尚未有数据帧要传送，则应送出确认帧带上 $N(R)$ 值。

要等多久才送出确认帧？为确保应答及时，可设置一个应答计时器(T_2)其预定时间应小于 T_1 的预定时间。每接收一数据帧，经判断为正确帧后，就启动 T_2。若节点 B 有数据帧发送，则可复位 T_2，并发出捎带 $N(R)$ 的数据帧。如一时无数据要发送，则等待 T_2 超时后即送出确认帧。

4. 选择重传 ARQ 协议

为了进一步提供信道利用率，减少重传的帧数，可以设法只重传有错的帧或者是定时器超时的帧，称为选择重传 ARQ 协议。在该协议中，接收窗口的尺寸 W_R 必须加大，使得接收序号不连续的但仍在接收窗口内的那些帧可暂存一下，以使等待所缺序号的帧经重传到达之后送交主机。由此可见，这种协议所允许的发送窗口尺寸 W_T 和接收窗口尺寸 W_R 均可大于 1，应满足下式

$$W_T + W_R \leqslant 2^n$$

接收窗口的约束条件为：$W_R \leqslant 2^{n-1} \leqslant W_T$，由此可得，$W_R$ 的最大值等于 2^{n-1}。若利用了比特编号，取 $W_{R\max} = 2^{n-1} = 4$ 时，可求得 $W_T = 4$。

这种选择重传 ARQ 协议可以避免重传那些已经正确到达对方的数据帧，但要求占用更多的缓冲空间。

3.5.3 数据链路层协议

为了实现国际间广泛的地区间的远程数据通信，要求通信双方必须有：
- 统一的信号速度；
- 统一的传输代码；
- 统一的代码结构(格式)；
- 统一的传输控制步骤；
- 统一的差错控制方式。

为了使原始的存在误码率的物理线路成为无差错的数据链路，就要在物理层之上增加数据链路层，实现数据链路层的功能就需要制定相应的数据链路层协议，一般称为数据链路控制规程。它是节点间数据传输时制定的一系列规则、约定和步骤，如数据编码、报文格式、传输控制步骤和应答方式等。

通用性强的计算机网络通信规程主要有：
- 美国国家标准协会(ANSI)提出的先进的数据通信控制规程 ADCCP。
- 国际标准化组织(ISO)推荐的高级数据链路控制规程 HDLC。
- 国际电报电话咨询委员会(CCITT)发表的 X25 建议书等。

通信控制规程的标准是计算机网络软件编制的基础，归纳起来分为两大类：面向字符型控制规程和面向比特型控制规程。

3.5.4 面向字符型控制规程

面向字符的通信控制规程包括基本型和扩充基本型两类，在扩充基本型中又包括全双工、会话和代码透明三类。

数据链路层协议经历了一个不断改进的过程，最早出现的数据链路层协议是面向字符型的协议，它的特点是利用已定义好的一种标准字编码(如 ASCII 码、EBCIC 码)的一个子集来执行通信控制功能。其典型代表是 IBM 公司提出的二进制同步通信(binary synchronous communication，BSC)协议，它使用了 ASCII 码中 10 个控制字符完成通信控制功能，并规定了数据报文、控制报文的格式，以及协议操作过程。

在 BSC 规程中，传送的信息是以字符的序列构成。

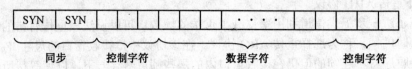

在通信线路上传送的信息分两类：
- 信息报文：传送给接收方是数据信息。
- 监控报文：在收发方之间起监控作用。

1. 控制字符

BSC 协议中使用的控制字符与功能如表 3.5 所示。

表 3.5 BSC 规程中使用的控制字符与功能

控 制 字 符	功 能
SOH(start of head)	报头开始
STX(start of text)	正文开始
ETX(end of text)	正文结束
EOT(end of transmission)	传输结束
ENQ(enguiry)	询问对方，并要回答
ACK(acknowledge)	肯定回答
NAK(negative acknowledge)	否定回答
ETB(end of transmission block)	正文信息组结束
DLE(data link escape)	转义字符，与后继字符一起组成控制功能
SYN(synchronous)	同步

2. 数据报文格式

数据报文格式如图 3.23 所示

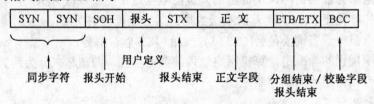

图 3.23 数据报文格式

其中 SYN 为同步字符，接收端至少收到 2 个 SYN，才能开始接收，报文字段从 SOH 字符开始，报头字段是选项，由用户自行定义，如存放地址、路径信息、发送日期等。正文字段由 STX 字符开始，正文字段的长度未作规定，如果正文太长，要分成几块传输，则每块用 ETB 结束正文字段，当全部正文传输结束后，用 ETX 结束正文字段。BCC 是校验字段。

在面向字符控制规程的数据报文中，数据报文是以字符为单位组成的。在正文字段中也可能出现与控制字符相同的字符组合并误认为是控制字符，例如在正文中出现 ETB，接收方会误认为是正文字段结束。为了解决这个问题，规定当正文字段中出现与 ETB 字符相同的编码时，发送硬件自动在其后面打入一个 DLE 字符，而接收方接收到 DLE 字符时，由接收硬件自动删除 DLE 字符，这个过程对用户是透明的。

3. 面向字符型协议的执行过程

实现面向字符型协议的流程如图 3.24 所示，图中虚线表示协议控制信息的交换，实线表示数据信息的交换。

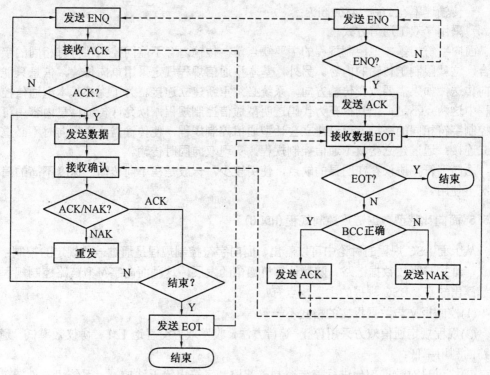

图 3.24 建立、维持和结束数据链路流程图

面向字符型协议的执行过程经历了建立、维持和释放数据链路的过程。发送节点在正式发送报文之前，首先发送控制报文 ENQ，去询问接收节点是否同意接收数据。如果同意接收，则向发送节点发送确认报文 ACK，当发送节点接收确认报文 ACK 之后，双方进入数据报文传输阶段。控制报文 ENQ 与 ACK 使用的是 ASCII 码中控制字符编码，例如 ENQ 的 ASCII 编码是 0000101，ACK 的 ASCII 编码是 0000110(未计入校验位)。

在数据链路建立之后，发送节点向接收节点发送数据报文。数据报文格式如图 3.23 所示。接收节点在接收到数据报文时，必须依据校验字符 BCC 来确定是否出现传输错误。如果传输正确，那么向发送节点发送确认报文 ACK；如果传输不正确，就向发送节点发送 NAK。发送节点在接收到确认报文 ACK 后，确定是不是还有数据需要发送，如果有，那么就继续发送数据；如果没有数据发送，就向接收节点发送结束控制字符 EOT。如果传输出错，发送节点将重新发送该数据报文。接收节点在接收到传输结束控制字符 EOT 之后，将结束本次数据链路。

4. 面向字符控制协议的特征

与其它数据链路层协议相比，面向字符控制规程有以下特征。

• 以字符为传输信息的基本单位，规定 10 个控制字符用于传输控制，控制字符不允许在用户信息中出现。

- 信息编码可以用 ISO 国际标准 ASCII 码、EBCDIC 码；
- 可以采用同步传输或异步传输两种方式；
- 采用方阵校验；
- 使用停止-等待协议，在发送一组信息之前，必须得到对方回答；
- 传输速率在 200~4800 bit/s；
- 采用半双工通信方式。

面向字符的基本型控制规程的主要缺点是：传输内容不能同控制字符有相同的字符组合，这就限制了传输的内容。另外，基本型通信规程规定采用单向传输，信息只能单方向传送，如果需要改变传输方向，系统必须重新建立连接。为了弥补基本型通信控制规程中这两点不足，把其扩充为代码透明型通信控制规程，以允许传输信息内容中可有与控制字符相同的字符；通过建立会话型通信控制规程，使传输需改变方向时不必重新建立连接；通过建立全双工通信控制规程，实现双向同时传输。

面向字符型协议存在明显的缺点，使用较少，一般是在单向传输，速度不高的简单情况下使用。

3.5.5 面向比特型数据链路控制规程(HDLC)

从上面 BSC 规程的讨论中可以看出，面向字符控制规程是通过一些规定的控制字符建立、维护与释放数据链路。随着计算机通信的发展，这种面向字符型链路控制规程逐渐暴露出缺点。BSC 规程的主要缺点有：

(1)控制报文与数据报文的格式不一致；

(2)规程规定通信双方采用停止-等待方法，收发双方交替地工作，协议效率低，通信线路的利用率低；

(3)协议只对数据部分进行差错控制，若控制字符出错无法控制，系统可靠性较差；

(4)系统每增加一种功能就需要设定一个新的控制字符，因此功能扩展困难。

针对面向字符型规程的缺点，随着计算机通信技术的发展，需要设计出一种新的数据链路层协议来代替它。

1974 年 IBM 公司推出了 SNA 体系结构，在数据链路层采用了面向比特型的 SDLC 协议，之后美国国家标准协会(ANSI)和国际标准化组织(ISO)将 SDLC 协议变成国际标准。ANSI 将 SDLC 修改后的先进数据通信控制规程(advanced data communication control procedure, ADCCP)作为美国国家标准，而 ISO 将 SDLC 修改后的高级数据链路控制(high-level data link control，HDLC)协议作为国际标准。CCITT 在此基础上将 HDLC 修改为链路接入规程(link access procedure，LAP)，把其作为 X.25 建议数据链路层协议，之后不久，HDLC 的新版本链路接入规程(平衡型)LAPB 出现。

1. HDLC 站的类型

链路承载信息是从信源开始到信宿结束，在通信系统中，主计算机、前端处理机、集中器和各种通信控制设备不仅具有通信控制能力，还具有其它操作功能。在 HDLC 中这些通信单元(即通信站)根据其在链路中承担的功能被分为主站、从站和复合站三类。

(1)主站：在物理链路上用于控制目的的站称为主站。在通信过程中，主站在一定时间内具有选择从站和把信息发送到从站去的权利，其主要功能是发送命令、接收响应、负责对数据链路的全面管理，包括发起传输、组织数据流、执行链路差错控制和差错恢复等职责。

(2)从站：在物理链路上用于接收信息的站称从站。在通信过程中，在一定时间内，从站用来接收从主站发送来的信息，其主要功能是接收主站命令、发送响应、配合主站参与差错恢复等链路控制。

(3)复合站：同时具有主站和从站功能的站称复合站。

2. HDLC 链路结构

在通信过程中，根据站的类型和线路连接方式的不同，数据链路的结构被分为不平衡型结构、对称型结构和平衡型结构三种。

(1)不平衡型结构：不平衡型结构有一个主站和一个或多个从站被连接在一条线路上，如图 3.25(a)所示。

(2)对称型结构：对称型结构有两条独立的主站到从站的通路，它是连接两个独立的点到点的不平衡逻辑结构，在一条链路上复用，如图 3.25(b)所示。

(3)平衡型结构：平衡型结构由两个复合站组成的点对点连接构成，两个复合站都具有数据传送和链路控制能力，如图 3.25(c)所示。

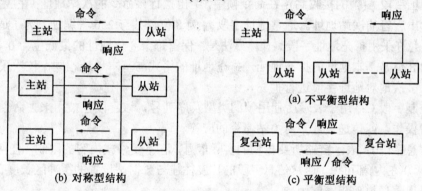

图 3.25 HDLC 链路结构

3. HDLC 的操作模式

(1)正常响应方式(NRM)：这是一种不平衡结构的操作方式，在这种操作模式中，从站只能为了响应主站的命令帧而进行传输，从站在确切地接收到来自主站的允许传输命令后，才可以开始响应传输。响应信息可以由一个或多个帧构成，同时保持占线状态，并指出哪一个是最后一帧。从站在发出最后的响应帧之后，将停止发送，直到再次收到从主站发来的确切的允许传输的命令后，才能重新开始传输。在这种方式中，主站负责管理整个链路，负责对超时、重发及各类恢复操作的控制，并且有查询从站和向从站发送命令的权利，正常响应模式适用于不平衡型多点探询的链路结构。

(2)异步响应模式(ARM)：这是一种不平衡结构的操作方式，但这种操作模式与正常响应方式不同之处在于从站不必确切地接收来自主站的允许传输命令就可以开始传输，在传输帧中可包含有控制信息，或是仅以控制为目的而发送的帧，由从站来控制超时和重发。异步传输可以是一帧，也可以是多帧，异步响应模式不适用于不平衡型和平衡型点对点探询的链路结构。

(3)异步平衡方式(ABM)：这是一种平衡型操作模式，异步平衡方式传输可以为一帧或多帧，传输是在复合站之间进行的，在传输过程中一个复合站不必接收到另一个复合站的允许传输命令就可以开始传输，适用于通信双方都是组合站的平衡型链路结构。

4. HDLC 帧格式

HDLC 帧格式如图 3.26 所示。

8	8	8	任意长	16	8	(bit)
F	A	C	I	FCS	F	

图 3.26　HDLC 帧格式

帧是数据链路上传输的一个基本信息单元，其中包括了从上一层(网络层)递交下来的数据分组及链路层内产生的控制信息(规程)。帧格式中各字段的意义如下：

• 帧起始和结束标志序列 F：标志序列是一个独特的 8 位二进制序列(01111110)，表示帧的开始和结束。它也可以兼作上一帧的结束标志和下一帧的开始标志，具有帧同步的作用。标志序列也可用作帧间填充序列，如果一个帧的长度小于 32 位(不包括标志序列)，则认为该帧无效。

• 地址字段 A(帧的接收站)：在命令帧中，给出执行该命令的次站地址；在应答帧中，该字段给出应答的次站地址。通常地址字段 A 为 8 位，共有 256 种编址。为了适应特定的环境，允许采用扩充地址字段。具体方法是：保留每个 8 位地址的最低位为 0，表示后面跟着的 8 位是基本地址的扩充地址，扩充地址的格式与基本地址相同，依次采用上述方法可以多次地对地址字段进行扩充。

• 控制字段 C：用于表示所使用帧的类型及序列号，该字段也被用来去命令被选站执行某种操作，或传递被选站对主站命令的应答。

• 信息字段 I：表示链路所要传输的实际信息，它不受格式内容的限制，任何合适的长度(包括 0 在内)都可以。通常信息字段的长度往往与数据站设置的缓冲区长度有关，最大长度是通信信道差错率的函数。

• 帧校验序列 FCS：可以使用 16 位或 32 位的帧校验序列，检测帧是否出错(包括地址、控制和正文数据)。

5. HDLC 帧类型

在 HDLC 中，帧被分成三种类型，如图 3.27 所示。

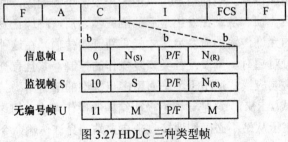

图 3.27 HDLC 三种类型帧

(1)信息帧：用来传送数据的帧，具有完全的控制顺序。

(a)发送序号 $N_{(S)}$ 与接收序号 $N_{(R)}$：如果控制字段的第 1 位 $b_0 = 0$，那么该帧为信息帧。

b_1、b_2、b_3 为发送序号 $N_{(S)}$，而 b_5、b_6、b_7 为接收序号 $N_{(R)}$。$N_{(S)}$ 表示当前发送的信息帧的序号，而 $N_{(R)}$ 表示一个站正确接收序号 $N_{(R)}-1$ 及以前的各帧，发送站应发送序号 $N_{(R)}$ 的帧。由于是全双工通信，所以通信的每一方都有一个 $N_{(S)}$ 和 $N_{(R)}$。

$N_{(R)}$ 带有捎带确认的作用，它表示序号为 $[N_{(R)}-1]$ 的帧以及在这以前的各帧都已正确接收，期望接收到序号为 $N_{(R)}$ 的帧。例如，如果一个帧中 $N_{(S)}=3$，$N_{(R)}=7$，它的意义是：目前发送的是序号为 3 的帧，已正确接收了序号为 6 的帧，要求对方下一次发送序号为 7 的帧。这样双方就可以在交换信息的同时完成接收确认的功能，而不需要专门为接收信息帧发送确认应答帧。

(b)探询/终止位：控制字段 C 的 b_4 为探询/终止(poll/final)位，简称 P/F 位。如果 P/F = 0，则表示该位没有意义；如果 P/F = 1，则对不同的情况有不同的含义。对于正常响应模式 NRM，只有主站向从站发出"探询"后，从站才能向主站发送信息帧。此时，主站是探询位 P = 1；从站在接收的信息帧中检查出 P = 1 时，如果从站有帧要发送，此时才可以向主站发送。发送的最后一帧要置终止位 F = 1，表示从站此次发送结束。所以，P = 1 与 F = 1 应该在帧交换过程中成对出现。

(2)监控帧：用于实现监控功能的帧，包括接收准备好、接收未准备好、请求发送、选择发送等监控帧。主要完成回答、请求传输、请求暂停等功能。

若控制字段 C 的 $b_0=1$，$b_1=0$ 则对应的帧为监控帧(S 帧)。监控帧共有 4 种，取决于 b_2、b_3 的取值。表 3.6 是这四种监控帧的名称和功能。

上述四种监控帧中，前三种用在连续 ARQ 协议中，而最后一种只用于选择重传 ARQ 协议中。所有的监控帧都不包含要传送的数据信息，因此监控帧只有 48 位长。显然，监控帧不需要发送序号 $N_{(S)}$，但是接收序列号 $N_{(R)}$ 是至关重要的。

RR 帧和 RNR 帧除具有帧确认作用外，还具有流量控制的作用。RR 帧表示已做好接收帧的准备，希望对方继续发送，而 RNR 帧则表示要求对方暂停发送，这可能是由于接收端来不及处理到达的帧，或缓冲区已满。

表 3.6　四种监控帧名称及功能

b_1、b_2	帧　名	功　能
00	RR(receive ready)接收准备就绪	确认序号为 $N_{(R)}-1$ 及其以前的各帧
10	RNR(receive not ready)未准备好接收	暂停接收下一帧，但确认序号为 $N_{(R)}-1$ 及其以前的各帧
01	REJ(reject)拒绝	$N_{(R)}$ 以后的各帧被否认，但确认序号为 $N_{(R)}-1$ 及其以前各帧
11	SREJ(selective reject)选择拒绝	只否认序号为 $N_{(R)}$ 的帧，但确认序号为 $N_{(R)}-1$ 及其以前的各帧

监控帧的 b_4 也是 P/F 位。同样，P/F = 0 没有意义；P/F = 1 时才有意义。P = 1 与 F = 1 是成对出现的，一方作为探询，要求另一方应答。探询方将要置 P = 1，应答方在发送

状态信息的同时将置 F = 1，作为对探询的应答。

(3)无编号帧：用于提供附加的链路控制功能，该帧没有信息帧编号，因此，可以表示各种无编号的命令和响应，以扩充主站和从站的链路控制功能。

如果控制字段 C 的 $b_0 = b_1 = 1$ 时，这个帧就是无编号的帧(U 帧)。无编号帧本来不带编号，即没有 $N_{(S)}$ 和 $N_{(R)}$ 位，而是用 5 个比特位(b_2、b_3、b_5、b_6、b_7)来表示不同作用的无编号帧。无编号帧主要起控制作用，它可以在需要时随时发出，而不影响带序号的信息帧的交换顺序。图 3.28 给出了 U 帧的格式及链路控制功能。

| 01111110 | A | 11 | M | P/F | M | FCS | 01111110 |

	命令	响应					
置异步响应	SARM		1	1	0	0	0	建立主从的点对点结构
置正常响应	SNRM		0	0	0	0	1	建立主从的多点结构
置异步平衡响应	SABM		1	1	1	0	0	建立复合站的平衡结构
拆链	DISC		0	0	0	1	0	结束已建立的数据链路
无编号确认		UA	0	0	1	1	0	从站响应主站的命令
命令拒绝		CMAD	1	0	0	0	1	从站报告帧传送异常

图 3.28 U 帧的格式与链路控制功能

上图中给出了置异步响应、置正常响应、置异步平衡响应模式，以及拆链等四种命令，同时也给出了无编号确认与命令拒绝等两个响应的 M 位的结构。

6. 信息交换过程控制

数据在物理链路上的通信是采用半双工或全双工方式进行的。在信息发送出来到信息被接收的整个信息交换过程中，主站、从站或复合站要对其操作进行一系列控制，主要包括回答和响应。各种控制是根据帧中各字段的位控制变化实现的。

信息交换过程的控制主要包括以下内容：

- 发送信息命令请求；
- 接收信息响应；
- 发送信息准备好；
- 发送信息；
- 信息发送结束；
- 信息接收完毕。

图 3.29 为两个站都是复合站的点对点数据链路建立和释放过程。复合站中的一个站先送出 SABM (P = 1)的未编号帧(命令帧)，待对方回送一个 UA(F = 1)的响应帧后，则完成链路的建立过程。这时双方设

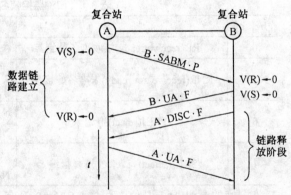

图 3.29 复合站的数据链路建立和释放过程

置的 $V_{(S)}$、$V_{(K)}$ 值为 0。接着双方就可以进行双向的数据传输。由于两个站都是复合站，任何一站在数据传输结束后提出释放要求，即发出 DISC(P = 1)的命令帧，在对方用 UA (F = 1)响应后，链路释放过程完成。若 B 站发出释放命令，要 A 站做出响应，则地址字段应填入 A 站的地址。

7. HDLC 规程的基本特点

与面向字符型的控制规程比较，HDLC 规程主要有以下特点：
- 能适应多种链路构形(点-点. 点-多点)
- 采用同步方式工作；
- 使用全双工或半双工传输方式；
- 传输透明性好；
- 比基本型有更高的传输效率；
- 采用高性能的 CRC 校验。

因此，在一般计算机终端网络中，广泛使用 HDLC 规程。

3.6 网络层

网络层也称通信子网层，网络层是通信子网的最高层。网络层用于控制通信子网的操作，是通信子网与资源子网的接口。网络层关系到通信子网的运行控制，体现了网络应用环境中资源子网访问通信子网的方式。

3.6.1 网络层概述

数据链路层研究和解决的问题是两个相邻节点之间的通信问题，实现的任务是在两个相邻节点间透明地无差错地帧级信息的传送。数据链路层不能解决由多条链路构成的通路数据传输问题。

网络层的主要功能是实现网络系统(通信子网)内的连接，为传输层提供整个网络范围内两个终端用户之间数据传输的通路。它提供的可以是一个通信网络内部源节点和目的节点数据传输通路，也可能是多个子网互连，如图 3.30 所示。

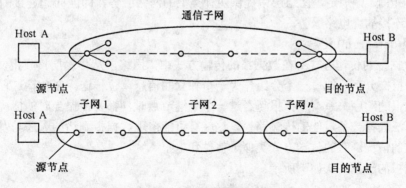

图 3.30 网络层提供的连接

3.6.2 网络层服务

网络层的主要服务是支持网络连接的实现，包括点-点结构的网络连接，以及由具有不同特性(协议)的子网所支持的网络连接。网络层为传输层提供的具体服务如下：

(1)建立和拆除网络连接：网络层利用数据链路层提供的数据链路连接，构成传输实体间的网络连接。网络连接同样可由若干个通信子网的串联形式构成，这些互联的子网可共有相同或不相同的服务能力，子网连接的两端可采用不同的子网协议。

(2)路径选择和中继：本功能是在两个网络地址之间选择一条适当的路径。为了建立端系统间的通信，网络层必须使用数据链路层的服务来控制数据链路的互联。当网络连接是由几个子网串联而构成时，应将单独子网内的路径选择和中继功能与由子网互联所构成的网际路径选择和中继功能分开。

(3)网络连接多路复用：本功能提供网络连接多路复用的数据链路连接，以提高数据链路连接的利用率。

(4)分块和组块：为了提高传输效率，当上层传递下来的数据单元太长时，可以对它们进行分段；反之，也可以将几个较短的数据单元组成块后一起传输。无论哪种情况，都必须保留网络服务数据单元分界符。

(5)传输和流量控制：当传输实体需要有序传输网络服务数据单元时，网络层将在指定的网络连接上由流量控制服务来对网络连接上传输的网络服务数据单元进行有效控制，以免发生信息"堵塞"或"拥挤"现象。

(6)加速数据传递。

(7)复位。

(8)差错的检测与恢复：网络层的差错检测和恢复是利用链路层的差错报告，以及其它的差错检测能力来检测经网络连接所传输数据单元，目的是检测是否出现异常情况，所谓恢复功能是指从被检测到的出错状态中解脱出来。

(9)服务选择：当一个网络连接要穿越几个网时，若各个子网具有不同的服务指标，则需要利用服务选择功能，使网络连接的两端能提供相同的服务。

3.6.3 网络层提供的服务

在 OSI/RM 中规定，网络层中提供两种类型的网络服务，即面向无连接的数据报服务和面向连接的虚电路服务。

1. 数据报(datagram)服务

(1)数据报的传输方式：在数据报的传输方式中，网络层从传输层接收报文(发送时)并拆分为报文分组，把每一个分组作为一个独立的信息单位传送。在传输过程中并不去考虑数据报的顺序关系。数据报每经过一个中继节点时，都要根据当时的情况，并按照一定的算法选择一条最佳的传输路径。这就有可能出现数据报到达的顺序与发送时的顺序不一致的情况。它的传送方式类似于信件和电报。

数据报的一种格式如下所示：

源地址	目标地址	服务要求	标识符	数据

其中包含有源和目的节点的网络地址、服务要求和标识符。服务要求可以是：当发送成功时，要求网络回送确认；若分组不能被传送至预定节点，网络应向源主机回送诊断信息(分组)，以指出原因。无论哪种情况，都应回送分组标识符，以便主机识别。

(2)数据报服务的特征：

• 不需要建立连接。对等实体在通信前，不需要建立连接，目的节点在收到数据报后，也不需要发送确认，因而是一种开销较小的通信方式。但发送方不能确切地知道对方是否准备好接收，是否正在忙碌。故数据报服务的可靠性不是很高。

• 采用全网地址。由于每个数据报都单独传送，因此在每个数据报中都必须具有源地址和目标主机的全网地址，以便能单独在网络中传输。网络节点在收到该分组后，可直接根据该地址，按照一定的算法选择一条传输路径，把它传送到目标。然而在频繁的人-机交互作用时，每次都附上源地址和目标主机的全网名称是十分累赘的，也降低了信道的利用率。

• 要求路由选择。数据报在网络中传输时，每经过一个网络节点都要进行一次路由选择。当有一个很长的报文需要传输时，必须先把它分成若干个具有一定长度的分组，若这些分组都采用数据报发送方式，势必增加网络开销。

• 数据报不能按需到达目标。当把一份长报文分成若干个短的数据报时，由于它们被独立传送，因而可能各自通过不同的路径到达目标。显然，数据报服务不能保证这些数据报按需到达目标。

• 对故障的适应性强。若数据报传输途中的某个节点或链路发生故障，则数据报服务可以绕过这些故障地区而另选其它路径，把数据报传送到目标节点。

• 易于平衡网络的流量。在数据报传输过程中，中继节点可为数据报选择一条流量较少的路由，而避开流量较高的路由，这样既可平衡网络中的信息流量，又可使数据报得以更迅速的传输。

数据报方式应用在下列情况：

• 数据准确性要求高的用户，在主机传输层有较强的差错控制协议(差错控制、顺序控制)，对网络层差错设计要求低一些，如 TCP/IP 协议。

• 使用短报文频繁地与用户交换，短询问/短应答的报文业务，如销售点的电子资金转账、信贷检查、储备系统和目录检索等。

2. 虚电路(virtual circuit)服务

(1)虚电路：在通信网的 DTE 和 DCE 之间或 DCE 与 DCE 之间存在四线全双工或二线半双工的线路，称物理链路。在一条物理链路上要进行多对用户之间的通信，就把物理链路划分为大量的逻辑信道(如 X.25 划分为 4095 条逻辑信道)，每一个逻辑信道均用一个逻辑信道号命名。一对用户之间通信占用一条逻辑信道，这个逻辑信道称为虚电路。图 3.31 为数据报与虚电路的方式。

图 3.31 数据报与虚电路方式

因此，虚电路是多对用户通信时通过采用复用方式共享物理链路而建立的，是为传送某一对用户之间的报文而存在，它是由各段实际物理链路经过若干个中继节点的交换机或通信处理机连接起来的逻辑通路，如图 3.32 所示。虚电路把一条物理链路复用为多条逻辑信道。

(2)虚电路建立过程：在源主机与目标主机通信之前，应先建立一条网络连接即虚电路。为此，源主机应发出呼叫请求分组，在该分组中包含了源主机和目标主机的全网地址。

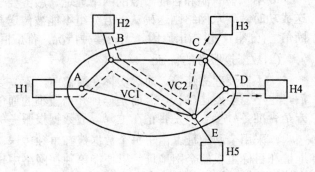

图 3.32 虚电路方式

- 呼叫请求分组途径的每一个网络节点，都要记下该分组所用的虚电路号，并为它选择一条最佳路由发往下一个节点。
- 当呼叫请求分组到达目标主机后，若它同意与源主机通信，便由网络层为双方建立一条虚电路。
- 在数据传送阶段，每个分组不必填上源地址和目标主机的全网地址，而只需标上虚电路号。
- 当通信结束时，将该虚电路拆除。

(3)虚电路服务的特征
- 要求先建立连接。网络层应为源主机和目标主机建立一条网络连接，供双方进行通信。
- 全网地址。仅在源主机发出的呼叫请求分组中需要填上源地址和目标主机的全网地址，而在数据传输阶段的分组中，都只需填上虚电路号即可。
- 路由选择。同样只是当呼叫请求分组在网络中传输时，各途径的中继节点都要为它们进行路由选择，虚电路建立后就不再需要了。
- 按序到达。由于源主机发出的分组都是通过预先建立好的虚电路进行传输的，故能保证主机所发出的每一个分组都能按照发送的顺序到达目标主机。
- 可靠性高。发送方发送的分组对方都要给予确认。
- 适合于交互式作用。利用虚电路服务来实现交互作用，不仅及时而且网络开销小。

(4)永久虚电路和交换虚电路：虚电路分为永久虚电路和交换虚电路(呼叫虚电路)两类。
- 永久虚电路(PVC)是指两个 DTE 设备之间永久连接的虚电路。一个 DTE 能通过分配给它的永久虚电路，把分组发送至网络，再由网络传送至目标 DTE。同样 DTE 通过该虚电路去接收数据分组，不论是发送还是接收分组，都不需要建立虚电路和释放虚电路的操作。因此，永久虚电路类似于点至点的专用线。
- 交换虚电路(SVC)是前面所述的为通信而暂时建立的虚电路，它根据源 DTE 的呼叫请求而建立，通信结束时便拆除。

一个 DTE 可以有多个永久虚电路和交换虚电路。

(5)数据报和虚电路服务的特点和应用场合：虚电路服务和数据报服务的特点归纳为表 3.7。

表 3.7 虚电路服务和数据报服务的特点与比较

项目	虚电路	数据报
目标地址	建立连接时需要	每个分组都需要
初始化设置	需要	不需要
分组顺序	由通信子网保证	通信子网不负责
差错控制	通信子网负责、对主机透明	由主机负责
流量控制	通信子网提供	网络层不提供
连接的建立和释放	需要	不需要

虚电路服务与数据报服务的区别，实质上在于将分组的差错和顺序控制放在网络层还是放在传输层，也就是放在通信子网中还是放在主机系统中。由于应用场合的不同，两种服务各有自己的特点。

对于数据准确性要求很高的用户，常常怀疑通信子网的可靠性，为了保证数据传输正确，他们在传输层总要进行差错处理和分组顺序的控制。这样，在通信子网进行这种重复性的工作就没有必要。为了减少费用和简化网络层设计，应采用无连接的数据报。另外，在需要将短数据单元频繁地与其它大批用户交换的时候，虚电路呼叫建立的额外开销与正在传送的数据量相比显得很大。这类短询问/短应答报文的网络业务有：销售点的电子资金转账、信贷检查、储备系统、目录搜索及编目控制等。在这些短报文应用中，根本就没有排序的必要，差错的处理由主机来承担也很方便。数据报服务是网络层中解决短小分组信息交换的方法之一。

在一些实时性要求高而对准确性要求较低的语音数字化的数据传送中，网络层中的差错将导致重发，从而延迟了时间，严重影响实时性，因而宁愿采用数据报服务。

大多数用户支持面向连接的虚电路服务，他们不希望主机系统中运行复杂的传输层协议，只希望由通信子网提供简单而又可靠的服务，如远程联机系统，长数据的文件传送系统以及银行系统(由子网和主机都检查数据传送的错误)等，并提供支持网络层的虚电路服务。实现虚电路服务在硬件和软件上都要比实现数据报服务有更大的开销，但它免除了主机出错处理，排序和流控的麻烦。因为在多种类型功能差异很大的主机之间，要求每一种机器都必须要有传输层软件，困难更多一些。而由于通信子网节点类型单一，实现起来方便，各用户都可受益。

3.6.4 路由选择

路由选择是指网络中的节点根据通信网络的情况(可用的数据链路，各条链路中的信息流量)，按照一定的策略(传输时间最短，传输路径最短等)，选择一条可用的传输路由，把信息发往目标 DTE。路由选择是通信网络的重要功能之一，它将严重地影响网络传输性能。

1. 路由问题概述

我们可以把通信子网定义为一个网络图 G，且

$$G = (N, L)$$

式中，N 是网络节点的集合；L 是连接这些节点的链路集合。

通过一个网络的有向通路(path)，由一组链路的有序集(l_1, l_2, …, l_n)或一组节点的有序集(A, B, …, M)来表示。在数据网络中，这种通路称为"报文路径"(message route)。因此，所谓路由选择算法(或"路径算法")，就是指确定数据报文从它的源点到达宿点的有向传输通路的法则。

例如，考虑如图 3.33 所示网络图 $G = (N, L)$，其中

$N = \{A, B, C, D, E, F\}$

$L = \{l_1, l_2, l_3, l_4, …, l_{10}\}$

假设今有一报文欲从 A 点传送到 D 点，它可以选择多条不同的通路，例如(l_1, l_3), (l_2, l_4, l_7), (l_2, l_6)，亦可分别表示为 A-B-D，A-C-E-D 和 A-C-D 等。

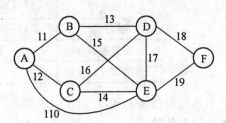

图 3.33 网络图

现在，网络设计的问题是：

采用什么策略选择合适的路径？

依据什么信息来进行这种选择？

应该如何执行这种选择的策略？

用什么标准来评价所选择路径的好坏？

这些是路由选择算法所要解决的问题。

2. 对路由选择算法的要求

对于一种用来选择报文路由的方法(策略)，通常使用相应的路由选择算法(或称路径算法，routing algorithm)进行描述。任何一种路由算法的目标，都是为了获得良好的网络性能，即尽可能高的网络吞吐量和尽可能低的平均报文延时，当然还有其它性能指标。

假定网络的所有参数都已知且不变，人们总有可能确定出一种能使网络性能最佳(例如平均报文延时最小)的路由策略。但是实际的网络环境是：线路会出故障、业务分布会改度、拓扑结构也可能改变或重构。所以要求路由算法必须对于实际网络环境有一定程度的适应性。对算法好坏的衡量标准虽然与具体网络的不同服务目的和性能有很大关系，但归纳起来有如下的共同要求：

(1)正确性：即能正确而迅速地将分组从源节点传送到目标节点。

(2)简单性：实现方便，相应的软件开销少。

(3)健壮性：能根据拓扑变化(如某节点损坏)和通信量的变化而选择新的路径，不致引起作业的夭折。

(4)稳定性：算法应是可靠的，即不管运行多久，保持正确而不发生振荡。

(5)公平化和最优比：要保证每个节点都有机会传送信息，又要保证路径选择最佳。

3. 路由选择策略即最小费用准则

路由选择算法是建立在某种形式的最小费用准则的基础上。例如，我们把准则定义为"最短路径"，那就有所谓的"最短路径"路由算法。这里所说的"最短路径"并不单纯意味着一条物理长度最短的通路，而应理解为一条最小费用的通路，关键是如何定义"费用"。从报文时延意义上讲，每条链路"费用"与两个参数有关。

• 物理长度；

• 链路上的业务强度。

前者决定信道的传播时延,后者决定分组在节点中的存储/转发时延。因此,如果我们能将上述两个参数的值折算成该链路的"长度"意义上的费用值,则最小费用算法也就等效为最短路径算法;如果折算成该链路的"时延"意义上的费用值,则最小费用算法也就等效为最小时延路由算法。当然,对网络中每条链路的费用值的折算方法与具体路由算法本身是没有关系的。

在链路费用值问题解决之后,即可利用《图论》(或《数据结构》)中的最短路径算法来求解最小费用路径的选择问题。比较典型的最短路由算法有两种:

(1)前向搜索法,即 Dijkstra 算法。

(2)后向搜索法,即 Fulkerson 算法。

关于这两个算法的具体内容,读者可参阅有关的参考书,这里不预赘述。

4. 路由选择算法

路由选择算法主要有如下几种:

(1)最短路由选择算法。目的是找出发送数据节点到目的节点之间的一条最短路径。

(2)集中路由选择。也称固定路由选择,是在网络中每个节点内存放一张事先定好的路由表,当数据分组要从此节点发出时,根据要到达的目的节点,从路径表中找出一条最短路径。

(3)独立路由选择。也称局部延时路由选择,这种算法是根据网络中各节点和线路当前运行变化的情况,动态地决定路径。比如选择将报文分组排列在最短输出队列节点上或排列到信息量最大,延时小的队列节点上。

(4)扩散式路由选择。这种选择是将到达的报文分组送到每个输出线上,不考虑报文目的节点的方向。

(5)选择扩散路由选择。这种选择是将到达的报文分组只送到那些大致目的方向是正确的输出线上。

(6)分布式路由选择。此种路由选择方法,每个接口报文处理器 IMP(节点交接机),周期地与相邻的每个接口报文处理的 IMP 交换精确的路径选择信息,每个 IMP 保留一个可接子网中所有其它 IMP 中的路径表,以反映相邻 IMP 的变化,找出到达目标节点的最佳路径。

5. 实现路径选择算法的一般方法

一个网络的路由算法一旦确定,就意味着任何进网报文所经过的通路选择策略已经确定。但在网络运行过程中,还需要一些方法将路由策略转变为实际的控制过程,以完成对实际报文的通路传输。归纳起来,通常有两种基本的实现方法:

(1)标头指示法。该方法在许多实际的路由协议中实现,又称"源路由法"。在报文交换和虚拟线路方式的分组交换通信子网中,一个报文的传输通路在源主机或源节点就决定了,该报文的通路信息可以标识在报文的各个分组的标头域中(一般是作为分组标头域的选项数据来传输),如图 3.34 所示。假定报文通路为 A-C-E-D,其中 A 为源节点,D 为宿节点,C 和 E 为中继节点,可将这四个节点的编号和相应的链路或逻辑通道号(不是必须的)标识在标头域中,被标识的节点和链路的出现顺序应与分组穿越顺序相符,如图中所示。分组每到达一个节点,即根据标头中标识的指示信息被引向到下一个节点去。

……
A
12
C
14
E
17
D
分组数据
路由信息
分组标头

图 3.34 利用标头指示路由信息

这种方法使分组表头长，一种修正措施是：标头中只包含节点标识，但要求每个处理机内存储与之相邻的节点相连接的各链路标识信息，那么除宿节点外，利用节点和链接的对应关系，可把分组逐点地引向目的地。这个方法的优点是节省了分组中标头域的长度，减少了网络控制信息。但付出的代价是增加了节点的存储要求和处理时间。

(2)路由表法。在每个节点处理机的内存中始终保存一个路由表，这个路由表是根据所采用的路由算法预先或实时地计算出来的，它以表的形式列出了该节点对任一源-宿节点对之间传输分组路由信息(例如通向宿节点去的输出链路号或逻辑信道号)。图 3.35 表示为图 3.33 网络图中的节点 B 的路由表，表中计入的每项信息指明对应于一个源-宿节点对之间传输分组经由节点 B 中转时必须转发出去的链路编号，例如有一分组要从节点 A 传到节点 D，途径节点 B。在各分组的标头域中只要标明“A/D”，即可知该分组从节点 A 来，要到节点 D 去。节点 B 收到每个分组后，根据标头信息“A/D”，它立即查路由表的(A，D)项，可得该项记录为“L3”，说明应将这个分组引到第 3 号链路输出。由此可见，这个分组的既定通路是 A-B-D。

源节点 \ 宿节点	A	B	C	D	E
A	—	—	15	15	13
B	11	—	12	15	17
C	11	—	—	15	16
D	11	—	12	15	17
E	11	—	13	—	17
F	11	—	14	15	—

图 3.35 路由表例子

实际网络中可能存在与上述两种基本方法不相同的实现形式。形式的选择主要取决于网络设计的总体要求，以及节点在参与决定报文路由决策方面所起的作用程度。

3.6.5 流量控制

1. 流量控制概述

在计算机网络中，流量(flow)就是通信量或分组流。当网络中的流量过大时，就会导致网络节点不能及时地处理和转发所收到的分组，从而增加信息的传输时延。若流量再增大，则会使得某些节点因无缓冲区来接收新到达的分组，使网络的性能有明显变差，这时网络的吞吐量将随输入负载的增加而下降，这种情况称为“拥塞”(congestion)。通信子网内某一处发生拥塞，因丢弃过量的分组而引起发送节点重发这些分组，它所占用的缓冲区不能得到正常释放，到达接收节点的分组也会因为没有缓存而丢失，这种连锁反应很快波及到网中各个节点，引起全局性拥塞。严重拥塞的结果还会使网络的吞吐量下降到零，网络已完全不能正确工作，即网络发生了死锁(deadlock)，如图 3.36 所示。

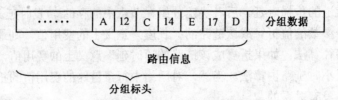

网络产生拥塞的原因从本质上讲是由于突发性负载导致对网络资源(如链路容量、交换节点中的缓冲区和处理机)的需求大于供给，即

Σ对资源的需求＞可用资源

因此，流量控制的方案无非是寻找上述不等式成立的条件，即增加网络某些资源或减少用户对某些资源的需求。但任意增加某些资源，如扩大缓冲区的存储空间，不仅会造成资源的浪费和

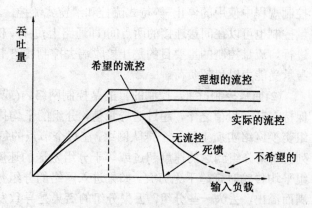

图3.36 流量控制的作用

网络投资的增加，还会导致另一些资源出现瓶颈，解决不了网络的拥塞问题。目前在计算机网络中采用的方法主要是设法减少总需求，即采用流量控制来公平地分配网络资源，防止拥塞避免死锁。因此网络流量控制的作用是：
- 防止网络过载引起的网络数据吞吐量下降和延时增加；
- 避免死锁；
- 公平地在用户间分配通信资源。

从图3.36中可以看出：对于理想流量控制的网络，在网络吞吐量饱和之前，网络吞吐量应等于输入负载，吞吐量曲线与水平方向成45°角的直线。由于网络资源有限，当输入负载超过一定限度时，吞吐量曲线不再增加而保持为一水平线。此时，输入负载中有一部分分组被某个节点丢弃了，但网络的吞吐量仍维持所能达到的最大值。

但是，实际的流量控制不可能做到理想，它总是比理想流量控制时小，这是因为流量控制需要一定的开销。例如，在节点之间交换流量控制命令，参数或将一些资源(如缓冲区，带宽)分配给个别用户单独使用而降低资源的共享性所致。

2. 产生死锁原因

产生死锁的原因很多，主要是由于控制技术方面的某些缺陷所引起的，如：

(1)定步死锁：由于终端控制中的缓冲区满，造成集中器终止对终端控制器进行继续查询。

(2)死机死锁：由于目标节点发生故障或者通路上某一线路或装置发生故障，造成集中器或网络节点满载，发不出去报文分组。

(3)重装死锁：由于来自不同发送端的长报文发至同一目的节点，造成目的节点内存已满而报文未结束，此时又不能将不完整的报文交给目的主机，产生死锁。

(4)传递死锁：由于丢失报文分组造成的。

(5)信息交换死锁：由于相邻节点相互交换信息，而它们各自的缓冲区都满。

(6)环死锁：在分布式数据库中，不同的用户同时修改记录时产生的。

3. 网络数据流控的类型

网络数据流控制技术，可分为三类，即流量控制、拥塞控制和死锁防止。它们有不同的目的和实施对象，而且各自在不同的范围和层次上实现。

(1)流量控制：流量控制是对网络上的两点之间的数据流量施加限制，如在链路传输控制规程中使用的停止-等待式流控和滑窗式流控，这些被称为"点-点直接流控"。流量控制也可以在间接连接的两点间(即通路上)进行，例如在一条虚拟线路两端的节点之间进行。流量控制的主要目的是让接收端去控制线路上的平均数据速率，以满足接收端本身承受能力以免超负荷。

(2)拥塞控制：拥塞控制的目的是控制网络内(或网络的部分区域内)的报文分组数目保持在某一量值之下，超过这一量值，分组的平均排队时延就将急剧增加。因为一个分组交换网络实质上是一个排队网络，在每个节点的每条输出链路端口都配置一个排队队列，如果分组到达的速度超过或等于分组发送的速度，队列就会无限制地增长，致使分组平均传输时延趋于无穷大。如果进入网络的分组数目继续增加，节点缓冲器内将会占满而溢出，丢失一些分组。丢失分组的后果是导致发送端重发。重发本身又增加了网内流通的业务量，最终有可能使所有节点缓冲区被占满，所有通路完全被阻塞，系统的吞吐率趋于零。

避免这种灾难性事件的发生，就是拥塞控制的任务。所有拥塞控制技术的目的，都是为了限制节点中的队列长度以避免网络过负荷，这类控制技术要引起一些控制信息开销，因而实际的效果不如理论上的理想。

(3)死锁防止：为了防止死锁的发生，首先要进行阻塞控制，下面介绍三种阻塞控制方法。

(a)丢弃报文分组。丢弃报文分组是在缓冲区已被占满的情况下，又有报文分组到达，此时将新到达的报文分组丢弃。在数据报服务方式下，被丢弃的报文分组可以重发，它对整个报文的传送影响不大；但是如果是虚电路服务方式，则必须在丢弃报文分组前，先把它的副本保存在某处，待拥塞解决后重发此报文分组。

(b)预分配缓冲区。预分配缓冲区是在虚电路方式下，对建立起来的虚电路途径的节点都预先分配一个或多个缓冲区，使待每个虚电路在其经过的节点上都有为它开设的缓冲区，这样就总能有空间来接纳转经此节点的分组。

(c)定额控制。它是对通信子网中报文分组的数量直接进行严格的限定，以防拥塞产生。

解决死锁的方法还有很多，例如，自动恢复，重新启动整个网络；删除死锁，重发信息；分离控制通道；设置专用存储区，当出现死锁时启用等。

4. 流量控制的实现

要实现网络上的任意节点无失真的传输，保证传输的可靠性，必须进行流量控制。信息在网络中流动要经过一系列节点，按层次结构的概念，这些节点分成多个层次，在不同的层次上，各种流控协议独立地按照各自的机理发生控制作用。图 3.37 表示流控协议的层次关系。

链路层：在相邻两节点间的一条链路上实行流控，称为"节点-节点流控"。

网络层：在一条虚拟线路两端的源节点和宿节点之间实行流控，称为"源点-宿点流控"。

访网层：在用户主机访问通信子网的进网线路上，对进入通信子网的业务量实行流控，称为对通信子网的"全局性流控"。

传送层:在用户对源主机与宿主机之间实行流控,称为"主机-主机流控"。

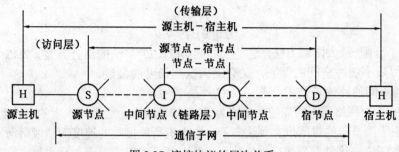

图 3.37 流控协议的层次关系

5. 节点-节点间的流控技术

在通信子网中,中间转发节点的缓冲区被积压的数据占满后,有可能会导致"输不进又出不来"的局面,最终会发生直接型死锁或间接死锁的情况。节点-节点流控的目的,就是要防止节点的存储-转发缓冲内的拥塞,避免发生上述两种死锁现象。这一层上流控的基本思想是以局部的方式,在每个节点内合理地管理有限的缓冲器占据量。当这个参量超过预定的门限值时,就拒收到达该节点的存储转发业务。

这种流控技术往往由链路传输控制规程(例如 HDLC 规程)来完成。如前面介绍的停止-等待式流控和滑窗式流控,就是属于这一层上的流控技术。具体的做法是:对进入一个转发节点的分组按其不同输出去向进行分类,分类数目即等于不同输出队列数。流控协议的实施在于管理存储-转发缓冲器对于不同输出队列的分配和监视。给每一个队列的允许长度一个门限值(固定的或可动态调节的)。当某个队列的排队长度达到这个门限时,节点即向相应的接收链路上发出一个拒收响应帧(RNR)或其它适当的反向监控序列,制止节点继续发送报文分组过来,如图 3.38 所示。待输出队列缩短后,再向发送节点发送允许响应帧(RR),声明本节点"接收准备好"。

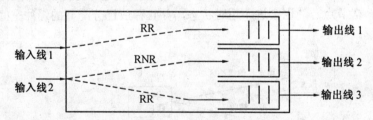

图 3.38 利用中转节点缓冲管理的流控

对缓冲器的管理和分配,有如下几种方法:

(1)全分割法:令 N = 输出队列数,n = 队列中排队的分组数,B = 缓冲池总容量。设置约束条件

$$n \leq n_i \leq B/N, \forall i$$

(2)最小分配法:令 B_{min} = 最小缓冲分配,保证每个队列所能获得的起码空间(典型地,$B_{min} \leq B/N$)。

设置约束条件

$$\sum \max\{0, (n_i - b_{min})\} \leq B - NB_{min}$$

(3)最大限制法:令 B_{max} = 允许的最大队列长度 $B_{max} < B/N$。

设置约束条件

$$0 \leqslant n_i \leqslant B_{max}$$
$$\sum n_i \leqslant B, \quad \forall i$$

(4)最小分配-最大限制方法：这是上面的第(2)、(3)方法的组合方案，为每个队列在同一时刻获得最小缓冲空间的保证，又有最大队列长度的限制。

6. 源点-宿点间通路流控技术

这是在进/出网络层上的流控，又称为"端-端流控"，这个层次上的流控的主要目的，在于防止由于源节点的进网报文到达高于宿点主机所能接收的速度而造成宿节点缓冲器拥塞－"瓶颈效应"。这种瓶颈效应发生的原因既可能是由于宿节点与宿主机之间和本地线路过负荷，也可能由于宿主机的接收能力过低。另一个主要原因是宿节点在完成到达报文分组的排序和报文重新装配的过程中导致过多的时延，严重时将导致"重装死锁"。

克服瓶颈效应和避免重装死锁的端-端流控，有两种实现方法：

- 预约发送法；
- 窗口控制法。

(1)预约发送法：源节点在发送一个报文之前，先发出一个预约请求命令(request for buffer space)给宿节点，如果宿节点有足够的缓冲空间，就送回一个"准备接收"响应(allocation)给源节点。源节点收到响应后，立即将信息分组封装成报文分组逐个发送出去。当宿节点收到全部报文分组后，卸出分组，将它们装配成报文输出到宿主机去，并向源节点发回一个认可 RFNM(ready for next message)，一方面对它已收到的报文的认可，一方面请求发送下一个报文。如果宿节点的缓冲空间不够分配，那么"预约请求"就在该节点内排队等待，直到缓冲器可用时才发出响应分组。当源节点收到 RFNM 后，如果当时有正待发送的报文，即可以以此报文作为回答，继续上述过程。因为宿节点已将前面收到的报文送给宿主机，已准备好新的缓冲空间。当源节点没有待发报文时，在超过一定时间(例如 125ms)后，源节点就封锁该链路和禁止使用它。若再希望发送报文，又要重新预约请求，宿节点一端也会进入超时状态，并且释放已分配好的缓冲空间。图 3.39 说明了这个过程。

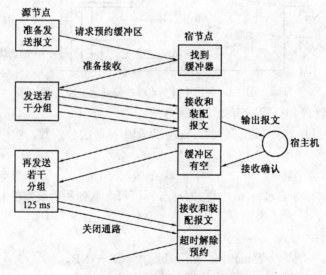

图 3.39 预约请求法报文发送过程

对于单个分组的报文，因为在宿节点没有报文重装的问题，往返两次呼应的做法是浪费的。当宿节点有足够空间时，就接收源节点发来的报文；当无缓冲空间时，在适当延时后由宿节点返回一个"准备接收"响应，源节点再发送该报文。此时，仅要求源节点要保存报文副本，以备宿节点缺少缓冲空间而抛弃该分组时，可供重发使用。美国的ARPANET采用了这种流控技术。

(2)窗口控制法：滑动窗口控制法也用于网络层(即"端-端"流控，但出现了一些特殊的问题要解决。

(a)滑动窗口控制机构的建立：通信子网中的任一对节点都可能构成源点-宿点对，若子网的节点数为 m，则一个节点可能有(m-1)个与其它节点结合，最多形成(m-1)个源点-宿点对，如果在一个节点内为每源-宿对设一个滑动窗口控制机构，将使节点控制机构变得相当复杂，占用太多的缓冲存贮量，减少这种复杂性的途径是采用动态的办法，在每一个节点中只为有当前通信业务的源-宿对设置窗口控制机构，并相应地分配缓冲区。每一源-宿对实际上就是一条虚拟线路。

(b)窗口宽度的确定：一个源节点可能与许多不同距离上的宿节点构成源-宿对，由于距离远的源点-宿点间传输时延大，从源节点发出一个报文分组后到接收应答之间连续发出的分组数(现行不应答分组数)比较大。因此，为了有效地利用通信子网的传输能力，这条较长的虚拟线路上的窗口宽度 W 就应当比较大，相反，距离较短的虚拟线路上的窗口宽度 W 就应当比较小。可见，窗口宽度应当根据源节点到宿节点的距离长短来选择，而不能简单地选择一样大小。为此，可以在每一个源节点内设置一张说明窗口宽度与虚拟线路长短相互关系的对照表，在建立虚拟线路时，参照这张表动态地选择合适的窗口宽度，以便建立起适宜的窗口控制机构。

理想的窗口宽度应当这样选择：当源节点发送的第一个报文分组到达宿节点后返回的确认应答到达时，源节点的窗口控制正好刚发完由窗口宽度允许的最后一个分组。在这种情况下，源节点能以最佳的速率不间断地发送报文分组，如图3.40所示。

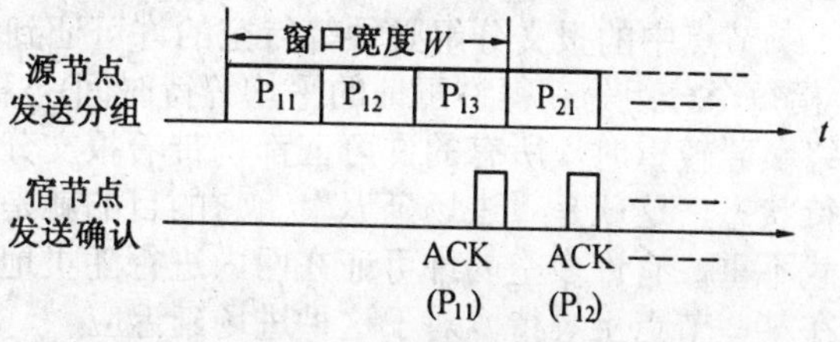

图3.40 最佳窗口控制

(c)报文的装配：当宿节点全部接收完一个报文的所有分组并卸出分组数据后，才能装配原来的报文并递交给宿主机。这时该源-宿对上的一个报文才算传输成功，给源节点返回一个确认应答。可是端-端流控功能中还包括在宿节点进行报文装配的功能，特别是当通信子网采用适应性路由策略和采用网内数据报传输方式时尤其需要，因为在这种情况下，源节点发出的报文分组可能沿着不同的路径到达宿节点，因而造成到达顺序与发送顺序可能不一致。排序装配控制机构一般设置在宿节点内，但也可以设在宿主机中。

假若子网中丢失了分组，宿节点装配不出一个报文来，那么宿节点应在回送的应答分组中报告这一情况。源节点得知后，应立即重发被丢失的那个分组。为此源节点缓存区中必须能够保存全部未应答的分组数据，以使在需要时重传使用。如果让源主机保留这些分组数据的副本，则可大大减少源节点处理机的缓存空间。

美国的 APPANET，加拿大的 DARAPAC 都采用了这种流控技术。

窗口流控的关键是选择合适的窗口宽度 W 值。W 的大小直接影响着网络的性能，W 太小时，限制了一条虚拟线路上的吞吐量；W 太大时，窗口不能及时起到控制作用，仍然不能避免"瓶颈"拥塞和重装死锁。通过采用独立性假设下的排队模型分析，有人得出网络吞吐率和平均报文延时与窗口宽度 W 之间的解析关系，如图 3.41 所示。

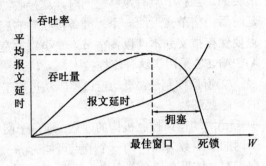

图 3.41 网络性能与 W 的关系

7. 子网内全局性流控技术

全局性流控技术的基本思想是根据对网络内部拥塞程度的测量在访问节点上(通信子网的外部)确定网内是否存在拥塞现象。采取适当的措施阻挠外部数据进入子网内，以达到调整进网业务量，防止或缓解子网内的拥塞现象之目的。对网内拥塞程度的测量，有如下几种方式：

(1)局部拥塞测量：在源节点上测量该节点缓冲池的占据率。
(2)全局拥塞测量：估计整个网内所占用的全部缓冲器数目。
(3)选择性拥塞测量：对选定的通路上的缓冲池占据率进行测量。

具有代表性的全局性流控方法是"许可证法"，又称"定数法"(isarithmic 法)，它是 1972 年由 D.W.Davies 提出的。该方法的基本原理是：设置一定数量的"许可证"(实质上是一种空白帧)在通信子网内随机地巡回游动。欲进网的报文分组只有在捕获到一个许可证之后，方准许进入网内传输；一个报文分组在出网时，交出所持的许可证，使它仍留在子网内巡回游动，以使被别的欲进网报文分组捕获使用。

节点中的报文分组必须等待空的许可证到达时才能进行传送，这段额外的等待时间(指每个分组为获得许可证的平均等待时间)被称为"进场延迟"(admission delay)。在网络负载较重时，所有的许可证都携带着报文分组，而另一方面又有许多报文分组处于等待状态，这就是"进场延迟"。它的目的就是为了使网内不发生拥挤。但是如果网络负载不重，有许多空的许可证在网内进行随机地巡游，而另一方面又可能有许多报文分组在某些节点上等待，对于这种进场延迟应尽可能避免。为此，方法修改为：不要让所有许可证都在网内作随机巡游，而是在各节点设置一个许可池，池内可放几个空的许可证,例如每个节点上可放 2～3 个空许可证,这样当负载不重时，一般节点上要发送的分组就不需要有"进场延迟"了。但是应该很好地选择许可证池的规模，使池内的许可证数和巡游的许可证数的比例适当。

英国国家物理实验室(NPZ)网络曾对 isarithmic 流控方法进行了模拟实验。图 3.42 为进场延迟与许可证池规模的关系曲线，试验网络共有 18 个节点，每个节点平

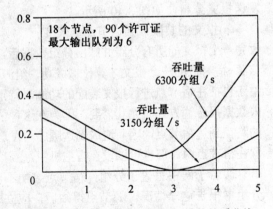

图 3.42 进场延迟与许可证池规模的关系曲线

均有 5 个许可证,整个网络许可证总数为 90。从图中可知,最佳许可证池规模在 2 和 3 之间,其余大部分许可证在网内巡游,这可使进场延迟达到最小。从图中还可看出,进场延迟的进一步减小往往以系统吞吐量的减少作为代价。

许可证的传送要占用一部分信道容量(控制开销)。当然,许可证也可以像认可信息那样由数据报文来携带,从而使它的开销减至最小。当没有数据报文传送时,则改为专门的许可证报文在网内传送。

3.7 传输层

传输层是处在网络层和会话层之间的层次,实质上它是网络体系结构中高低层之间的接口层,是在优化网络服务的基础上,为源主机和目的主机之间提供可靠的、合理的和透明的数据传输,使高层用户在相互通信时不必关心通信子网的实现细节(即与当前使用的通信网络无关),如图 3.43 所示。传输层在 OSI 模型中的地位如图 3.44 所示。

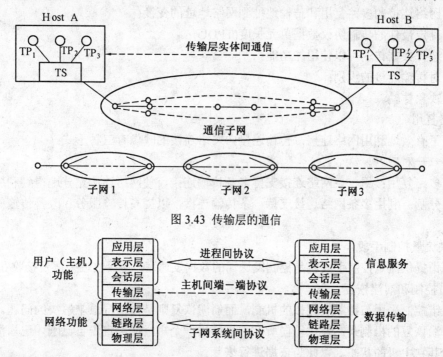

图 3.43 传输层的通信

图 3.44 传输层在 OSI 模型中的地位

网络层是通信子网的最高层,它所提供的是数据报和虚拟电路两种服务,而网络服务质量并不可靠,对于数据报服务,网络层无法保证报文无差错、无丢失、无重复和按序从发送端到达接收端。对于虚拟电路服务,虽然可以保证报文分组无差错、无重复、无丢失和按序到达,但也不能保证服务达到 100%可靠。因此,由于通信子网远离用户,用户无法对通信子网加以控制,解决的办法就是在网络层之上,在用户端的主机中增加一层传输层协议,来确保源主机数据传输可靠地到达目标主机。

对于通信子网的用户来说,希望得到的是端-端的可靠通信服务,通过传输层的服务来弥补通信子网提供的不完全可靠的服务。通过传输层服务,使主机或终端上的用户之间变成透明的,即它对传输层以上的用户来说,屏蔽了通信子网的细节,无须了解通信子网的结构，采用什么协议，通信是如何实现的，使高层用户感觉到就好像在两个传输层实体之间有一个端-端的通信通路。

3.7.1 传输层功能

传输层的最终目的是向其用户，一般指应用层的进程提供有效、可靠且价格合理的服务。传输层中完成这一工作的硬件和软件称为传输实体(transport entity)。传输实体在操作系统内核中，或在一个单独的用户进程内，也可能包含在网络应用程序中。

传输层提供的服务功能可以归纳为两类：一类是传输连接管理，另一类是数据传送。

1. 传输连接的建立和释放

所谓建立传输连接就是在两个传输实体之间建立一种逻辑联系，以实现两个实体间的数据传送，为此传输层要完成：

- 获得一条网络连接；
- 网络连接的多路复用和传输地址到网络地址的变换；
- 确定最佳的传输协议数据单元长度(TPDU)；
- 选择数据传输可以使用的功能；
- 对传输连接的识别；
- 映象传输。

2. 多路复用

为了有效地利用网络连接，传输连接向网络连接的映像有三种形式：

- 一一对应。
- 多路复用：用一条网络连接支持多条传输连接，使网络连接充分地得到利用。
- 分割：利用多条网络连接支持一条传输连接，以提高传输服务和改善传输的可靠性。

3. 提供流量控制手段

所谓提供流量控制手段就是控制发送端的数据发速率，使接收端来得及接收和处理。

4. 差错控制和崩溃恢复

差错控制采用与链路层相似的机制，而崩溃恢复则是传输层最难解决的问题。一般进行崩溃恢复的机制是：发送端向所有主机广播一个短报文，宣告自己刚才已崩溃并希望得知其它主机的状态，以此为依据进行恢复。

5. 对数据进行透明传输

在网络层功能的基础上，增加传输层软件，使之能屏蔽各类通信子网的差异，向用户提供一个能满足要求的服务和实现透明的数据传输。

3.7.2 传输层协议的分类

由于通信子网的种类很多，所提供的服务又千差万别。为此对于不同的通信子网，应该有相应的传输层协议。传输层协议与网络层提供的服务之间的关系如图3.45所示。

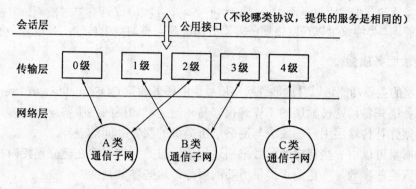

图 3.45 传输层协议类型

1. 网络服务类型

根据用户的要求和差错的性质,网络服务按质量被划分为三种类型:

(1)A 类网络服务:网络连接具有可接收的低差错率(残留差错率或漏减差错率)和可接收的低故障通知率(通知传输层的网络连接释放或网络连接重建)。网络服务是一个完善的、理想的和可靠的服务。

在 A 类网络服务条件下,网络中传输的分组没有可能会丢失和失序。在这种情况下,传输层就不需要提供故障恢复和重新排序的服务。

(2)B 类网络服务:网络连接具有可接收的低差错率和不可接收的低故障通知率。网络服务是完善的分组传递交换,但有网络连接释放或网络连接重建问题。

(3)C 类网络服务:网络服务具有不可接收的高差错率。C 类网络服务的质量最差,对于这类网络,传输协议要具有对网络进行检错和差错恢复能力,具有对失序、重复、错误投递分组进行检错和更正能力。

2. 传输协议类型

OSI 根据传输层功能的特点,按级别为传输层定义了一套功能集,这套功能集包括 0 类～4 类共五类协议。

对传输层协议的要求取决于两个因素:

(a)对传输层服务的要求 T;
(b)通信子网所提供的服务 N。

传输层协议功能 = T + N

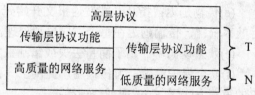

(1)0 类协议:0 类协议是面向 A 类网络服务的,其功能只是建立一个简单的端-端的传输连接和在数据传输阶段具有将长数据报文分段传送的功能。0 类协议没有差错恢复和将多条传输连接复用到一条网络连接上的功能,0 类协议是最简单的协议。

(2)1 类协议:1 类协议是面向 B 类网络服务的,其功能是在 0 类协议的基础上增加了基本差错恢复功能。基本差错是指出现网络连接断开,或网络连接失败,或者收到了未被认可的传输连接的数据单元。

(3)2 类协议:2 类协议也是面向 A 类服务的,但 2 类协议具有复用功能,能进行对传输连接的复用。协议具有相应的流量控制功能,2 类协议中没有网络故障恢复功能。

(4)3 类协议:3 类协议是面向 B 类网络服务的,3 类协议的功能既有差错恢复功能,又有复用的功能。

(5)4类协议：4类协议是面向C类网络服务的，4类协议具有差错检测，差错恢复，复用等功能。4类协议可以在网络服务差错时保证高可靠的数据传输，是最复杂的协议。

3.7.3 传输服务质量

传输层的主要功能可以看做增强网络层提供的服务质量QOS(quality of service)。如果网络服务很完备，则传输层的工作就很容易。但是，如果网络服务质量很差，那么传输层就必须弥补传输层用户的要求与网络层所提供的服务之间的差异。

服务质量可以由一些特定的参数来描述。传输服务允许用户在建立连接时按照服务要求来检查这些参数，决定能否提供所要的服务，这些参数是：

- 连接建立延迟；
- 残余误码率；
- 连接建立失败的概率；
- 安全保护；
- 吞吐率；
- 优先级；
- 传输延迟；
- 恢复功能等。

并非是所有的网络和协议都提供这些参数，大多参数仅仅是尽量减少残余误码，其它参数则是为了完善服务质量结构而设置的。传输服务允许用户在建立连接时，对各种参数指定希望和可接收的最低限度的值。

(a)连接建立延迟：指从传输用户要求建立连接到连接确认之间所建立的时间。

(b)连接建立失败的概率：指在最大连接建立延迟时间内连接未能建立的可能性。例如由于网络拥塞，缺少空间或其它内部问题造成的失败。

(c)吞吐率参数：指每秒钟传输用户数据的字节数，它是在某个时间间隔内测得的。每个传输方向由各自的吞吐率分别衡量。

(d)传输延迟：指从源端发送报文开始到目的端用户收到报文为止所经历的时间。与吞吐率一样，传输延迟在每个方向单独处理。

(e)残余误码率：用于衡量丢失或错乱报文数占整个发送的报文数的百分比。

(f)安全保护参数：为传输用户提供了一种方法，让传输层提供保护，以防止未经授权的第三方(窃取者)读取或修改数据。

(g)优先级参数：为传输用户提供了一种用以表明哪些连接更为重要的方法，当发生拥塞事件时，确保高优先级的连接较低优先级的连接先获得服务。

(h)最后，恢复功能参数给出了当系统内部问题或拥塞情况下，传输层本身自发终止连接的可能性。

3.7.4 传输协议的要素

传输服务是通过建立连接的两个传输实体之间所用的传输协议来实现的。

1. 寻址

当一个应用程序希望与一个远程应用程序建立连接时，它必须指定是与哪个应用程序相连接。一般采用的方法是定义进程可以侦听连接请求的传输地址。在因特网中，这些端点是 IP 地址；在 ATM(异步传输模式)中，则为 AAL-SAP。我们用术语"传输服务访问点"(transport service access point, TSAP)来描述。

2. 建立连接

一般情况下，一个传输实体只需向目的机发送一个连接请求(connect request)，并等待对方接收连接(connect accepted)的应答就足够了，但当网络可能丢失分组和出现重复分组时，问题就出现了，这时可以采用三次握手(three way hand shake)的方法来解决。

3. 释放连接

终止连接有两种方式，非对称释放和对称释放。非对称释放是电话系统动作方式，当乙方挂机后，连接即告中断，这样容易造成数据丢失；对称释放将连接按照两个独立的单向连接来处理，要求每一方分别释放连接，适用于每个用户进程有固定数量的数据需要发送，而且清楚地知道何时发送完毕的情况。

3.7.5 传输服务原语

传输用户(实体)使用传输原语访问传输服务，下表列出几个简单的传输服务原语。

表 3.8 简单的传输服务原语

原语	TPDU 发送	含 义
Listen	无	阻塞，直到某个进程试图连接
Connect	Connection REQ	建立一个连接的活动尝试
Send	DATA	发送信息
Receive	无	阻塞，直到一个 DATA TPDU 到达
Disconnect	Disconnection REQ	该方希望连接

3.8 高 层

传输层以上各层统称为高层，高层主要研究的问题是主机与主机间的信息交换与协议，高层协议中所涉及的许多内容，目前还处在研究阶段，多数还没有形成标准。

3.8.1 会话层

1. 会话层概念

会话层是 ISO/OSI 的第 5 层，在 ISO/OSI 之前的网络中都没有设置该层，会话层的主要作用是向表示层提供建立和使用连接的方法。

在 ISO/OSI 环境中，所谓一次会话，就是两个用户进程之间为完成一次完整的通信而建立会话连接，应用进程之间为完成某项处理任务而须进行一系列内容相关的信息交换，会话层就是为有序地、方便地控制这种信息交换提供机制。例如合作的用户进程该哪一方发送信息？数据流中哪些段在逻辑上是独立的对话单元？发送的信息到何处以及会话连接的释放而不要丢失数据等。概括地说会话层服务如同两个人进行对话，要解决以下几方面的问题：

(1)会话方式：如两个人会话中一个人讲另一个人听的半双工交互方式。

(2)会话协议:通过会话双方的某种表示(表情、手势、语调等)使信息交换能交替有序和协调地进行。

(3)会话同步:会话双方信息交换的进展必须是一致的,如果一方没有听懂,另一方需要重复一遍,这就是会话同步,否则会话就会出现混乱。

(4)会话隔离:讲话一方要让听话一方能分清所说的不同内容的界限。

2. 会话层的主要功能

会话层的功能是建立在低四层的基础上,但由于低四层所提供的连接服务仍不能满足很多应用上的需要,会话层协议的目的就是对基本的传输服务进行"增值"(add value),提供一个功能更完善、能满足多方面应用要求的会话连接服务。

会话层对传输连接所进行的"增值"基于下面的应用需求:

(1)半双工通信方式:在询问-响应系统中,通常由远程终端向系统发出询问,系统收到后经过适当处理,便向该远程终端发出响应,即远程终端和系统之间采取双向轮流发送方式。为支持这种应用,网络提供半双工通信方式。

(2)提供有效的差错纠正机制:在信息传输过程中难免会出现差错,此时要求重发所有的数据,为此用户必须保留它自己发送的数据。当所传的数据流很长时,由此造成的时空开销是很大的,因此要求网络具有有效的差错纠正机制。

(3)允许暂时中断会话:在消息处理的应用中,发送消息的一方在传送完所有的消息后,希望将传送暂时停些时间,以便准备新的消息。当新消息准备好以后,再从原中断处恢复传送。如果暂停时间较短,则无需断开已建立的连接,以节省时间开销。若预计不会立即恢复传送,便可断开连接。

(4)会话连接到传输连接的映射:会话连接要通过传输连接来实现,会话连接和传输连接有三种对应关系。

- 一个会话连接对应一个传输连接;
- 多个会话连接建立在一个传输连接上;
- 一个会话连接对应多个传输连接。

图 3.46 所示为会话连接到传输连接的映射关系。

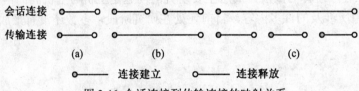

图 3.46 会话连接到传输连接的映射关系

(5)数据传送:包括会话的常规数据,加速数据,特权数据和能力数据的传送。

(6)会话连接的恢复和释放。

(7)会话管理:如同步和浮动管理。

3.8.2 表示层

1. 表示层概念

表示层是 ISO/OSI 的第六层,它主要用来处理被传输数据的表示问题。由于不同厂家生产的计算机产品使用不同的信息表示标准,如在字符编码、数值表示、字符集等方面存在差异,如果不解决信息表示上的差异,通信的用户之间就不能相互识别。解决差异的办法是,在保持数据含义的前提下进行信息表示格式的转换。为了保持数据信息的意义,可以在发送前转换,也可以在接收后转换,或双方都转换为某标准的数据表示格式。

2. 表示层为应用层提供的服务

从上述可以看出,应有数据具有两个方面的问题:

- 语法:数据的表示形式,或者说构成数据的规则。
- 语义:数据的内容及定义,例如,对于一个6位数,当把它解释为日期时,它代表具体的某年某月某日,是一个具体的日期;当把它定义为电话号码时,它就代表一个具体的电话号码。所以当给一个数据一个特定的解释后,也就给出这个数据确定的定义。

表示层提供了应用实体之间通信时所涉及的信息表示,即应用数据的语法,且只涉及应用数据的表示(语法),不涉及应用数据对于应用层的意义(语义)。由于表示层要为应用层服务,当应用实体有数据信息语义要进行转换时,表示层要提供应用实体之间要用到的公共表示。消除不同的应用进程之间信息表示在结构上的区别,从而使应用实体不必关心信息在"公共表示"方面的问题。为应用实体提供了语法独立性,这里,所谓公共表示,就是将各应用实体本地信息转换为公共表示,或从公共表示转换为各应用实体的本地表示。对于异种计算机网络来说,表示层的功能是非常重要的。具体的公共信息表示法由专门的国际标准给出。如抽象语法表示法 ASN.1 的两个标准。

表示层能为应用进程之间的信息提供表示方法的服务,它关心的只是发出信息的语法和语义,表示层能为应用层提供的服务为:

- 语法转换:语法转换涉及代码和字符集的转换,数据格式的修改,以及对数据结构操作的适配,数据压缩加密等。
- 语法选择:语法选择提供初始选择一种语法和随后修改这种选择的手段。
- 连接管理:利用会话服务建立表示连接,管理在这种连接之上的数据传输和同步控制,以及正常或非正常地终止连接。

3. 抽象语法和传递语法

抽象语法是对数据结构的描述。在数据传输中把位流的格式叫做抽象语法。为抽象语法指定一种编码规则,便构成一种传送语法,它是同等表示实体之间通信时对用户信息的描述。多种抽象语法的数据可用一种传送语法传输,而多种传输语法又可以传输一种抽象语法的数据值。所以抽象语法与传送语法之间是多对多的关系。

4. 表示层的功能

(1)数据语法转换:传送的数据有三种语法形式。

- 产生数据源应用实体所使用的数据表示语法;
- 数据接收方应用实体所用的数据语法;
- 表示实体之间传输数据所用的数据语法(公共数据表示语法)。

这些语法有可能两两相同或三者完全相同,表示层包含有公共数据表示语法和另外两个数据语法中任意一个进行转换所需要的功能。具体使用的公共数据语法是由相应表示实体之间共同协商的。

(2)数据语法的表示:表示层能提供在连接开始选择一种数据语法和随后可选择数据语法的方法。协商的过程是通过表示实体间显示应答来实现,协商的各表示实体代表了应用实体对数据语法的要求。协商的内容包括采用的语法形式,需要哪些转换以及在哪里执行数据转换等。

(3)为用户执行会话服务原语提供手段：表示层大多数原语与会话层中的相同，实际上这些原语中多数原语是由会话层实体实现的。例如，表示服务用户可以用 P-CONNECT.request 建立表示连接，表示层实体仅仅发出相应的 S-CONNECT.request 进行传递。其它活动及活动管理，令牌控制和管理等原语，则主要由会话层执行，表示层要么进行传递，要么仅加入少量原语参数后再传递。

(4)表示连接管理：利用会活层提供的服务建立表示连接，管理在这个连接上的数据传递和同步控制以及连接的释放等。

(5)管理当前所需的数据结构集：如有多种传送语法和多种转换功能，为语法协议提供多种选择。

(6)数据加密和数据压缩：加密可增加数据安全性，压缩则可提高传输效率并节约存储空间。数据压缩是采用某种编码技术来减少传送或存储的数据量以满足通信带宽的要求。数据压缩有三种方法：
- 符号有限集合编码及替换法；
- 字符的可变长编码；
- 霍夫曼编码与解码。

5. 虚拟终端协议(VTP)

作为表示层协议功能的典型代表是虚拟终端协议(vitual terminal protocal，VTP)。在计算机网络中接入的可能是不同的计算机厂家生产的不同类型终端，而每种类型终端包括一个数据结构，但由于每种终端的功能都有差异，给终端之间的通信带来困难。虚拟终端协议的基本思想是通过 VTP 使各种不同的实终端都变成一种网络虚拟终端，把每一种终端的数据结构变成一种统一的虚拟网络终端的数据结构，从而使各种实终端都能接入网络中。

虚拟终端协议是在对等实体之间实施的一套通信约定。其根本的目的是把实终端的特性变换成标准的形式，即虚拟终端的形式。虚拟终端协议 VTP 主要有如下功能：
- 建立和维护在两个应用层实体之间的连接；
- 构造同等虚拟终端用户的虚拟终端环境；
- 创建，维护表示终端"状态"的数据结构；
- 实施对终端特性标准化表示的翻译工作。

虚拟终端 VIP 有对称的和非对称的两种，如图 3.47 所示。

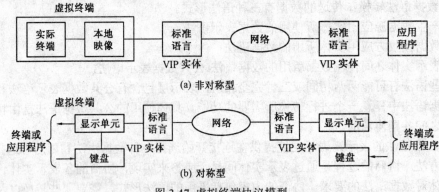

图 3.47 虚拟终端协议模型

通常用一个一般化的虚构终端协议来替代，一般化的虚拟终端协议模型如图 3.48 所示。

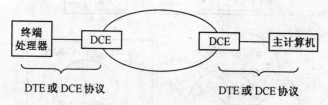

图 3.48 一般化的虚拟终端协议模型

3.8.3 应用层

应用层是开放系统互连参考模型的最高层。它给应用层进程提供了访问 OSI 环境的手段。应用层的目的是作为用户使用 OSI 功能和唯一窗口。每个应用进程都是通过所在的端开放系统中的应用实体，表示给其它开放系统的应用实体。应用层可能是功能最丰富，实现最复杂的一层。该层中包含了许多服务，其中一些服务已有标准，但更多的服务正在制定之中。有很多服务则体现在网络操作系统 NOS 产品之中。

1. 应用层的概念

应用进程借助于应用实体(AE)、实体协议和服务来交换信息，如图 3.49 所示。应用层的应用进程相互通信的同时，完成一系列业务处理所需的服务功能。而这些服务功能与所处理的业务有关。

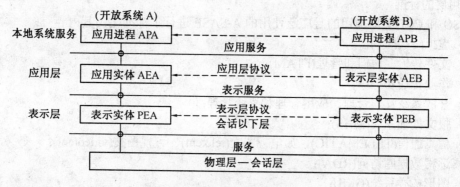

图 3.49 应用层的抽象模型

2. 应用层模型

应用进程使用 OSI 定义的通信功能，这些通信功能是通过 OSI 参考模型各层实体来实现。但是，应用实体是应用进程利用 OSI 通信功能的唯一窗口。它按照应用实体间约定的通信协议(应用协议)，传送应用进程的要求，并按应用实体的要求在系统间传送应用协议控制信息，有些功能可由表示层和表示层以下各层实现。

应用实体由一个用户元素和一组应用服务元素组成。应用服务元素可分为两类，即特定应用服务元素 SASE 能提供满足特定应用的特殊需要的服务，而公共应用服务元素 CASE 则是特定应用服务公共使用的那部分。或者它提供其它服务元素都通用的服务。如应用的连接和释放就是公共应用服务元素，如图 3.50 所示。后来 OSI 已不再分为 CASE 和 SASE，而通称为 ASE，又根据用途的不同定义了各种用途的 ASE。

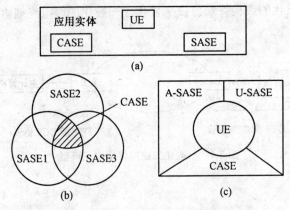

图 3.50 公共服务元素和特定应用服务元素

用户元素是应用进程在应用实体内部为完成它的通信目的那些应用元素处理单元,而不是信息系统与 OSI 环境之间的逻辑信道。对于应用进程来说,用户元素具有发送和接收能力;对于公共应用服务元素来说,用户元素也具有发送和接收能力;对于特定服务元素来说,用户元素是请求的发者,也是响应的最终接收者,用户元素是应用服务元素的用户,是应用进程的代表在 OSI 中起着数据源和数据宿(目标地址)的作用。实际上,用户元素向应用进程提供多种形式的应用服务调用,而每个用户元素实现一种特定的应用服务使用方式。用户元素屏蔽应用的多样性和应用服务使用方式的多样性,简化了应用服务的实现。应用进程完全独立于 OSI 环境,它通过用户元素使用 OSI 服务。

3. 应用层的标准

ISO 和 CCITT 对通用的且广泛使用的 A-SASE 进行了标准化,其内容有:
- 虚拟终端(VT);
- 文件传输、访问和管理(FTAM);
- 作业传送和操纵;
- 开放系统互连管理、应用管理和系统管理;
- 报文处理系统(MHS);
- 信息通信(TELEMATIC),如电视图文(teletent)、可视图文(videotent);
- 远程数据库访问(RDA);
- 图形核心系统(GKS);
- 操作系统命令响应语言(OSCRL)等。

4. 应用层协议

常用的应用服务包括文件服务,电子邮件(E-mail)服务,打印服务,集成通信服务,目录服务,网络管理服务,安全服务,多协议路由与路由互连服务,分布式数据库服务,虚拟终端服务等。终端服务由相应的应用层协议来实现。不同的网络操作系统提供网络操作服务在功能、性能、易用性、用户界面、实现技术、硬件平台支持、开发应用软件、所需的应用程序接口 API 等方面均存在较大差异,所采纳应用层协议也各具特色,所以需要应用层协议的标准化。下面介绍几个主要的应用层协议和服务。

(1)文件传输协议:由于网络上不同的系统有各自不同的文件系统,各自的文件组织形式并且都存在差异,这给文件传输带来不便。为了使不同的系统能够通过网络互相传递文件,ISO 开发了应用层的文件传输协议,即 ISO8571 文件规定的文件传送、访问和管理标准 FTAM(file transfer access and management)。FTAM 采用了虚拟文件系统概念，即在网络服务内定义共同的虚拟文件结构，制定一种标准的逻辑文件结构和数据表示，作为网络的共同标准。各系统传送文件时，先把自己的文件和数据转换成网络上运行的虚拟文件的标准形式。目的端接收文件时再把它转换成自己的文件形式。FTAM 协议由三部分组成：虚拟文件的定义、文件服务定义和文件传输协议。

(2)电子邮件协议:电子邮件是允许终端用户编辑文电并交换文电的分布式综合文电处理系统。CCITT 发表了一个关于文电处理系统 MHS(message handling systems)的 X.400 建议。MHS 包含了网络电子邮件的需求，规定了通过网络发送文电所用的服务，为构筑用户接口提供了基础。修改后的 MHS 建议进行了功能扩充，并使用新的抽象模型来描述服务和建议，从而使 MHS 和 OSI 参考模型统一起来。

文电处理系统具有以下几个特点：
• 文电以存储-转发的方式进行传输；
• 文电的递交和交付可以不同时进行，即发送者可以在适当的时候将文电递交给系统，而接收者可以在以后的某个时间里接收系统交付的文电,在此期间文电保存在邮箱中。
• 同一份文电可以交付给多个接收者(多地址交付)。
• 文电的内容形式、编码类型可以由系统自动进行转换，以适应接收终端的要求。
• 交付时间的控制可由发送方规定，经过若干时间后系统才能将文电交付给接收方。
• 系统可以将文电交付与否的结果通知给发送方。

在 X.400 中定义了 MHS 模型，这个模型为所有其它的建议提供了一个框架。它定义了三种类型实体：用户代理 UA(user agent)、文电传输代理 MTA(message transfer agent) 和文电存储 MS(message store)。此外还有访问单元 AU 以及物理投递访问单元 PDAU，分别与其它类型的通信及投递服务接口，如图 3.51 所示。用户代理 UA 代表用户进行操作，为用户与文电处理系统交换文电起桥梁作用。它执行文电准备、整理、回复、检索和转发等功能。

文电传输代理 MTA 为文电传输提供存储-转发服务，接收从 UA 来的文电并把它投递给其它 UA。MTA 的集合构成文电传输系统 MTS，而 MTS 与 UA 的集合便是文电处理系统 MHS。MTA 必须为文电进行路径选择和转发，使文电通过一系列 MTA 经存储-转发到达目的地。使用存储-转发的方法，消除了对所有的 UA 和 MTA 必须连接工作的需要。文电存储 MS 作为 UA 和 MTA 之间的中介体，是 MHS 的一个可选功能，其主要功能是存储和检查被投递的文电。MS 可以与 UA 或 MTA 共存于一个系统中，也可以独立设置。

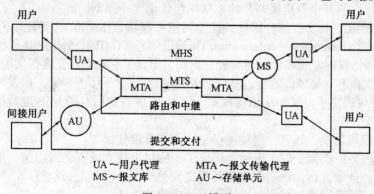

图 3.51 MHS 模型

(3)虚拟终端协议 VTP，在前面已叙述过。

(4)文件传递协议(FTP):文件传送、访问和管理(file transfer access and management)系统，在任何网络和分布式系统中，都是一个基本的服务。它涉及的文件存储于 ISO / OSI 开放实系统中，并在各开放系统中传送。文件传送系统屏蔽了实际文件系统的不同实现细节，可将开放系统中互不兼容的文件系统组合起来，按虚拟文件的方式进行访问，而实际的文件系统将自己文件与虚拟文件进行映射。

一般来说，一个文件传送操作应有三个站参加，一个控制站和两个服务站。控制站运行控制进程，控制文件的操作；两个服务站，一个配有发送进程，是文件的发送者；另一个配有接收进程，是文件的接收者。控制站了解服务站的情况，它发送控制信息告诉发送站怎样发送，接收站怎样接收，接着两个站就可以开始传送文件。三站传送是由相应的应用实体间的传送来实现的，这样三个站组成的文件传送模式称为三站文件传送系统协议模型。

在网络或分布式系统中，经常是用户要求访问文件系统，用户所在的开放系统既是服务站也是控制站，是文件系统访问的发起者；另一站是响应者，仅有服务站的功能。这样的两站传送文件的系统称为两站文件传送协议模型。ISO 就是采用两站模型，当要传送文件时，双方不了解对方情况，首先要进行协商，协商成功后，双方开始文件传送。

(5)网络管理：为了保持和增加网络的可用性，减少故障发生，需要对网络本身进行管理。由于网络日趋庞大复杂，单靠人工无法管理，必须依靠有关的网络管理工具来自动管理网络。

网络管理是以提高整个网络系统的活动及资源进行监测、分析、控制和规划的系统，它的任务主要包括：配置管理、性能管理、故障管理、安全管理和计费管理等。

在网络管理中谁来进行监控和管理，这涉及网管系统中管理进程所扮演的角色及相互关系，通常管理进程分三种角色：管理者(manager)、代理(agent)和委托代理(proxy agent)。管理者是网管中心网络管理员的代表，负责向远程代理发网管请求命令，代理是网络资源实施操作，并返回操作结果。

目前国际市场上许多厂家推出有关网络管理产品。简单网络管理协议 SNMP(Simple network management protocol)是 internet 的网管协议，由于它满足了网络管理标准的要求，而且简单明了，实现起来比较容易，占用的系统资源少，所以得到了众多网络产品厂家的支持，成为实际上的工业标准。

SNMP 管理的核心思想是在每个网络节点上存放一个管理信息库 MIB(Management information base)。由节点上的代理(agent)通过应用层协议对信息库进行管理，其最大特点就是它的简单性。它的设计原则是尽量减少网络管理对系统资源的需求，尽量减少代理的复杂性，它的整个管理策略和体系结构都体现这一原则。

SNMP 标准主要由三部分组成：简单网络管理协议(SNMP)、管理信息结构(SMI, Structure of management information)和管理信息库(MIB)。SNMP 主要涉及通信报文的操作处理，协议规定管理者如何与代理通信，定义了它们之间交换报文的格式和含义，以及每种报文该怎样处理，等等。SMI 和 MIB 中都包含了哪些对象，以及怎样访问这些对象。SMI 协议规定了定义和标识变量的一组原则，并规定所有的 MIB 度量必须用 ASN.1 来定义。

(6)其它应用功能：其它应用功能已经或正在标准化，如：
(a)目录服务：类似于电子电话本提供了在网络上找人或查询可用服务地址的方法。
(b)远程作业录入：允许用户将作业提交到另一台计算机上去执行。
(c)图形：具有发送工程图至远地显示、标绘的功能。

(d)信息通信：用于办公室和家庭的公用信息服务。

习 题 3

一、名词
1.网络体系结构　　2.实体　　　　3.层　　　　4.系统　　　　5.服务
6.协议　　　　　　7.PDU　　　　8.SAP　　　9.SDU　　　　10.OSI/RM
11.同等层协议　　　12.接口协议　　13.数据链路　14.寻址　　　　15.透明传输
16.链路管理　　　　17.流量控制　　18.HDLC　　19.虚拟终端

二、填空
1. 网络体系结构的概念包括两层含义：_____和_____。
2. 协议是一组_____的集合。通信协议是一套_____和_____。
3. OSI唯一涉及通信介质的一层是_____层，它提供了与通信介质的连接，具有_____特性，_____特性和_____特性和_____特性。它向上一层提供_____信息的正确传送。
4. 数据链路层的协议可分为_____的通信规程和_____的通信规程。
5. 不同系统同等层之间按_____进行通信，同一系统不同层之间按_____进行通信。

三、选择题
1. 流量控制是数据链路层基本功能，有关流量控制，下列说法正确的是(　　)。
   A. 只有数据链路层有流量控制
   B. 所有层都有流量，都有流量控制，且控制对象都一样
   C. 所有层都有流量，都有流量控制，但控制对象不一样
   D. 以上都不对
2. OSI参考模型中，代表应用进程协商数据表示、完成数据转换、格式化和文本压缩的层次是(　　)。
   A. 会话层　　　　B. 应用层　　　　C. 表示层　　　　D. 传输层
3. 开放系统互连环境下，下面说法正确的是(　　)。
   A. 表示层和应用层均处理语义和处理语法
   B. 表示层和应用层均不处理语义和语法
   C. 表示层处理语法，应用层处理语义
   D. 表示层处理语义，应用层处理语法
4. 流量控制实际上是对(　　)控制。
   A. 发送方数据流量　　　　　　　　B. 接受方数据流量
   C. 发送、接收两方的数据流量　　　D. 链路上任意两节点间的数据流量
5. 应用层中制定了多种广泛使用的协议，下列协议中不属于应用层协议的是(　　)。
   A. 虚拟终端协议　　　　　　　　　B. 互联网控制报文协议ICMP
   C. 作业传送与操作　　　　　　　　D. 报文处理系统

四、简答题
1. 简要说明OSI划分层次的原则？
2. 比较数据报和虚电路两种传输方式，说明它们各自的特征？
3. 简要说明OSI模型中各层的功能以及各层的信息传输单位。
4. 数据链路层与网络层的流量控制有哪些异同？
5. 层次结构中的组成要素有哪些？各规定了什么？
6. OSI的哪一层分别处理以下问题。
(1)把传输的比特流分为帧。
(2)决定使用哪些路径到达目的端。
(3)电子邮件的传输和FTP服务。

第4章 局域网络

4.1 局域网络概述

局域网络作为计算机网络的一个独立分支,萌芽于20世纪60年代末,发展于70年代,成熟于80年代,现在正处于飞速发展和广泛应用阶段。在局域网的发展史中,最典型的代表1975年美国XEROX公司研制成功的第一个总线争用型的以太网络和1974年英国剑桥大学开发的剑桥环网,这两种网络作为局域网的理论方法为实现技术奠定了基础,对促进局域网的发展起到非常重要的作用。目前使用较广泛的局域网络有NOVELL公司的NETWARE,MICROSOFT公司的WINDOWS NT网络等。

4.1.1 局域网络的定义与特点

1. 局域网络的定义

局域网络的定义可能有各种不同的描述,但目前人们普遍可以接受的定义是:局域网(local area network,LAN)指在较小的地理范围内,将各种数字设备(主要是计算机和终端)通过通信设备和线路连接起来的计算机网络。

2. 局域网络特点

局域网络是一种通信网,仅由OSI参考模型的下两层构成,其覆盖的地域范围处于广域网络和多处理机系统之间。局域网有以下几个特点:

(1)共享传输信道:在局域网中,多个系统连接到一个共享的通信媒体上。

(2)地理范围有限用户个数有限:通常局域网仅为一个单位服务,只在一个相对独立的局部区域内联网,如一座大楼或集中的建筑群内。一般来说局域网覆盖范围约为10 m~10 km内或更大些。

(3)传输速率高:局域网的数据传输速率一般为1~100 Mbps或1000 Mbps,能支持计算机之间的高速通信,所以延时较低。

(4)误码率低:由于传输距离较近,环境条件较好,受到的干扰少,其误码率低,一般在10^{-8}~10^{-11}之间,因而可靠性较高。

(5)多采用分布式控制和广播式通信:在局域网中各站是平等关系而不是主从关系,可以进行广播(一站发,所有站收)或组播(一站发,多站收)。

(6)采用多种媒体访问控制技术:由于采用共享信道,而信道又可以用不同的传输媒体,所以局域网面对的问题是多源、多目的地链路管理。由此产生了多种媒体访问控制技术。

(7)局域网应用侧重于信息处理。

4.1.2 局域网的关键技术

局域网络的性能主要表现在传输数据类型、网络的响应时间、网络的吞吐率和利用率以及网络应用等方面,它们是衡量网络性能优劣的主要方面。决定局域网性能特征的主要技术有三点:连接各种设备的拓扑结构、数据线路类型和传输的形式及介质访问控制方法。

1. 拓扑结构

局域网具有几种典型的拓扑结构:星形(STAR)、环形(RING)、树形(TREE)和总线形(BUS)及它们的组合。星形拓扑结构中集中控制方式较少应用,而分布式星形结构在现代的局域网中采用较多,交换技术的发展使星形结构被广泛采用。环形结构是一种有效结构形式,也是一种分布式控制,它控制简便,结构对称性好,传输速率高,应用较广泛,IBM 令牌环网和剑桥环网均为环形拓扑结构;总线形结构可以实行集中控制,但较多的是分布式控制。总线拓扑的重要特征是可以采用广播式多路访问方法,它的典型代表是以太网。典型的树形结构局域网是王安宽带局域网。将星形、环形和总线形各种拓扑结构交互布置在一起,构成混合型拓扑结构,其实例是由 DATAPOINT 公司提供的一种包括树形的 PBX 的混合局域网络称为 ARCNET 网络。

2. 传输介质及传输形式

局域网的传输形式有两种:基带传输和宽带传输。典型的传输介质有双绞线、基带同轴电缆、宽带同轴电缆和光导纤维、电磁波等。双绞线是一种廉价介质,非屏蔽五类线的传输速率已达 100M bps 在局域网上被广泛使用。同轴电缆是一种较好的传输介质,它既可以用于基带系统又可以用于宽带系统,具有吞吐量较大,可连接设备多,性能价格比较高,安装和维护较方便等优点。光导纤维是局域网中最有前途的一种传输介质,具有高达几百 M bps 的传输速率,误码率可达 10^{-9},传输延迟很小。光纤具有很好的抗干扰性,不受任何电磁的影响,安全性好,已广泛用于点对点的通信,而且也适用环形局域网。此外,在一些特殊应用场合,不便于采用上述的通信介质,而需采用微波、无线电、卫星等通信介质。

3. 控制方法

介质访问控制方法即信道控制方法主要有五类:固定分配、按需分配、适应分配、探询访问和随机访问。其中主要的是网络的介质访问控制方法,它对网络的特性起着十分重要的作用。在为局域网络选择或设计一个好的控制协议有三个目标:
- 协议要简单
- 有效的信道利用率
- 对网上各用户公平合理

4.1.3 局域网与多用户系统和分布式系统

局域网络、多用户系统和分布式系统都是为多个用户提供服务的,它们之间既有联系又有区别,下面作简单的比较和分析。

1. 计算机局域网与多用户系统

多用户系统是一个分时系统,其主要特点有:
- 多用户系统是有一台主机与多台终端连接组成的,各终端主要共享主机资源。
- 多用户系统是一个分时系统,随着终端数目的增加,终端的反应速度将明显下降。
- 多用户系统采集集中控制,主机与各终端进行通信,各终端之间的通信也必须经过主机转接,可靠性差,延时性大。

计算机局域网与多用户系统相比，局域网是有多台主机互连的，资源由全网提供，也为全网共享，且局域网大多采用分布式控制，便于系统的扩展，提高了系统的可靠性、可用性和残存性，系统响应速度快可靠性较高。但局域网络也存在一系列的问题，如不同厂家的设备互连后，如何解决交互操作；采用分布式控制，如何提高数据的安全性、保密性等。而多个用户系统一般要求主机能力很强，多为中小型或大型系统。所以当用户需要很高的计算或数据处理能力时，多用户系统仍然可作为主要考虑的对象。

2. 计算机局域网与分布式系统

分布式计算机系统有如下的特点：

• 系统中各计算机之间是平等的，没有主次之分，但在逻辑上，它是一个完整的系统，系统中的每个计算机都有一个高级的操作系统，统一的控制各个部件。

• 系统中的各个计算机在物理上和逻辑上都是分散的，它们通过通信方式交换信息，能动态地接受并执行给定的任务。

• 各用户共享系统的所有资源。

• 系统中的若干计算机可以协同工作，并行地运行一个大型的程序。

因此，局域网与分布式系统都是多重计算机的集合，各计算机相互之间是自治的、互连的。计算机局域网除了不具备并行运算能力外，其它都与分布式系统基本相同。因而可以认为计算机局域网与分布式系统，两者的底层协议基本相同，主要区别在于高层协议，尤其是操作系统。对于用户来说，操作分布式系统如同使用一台单机，所有的系统功能都是自动进行的。而计算机局域网的许多管理工作还需要用户参与，如登录、给某台机器指派任务等。所以局域网可以作为分布式系统的物质基础，分布式系统是在此物质和技术基础上，通过开发高层软件来实现的。因此一个局域网可以是分布式系统也可以不是，这完全取决于软件配备和应用要求。

4.1.4 局域网产品与相互关系

计算机网络技术经过几十年的发展，已经开发出各种网络产品，这些网络产品种类及相互关系如图4.1所示。

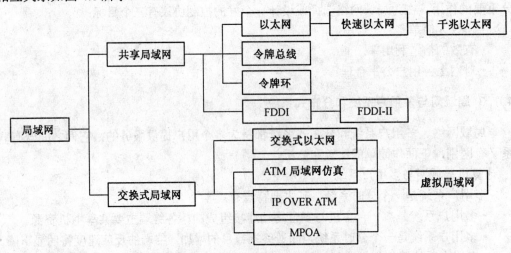

图 4.1 局域网产品类型与相互关系

4.2 介质访问控制方法

计算机局域网一般采用广播式信道，即共享介质，这样可以降低局域网的造价。对于共享介质，关键问题是当多个站点要同时访问介质时，如何进行控制，这就涉及局域网的介质访问控制(medium access control，MAC)协议。

4.2.1 CSMA/CD 介质访问控制

在广播式信道中，如总线网中的公用信道，公用信道是各站点的共享资源，如图 4.2 所示。CSMA/CD 是一种采用随机访问技术的竞争型(有冲突性)访问方法。各站点都能判断信道的状态，判断的方法是利用站点上的接收器接收信道信号。如果信道电平变化，即所谓有载波，说明信道被其它站点所占用；如果信道上电平没有变化，信道就处于空闲状态。由于是广播式信道，因此具有多目标地址的特点。

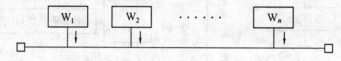

图 4.2　局域网共享信道

1. 载波监听多路访问(CSMA)

(1)CSMA 控制方案：载波监听多路访问方法又称"先听后说"方法，是 ALOHA 的一种改进协议，其基本方法是。

(a)一个站要发送，首先要监听总线，以确定介质上是否有其它站的发送信号。

(b)如果介质是空闲的，则可以发送。

(c)如果介质是忙的，则可以等待一定的间隔后重试。

介质的最大利用率取决于帧的长度和传播时间。帧越长，传播时间愈短，则介质利用率高。

① ALOHA 方案。纯 ALOHA 方案的基本思想是：网上的各站点在任何时刻只要需要，它可以自由地发送信息；信息发送完毕，发送站等待一段时间，等待时间等于信道上最远的各站点之间传播时延的两倍。若在等待时间内收到接收站的应答信息，则表明发送成功，否则重发该数据帧。但是为了避免继续冲突，各站需要等待一段随机时间后重发。若再产生冲突，则再等待一段随机时间……若干次重发都失败，则停止发送该帧。这种纯 ALOHA 方法的吞吐量很低，其最大的吞吐量只有理想值的 18%。

为了提高纯 ALOHA 的吞吐量，提出几种改进方法，其中时隙 ALOHA 是通过限制信息发送的时刻来改进的。时隙 ALOHA 将时间划分为等长的时隙，每个时隙的长度正好等于一个定长分组的传输时间，各站只能在时隙的起始时刻才能开始发送信息。这样做的目的是使网上的各站在同一时钟下工作，从而减少了冲突发生的概率。即使发生了冲突，也因为两个站在同一时刻发送信息，所以它们的数据帧只会完全碰撞，不可能部分碰撞。这样，时隙 ALOHA 的信道吞吐量提高了，其最大值上升到理想值的 37%。图 4.3 为 CSMA 的流程图，该图的右边画出了三个方框对应于左边"载波监听策略"方框的三种不同策略。

②退避算法。根据监听策略的不同，载波监听多路访问有三种 CSMA 坚持退避算法，如图 4.4 所示。

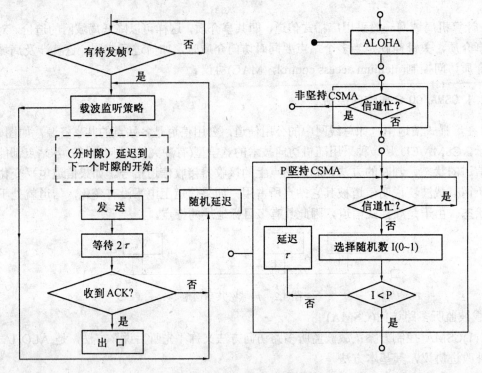

图 4.3 CSMA 的流程图

A)非坚持 CSMA
- 如果介质是空闲的，则发送。
- 如果介质是忙的，等待一段随机时间，重复第一步。

B）1-坚持 CSMA
- 如果介质是空闲的，则发送。
- 如果介质是忙的，继续监听，直到介质空闲，立即发送。
- 如果冲突发生，则等待一个随机时间，重复第一步。

C）P-坚持 CSMA
- 如果介质是空闲的，则以 P 的概率发送，而以(1-P)的概率延迟到一个时间单位。时间单位等于最大的传播延迟。
- 如果介质是忙的，继续监听直到介质空闲，重复第一步。
- 如果发送被延迟一个时间单位，则重复第一步。

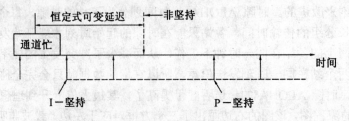

图 4.4 CSMA 坚持退避

非坚持 CSMA 减少了发送数据的盲目性，减少了冲突出现的概率。但由于一旦监听到信道忙就延迟一个随机时间后再重新监听，而很可能再重新监听前信道就已经空闲，所以非坚持 CSMA 的信道利用率不是很高。对此，可以采用 1 坚持 CSMA。1 坚持 CSMA 一直监听，一听到信道空闲就发送信息，这样可以充分利用信道，但冲突的可能性也许会增大。这是因为总线有一定的长度，但信号在信道上以有限的速度传输，所以当一个站发送数据时，另一个站要经过一段传播延迟时间才能监测到载波。这就是说，某站监听到信道空闲，并非真正空闲。如果此时发送数据，肯定会发生冲突。如图 4.5 所示，若站 B 在站 A 发送数据到达前发送帧，则必然产生冲突。另外，如果有两个或两个以上的站同时监听到信道空闲、同时发送数据，则发生冲突是不可避免的。为此可采用 P 坚持 CSMA。

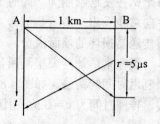

图 4.5 传播延迟时间对载波监听的影响

P 坚持 CSMA 根据信道通信量的多少来设定 $P(0<P<=1)$ 值，从而减少了冲突发生的概率，进一步提高了信道的利用率和吞吐量。但如何确定 P 值却成为 P 坚持 CSMA 的关键。实际上，当 $P=1$ 时就是 1 坚持 CSMA，即一听到信道空闲就以概率 1 发送数据。

与时隙 ALOHA 相似的，还有时隙坚持 CSMA、时隙坚持 1-CSMA 和时隙坚持 P-CSMA。它们都规定：各站只能在每个时隙的起始时刻才能开始发送信息。这样全网同步，减少了互相冲突的概率，进一步提高了信道的吞吐量。

图 4.6 给出了在 $a=0.01$ 时，几种 CSMA 与 ALOHA 的 S-G 关系图。其中，S 表示信道吞吐量(等于在帧的发送时间 T_0 内成功发送的平均帧数)。G 表示网络负载(等于在帧的发送时间 T_0 内总共发送的平均帧数，即发送成功的平均帧数和因冲突而重发的平均帧数)。显然有 $G \geq S$，只有当不发送冲突时 G 等于 S；$a=1$ 为端到端传播延迟/帧发送时间 T_0，它受电缆长度、发送频率、帧长等因素的影响。

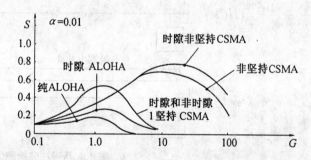

图 4.6 几种 CSMA 与 ALOHA 的 S-G 关系图

从图 4.6 可以看出，在网络轻负载时，时隙和非时隙 1 坚持 CSMA 的信道吞吐量特性最好；在网络重负载时，时隙非坚持 CSMA 的信道吞吐量特性更好些，但时间延迟增大。

2. 载波监听多路访问/冲突检测(CSMA/CD)

由于信道的传播延迟，当总线上两个站点监听到总线上没有信号而发送帧时，采用 CSMA 算法仍会产生冲突，如图 4.7 所示。

在传播延迟期间，如站点 2 有帧发送，就会和站点 1 发送的帧冲突。由于 CSMA 算法没有检测冲突的功能，所以即使冲突已发

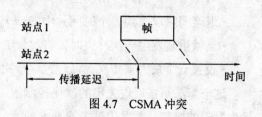

图 4.7 CSMA 冲突

生，仍然要将已破坏的帧发送完，从而使总线的利用率降低。

(1) CSMA/CD 基本思想：一种 CSMA 改进方案可以提高总线的利用率，它被称作载波监听多路访问/冲突检测协议，简写为 CSMA/CD，这种协议已经广泛应用于局域网中。每个站在发送帧期间，同时又有检测冲突的能力。一旦监测到冲突，就立即停止发送，并向总线发出一串阻塞信号，通知总线上各站冲突已发生，这样通道的容量不致因为白白传送易损坏的帧而浪费。

现在来估计冲突检测所需的时间，对基带信号而言，等于任意两个站之间最大的传播延迟时间的两倍，如图 4.8 所示。图中假定发送时间为 1，A，B 两个站位于总线的两端，传播时间为 $a=0.5$，由图可知，当 A 点发送后，经过 $2a=1$ 的时间，才能检测出冲突。

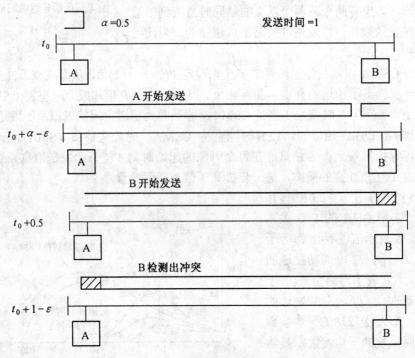

图 4.8 基带冲突检测的定时

(2) 退避算法：CSMA/CD 算法中，在监测到冲突，并发完阻塞信号后，为了降低再冲突的概率，需要等待一个随机时间，然后再用 CSMA 的算法发送。为了决定这个随机时间，一个通用的退避算法为二进制指数退避算法，其过程如下：

- 对每个帧，当第一次发生冲突时，设置参量为 $L=2$。
- 退避间隔取 1 到 L 个时间片中的一个随机数，一个时间片等于 $2a$。
- 当帧重复发生一次冲突时，将参量 L 加倍。
- 设置一个最大重传次数，超过这个次数，则不再重传，并报告出错。

这个算法是按后进先出的次序控制的，即未发生冲突，或很少发生冲突的帧，具有优先发送的概率，而发生过多次冲突的帧，发送成功的概率反而小。

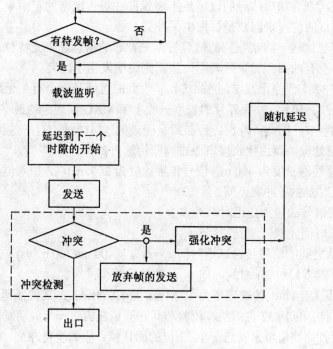

图 4.9 CSMA/CD 的流程图

利用冲突检测电路一旦检测出了冲突，就立即停止本次发送，延迟一段时间后，再重新发送，在局域网中为了保证系统的稳定性，常用截断二进制指数退避算法的一种改进算法，二进制指数退避算法 TBEB(truncated binary exponential back off algorithm)。TBEB 算法是二进制指数退避算法的一种改进算法。其基本思想是：轻负载时延迟较小的时间就可以重发，而重负载时需要延迟较长的时间才能重发，这样就可以减轻网络的负担。该算法中计算重发延迟时间的公式如下

$$\text{TBEB}(i) = 2^{i-1} \cdot 2^{\varepsilon}$$

其中，ε 表示端到端的传输延迟，对于 1km 的同轴电缆 $\varepsilon = 5\mu s$，i 表示重复次数。

上式表明，重发延迟时间 T 随着重发次数的增加而按指数规律迅速增大，但当重复次数较多时，重发延迟将大得不能接受。为此，截断二进制指数退避算法改进为：当重发时延迟增加到一定大小时，便停止后退，以后的重发延迟时间都等于这个时间。在 Ethernet 中规定：前 10 次重发时延时间按二进制指数退避算法计算，从第 11 次以后的重发延迟便等于 TBEB(10)，且当重发 16 次仍不成功，则丢弃该帧，并向上一层报告。

(3)冲突检测方法：冲突检测的基本思想是工作站一边将信息发送到总线上，一边从总线上接收数据，然后将接受的信息与原来发送的信息进行比较。根据比较的形式不同，常用的有三种方法：

(a)比较信息的大小。在基带传输系统中，若发生冲突，则信道上叠加后的信号值肯定比正常值大一倍。所以只要监测到接收信息的摆动值超过某一门限，就可以断定发生了冲突。但是，当两个站相距甚远时，由于信号幅度衰减有可能检测不出来。

(b)判断过零点的位置。当采用曼彻斯特编码时，信号的过零点都在每一比特的正中

央。若发生冲突，则叠加后信号的过零点不能保证在每一比特的正中央。所以可以通过检测接受的过零点的位置来判断是否发生了冲突。

(c)逐个比特位比较。将接收到的信息与原来发送的信息逐个比特位进行比较，如果两者一致，说明没有冲突；如果两者不一致，则说明发生了冲突。

由于检测出冲突，便停止发送，因此接收站收到的可能是一个有头无尾的帧，Ethernet 网把这种帧称为冲突碎片。冲突碎片的长度一般小于 MAC 帧规定的最小长度，且数据长度不一定是整数字节。因此，冲突碎片必须是无效的 MAC 帧。对于这种碎片，Ethernet 不交给 LLC 子层处理，而由接收接口通过判断筛选过滤掉。

例 4.1 某总线网长度为 400 m，信号传播速度为 200 m/μs，加入位于总线两端的站点在发送数据帧时发生了冲突，问：

1. 两站之间信号的传播延迟时间为多少？
2. 经过多长时间才能监测到冲突？

解 (1)该两站之间的信号传播延迟时间 $\tau = t_{传播} = 400 \text{ m}/(200 \text{ m}/\mu s) = 2$ μs

(2)有一站最多经过 2τ 时间，即 4 μs才能检测到冲突。

例 4.2 长度为 1 km，传输速率为 10 Mbps 的 802.3LAN，其传播速度为 200 m/μs，数据帧长为 256 位，包括 32 位报头，校验和其它开销在内。一个成功发送以后的第一位时间片保留给接收捕获信道来发送一个 32 位的确认帧。假如没有冲突，那么不包括开销的有效数据速率是多少？

解 传播时间 $\tau = 1000/200 = 5$ μs

数据帧的传输时间 $T = 256/10 \text{ Mbps} = 25.6$ μs

32 位确认帧的传输时间 $T_a = 32/10 = 3.2$ μs

理想效率 $U = (25.6-3.2)/(3.2 + 25.6 + 2*5) = 22.4/38.8 = 0.577$

有效数据率 $C = 10*0.577 = 5.77$ Mbit/s

4.2.2 令牌环(Token Ring)

环形网是由一段段点到点链路连接起来的闭合环路，信息沿环路单向地逐点地传送。每个节点都从环路上接收一个比特转发一个比特。转发时进行整形放大，每个节点都具有地址识别能力，一旦发现有本站地址，便立即接受信息，否则继续向下一个站传送，环形网的种类很多，但根据媒体访问控制方法的不同，环形网一般分为三类。

(1) 令牌环网；

(2) 时隙开槽环网；

(3) 寄存器插入环网。

其中令牌环网是环形网中使用最为普遍的一种，其中 IEEE802 委员会为令牌环制定了 IEEE802.5 标准，本节主要介绍令牌环网的工作原理。

1. 令牌环网的工作原理

这种介质访问控制使用一个沿着环循环的令牌，当各站都没有帧发送时，令牌的形式为 01111111，成为空令牌。当一个站要把帧送到环上时，由于令牌是忙状态，所以其它站不能发送帧，必须等待。图 4.10 表示令牌环的操作原理。

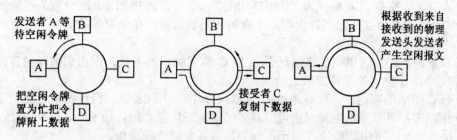

图 4.10 令牌环操作原理

当一个站要发送帧时，如站 A 要向站 C 发送数据，需要等待空闲令牌通过。当空闲令牌到达站 A 时，把它改成忙令牌，即 01111110，接着附上要发送数据分组，把带有数据的忙令牌送到环上。由于令牌是处于忙的状态，因此其它站都不能利用令牌发送数据。当帧通过各站时(如 D 站)，该站将帧的目的地址与本站的地址相比较，如果地址不符，则令牌经过短暂的延迟，继续沿环运动。当令牌到达 C 站时，由于地址相符则把帧放入接收缓冲器并输入到站中，同时把帧送到环上继续向前运动。发送的帧在环上循环一周后，将该帧从环上取回，同时把忙标志改为空闲，从而其它的站可以利用空闲令牌传送数据。

令牌环的长度用位计算，环上每个中继器引入一位延迟，环好似一个循环缓冲器。

环上的位数据 = 传播延迟(5μs/km)×发送介质长度×数据速率 + 中继器延迟

如对 1km，1 Mbps 速率，20 个站点，每个中继器引入一位延迟的系统，在环上的位数 = 50÷2 = 25 位在轻负载时，由于存在等待令牌的时间，故效率较低。在重负载时，对各站公平，且效率高。考虑到数据和令牌形式有可能相同，用位插入的方法以区别数据和令牌，采用发送站从环上收回帧的策略，具有广播的特性，即可有多个站接受同一数据帧。同时这种策略还具有对发送站自动应答功能。对令牌和数据帧都需要有维护的功能，数据帧可能永远在环上循环，对于这种情况必须监测和消除。在环中设置一个监控站，当帧第一次通过监控站时，在帧上设置一个记号，如把一个位置为 1。当带有该位为 1 的帧再次通过监控站时，表示出错，必须消除该帧。令牌有两种出错可能，即环中无令牌循环或一直是忙令牌在循环，集中式的检测法是在每个站设置一个计时器，当站有数据要传送且等待令牌的时间超过限定值时，则认为该令牌已经丢失。

2. 令牌环的帧格式

图 4.11 给出了用于令牌环的两种帧格式：

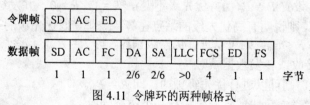

图 4.11 令牌环的两种帧格式

帧中各数据字段的意义如下：

• SD(起始定界符)：表示每一帧开始的特殊 8 位二进制位，其格式为 "JK0JK000"，其中 J、K 为非数据符号。

135

- AC(访问控制)：其格式为"PPPTMRRR"，其中，PPP 和 RRR 分别为三位优先级和预约变量，M 为监控位，T 指明是令牌帧还是数据帧。在令牌帧的情况下，后面的只有 ED 字段了。
- FC(帧控制)：它指明了该帧是否为 LLC 数据帧，若不是，则由该字段的各位来控制令牌环 MAC 协议的工作方式。
- DA，SA(信宿地址，信源地址)：可以选择 16 位或 48 位，但这两个地址长度必须保持一致，DA 可以是单地址，也可以是多站地址或广播地址，而 SA 只有单地址，当选用 48 位地址时，可用特征位来指示，作为局部或全局管理地址。
- LLC(信息)：要传送的 LLC 数据，可以是 0 或多个字节。
- FCS(帧校验序列)：它采用 CRC 校验，用规定的生成多项式去除数据信息，并用获得的余数作为校验序列，设置 FCS 字段，其长度为 32 位。
- ED(结束定界符)：包含有错误检测(E)，格式为"JK1JK11"，其中 J、K 为非数据符号。
- FS(帧状态)：包含有地址识别(A)位和帧拷贝(C)位，其格式为"ACRRACCRR"其中 R 为保留位。

3. 优先级策略

令牌环采用一种分布式的优先级调度算法来支持站点的优先访问，为优先级较高的站点提供足够的带宽。令牌环协议是用三个二进制位提供八级优先级，并允许进行优先级预约，以保证高优先级的站点能够尽早地获得令牌来发送数据。令牌环网采用分布式的调度算法管理，访问控制的格式如下：

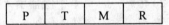

其中，P 为指示令牌的优先级；T 为指示空令牌还是满令牌；M 为监视位；R 为预约位，允许具有较高的优先权的站申请下一个令牌。

为了便于理解分布式优先级算法，做一些简化的假定：假设只有两个优先级：0 和 1，当站点接收到一个空令牌后，只发送一个帧。算法中常用一些参量为：

P_r 为接收到帧的优先级值；

R_r 为接收到帧的优先级预约值；

P_m 为站点等待发送的帧的最高优先级值；

S 为状态变量，初始值为 0。

优先级调度算法如下：

(1)当一个站接收到一个空令牌时

- 如果 $P \leq P_m$，则表示本站等待发送帧的优先级大于等待当前令牌的优先级，允许发送数据帧。这时，设置 $P = P_r$(保持优先级不变)，$T = 1$，$R = 0$，并发送数据帧。
- 如果 $P > P_m$，则说明有高优先级的站点在等待令牌，低优先级的站点不能接截获该令牌。这时，如果 $R < P_m$，则可以进行优先级预约，即 $R = P_m$，该令牌将立即发送出去。

(2)当一个站接收或转发数据帧时

- 如果 $R < P_m$，则可以进行优先级预约，即 $R = P_m$。

(3)当发送站发送完数据，且准备放行一个空令牌时

- 如果 R_r、$P_m < P_r$，则可保持原优先级不变，即 $P = P_r$。

$R = MAX(R_r, P_m)$，$T = 0$，发送空令牌。

- 如果 $R_r > P_r$ 或 $P_m > P_r$，则表示有高优先级的站点等待。这时应提高令牌的优先级，

以便让令牌尽快地传递到与其优先级相匹配的站点，即 $P = \text{MAX}(R_r, P_m)$，$R = 0$ $S = 1$，(表示优先级被提高)，$T = 0$ 发送空令牌。

- 如果 $P_m < S$ 且 $P_r = S$，则表示由本站提高的优先级上本站无高优先级的帧要发送。这时，分两种情况处理：
- 如果 $R_r = 1$，则说明在该优先级上仍有其它站点请求令牌，仍保持其优先级，这时 $P = P_r$，$R = 0$，$T = 0$ 发送空令牌；
- 如果 $R_r = 0$，则说明该优先级上已经无站点请求令牌，应降低优先级，以便让低优先级的站点也能获取令牌发送数据，这时 $P = 0$，$S = 0$，$T = 0$，发送空令牌。

4.2.3 令牌总线

令牌总线访问控制是在物理总线上建立一个逻辑环，如图 4.12 所示。从物理网络结构上看，这是一种总线结构的局域网。和总线网一样，各站点共享的介质是总线。但是从逻辑上看，这是一种环形结构的局域网。接在总线上的环组成一个逻辑环，每个站被赋予一个顺序的逻辑位置。和令牌环一样，

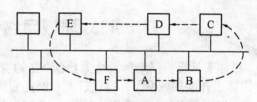

图 4.12 令牌总线访问控制

站点只有取得令牌才能发送数据，令牌在逻辑环上依次传递。在正常运行时，当站点完成了它的发送时，就将令牌送给下一个站，从逻辑上看，令牌是按地址的递减顺序传送到下一个站点。但从物理上看，带有目的地址的令牌帧是广播到总线上所有的站点，当目的站识别出符合它的地址时，即把该令牌帧接受。

因为只有收到令牌帧的站点才能将信息帧送到总线上，因此与 CSMA/CD 方式不同，它不可能产生冲突。由于不会产生冲突，令牌的信息帧长度只需根据传送的信息长度来确定。而对于 CSMA/CD 访问控制，为了使最近距离的站点也能检测到冲突，需要信息长度后加上填充位，以满足最低信息长度的要求。一些用在控制方面的令牌总线帧可以设置得很短，这样开销就减少了，相当于增加了网络的容量。

假如取得令牌的站有报文要传递，则发送报文，随后将令牌送至下一个站。假使取得的令牌的站没有报文要传送，则立即把令牌送到下一个站。由于站点接收令牌的过程是顺序进行的，因此所有站点都有公平的访问。为使站点等待令牌的时间是确定的，就需要限定每个站发送的帧的最大长度。如果所有站都有报文传送，最坏情况下，等待取得令牌和发送报文的时间应该等于全部令牌传递时间和报文发送时间的总和。另一方面，如果只有一个站点有报文要传送，则最坏情况下，等待时间只是全部令牌传递时间的总和，而平均等待时间是它的一半，实际等待时间在区间范围内。

对于应用于控制方面的局域网，这个等待访问时间是一个很关键的参数，可以根据需求，先确定网中的站点数及最大报文长度，从而保证在限定的时间区间内，任意站点可以取得令牌权。

令牌总线访问控制还提供了不同的访问级别，即不同的优先级。

令牌总线网络的正常操作是十分简单的。然而网络必须有初始化的功能，即能够生成一个顺序访问的次序。当网络中的令牌丢失，或产生了多个令牌时，必须有故障恢复的功能。还应该有将不活动的站点从环中删除，以及新的活动站点加入环中的功能；这些附加的功能大大地增加了令牌总线访问控制的复杂性。

归纳起来，令牌总线介质访问控制应具备以下几项功能：

(1)令牌传递算法：令牌环按递减的站点地址次序组成，刚发完帧的站将令牌传递后继站，后继站应立即发送数据或令牌帧，原先释放令牌站监听到总线上的信号后，便可以确认后继站已获得令牌。

(2)逻辑环的初始化：网络开始启动时，或由于某种原因在运行中所有站点不活动的时间超过规定的时间时，都需要进行逻辑环的初始化。初始化的过程是一个争用的过程，争用的结果只有一个站能获得令牌，其它的站用插入法插入。

(3)站插入算法：逻辑环上的每个站应周期性地使新的站有机会插入环中。当同时有几个站要插入时，可以采用带有响应的窗口的争用处理算法。

(4)站删除算法：将不活动的站从逻辑环上除去，并修正逻辑环上递减的站地址次序。

4.3 局域网络参考模型与标准

随着计算机网络体系结构 ISO/OSI 的提出，局域网络的标准化工作也迅速发展起来。国际上开展局域网络标准化研究和制定的机构有：
- 美国电气与电子工程师协会 IEEE802 委员会；
- 欧洲计算机制造厂商协会 ECMA；
- 国际电工委员会 IEC 等。

IEEE802 标准经几年的研究和反复修订，公布了多项标准文本，IEEE802 标准已经被美国国家标准局 ANSI2 接收为美国国家标准，1984 年 3 月被 ISO 作为国际标准。

4.3.1 LAN 体系结构特征

既然局域网是计算机网络中的一种，那么它的体系结构是否也采用开放系统互连的 ISO/OSI 参考模型？回答是：局域网的体系结构与 OSI 的体系结构有很大的差异，OSI 参考模型是以交换网络为基础，在交换是网络中点对点的方式逐点地进行数据分组传递。这种复杂的网络传输方式需要以七层结构来描述网络的功能和特性。

局域网络只是一种通信网，它的体系结构只有 OSI 的下两层功能及部分网络层功能。即使在下两层，由于局域网络共享信道，数据借助带地址的帧进行传输，数据一般直接从源节点到目的节点，但是由于局域网是共享信道，且网络产品的种类多，重点是在底层介质接入的控制，涉及种种介质访问控制方法，所以两者存在着明显的差别，局域网络体系结构上又有自己的特色。局域网络参考模型与 ISO/OSI 参考模型的对应关系，如图 4.13 所示。

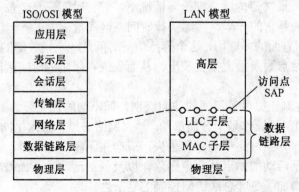

图 4.13 IEEE802 LAN 参考模型

对于 LAN 的物理层，其功能与 OSI 参考模型相似，负责物理连接和在物理媒体上传输比特流。其主要任务是指传输媒体接口的一些特性。但是由于局域网可以采用多种传输媒体，各种媒体传输特性差异很大，这使得物理层的处理过程比较复杂，所以为了便于实现，大多数局域网的物理层实际上分为两个层次：一个子层描述与传输媒体有关的物理特性，另一个子层描述与传输媒体无关的物理特性。例如以太网的物理层分为物理信令 PLS 子层和物理媒体连接件 PMA 子层。物理信令 PLS 子层负责比特流的曼彻斯特编码、解码和载波监听的功能。物理媒体连接件 PMA 子层完成冲突检测、超长控制、发送和接收串行比特流的功能。

对于局域网数据链路层，它最主要的作用是通过一些数据链路协议，在不太可靠的传输信道上实现可靠数据传输，负责帧的传送与控制。但局域网中，由于各站共享网络公共信道，因此首先必须解决信道如何分配，如何避免或解决信道争用，也就是链路层必须有媒体访问控制功能。又由于局域网采用的拓扑结构与传输媒体多种多样，相应的媒体访问控制方法也有多种功能，这就导致了数据链路层存在与传输媒体有关与无关的两部分。这样分开两部分可以降低连接不同类型媒体接口的开销。所以局域网的数据链路层划分为两个子层：媒体访问控制子层(MAC 子层)和逻辑链路控制子层(LLC 子层)。

对于局域网来说，网络层是不必要的，因为局域网的拓扑结构非常简单，且多个站点共享传输信道，在任意两个站点之间只有唯一的一条链路，不需要路由器和流量控制。所以，在局域网中没有单独设置网络层，但局域网又要求某些网络层的服务，如流量控制、寻址、排序、差错控制等功能，把这些服务合并到数据链路层。

4.3.2 局域网的体系结构

根据局域网的参考模型可知，LAN 的体系结构分成物理层和数据链路层，由于数据链路层又分为媒体访问控制子层 MAC 和逻辑链路控制子层 LLC。相应的有两种不同的帧 MAC 帧和 LLC 帧，高层的协议数据单元传送给物理层进行位流传输，如图 4.14 所示。

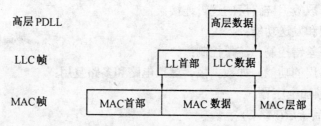

图 4.14 LLC 帧与 MAC 帧

1. 逻辑链路控制子层(LLC)

LLC 子层的功能主要是完成在网络两个节点间点与点链路或多点链路上的数据帧传送控制。上下层之间的传输服务，主要是通过"服务访问点"进行的。每一个 SAP 相当于一个逻辑信口，类似公共数据网中的逻辑信道。因此，LLC 层必须处理在多条逻辑信道上的数据帧的复用传输控制和提供部分网络层功能。下面通过一个例子来说明。

如图 4.15 所示，一个局域网接入三个工作站，每个站由它自己的地址和一定数目的 SAP，工作站中的设备数据通过一个 SAP 被接入网络。假定工作站 A 的输入点 X 欲与工作站 C 的输出点 Y 建立链路连接，将 X 的一个数据文件送到 C 站的打印机 Y 输出。

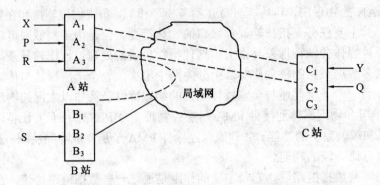

图 4.15 利用 SAP 的"复用"与连接

假定在 SAP A1 点的输出 X 请求与 SAP C 之间建立连接，站的链路层向网络发送一个"连接请求"帧，帧中包含了源地址和宿地址以及表示这种连接请求的控制信息比特。网络站将这个请求帧传送给站 C，若 SAP 空闲，则该链路层通过网络向站 A 回送一个接收连接帧，站 A 收到了回送帧后，即在 SAP A1 与 SAP C_1 之间建立了一条逻辑链路，可以开始链路数据传输。这时，来自 X 的帧数据被分组，分别装配成帧，从站 A 的 LLC 发送出去。每个站都包含了源地址和宿地址。由于在链路连接后 SAP A 和 SAP C_1 为忙状态，它们只能接受它们彼此之间的交换的信息，所以来自任何其它的信息都被拒绝接受。

例中每个工作站的 LLC 层都有三个 SAP 可供同时建立三条逻辑链路连接。例如，在已建立的 SAP A_1 与 SAP C_1 连接的同时站 A_1 的设备可利用 SAP A_2 与站 C 通过 SAP 的设备建立连接。以上这种利用 SAP 在任意一对网络节点之间同时建立多条逻辑链路连接的功能，称作 LLC 层的复用功能。

逻辑链路控制 LLC 子层集中了与媒体接入和拓扑结构无关的部分，并且将网络层的服务访问点 SAP 设在 LLC 子层与高层的交界面，。所以 LLC 子层的主要功能是：
- 提供一个或多个服务访问点 SAP 的逻辑接口；
- 建立和释放数据链路层的逻辑连接；
- 帧的结束和发送功能；
- 帧的顺序差错控制和流量控制；
- 部分网络层的功能，如数据报、虚拟电路和多路复用；
- 给 LLC 帧加上序号。

2. 介质访问控制子层(MAC)

在局域网和城域网中，所有的设备共享传输介质，需要一种方法能有效地分配传输介质的使用权，这种功能叫做访问控制协议。介质访问控制子层，即只能归于接入各种媒体有关的部分，负责在物理层的基础上进行无差错的通信，有管理多个源链路与多个目的链路的功能。具体地讲，MAC 子层主要有以下功能：
- MAC 帧的封装成帧、编址与寻址、差错控制
- 介质接入管理

LLC 帧格式：IEEE802.2 定义 LLC 帧格式。

1	1	1	N	(字节)
DSAP	SSAP	控制	数据(DATA)	

DSAP：目的地址，一个字节七位长，最低位表示单地址和组地址。

SSAP：源地址，一个字节七位长，最低位表示帧是命令帧还是响应帧。

同一个站不同通信实体的数据利用 SSAP、DSAP 来区别通过相应的信号与高层交互作用。

- 信道分配
- 解决竞争

MAC 帧格式：不同的 MAC 层标准定义不同的帧格式。

3. 物理层

物理层的功能是：

- 实现位的传输与接收，同步前序的产生与删除等，该层规定了所使用的信号、编码和介质，规定了有关的拓扑结构和传输速率；
- 有关信号与编码常采用曼彻斯特编码；
- 介质为双绞线，同轴电缆和光缆等；
- 拓扑结构多为总线、树和环形；
- 传输速率为 10 Mbps、100 Mbps 等。

局域网 LLC 子层、MAC 子层与物理层功能及层次间的关系如图 4.16 所示。

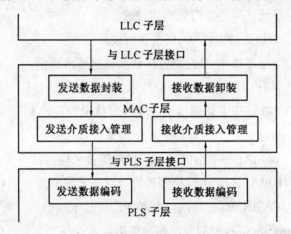

图 4.16 局域网层次结构

4. 高层

局域网络的高层主要由网络操作系统及相应的网络协议决定。

4.3.3 IEEE802 标准系列

局域网出现后，发展迅速类型繁多，用户为了实现传输不同类型局域网之间的信息，迫切希望尽快产生局域网标准。1980 年 2 月，美国电气和电子工程学会成立了 802 课题组，又称 802 委员会，研究并制定了局域网标准 IEEE802,后来国际标准化组织将 802 标准定为局域网标准。

1. IEEE802 委员会

IEEE802 委员会分为三个委员会：

•通信介质委员会，负责研究对应于 ISO/OSI 的物理层功能，主要涉及局域网通信的物理传输特性及与数据链路层的接口；

•信号访问控制分会，负责研究对应于 ISO/OSI 参考模型的数据链路层，主要涉及逻辑链路控制协议，介质访问控制协议和物理层、网络层的接口；

•高层接口分会，负责研究 ISO/OSI 的参考模型的高层及从网络层到应用层协议。

2. IEEE802 标准协议

IEEE802 是一个标准体系，为了适应局域网技术的发展正在不断增加新的标准和协议，目前 IEEE802 标准主要有以下几种，如图 4.17 所示。

图 4.17 IEEE802 标准内部关系

(1)IEEE802.1A，体系结构。

(2)IEEE802.1B，寻址、网络互联和网络管理。

(3)IEEE802.2，逻辑链路控制(LLC)规范和协议。

(4)IEEE802.3，CSMA/CD 访问控制方法和物理层技术规范。

(5)IEEE802.3I，访问控制方法和物理层技术规范。

(6)IEEE802.3i，100BASE-T 访问控制和物理层技术规范。

(7)IEEE802.3u，100BASE-T 访问控制和物理层技术规范。

(8)IEEE802.3ab，100BASE-T 访问控制和物理层技术规范。

(9)IEEE802.3z，100BASE-X 访问控制和物理层技术规范。

(10)IEEE802.4，TOKEN-BUS 访问控制和物理层技术规范。

(11)IEEE802.6，城域网访问控制方法和物理层技术规范。

(12)IEEE802.7，宽带网访问控制方法和物理层技术规范。

(13)IEEE802.8，FDDI 访问控制方法和物理层技术规范。

(14)IEEE802.9，综合数据/语音网络。

(15)IEEE802.10，网络安全与保密。

(16)IEEE802.11，无线网访问控制方法和物理层技术规范。

(17)IEEE802.12，100VG-ANYLAN 访问控制方法和物理层技术规范。

4.3.4 IEEE802 局域网实现模型

图 4.18 给出了 IEEE802 局域网实现模型，它定义了局域网物理层和数据链路层规范。

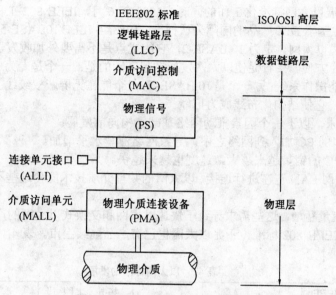

图 4.18 IEEE 802 局域网实现模型

1. 物理层

物理层提供了编码、解码、时钟提取、发送、接收和载波检测等功能，提供与数据链路层的接口。物理层协议定义了物理层操作的电气、机械、接口和同步的特性参数。物理层由以下四个部分组成：

(1) 物理介质；

(2) 物理介质连接设备(PMA)；

(3) 连接单元接口(AUI)；

(4) 物理信号(PS)。

2. 数据链路层

数据链路层由逻辑链路控制(LLC)子层和介质访问控制(MAC)子层组成。

(1)数据链路层提供面向连接的虚电路服务和无连接数据报服务,其主要功能是数据帧的封装和拆装,为网络层提供网络服务的逻辑接口。

(2)介质访问控制子层的主要功能是控制对传输介质的访问,不同类型的局域网使用不同的介质访问控制协议,例如以太网(ETHERNET)使用 CSMA/CD。

4.4 以太网络

4.4.1 以太网的产生和发展

以太网 Ethernet 是最早的局域网，也是目前应用广泛的局域网。交换式及快速以太网将确保以太网保持旺盛的生命力。以太网的发展成熟是基于标准化、价格适中的产品，并且得到大多数计算机产品厂商的支持。

以太网的核心思想是使用共享传输信道。以太网最早是 XEROX 公司创立的，1980 年 DEC、Intel 和 XEROX 三家公司公布了以太网，也称 DIX(三家公司名字的首字母)版以太网 1.0 规范。

在 DIX 开展以太网标准化工作的同时，1981 年 6 月，IEEE 802 工程决定组成 802.3 分委员会，产生基于 DIX 产品的国际公认标准。1983 年 IEEE 10BASE-5 问世。紧接着出现的技术是细缆以太网，定为 10 BASE-2，它的优点是不需要外加收发器和收发器电缆，安装和使用更为方便。接着促使以太网发展掀起高潮的是：一个是专为 IBM 个人兼容机联网用的高性能操作系统；另一个是 10 BASE-T，一个能在无屏蔽双绞线上以速率 10M b/s 运行的以太网，它使结构化布线成为可能。

在 80 年代末，以下三个因素推动网络基础结构向前发展：
- 越来越多的 PC 加入到网络之中，导致网络流量水平增加。
- 市场上 PC 的销量越来越大，速度也越来越快。
- 大量以太网 LAN 正在进行连接，以太网的共享介质技术能使这些不同的 LAN 连接起来。

由于信息流量猛增，这些需求导致了快速以太网和交换式以太网的产生。10 BASE-T 以太网已列为 IEEE 802 标准，千兆以太网也已有产品陆续上市。表 4.1 是最近十几年以太网标准的进展情况。

表 4.1 以太网标准的发展

以太网标准	IEEE 规范	时间	速度 /M bps	站/网段	拓扑结构	网段长/m	支持的介质
10BASE-5	802.3	1983	10	100	总线型	500	50Ω 同轴电缆(粗)
10 BASE-2	802.3a	1988	10	30	总线型	182	50Ω 同轴电缆(细)
1 BASE-5	802.3c	1988	1	12/集线器	星形	250	100Ω 2 对线 3 类
10 BASE-T	802.3i	1990	10	集线器	星形	100	100Ω 2 对线 3 类
10 BROAD-36	802.3b	1988	10	100	总线型	1800	75Ω 同轴电缆
10 BASE-F /FOIRL	802.3i	1992	10		星形	2000	2 股多模式单模光缆
100 BASE	802.3u	1995	10	1024	星形	100 2000	2 对 100Ω5 类或 150Ω1 类 2 股多模单模光缆

4.4.2 以太网基本概念

以太网是典型的总线型局域网，IEEE 802.3 标准用于描述 CSMA/CD 总线的物理层和介质访问控制子层协议。由于 IEEE 802.3 是依据以太网而制定的，因此，有人把 IEEE 802.3 标准称为以太网标准。

1. 以太网物理层标准

以太网的物理层是由五种不同的以太网物理层实现的，如图 4.19 所示。

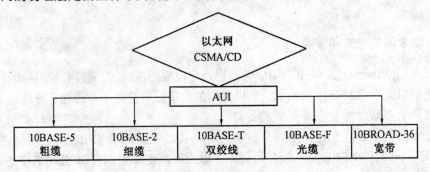

图 4.19 以太网物理层构成

以太网物理层基本特性如表 4.2 所示。

表 4.2 以太网物理层基本特性

物理层 特性	10 BASE-5	10 BASE-2	10 BASE-T	10 BASE-F	10 BASE-36
速率/Mbps	10	10	10	10	10
传输方法	基带	基带	基带	基带	宽带
最大网段长度/m	500	185	100	2000	1800
站间最小距离/m	2.5	0.5	0.5	0.5	0.5
传输介质	50Ω 粗缆	50Ω 细缆	UTP	多模光缆	75Ω 同轴电缆
网络拓扑	总线型	总线型	星形	星形	总线型
最大网段数	5	5	5	5	2
连接器	BNC	DB-15	RJ-45	ST	DB-15
站数/网段	<100	<30	2(NIC 中继)	2(光中继)	100

2. 以太网数据链路标准

采用 CSMA/CD 方式工作，与 IEEE 802.3 兼容，IEEE 802.3 帧的结构及各字段功能如下：

前导同步码	SFD	目的地址	源地址	数据长度	协议首部	数据和填充字节	帧校验
7	1	6	6	2	20	0~1500	4 (字节)

- 前导同步码：由 7 个同步字节组成，用于收发之间的定时同步。
- SFD：帧的起始定界符。
- 目的地址：帧发往的站点地址，每个站点都有自己唯一的地址。
- 数据长度：要发送数据的总长度。
- 协议首部：是数据字段的一部分，含有更高层协议嵌入数据字段中的信息。
- 数据字节：长度可以 0 到 1500 个字节，但必须保证帧不得小于 64 个字节，否则就要填入填充字节。
- 帧校验：用 4 个字节，采用 CRC 码，用于校验帧传输中的差错。

3. 以太网地址

网络地址实际上是一种标识符，在网络通信中，用以表示网络中的某台主机。通常网络地址标识符被分为三类。

(1)名字(Name):用来标识对象是什么；
(2)地址(Address):用来标识对象在哪里；
(3)路由(Route):用来指示如何去访问对象。

以太网使用的是MAC地址，即 IEEE 802.3 以太网帧结构中定义的地址。由 IEEE 802.3 委员会分配各网卡生产厂家，每块网卡出厂时，都被赋予了一个 MAC 地址。网卡的实际地址共有 6 个字节，其组成如下：

(1)前 24 个字节为厂商编号，全世界每个网卡生产厂家的编号都不相同，因此不会产生两个网卡的物理地址相同的情况。

(2)后 3 个字节为网卡的编号。
4. 以太网络特点
(1)以太网卡是以半双工方式工作,即数据发送、接收不能同时进行。

(2)采用基带传输方式,LAN 在介质上直接传输的是数字信号,不使用调制技术。因此,介质的整个频谱用于信号的传输。

(3)数字信号采用的是曼彻斯特编码形式,以电压脉冲加在传输线上。

(4)介质上信号是以广播方式向两个方向传播,到端点被匹配电阻吸收。

(5)数字信号在传输过程中不断衰减,减弱了信号的强度,同时波形也变坏,所以传输距离不能太远。

(6)由于以太网协议标准较成熟,其安装、排除故障、扩充或重建结构等方面有许多优点,所以应用较广。通过在以太网物理层和 MAC 层的技术改进,快速以太网络和高速局域网作为延续产品已逐步取代传统以太网。

下面介绍 10 BASE-5、10 BASE-2、10 BASE-T 三种常见的以太网的网络构成和部件。

4.4.3 粗缆以太网 10 BASE-5

1. 网络连接

10 BASE-5 是最初的以太网 IEEE 802.3 标准,使用直径为 10 mm 的粗缆同轴电缆,该电缆必须用 50Ω 的电阻进行连接,它允许每段有 100 个站点。

10 BASE-5 网络采用总线性拓扑,因此,在一个网段上所有站点都经过一根同轴电缆进行连接,一条粗电缆的最大长度为 500 m,10 BASE-5 以太网典型结构如图 4.20 所示。

2. 主要部件

(1)网络接口卡:采用 DIX(AUI)15 芯连接器,实现管理同轴电缆的全部功能,CSMA/CD 协议在网卡上执行。

(2)收发器(transceiver):收发器是粗以太网电缆上的一个连接盒,跨接在粗同轴电缆上,向电缆上发送或从电缆上接收数据。同时识别出电缆上信号的有无和电缆上信号冲突。它有三个连接器:两个是粗以太网输入输出连接器,另一个使用收发器电缆将收发器和工作站相连。

(3)收发器电缆:长度 50 m,收发器间距离不小于 2.5 m。

(4)同轴电缆(粗缆):是一种阻抗为 50Ω、直径为 0.4 英寸(1.016 cm)的同轴电缆,一个干线上最多接 100 台工作站。

(5)中继器(repeater):是一个选择性设备,用于连接两个以太网干线并增强它们之间的信号强度,延伸传输距离。一个中继器与每个电缆段之间由收发器电缆相连。

3. 粗缆以太网标准的规格参数

(1)最大的干线段长度是 500 m;

(2)收发器连至干线段;

(3)工作站到收发器的最大距离是 50 m;

(4)收发器最小间距是 2.5 m;

(5)最多使用 4 个中继器连接 5 个干线段,仅允许在 3 个干线段上连接工作站,其余被用作加长距离;

(6)最大网络干线长度是 2469 m；

(7)一个干线上最多支持 100 个工作站，中继器相当于一个工作站；

(8)干线段的每一段均需有一个 50Ω 的端接器，其中之一必须接地。

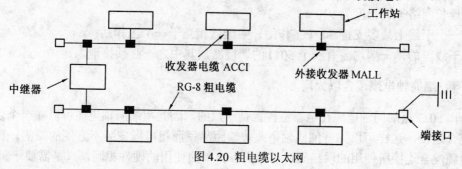

图 4.20 粗电缆以太网

4.4.4 细缆以太网 10 BASE-2

1. 网络连接

10 BASE-2 是一个细缆以太网，它采用的传输介质是基带细同轴电缆，特征阻抗为 50Ω，数据传输速率为 10Mbit/s。网卡上提供 BNC 连接插头，细同轴电缆通过 BNC-T 型连接器、网卡 BNC 连接插头直接与网卡连接。为了防止同轴电缆端头信号反射，在同轴电缆两个段头连接两个阻抗为 50Ω 的终端匹配器。10 BASE-2 以太网结构如图 4.21 所示。

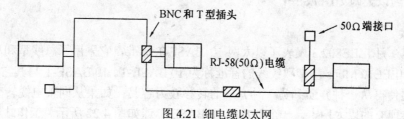

图 4.21 细电缆以太网

2. 主要部件

(1)网络接口卡：多数以太网卡支持粗缆或细缆以太网。该卡应有一个 BNC 类型的插头。为了与干线电缆相连，该接头需用一个 BNC-T 型连接器套接。

(2)细同轴电缆：细同轴电缆是一种阻抗为 50Ω，直径为 0.2 英寸的 RG58A/U 同轴电缆。

(3)BNC 电缆连接器：BNC 连接器必须连接到所有电缆段的端部。成套的连接器包括一个中心针、套桶和下夹封套。

(4)BNC T 型连接器：T 型连接器连接到以太网卡背面的 BNC 接头上。T 型连接器实际上是一个"三端接头"，一端连到网卡，另外两端分别连接到电缆。每台工作站都需要一个 T 型连接器。

(5)BNC 桶型连接器：将两个电缆连接在一起。

(6)BNC 端接口：每个电缆段的两端必须接有 50Ω 的 N 系列端接器。对于每个电缆段，需要将其中一个端接器接地而另一个无须接地。

3.细缆以太网络标准的规格参数

(1)最大的干线段长度是 185 m；

(2)T型连接器用来将网络接口卡与电缆相连；

(3)最多使用4个中继器连接5个干线段，仅允许在3个干线段上连接工作站，其余被用作加长距离；

(4)最长网络干线长度为910 m；

(5)一个干线上最多支持30个工作站，中继器相当于一个工作站；

(6)干线段的每一端均需有一个50Ω的端接器，其中之一必须接地。

4.4.5 粗/细同轴电缆混合以太网

由于50Ω粗细同轴电缆在电器特性上是一致的，因此粗细同轴电缆可以在一个以太网上混合连接，这样可以弥补细同轴电缆传输距离短而粗电缆安装不方便的缺陷。粗细同轴电缆混合连接所使用的网络硬件与他们各自单独使用的硬件相同，只是需要一种粗/细同轴电缆连接器。有两种类型的连接器：一种是N系列插座到BNC插座；另一种是N系列插头到BNC插座。两者都可以实现粗细同轴电缆的混合连接，一般使用前者。粗细同轴电缆混合网络的网络拓扑结构仍为总线型。

粗细同轴电缆混合网络连接时，电缆的网卡应满足下列关系

$$3.28X + Y \leq 500\text{m}$$

式中，X为细电缆的长度；Y为粗电缆的长度。

4.4.6 双绞线以太网10 BASE-T

1. 网络连接

1990年9月IEEE802.3发表了以太网10 BASE-T标准，它采用了总线型和星形相结合的结构。IEEE10 Mbps基带双绞线的标准称为10 BASE-T。10 BASE-T与其它802.3标准兼容。这使得从一种介质到另一种介质的转移较为容易；如果从同轴电缆转变为双绞线可以保持现有的以太网卡。一个基本的10 BASE-T连如图4.22所示。工作站连至一个中心集线器(central hub)或集中器(concentrator)，其作用相当于一个中继器。当来自工作站的信号到达时，该集线器将在它的所有输出线上广播。集线器能以级连的方式连接到其它集线器上。工作站能使用一根长度不超过100 m的非屏蔽双绞线连接集线器。

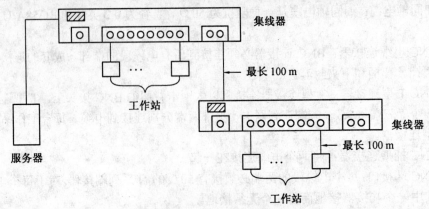

图4.22 10Base-T网络结构

2. 主要部件

(1) 网络接口卡：用在 10 BASE-5 和 10 BASE-2 网络中的接口卡均可用于 10 BASE-T 网络中，但需要带有 RJ-45 连接器。

(2) 集线器(hub)：它是双绞线以太网的中心设备，基于共享介质的思想，采用 CSMA/CD 协议。集线器将收到的数据转发到每个端口上。它不提供帧过滤和存储-转发的功能。集线器分为独立集线器和可迭加式集线器，端口数有 8 口、12 口、16 口、24 口、32 口。集线器设备使得以太网络的管理和维护更加方便。

(3) 双绞线电缆：能够使用具有 RJ-45 连接器的长度不超过 100m 的双绞线。在进行网络连接时需要备有 RJ-45 夹具。

3. 10 BASE-T 标准规格参数

- 使用非屏蔽双绞线(20～24AWG UTP)；
- 使用 RJ-45 连接器，针 1 和 2 用于传输，针 3 和 6 用于接收；
- 从工作站到集线器的距离不超过 100m；
- 一个集线器能够连接多达 24 个工作站；
- 一个中心集线器能够连接多达 12 个以上集线器以扩展网络工作站的数目；
- 集线器能够与同轴电缆或光纤相连，以构成较大的以太网的一部分；
- 无需使用网桥在网络上能连接多达 1023 个工作站。

4.4.7 光纤以太网 10 BASE-F

1992 年 IEEE 批准了光纤以太网标准 IEEE802.3i，它是基于光缆互连中继器链路规范，就是说采用光缆链路扩展距离，建立互连中继器。

10 BASE-F 使用双工光缆，一条光缆用于发送，另一条光缆用于接收，并定义了四种不同的 FOIRL、10 BASE-FP、10 BASE-FB、10 BASE-FL 规范。10 BASE-F 广泛应用于大楼之间的连接和长距离应用场合。

FOIRL 标准允许连接数据终端设备(DTE)，即点对点的中继器链路，或一个中继器连接多个 DTE，链路段长度为 1000 m。

10 BASE-FP 规定无源的星形结构，就是说不用单配电源，全网直径为 500 m 或每个网段为 100 m，MAU 必须集成到中继器或 DTE 中。

10 BASE-FB 定义主干网或中继器为光缆系统，MAU 集中到中继器中，不允许与 DTE 连接，链路长度为 1000 m。

10 BASE-FL 是基于 FOIRL 的，并与之逆向兼容，它只能用来连接中继器，并需要外接 MAU 收发器，允许链路长度为 1000 m 或 2000 m。

4.5 高速局域网

4.5.1 高速局域网发展的驱动因素

推动局域网发展的直接因素是个人计算机性能的提高和广泛应用。在过去的 20 年中，计算机的处理速度提高了百万倍，而网络数据传输速率只提高了上千倍。从理论上讲，一台微通道或 EISA 总线的微型机能产生大约 250 Mbps 的流量，如果以太网仍保持 10M bps 的数据传输速率，就会成为信息处理和传输的瓶颈。

个人计算机大量用于办公自动化，并且多台微机联网，使局域网的规模不断扩大，网络通信量进一步地增加。各种新的应用不断提出，个人计算机已从初期简单的文字处理、管理信息等应用发展到分布式计算、多媒体应用，用户对局域网的带宽与性能也有了更高的要求。同时，新的基于 Web 的 Internet/Intranet 应用也要求更高的带宽。这些因素促使人们研究高速局域网技术，希望通过提高局域网的带宽改善局域网的性能，以适应各种新的应用环境的要求。

传统的局域网技术建立在"共享介质"的基础上，网中所有节点共享一条公共通信传输介质，典型的介质访问控制方法是 CSMS/CD，token ring、token bus。介质访问控制方法用来保证每个节点都能够"公平"地使用公共传输介质。在网络中经常将数据的传输速率称为信道带宽(简称带宽)。例如，Ethernet 的数据传输速率为 10 Mbps，那么它的带宽是 10 Mbps。我们可以粗略做一个估算分析，如果局域网中有 n 个节点，那么每个节点平均能分配到的带宽为 10 Mbps/n。显然，随着局域网规模的不断扩大，节点数 n 的不断增大，每个节点能分配到的带宽将越来越少。因此，当局域网节点数增大，网络通信负荷加重时，冲突和重发的现象将大量发生，网络效率将会急剧下降，网络传输延迟会增大，网络服务质量将会下降。

4.5.2 高速局域网的解决方法

为了克服网络规模与网络性能之间的矛盾，提出了以下几种解决方案。

(1)提高 Ethernet 的数据传输速率，从 10 Mb/s 提高到 100 Mb/s，甚至提高到 1 Gb/s，10 Gb/s；这就导致了高速局域网技术的研究和开发。这种局域网数据传输速率虽然提高，但它的 Ethernet 帧结构并不改变。

(2)将一个大型局域网划分为多个用网桥或路由器互联的子网。网桥和路由器可以隔离子网之间的交通流量，使每个子网作为一个独立的小型局域网。通过减少每个子网内部节点数 N 的方法，使每个子网的网络性能得到改善，而每个子网的介质访问控制仍采用 CSMA/CD 方法。

(3)将共享介质方式改为交换方式，这导致了交换局域网技术的发展。交换局域网的核心设备是局域网交换机，局域网交换机可以在它的多个端口之间建立多个并发连接。

4.5.3 局域网的分类

局域网可以分为共享式局域网(Shared LAN)和交换式局域网(Switched LAN)。

共享式局域网又可分为 ethernet，token bus，token ring 和 FDDI，以及在此基础上发展起来的 Fast Ethernet，Fast Token Ring，FDDI-II 等。交换式局域网可以分为 Switched Ethernet 与 ATM LAN。局域网产品的类型与分类如本章 4.1 节图 4.1 所示。

4.6 快速以太网

4.6.1 快速以太网(Fast Ethernet)的发展

随着局域网应用的深入，用户对局域网的带宽提出了更高的要求，解决的办法有两种供选择：一是重新设计一种新的局域网体系结构与介质访问控制方法，去取代传统的局域网技术；另一个是保持传统的局域网帧结构与介质访问控制方法不变，设法提高局域网的传输速率。对于目前已经大量存在的 Ethernet 来说，要保护用户的已有的投资，同时又要增加网络的带宽，快速以太网是符合后一种要求的新一代高速局域网。

快速以太网的速率比普通的 Ethernet 快 10 倍，数据传输速率达到了 100 Mbps。快速以太网基本上保留着传统的 10 Mbps 速率 Ethernet 的基本特征，即相同的帧格式，介质访问控制方法与组网方法，只是将 10 Mbps 的 Ethernet 每个比特的发送时间由 100 ns 降低到 10 ns。1995 年 2 月，IEEE802 委员会正式批准了快速以太网标准——IEEE 802.3u。

为了适应把 10 Mbps 提高到 100 Mbps，需要在物理网络上采用一些改进措施，这些措施是：

(1)限制传输距离，因为发送的数据速率提高，在可靠的传输情况下传输的距离就越短。因此，把距离限制在几百米范围内，数据传输速率得到提高。

(2)增加节点间的连接线，如 100 Base-T4 用半双工 4 对 3UTP 线并联使用，每对线速率为 25 MHz。

(3)采用高速传输介质，如 100 Base-Fx，采用多模光纤作为传输介质。

(4)改进共享介质局域网体系结构和信号编码方法，从而提高网络速率，如 100 Base-VG。

快速以太网是以 100 Base-T 为基础的，选用了不同的传输媒体，从而形成了不同的快速以太网产品，如图 4.23 所示。但是，它们都是使用 IEEE 802.3 的 MAC 协议和控制格式。

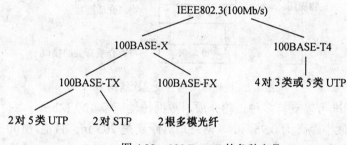

图 4.23　100 Base-T 的各种产品

4.6.2 快速以太网的协议结构

IEEE 802.3u 标准在 LLC 子层使用 IEEE 802.2 标准，在 MAC 子层使用 CSMA/CD 方法，只是在物理层做了些必要的调整，定义了新的物理层标准。

表 4.3　100Base-T 物理网络参数

参数＼产品	100 BASE-T2	100 BASE-T	100 BASE-FX	100 BASE-T4
传输媒体	2 对 STP	2 对 5 类 UTP	2 根光纤	4 对 3、4、5 类 UTP
信息技术	4B/5B NR2I	4B/5B NR2I	4B/5B NR2	8B/6T NR2
数据速率	100 Mbps	100 Mbps	100 Mbps	100 Mbps
最大网段长度	100m	100m	200m	100m
网络跨度	200m	200m	400m	200m

100Base-T 标准定义了介质无关接口(media independent interface MII),它将 MAC 子层与物理层分割开来。这样,物理层在实现 100 Mbps 速率时,所使用的传输介质和信号编码方式的变化不会影响 MAC 子层。Fast Ethernet 的协议结构如图 4.24 所示。

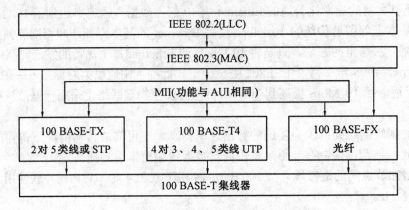

图 4.24 Fast Ethernet 的协议结构

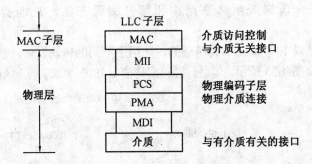

图 4.25 快速以太网协议层次结构

100 Base-T 标准可以支持多种传输介质,数据传输速率 100 Mbps,每位信息传输时间 10 ns,两帧间最小距离为 0.96 μs,网络最远距离是 205 m。目前,100 Base-T 有以下三种有关传输介质的标准(物理网络标准)。

(1)100 Base-TX:100BASE-TX 支持 2 对 5 类非屏蔽双绞线 UTP 或 2 对一类屏蔽双绞线 STP。一对 5 类 UTP 或一对 1 类 STP 用于发送另一对双绞线用于接收。因此,100Base-TX 是一个全双工系统,每个节点可以同时以 100M bps 的速率发送和接收数据。

(2)100 Base-T4:100 Base-T4 支持 4 对 3 类非屏蔽双绞线,其中 3 对用于数据传输,1 对用于冲突检测。

(3)光缆以太网 100 Base-F:光缆以太网 100 Base-F 于 1992 年由 IEEE 批准为 IEEE 802.3i,它是基于光缆互联中继器链路规范,是为扩展距离采用光缆链路建立互联中继器。100 Base-F 具有传输远、抗干扰能力强和安全保密等特点,非常适合楼宇间的网络连接。

100 Base-F 支持 2 芯(根)的多模或单模光纤。10 Base-F 主要用作高速主干网,从节点到集线器可以达到 2000 m,它是一种全双工系统。

光缆以太网 10 Base-F 的典型应用网络结构如图 4.26 所示。

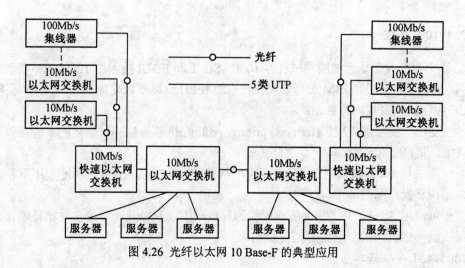

图 4.26 光纤以太网 10 Base-F 的典型应用

4.6.3 100BASE-T 技术特点

100BASE-T 是在 10BASE-T 基础上发展起来的,它具有以下特点:

(1)采用与 10BASE-T 相同的层次协议结构,其中 LLC 层完全相同。

(2)帧格式与 10BASE-T 相同,包括最小帧长度为 64 个字节,最大帧长度为 1518 个字节,帧间最小间隙为 12 个字节。

(3)MAC 子层与物理层之间采用介质无关(MII)。

(4)介质访问协议为 CSMA/CD。

(5)拓扑结构为 100 BASE-T/交换机为中心的星形结构。

(6)传输速率 100 Mbps。

(7)传输介质为 UTP 或光缆。

(8)网络最大直径为 205 m。

(9)在 100BASE-T 标准中,没有规定集线器的连接层次,但规定任意两个端节点之间的中继器数目不超过两个,而任两个末端节点的最大距离 $l_{max} = 400 - (r*95)$。图 4.27 为 100BASE-T 的连接方案。

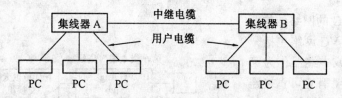

图 4.27 100BASE-T 的连接方案

(10)由 10 BASE-T 升级到 100 BASE-T 时,要把 10 BASE-T HUB 改为 100 BASE-T HUB,工作站需要改用 100 BASE-T 的网卡或 10/100 Mbps 自适应网卡。如果采用 100 BASE-TX,则需要把传输介质换成 2 对 5 类 UTP(当采用 AT&T 1061C 型号)或 1 对 AT&T 1061 型 STP。

(11)当要扩大传输距离时,需要采用带光纤的 100 BASE-FX 或采用网桥、路由器等组网设备。

4.6.4 100 BASE-VG

100 BASE-VG 是一种能同时包容 100BASE-T 和 FDDI 技术的 100M bps 新型局域网体制，它由 HP 公司和 IBM 公司研制推出，经 IEEE 认可规范化为 IEEE802.12 标准。100 BASE-VG 的主要技术特点是：

- 使用"需求优先权"(Demand priority polling)机制来控制对媒体的多址接入，消除了竞争，提高了传输效率。
- 提供与 802.3 以太网和 802.5 令牌环网相兼容的帧格式，能透明地使用两种现有的网络结构和操作系统环境。
- 可使用 3、4、5 类非屏蔽双绞线和屏蔽双绞线，以及光纤等多种物理媒体，并通过集线器构成灵活的分层星形拓扑结构。

1. 100 BASE-VG 基本原理

100BASE-VG 为解决冲突性以太网中因竞争总线而产生的"瓶颈"问题，采用"按需优先轮询"方法取代 CSMA/CD 媒体访问方法。这种方法要求使用一个 100 Mbps 的多端口中继器(或集线器)，端站点分别接至中继器端口。集线器与智能集线器相结合，对每个端口进行决策，决定所连接的站点是否有数据要发送。集线器循环对每个端口进行轮询，如果这个站点没有激活，则轮询下一个站点。如果某个站点有数据要发送，则发送数据。如果该站点错过了一个发送机会，那么这个站点可以将其要求传送给登记仲裁设备，以便能得到下一个服务而不必等待下一轮询周期信号的到来。此外，还可以为某些特殊的端口分配较高的登记优先级，以便这些端口得到更频繁的服务。

从上述可知，100 BASE-VG 结合了以太网和令牌环网的优点，把以太网简便、快捷的网络访问方式和令牌环网控制性强，确定性延迟的特点融为一体。用轮询处理网络请求，避免冲突。用优先级控制来保证实时性要求高的应用。同时，提供了单一的高速网络硬件基础结构——星形拓扑结构，既能支持以太网帧格式，也能支持令牌环帧格式。利用这种星形结构，使 100 BASE-VG 在集线器上运用智能来更好地管理网络，实现"需求优先"的帧转换技术，从而缩短网络等待时间，增加网络吞吐量，能支持时间敏感性强的多媒体通信。

2. 100 BASE-VG 的网络结构

100 BASE-VG 网络包括一个中心集线器或中继器作为第一级(根)集线器，有它可直接连接用户主机和其它节点设备(如以太网交换机、FDDI 节点和网桥、路由器等)，也可以连接第二级集线器，从而形成分层的星形结构，如图 4.28 所示。每个集线器可通过配置来支持以太网或令牌环网的帧格式。

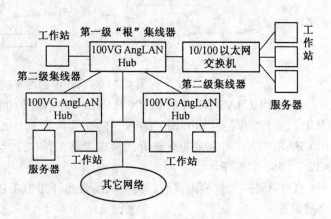

图 4.28 100BASE-VG 网络拓扑结构

在相同网段内的所有集线器必须配置成相同的帧格式,也可以用网桥来连接以太网或令牌环网,用路由器连接 FDDI、ATM 网或广域网等。每条链路可用 4 对 UTP3、4(100 m)或 2 对 UTP-5(150 m),或 2 对 STP(150 m),或光纤缆线(2000 m)。

3. 100 BASE-VG 功能结构

100BASE-VG 的功能结构遵从 IEEE802 的结构模型,该模型将网络结构划分为如图 4.29 所示的层次结构,它的功能特点主要体现在 MAC 层和 PHY 层,其中 PHY 层有包括物理介质无关子层 PMI 和物理介质相关子层 PMD。

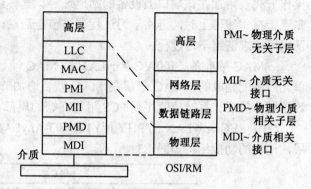

图 4.29 100 BASE-VG 网络功能结构

(1)100-VG-AnyLAN 的 MAC 子层:100-VG-AnyLAN 是在 100 BASE-VG 基础上发展而来的,它的 MAC 层功能主要包括,优先权协议控制、连接学习和 MAC 帧准备。

(a)需求优先权接入控制。如图 4.30 所示,所有节点设备通过链路接入集线器,当一个节点设备需要发送数据帧时,它首先要向集线器发出请求(接入要求)。每个请求都表明了该数据帧的优先级别,对于普通数据帧定位一般优先权,支持时间敏感的多媒体数据帧则定位高级优先权。高优先权请求有优先接入媒体的权利,这种优先权的标记信息由高层实体提供,然后被服务原语逐层传送到 MAC 子层加以利用。如图 4.30 所示,根集线器采用一种"循环"仲裁过程,对节点请求连续循环扫描,以发现那

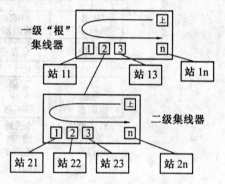

图 4.30 100 VG-AnyLAN 集线器的仲裁过

个节点有发送请求。与此同时,作为节点连接的二级集线器的仲裁结果也向上级发送请求。单站节点只能发送一个数据帧(如果其它节点有待决请求),当连接 N 个节点的下级集线器在循环过程中被选中时,能够发送 N 个数据帧(如无其它待决优先权请求)。

每个集线器都分别保留一份普通优先权表和一份高级优先权请求表,在收到高优先级请求之前,普通优先权请求按端口顺序执行。进行中的帧传输完成之后,集线器将执行高优先权请求。所有高优先权数据帧传输过后,集线器才重新开始服务于普通优先级请求表。在高优先级请求业务量过多的情况下,为保证普通优先级业务的接入,集线器将连续地监视节点发送请求的应答计时,如果延时超过了预定的最长时间,集线器将自动把普通优先级别提升至高优先级别。图 4.30 中表示出集线器中的一个循环扫描周期的实例。首先,设想所有端口都有待决的普通优先级请求,循环从根级的 1 号端口和时间 $t=0$ 开始,那么,服务顺序是:1-1(一级集线器 1 号端口)2-1(二辑集线器 1 号端口),2-3,…,2-n,1-2,…,1-n。如果节点 1-1,2-3 和 1-3 在时间 $t=0$ 时刻发出一个高优先级请求,服务顺序将是:1-1,1-3,1-2,2-n 和 1-n。

(b)链路学习过程。链路学习过程要求集线器与节点交换一系列专用的测试数据,以提供对缆线的功能测试,验证线是否连接正确,数据是否在集线器节点上成功地输入输出。链路学习过程也使集线器能够自动地获得连接在每一个端口上的有关设备信息,操作方式及附加在该端口上设备的站地址等。当集线器和节点第一次接通电源或节点首先连接在集线器上时,链路学习过程即被节点启动,当检测出某些状态时,节点或集线器也可请求链路学习过程。

(c)MAC 帧准备。100 VG-AnyLAN 的 MAC 帧是在接到从 LLC 子层递交的服务数据单元后装配完成的。MAC 子层在 MAC 帧要增加节点源地址和装配(或填充)规定长度的数据域,然后计算帧校验序列 FCS 附加在帧的尾部。

(2)100 VG-AnyLAN 的 PHY 层: 100 VG-AnyLAN 的物理层分成 PMI 和 PMD 两个子层,他们的功能结构如图 4.31 所示。

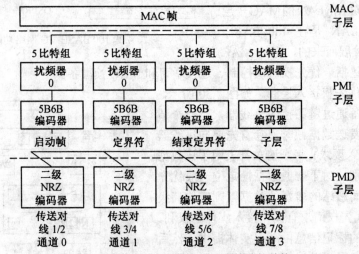

图 4.31 100VG-AnyLAN 的 PHY 层的功能结构。

(a)PMI 子层功能。物理媒体无关子层 PMI 的功能包括:四位组通道作用、数据散列、5B/6B 编码、增加前同步信号、帧起始/结束定界符、为 PMD 子层准备传输数据等功能。

数据散列是将 5 位数组数据打乱的过程,对每个通道使用不同的散列装置,将每一传送数据上的位串随机化,其作用是可以减少射频干扰和线对间信号串扰。

5B/6B 编码是对 5 位组数据进行编码和映射,形成预定的 6 位组符号的过程。此过程产生一个均衡的数据模式,它保证每个 5 位组中的 0 和 1 的个数相同,目的是便于接收器提供同步信息,也能提供附加的差错检测功能(一组符号中不能出现 3 个以上的 1 或 0)。

(b)PMD 子层功能。物理媒体相关子层 PMD 的功能包括:通道多路转换的 NRZ 编码、链路媒体操作和链路状态控制等。

4. 100 BASE-VG 网络连接

为了保护 100 BASE-T 的媒体投资和拓扑结构,100BASE-VG 允许使用 4 对 3 类 UTP,同时支持使用 3 类、4 类和 5 类三种 UTP。由于 3 类 UTP 很难支持点到点 100 m 距离的 100 mbps 数据传送,100 BASE-VG 采用四重线编码(quarter coding)技术,在每一对线上,用 5 B/6B 不归零制(NRZ)编码方法,在每一个周期内传送两位信息。这样,4 重编码允许将数据以 25 Mbps 的速率平均地传送到 4 对 3 类 UTP 的每一对上,4 对 UTP 线以 100 Mbps

速率传送数据,而每个(对线)信号的频率不超过 1.5 MHz,远低于国际无线电干扰特别委员会(CTSPR)所规定的限制,从而允许 100BASE-VG 在现有的 3 类、4 类和 5 类 UTP 电缆线系统上运行,而无须更换连接器,交叉连接器或电缆间距。

100BASE-VG 还支持屏蔽双绞线(STP)电缆(一种 2 对 STP 电缆,如 IBMI 型),这时采用两股并行流的方式传送数据,这种方法所用频率比 UTP 要高,但因为它有屏蔽的作用,仍在规定范围内。此外,100 BASE-VG 还支持多模光纤电缆。从集线器到每个节点的电缆长度规定如下:3 类和 4 类 UTP 为 100 m,5 类 UTP 为 150 m,光纤电缆为 2000 m。

如果把原 10 BASE-T 升级到 100 BASE-VG,不用更换原媒体,只要把原 10 BASE-T HUB 变成 100 BASE-VG HUB,把工作站和服务器上的网卡换成 100 BASE-VG 适配器(网卡),把 RJ45 从原设备拨下来插入新的 HUB 与网卡即可。

100BASE-VG 对集线器的连接作了限制,一般不超过三层集线器的串接,而任意两个末端站点之间的集线器数目也不超过 5 个。

5. 10 BASE-T 与 10 BASE-VG 技术指标对比

10 BASE-T 与 10 BASE-VG 技术指标对比,如表 4.4 所示。

表 4.4 100 BASE-T 和 100 BASE-VG 主要技术指标比较

项目	100 BASE-T	100 BASE-VG
拓扑结构	总线型、星形、层次型	总线型、星形、层次型
应用范围	桌面	桌面
传输媒体	3、4、5 类 UTP、光缆	3、4、5 类 UTP、光缆
线路结构	共享媒体	共享媒体
数据服务类型	数据	数据,部分多媒体服务
媒体访问方式	CSMA/CD	需求优先权
数据传输率	100 Mbps	100 Mbps
最大帧长度	1518 字节	1518 字节
有效负荷	98.40%	98.40%
网络延迟	30ms(可变)	121μs(可变)
最多网络节点	1024 个	1024 个
最大站间距离	100 m(UTP)	100 m(3 类 UTP) 150m(5 类 UTP),2000 m(光纤)
末端站点间的中继器数	2 个	2 个
最大集线器层数		3 层

6. 100BASE-VG 技术的优点

(1)对以太网和令牌环网都提供支持。
(2)将用来支持 802 局域网 100 Mbps 的转换途径。
(3)允许通过桥接器或路由器与其它网络互连。
(4)DPAN 使网络的性能是可预期的,与网络负载无关。
(5)决定性的存取和优先权对语音、视频和多媒体的传输提供支持。
(6)较大的网络直径为现有的 10BASE-T 网络提供一个转移途径。

(7)得到若干关键厂商的支持。
7. 100 BASE-VG 标准的制约因素
(1)是一种共享带宽的网络。
(2)100BASE-VG 和 100 BASE-T 两者之间的应用市场模糊不清。
(3)市场涉及新的和未批准的 DPAM。
(4)缺乏某些关键的以太厂商的支持。
(5)为提供从 10 BASE-T 转移的简单途径。
(6)要求新的网络管理和分析工具。
(7)需要对 MIS 网络工作人员进行培训以支持新技术。
(8)用户可能要铺设电缆,因为 100 BASE-VG 要求 4 对电缆与 3 类 UTP 一起工作,而 10 BASE-T 仅要求两对电缆。

4.7 1 Gbps 和 10 Gbps Ethernet

4.7.1 千兆以太网概念

千兆以太网 Gigabit Ethernet 是 3com 公司和其它的一些主要生产商为适应网络应用及对网络更大带宽的需求而研制和开发的。千兆以太网作为 IEEE 802.3 的新成员,定为 IEEE 802.3z 和 IEEE 802.3ab。

虽然千兆以太网在媒体访问、组网方法及帧格式等方面与 10 Base-T 相同。但千兆以太网对媒体访问子层(MAC)进行了重新定义,并且重新定义了物理层标准。为了实现高速传输,千兆以太网定义了一个千兆位媒体专用接口 GMII,从而将 MAC 子层和物理层分开,使物理层在以 1000 Mbps 速率传输时,当传输所使用的传输媒体和信号编码方式发生变化时不影响 MAC 子层。

千兆以太网标准是 IEEE 802.3 标准的扩展,经过修改的 MAC 子层仍然使用 CSMA/CD 协议,支持全双工和半双工通信。千兆以太网的光纤和同轴电缆的全双工链路标准部分属于 IEEE 802.3z,而屏蔽双绞线(UTP)电缆的半双工链路标准部分由 IEEE 802.3ab 标准规定。

4.7.2 传输媒体

千兆以太网物理层支持如下几种媒体:
(1)多模光纤系统:光纤工作距离为 300~500 m,波长为 850 nm,全双工链路。
(2)单模光纤系统:光纤距离可达 3000 m,全双工链路。
(3)屏蔽双绞线系统:双绞线工作距离可达 50 m,全双工链路。
(4)5 类非屏蔽双绞线:距离可达 100 m,半双工链路。
(5)宽带同轴电缆系统:工作距离可达 25m,全双工链路。

4.7.3 协议结构

制定 Gigabit Ethernet 标准的工作是从 1995 年开始的,最终形成两个标准,一个是 IEEE 802.3z,主要是关于多模光纤和屏蔽双绞线的 Gigabit Ethernet 物理层标准,另一个是 IEEE 802.3ab，是关于非屏蔽双绞线的 Gigabit Ethernet。

千兆以太网的传输速率比快速以太网速率(100 Mbps)快 10 倍，它的数据传输速率达到了 1000 Mbps。Gigabit Ethernet 保留着传统的 10 Mbps 速率 Ethernet 的基本特征，它们具有相同的帧格式与类似的组网方法，只是将每个比特的发送时间降低到了 1ns。千兆以太网的协议结构如图 4.32 所示。

IEEE 802.3z 标准在 LLC 子层使用 IEEE 802.2 标准，在 MAC 子层使用 CSMA/CD 方法，只是在物理层做了一些必要的调整，定义了千兆介质专用接口(Gigabit Media Indepandent Interface，GMII)，将 MAC 子层与物理层分割开来。这样，物理层在实现 1000 M bps 速率时所使用的传输介质和信号编码方式的变化不会影响 MAC 子层。

图 4.32 千兆位以太网协议结构

1. 千兆以太网 MAC 子层

(1)MAC 子层的功能：千兆位以太网 MAC 子层的主要功能有：
- 信息帧的封装与拆除。
- 信息帧的寻址与识别。
- 接受和发送信息帧。
- 链路管理、差错控制和维护。

(2)帧结构：千兆位以太网与以太网有相同的帧结构，最小帧为 64 个字节，最大帧为 1518 个字节。

(3)通信方式：千兆位以太网采用两种通信方式，全双工方式和半双工方式。

全双工方式适用于交换机与交换机或交换机与站点之间的点到点连接，由于两点之间可直接发送和接送信息帧，因此不存在冲突和竞争的问题。千兆位以太网工作于全双工方式时，采用 IEEE 802.3Z 全双工/流量控制协议，避免出现拥塞和过载。

千兆位以太网工作于半双工方式时，采用 CSMA/CD 协议，适用于共享介质连接方式。

(4)网络直径问题：网络直径(即网络覆盖范围)是千兆以太网最核心的技术问题之一，这是因为千兆以太网较快速以太网快 10 倍，因此，千兆位以太网的网络直径将大大缩小，如果保持原有的传输距离不变，则必须采用新的技术解决这个问题。

千兆以太网采用了以下的两种技术：

(a)载体扩展(carrier extension)技术

千兆以太网工作于全双工方式时,由于没有冲突问题,最短帧长仍为 64 字节,因此,无需采用载体扩展技术。

千兆以太网工作于半双工方式时,采用 CSMA/CD 协议,为了保持网络直径不变,可采用载体扩展技术。实现的方法如下:

• 对于小于 512 字节的帧,使用载体扩展技术对信号进行扩展,使帧扩展到 512 字节,从而保证了 200 m 的网络直径,但载体扩展信号不携带信息。

• 对大于 512 字节的帧,不必添加载体扩展的信号。载体扩展技术的缺点是降低了网络带宽的利用率。

(b)数据包突发技术(packet bursting)

数据包突发技术的基本原理:允许站点每次发送多帧,而非一帧。如果帧长太短,只有第一帧需要添加载体扩展信号;如果第一帧发送成功,后续帧可连续发送,而无需添加载体扩展信号。这种连续发送帧的方法就是数据包突发。

数据包突发技术的优点是带宽利用率高。

2. 千兆位以太网的物理层

(1)千兆以太网的物理层有以下主要功能

(a)数据的编码和译码;

(b)数据比特流的传输与故障指示;

(c)建立链路所需的机械、电气、功能和规程特性等。

(2)千兆位以太网物理层标准

(a)IEEE 802.3z: IEEE 802.3z 定义了基本光纤(单模或多模)和短距离电缆全双工链路的 1000 Base-X,采用 8B/10B 编码技术,新到传输速率为 1.25 Gbit/s,去耦合实现 1000 Mbit/s 传输速率。IEEE 802.3z 标准及其协议如表 4.5 所示。

(b)IEEE 802.3ab: IEEE 802.3ab 标准定义基于 UTP 的半双工链路 5 类 UTP 的 1000 Base-T 规范,其目标是在 5 类 UTP 上以 1000 Mbit/s 速率传输。

IEEE 802.3ab 标准的意义主要有以下几点:

• 保护用户在 5 类 UTP 布线系统上的投资;

表 4.5 IEEE 802.3 千兆位以太网标准

标 准	光纤类型	光纤直径/μm	最大传输距离/m
1000 Base-SX	多模	62.5	260
1000 Base-SX	多模	50	525
1000 Base-LX	多模	62.5	550
1000 Base-LX	多模	50	550
1000 Base-LX	单模	9	3000

• 1000 Base-T 是 100Base-T 自然扩展,与 10 Base-T、100 Base-T 完全兼容。

(3)1000 Base-SX 标准:1000 Base-SX 采用直径为 62.5 μm 和 50 μm 的多模光线,工作波长为 850 nm,传输距离为 260 m 和 525 m。数据编码方法为 8 B/10B,使用于作为大楼网络系统的主干。

(4)1000 Base-LX 标准：

(a)多模光纤：1000 Base-LX 可采用直径为 62.5 μm 和 50 μm 的多模光纤，工作波长为 850 nm，传输距离为 550 m，数据编码方法为 8 B/10B，使用于作为大楼网络系统的主干。

(b)单模光纤：1000 Base-LX 可采用直径为 9 μm 的单模光纤，工作波长为 1300 nm 或 1550 nm，数据编码方法采用 8 B/10B，适用于校园或城域主干网。

(5)1000 Base-CX 标准：1000 Base-CX 标准采用 150Ω 的平衡屏蔽双绞线(STP)，传输距离为 25 m，传输速率为 1.25 Gbps，数据编码方法采集 8 B/10B，适用于集群网络设备的互联，例如机房内连接网络服务器。

(6)1000 Base-T 标准：1000 Base-T 标准采用 4 对 5 类 UTP 双绞线，传输距离为 100 m，传输速率为 1 Gbps，适用于已铺设 5 类 UTP 电缆的大楼主干网。

4.7.4 千兆以太网的服务质量保证

为了满足各种业务应用的需求，要求千兆位以太网提供某种形式的服务质量保证，为此采用了以下几种新的技术。

1. 采用交换技术

在千兆以太网中可采用交换技术及支持第三层交换来提高网络的传输带宽和传输能力，提供独享的千兆位速率。

2. 采用 RSVP 协议

采用 RSVP(Resource reser vation protocol)资源驻留协议为特定的应用提供预留的带宽，满足应用对带宽的需求。

3. 提供服务优先级

4.7.5 千兆位以太网的应用

千兆位以太网能够极大地提高网络的可用带宽，所以它可用于任何规模的 LAN 中，在最初阶段，用户可以将网络的核心挂到千兆位以太网交换机上，而将 100BASE-T 系统迁移到网络的边缘。这样既能为用户提供更大的带宽，又不会导致阻塞主干网络。具体实现方法主要有交换机与交换机连接和交换机与服务器的网络端口模块，通过这些模块实现 1000 Mbps 链路连接，后一种方法是在交换机和服务器上分别安装千兆位以太网络端口模块和千兆位以太网网卡，以此实现 1000 Mbps 链路连接。

1. 千兆位以太网的主要应用

(1)高速主干局域网：随着视频/音频应用的不断发展，要求局域主干网具有更高的传输速率，作为 100 BASE-T 的自然发展，千兆位以太网应运而生。

(2)宽带城域主干网：由于 IP 应用越来越广泛，前景越来越光明，千兆位以太网作为一种高性能的价格比的宽带网络技术将在城域主干网中能够发挥主导作用。

(3)高性能计算环境：高性能计算环境是将许多昂贵的计算机资源(例如超大型计算机、巨型计算阵列机、专用计算机系统和大规模磁盘阵列机)通过高速网络互联在一起协调工作和共享资源，形成高性能的计算环境。

(4)分布式计算机：分布式计算机是将一个应用的各种计算和任务分解到网络中不同的计算机上，充分利用各台计算机的资源，共同完成一个任务。

基于网络的分布式计算，能够处理许多大型应用，例如核武器的模拟试验，天气分析与预报，石油勘探数据处理等。

分布式计算机系统中，最重要的组成部分是高性能网络，需要千兆位的传输交换能力，因为网络的传输延迟对分布式计算特别重要。

(5)多媒体应用：综合声音、图像、视频、数据的多媒体应用是目前网络应用的核心。由于视频属于宽带应用，即使经过压缩也需要很高的传输带宽。例如 MPEG-2 标准的视频点播系统则要求千兆位带宽。

2. 千兆位以太网的应用实例

(1)作千兆主干网交换机。采用千兆位以太网交换机作为局域主干网，如图 4.33 所示。

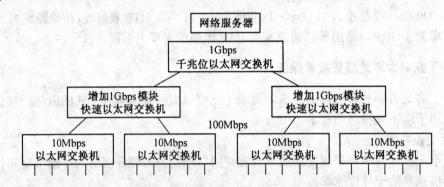

图 4.33 千兆以太网交换机作局域主干网

(2)增强关键服务器的带宽。采用增强千兆位以太网模块来提供高访问关键网络服务器的带宽，如图 4.34 所示。

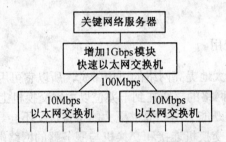

图 4.34 千兆位以太网模块提高访问关键网络服务器的带宽

(3)升级快速以太网。采用增加千兆位以太网模块来连接快速以太网交换机，如图 4.35 所示。

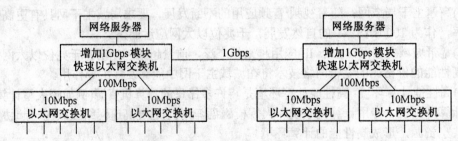

图 4.35 千兆位以太网模块连接快速以太网交换机

4.7.6　10 Gbps Ethernet

1. 10 Gbps Ethernet 的主要特点

在千兆位以太网(Gigabit Ethernet)标准 IEEE 802.3z 通过后不久，1999 年 3 月 IEEE 802 委员会开始了 10 Gbps Ethernet 的标准研究，并于 2002 年形成 IEEE 802.3ae 标准。

10 Gbps Ethernet 并非将 Gigabit Ethernet 的速率简单地提高 10 倍，其中有很多复杂的问题要解决。10 GbpsEthernet 具有以下的特点：

(1) 10 Gbps Ethernet 的帧格式与 10 Mbps、100 Mbps 和 1 GbpsEthernet 的帧格式完全相同。

(2) 10 Gbps Ethernet 仍然保留了 802.3 标准对 Ethernet 最小帧长度和最大帧长度的规定。这就是用户将其已有的以太网升级时，仍便于和较低速的以太网进行通信。

(3) 由于数据传输速率高达 10 Gbps，因此，10 Gbps Ethernet 的传输介质不再使用铜质的双绞线，而只是用光纤，使用长距离(超过 40 km)的光收发器与单模光纤接口，以便能够在广域的范围内工作。它也可使用较便宜的多模光纤，但传输距离限制在 65～300 m。

(4) 10 Gbps Ethernet 只工作在全双工方式，因此不存在争用问题。由于不使用 CSMA/CD 协议，这就支持 10 Gbps Ethernet 的传输距离不再受冲突检测的限制。

2. 10 Gb/s Ethernet 的物理层协议

由于 10 Gbps Ethernet 的物理层使用光纤通道的技术，因此 10 Gbps Ethernet 的物理层协议需要修订。10 Gbps Ethernet 有两种不同的物理层标准：

(1) 局域网物理层(LAN PHY)标准

局域网的物理层的数据传输速率是 10 Gbps，一个 10 Gbps Ethernet 交换机可以支持 10 个 Gigabit Ethernet 网端口。

(2) 可选的广域网物理层(WAN PHY)标准

对于广域网，10 Gbps Ethernet 使用光纤通道技术，因此 10 Gbps Ethernet 的广域网物理层应该符合光纤通道技术速率体系 SONET/SDH 的 OC-192/STM-64 的标准。OC-192/STM-64 的标准速率是 9.95328Gbps，而不是精确的 10 Gb/s。在这种情况下，10 Gbps Ethernet 帧将插入到 OC-192/STM-64 帧的有效载荷中，与光纤通道传输系统相连接。此时，Ethernet 帧的数据传输速率是 9.95328 Gb/s。

但是需要注意的是：10Gbps Ethernet 只具有 SONET/SDH 的某些特征，例如 OC-192 的链路速率，SONET/SDH 的组帧格式等，但 WANPHY 与 SONET/SDH 并不是全部都兼容的。例如，10 Gbps Ethernet 没有 TDM 的支持，没有使用分层的精确时钟，也没有完整的网络管理功能。

由于 10 Gbps Ethernet 的出现，Ethernet 的工作范围已经从校园网、企业网主流选型的局域网，扩大到城域网和广域网。而且同样规模的 10 Gbps Ethernet 造价只有 SONET 的五分之一，只有 ATM 的十分之一。从 10 Mbps 的 Ethernet 到 10 Gbps Ethernet 都使用相同的 Ethernet 帧格式，这样就不需要 Ethernet 与 ATM 混合组网时进行帧格式的转换，因此大大简化了操作和管理，提高了系统的效率。Gigabit Ethernet 和 10 Gbps Ethernet 的问世，进一步提高了 Ethernet 的市场占有率，也是 ATM 技术在城域网和广域网的应用受到了更加严峻的挑战。

4.8 交换式局域网

在传统的共享介质局域网中,所有的站点共享一条公共通信的传输介质,不可避免地会有冲突发生。随着局域网规模的扩大,网中的节点数不断增加,网络通信负荷加重时,网络效率将会急剧下降。为了克服网络规模与网络性能的矛盾,人们提出将共享介质方式改为交换方式,这就导致了交换式局域网的发展。

4.8.1 以太交换原理

所谓交换式以太网技术方案,就是采用拥有一个共享内存交换矩阵和多个端口的以太交换机,将 LAN 分为多个独立的网段(称为网段微化),并以线速支持网段交换。允许不同用户进行并行通信。一般来讲,网段规模越小即网段内站点数越少,每个站点的平均带宽相对越高。在极端的情况下,若每个网段只含有一个站点,则该站点占用的带宽达到最大值,即由共享带宽变为独享带宽。

采用网络交换方式进行网段划分的以太网,称为交换式以太网。

交换式以太网可以允许同时建立多对收发信道进行信息传输。例如,在一个端口速率为 10 Mbps 的交换式以太网中,可支持每个站点独占带宽,如一个端口连接服务器,并且网中允许 $N/2$ 个站点(N 为节点数)成对交换信息,使网络总带宽可达 $N\times 10/2$ Mbps。

4.8.2 局域网交换机的工作过程

典型的局域网交换机结构与交换过程如图 4.36 所示,图中的交换机有 6 个端口,其中端口 1,4,5,6 分别连接了节点 A、节点 B、节点 C 与节点 D,交换机的"端口号/MAC 地址映射表"可以根据以上端口号与节点 MAC 地址建立对应关系。如果节点 A 与节点 D 要同时发送数据,那么它们可以分别在 Ethernet 帧中的目的地址字段(DA)中填上该帧的目的地址。

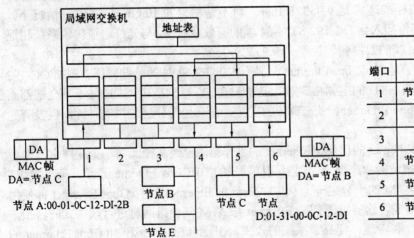

图 4.36 交换机的结构与工作过程

例如,节点 A 要向节点 C 发送帧,那么该帧目的地址 DA = 节点 C 的地址(30-61-2C-61-02-16);节点 D 要向节点 B 发送帧,那么该帧目的地址 DA = 节点 B 的地址(06-21-

0A-12-61-20)。当节点 A、节点 D 同时通过交换机传送 Ethernet 帧时,交换机的交换控制中心根据"端口号/MAC 的地址映射表"的对应关系找出对应帧目的地址的输出端口号,就可以为节点 A 到节点 C 建立从端口 1 到端口 5 的连接,同时为节点 D 到节点 B 建立端口 6 到端口 4 的连接。这种端口之间的连接可以根据需要同时建立多条,也就是说可以在多个端口之间建立多个并行连接。

如果交换机端口 4 连接了一个集线器,节点 B 与节点 E 连接在集线器上,属于同一个子网,端口 4 就是一个共享端口。如果节点 B 要向节点 E 发送数据帧,根据"端口号/MAC 地址映射表",交换机发现节点 B 与节点 E 同在一个端口,那么交换机在接收到该数据帧时,它不转发,而是丢弃该帧。交换机可以隔离本地信息,从而避免了网络上不必要的数据流动。这是交换机与集线器重要的不同之处。

如果节点 A 需要向节点 F 发送数据帧,交换机就在端口 1 检索地址映射表,结果发现节点 F 在地址映射表中并不存在。在这种情况下,为了保证数据能够到达正确的目的地,交换机将向除端口 1 之外的所有端口转发信息。当节点 F 发送应答帧或发送数据帧时,交换机就可以很方便地获得节点 F 与交换机端口的对应关系,并将得到信息存储到地址映射表中。

4.8.3 "端口号/MAC 地址映射表"的建立和维护

Ethernet 交换机是利用"端口/MAC 地址映射表"进行数据交换的,因此,该表的建立和维护十分重要。建立和维护交换机的地址映射表需要解决两个问题:一是交换机如何知道那个节点连接到哪个端口;二是当节点从交换机的一个端口转移到另一个端口时,交换机如何维护端口/MAC 地址映射表的。

交换机的"地址学习"是通过读取帧的源地址并记录帧进入交换机的端口号进行的。在得到 MAC 地址与端口的对应关系后,交换机将检查地址映射表中是否已经存在该对应关系。如果已经存在,交换机将更新该表项记录。

在每次加入或更新地址映射表的表项时,加入或更改的表项被赋予一个计时器,这使得该端口与 MAC 地址的对应关系能够存储一段时间。如果在计时器溢出之前没有再次捕获到端口与 MAC 地址对应关系,该表项将被计算机删除。通过删除过时的已经不使用的表项,交换机能够维护一个精确的有用的地址映射表。

4.8.4 交换局域网的基本结构

交换局域网的核心设备是局域网交换机,局域网交换机可以在它的多个端口之间建立多个并行连接,如图 4.37 所示。为了保护用户的投资,局域网交换机一般是针对某类局域网(例如 802.3 标准的 Ethernet 或 802.5 标准的 token ring)设计的。

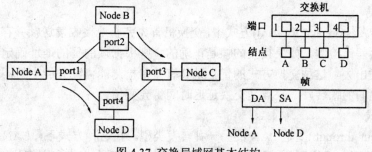

图 4.37 交换局域网基本结构

典型的交换式 LAN 是交换式以太网(Switched Ethernet)，它的核心部件是以太网交换机(Ethernet Switch)。以太网交换机可以有多个端口，每个端口可以单独与一个节点连接。交换机是一个有多个端口的共享内存的交换矩阵，其本质是网络开关部件。它从一个端口接收信息包，暂存后发往另一个端口。网络开关采用虚拟连接的概念，临时连接源、目的节点，当信息包从源节点传到目的节点后，断开该虚拟连接节点。以太网开关维护一个双向表，该表把端口与相连的 MAC 地址关联起来。在以太网交换机开关中，不同端口的数据传送并行地进行，因此以太网的总带宽是随着各端口连接的节点数而变化的，其最大带宽为

理论合成转发速率(带宽) = 端口数×端口线速/2

如果一个端口只连接一个节点，那么这个节点就可以独占 10 Mbps 的带宽(如果端口线速是 10 Mbps)，这种端口称为"专用 10 Mbps 的端口"。如果一个端口连接一个 10 Mbps 的 Ethernet，那么这个端口将被 Ethernet 中的多个节点所共享，则这类端口被称为"共享 10 Mbps 的端口"。图 4.38 给出典型的交换机 Ethernet 的结构。

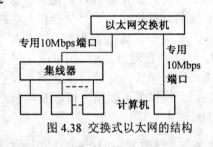

图 4.38 交换式以太网的结构

对于传统的共享介质 Ethernet 来说，当连接在集线器上的一个节点发送数据时，它将用广播方式将数据传送到集线器的每个端口。因此，共享介质 Ethernet 在每个时间片内只允许有一个节点占用公共通信信道。交换式局域网从根本上改变了"共享介质"的工作方式，它可以通过 Ethernet 交换机端口节点之间的多个并行连接，实现多节点之间数据的并行传输。因此，交换式局域网可以增加网络带宽，改善局域网的性能与服务质量。

4.8.5 交换机的帧转发模式

当以太网交换机端口接收到一个帧时，其处理方式和效率与 LAN 交换模式有关。交换以太网有三种转发模式，存储转发、直通和不分段方式，如图 4.39 所示。

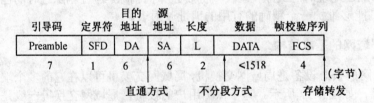

图 4.39 不同的转发模式在帧中转发位置

1. 存储转发

存储转发(store and forward)方式中，交换机首先完整地接收发送帧并存储到它的缓冲器中，进行差错检测，如果接收的帧是正确的，则根据帧的目的地址确定输出端口号，然后再转发出去。这种交换方式的优点是具有差错检测能力，并能支持不同输入输出速率的端口之间的帧转发。缺点是交换延迟时间将会变长。

2. 直通方式

直通(cut through)型是 LAN 的另一种转发类型。在这种方式下，LAN 交换机仅仅将目的地址(前缀之后的 6 个字节)存到它的缓冲器中。然后在交换表中查找该目的地址，从

而确定输出接口,并将帧发往目的端。这种直通方式减少了延迟,因为交换机读到帧的目的地址,确定了输出端口后就将帧转发。

3. 不分段方式(改进的直通方式)

不分段方式是对直通方式的一种改进形式,在这种方式下,交换机在转发之前等待 64 个字节的冲突窗口。如果一个信息包有错,一般都发生在前 64 个字节中。不分段方式较直通方式提供了较好的差错检测,而几乎没有增加延迟。不分段交换方式会检测到帧的数据域。

作为交换机的例子,是 CISCO 公司生产的 Cisco Catalyst1924 以太交换机。Catalyst1900 系列交换机具有固定的端口类型。与 Cisco5000 系列交换机不同的是:它不是模块化的。1900 交换机只对工作站提供 10 BASE-T 的端口,对上行线路提供 100 Base-T 或 100 Base-FX 的端口。每台交换机有 12 个(1912 型)或 24 个(1924 型)10 Base-T 的端口,有一个或两个快速以太网端口。100 Base-X 端口称为端口 A 和 B。如果要将这两个端口连接到另一个交换机作为上行线路,必须使用交叉线。

4.8.6 以太交换机的特点

1. 低交换延迟

局域网交换机的主要特点是它的低交换延迟。从传输延迟时间的量级来看,如果局域网交换机为几十 μs,那么网桥为几百 μs,而路由器则为几千 μs。

2. 支持不同的传输速率的工作模式

局域网交换机的端口可以设计成支持不同的传输速率。例如支持 10 Mbps 的端口、支持 100 Mbps 的端口、支持 1000 Mbps 的端口。同时端口可以设计成支持两种工作模式,即半双工与全双工模式。对于 10 Mbps 的端口带宽为 10 Mbps,而全双工端口带宽为 20 Mbps;对于 100 Mbps 的端口,半双工端口带宽为 100 Mbps,而全双工端口带宽为 200 Mbps。

典型的局域网交换机允许一部分端口支持 10 Base-T(速率为 10 Mbps),另一部分端口支持 100 Base-T(速率为 100 Mbps),交换机可以完成不同端口速率之间的转换,使得 10 Mbps 与 100 Mbps 两种网卡共存。

采用 10/100 Mbps 自动检测(autosence)技术时,交换机的端口支持 10/100 Mbps 两种速率和全双工/半双工两种工作方式。端口能自动测试出所连接的网卡的速率是 10 Mbps 还是 100 Mbps,是全双工还是半双工方式。端口能自动识别并做相应的调整,从而大大减轻了网络管理的负担。

3. 支持虚拟局域网服务

交换局域网是虚拟局域网的基础,在目前的 Ethernet 交换机基础上都可以支持虚拟局域网服务。

4.8.7 交换机与集线器、网桥和路由器比较

1. 交换机与集线器间的区别

交换机的作用是对封装的数据包进行转发,并减少冲突域,隔离广播风暴。从组网形式上看,交换机与集线器非常相似,但实际工作原理有很大不同。

从 OSI 体系结构看，集线器工作在 OSI/RM 的第一层，是一种物理层连接设备，因而它只对数据的传输做同步、放大和整形处理，不能对数据帧进行处理，不进行差错处理，不能保证数据的完整性和正确性。交换机工作在第二层，属于数据链路层的连接设备，不但可以对数据的传输进行同步、放大和整形，还提供完整性和正确性的保证。

从工作方式和带宽看，集线器是一种广播模式，一个端口发送信息，所有的端口都可以接收到，容易发生广播风暴，同时共享带宽，当两个端口通信时，其它端口只能等待。交换机是一种交换方式，一个端口发送信息，只有目的端口可以接收到，能够有效地隔离冲突域，抑制广播风暴，同时每个端口都有自己的独立带宽，两个端口间通信不影响其它端口间的通信。

2. 交换机与网桥的比较

以太网交换机(Ethernet Switch)在 OSI/RM 的第二层上运行，采用帧交换技术。它的功能与多口网桥有些相似，但又有显著的不同。网桥一般用于连接各个网段，而局域网交换机既能连接网段又能连接单机，并且多数情况下是连接单机。局域网交换机提供辨认 MAC 地址能力，将主机和它的端口相联系，在收到数据帧时能根据目的地址将其转发到相应的端口。

3. 交换机与路由器的比较

(1)交换机的主要功能是将 LAN 的碰撞域分成一些较小的碰撞域，用于满足一个组织的各部分对带宽的要求。例如，可以将 100 Mbps 的带宽分配给一些 100 Mbps、10 Mbps 的用户，但它们还属于同一广播域，一个广播域中产生的业务，仍然转发给它的各碰撞域。路由器将网络分解成多个广播域，它对数据包起过滤作用，只允许特定的数据包通过，限制了广播风暴扩散的可能性，限制了不支持协议的数据包的发送，控制网络间的数据传输流量，并限制了以未知网络为目的地的数据包的发送，可以提供防火墙服务的过滤方法。

(2)路由器是属于 OSI/RM 第三层的网络互联设备，可用于不同网络的互联。多协议路由器不仅可以实现异构网(不同类型局域网)间的互联，还可以实现局域网与广域网间的互联。总之，路由器所连接的网络的低层协议可以各不相同，但第三层必须相同，多协议路由器可以实现网络层协议转换，它通过支持多种协议数据的转发，实现异种网互联。一般来说，异种网络互联和多个子网互联都应采用路由器来完成。因此路由器比交换机需要更多的信息。而交换机的转发策略只按每一帧中 MAC 地址，相对简单地解决转发目的地，不考虑数据帧包含的信息。

(3)交换机仅支持广播型拓扑结构，不支持环路拓扑结构，路由器可以支持复杂网络拓扑结构。

(4)路由器是一种具有一定智能的通用设备，它具有智能化的分组转发功能，可以选择最优路径转发分组，也可以限制路由选择信息的传播。借此可以进行分组滤波，提供网络安全。交换机则是一种专用设备，它所连接的各碰撞域属于同一广播域，主要功能是提供附加带宽，能进行带宽的分配。

(5)从过滤网络流量的角度看，路由器的作用与交换机非常相似。但是交换机是在物理层把网络划分为网段，而路由器使用专门的软件协议从逻辑上对整个网络划分为多个子网段，只有指向特殊 IP 协议的网络流量才可以通过该路由器。对于每一个接收到的数据包，路由器都会重新计算其校验值，并写入新的物理地址。因此，使用路由器转发和过滤数据的速度往往要比查看数据包物理地址的交换机慢。但是对于结构复杂的网络，有时必须使用路由器，而且路由器可以提高网络的整体效率。

应当说明的是，目前交换技术同路由技术正在相互融合，形成交换式路由器和路由式交换机。

4.8.8 以太网的组网方案

1. 共享式以太网

传统的局域网是建立在"共享介质"的基础上，即网上所有站点共享一条公共传输通道，各站对公共信道的访问由介质访问控制协议(MAC)来处理。采用 CSMA/CD 介质存取控制的以太网是典型的共享式局域网，如图 4.40 所示。

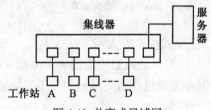

图 4.40 共享式局域网

在图 4.40 中，该以太网有一个服务器、四个工作站，数据的传输速率为 10 Mbps，由于是共享传输介质，那么同一时间只能有一个站点传送信息，即所有工作站和服务器抢占同一带宽，在任一个给定的时刻只能有一个工作站占用带宽。如果有好几个工作站都需要传送，则 MAC 协议来解决这一冲突；只能让一个站点获取访问权限，而其它站点只能等待。从这个意义上讲，图中每个站点实际只有 10 Mbps/4 = 2.5 Mbps 的带宽。在负载较重的情况下，由于带宽的限制网络的性能急剧下降。

一个解决带宽的常用方法是增加额外的集线器和服务器连接，将现有的网络分段，如图 4.41 所示。图中有两个独立的碰撞域(工作站 A、B 在一个域中，C、D 在另一个域中)。

这样就可以有两路信息与服务器交换，工作站得到了更多的访问服务器的带宽。但在这个方案中，要求服务器中

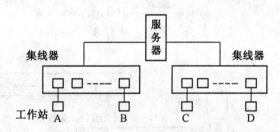

图 4.41 带双网卡服务器的共享式以太网

插入两个网卡，同时把有较多通信关系的站点放在一个域中。在图中由于有两条 10 Mbps 的链路连接到服务器，因此图中的整体网络带宽是 20 Mbps。但当 A 与 C 站通信时，则整体带宽只有 10 Mbps。

2. 交换式以太网

交换式以太网的关键设备是交换器，交换器为每个端口提供专用带宽，网络总带宽是各端口带宽之和。如具有 8 个端口的交换器可提供 80 Mbps 的带宽，如图 4.42 所示。

实际上并不是所有的站点都需要专用带宽。只有少数实时性要求比较高的站点和服务器才需要专用带宽。一般站点往往通过集线器共享一个端口的带宽，这是目前常见的以太网布

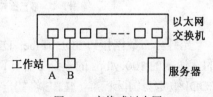

图 4.42 交换式以太网

局,如图 4.43 所示。图中 A 组和 B 组站点各共享 10 Mbps 带宽,而 C 站和服务器则分别独占 10 Mbps 的带宽。这样根据应用的具体情况设计网络的拓扑结构,既提高了网络性能,又降低了组网费用。

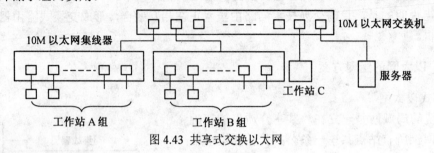

图 4.43 共享式交换以太网

3. 交换式快速以太网

随着局域网数量的增加,10 Mbps 的交换机带宽已不够用,要选择 100 Mbps 或 1000 Mbps 交换机作为局域网的主干交换机。图 4.44 是目前用户在组建较大型网络时经常采用的一种布局。

要把 10Mbps 的交换机连接到 100 Mbps 的交换机上,要求 10 Mbps 的交换机必须有一个高速端口。在组建网络时,一般设立工作组服务器,把一个部门功能相似的用户组成一个工作组,工作组之间及主服务器通过快速交换机连接。

在图 4.44 中,10 Mbps 的交换机为连接到它上面的每个工作站提供 10Mbps 的专用带宽,它有一个 100 Mbps 的高速端口,通过该端口连接到 100 Mbps 交换机上,图中还有一个 100 Mbps 的共享式以太网段,它通过 100 Mbps 的集线器连接 100 Mbps 工作站,连接集线器上所有设备共享 100 Mbps 带宽。

从理论上讲该网络总共有 800 Mbps 的传输带宽。

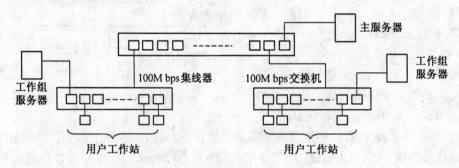

图 4.44 快速交换以太网

4.9 光纤分布数据接口 FDDI

光纤分布数据接口 FDDI(Fiber Distributed Data Interface)是以光纤传输介质的、高速的、通用的 100 Mbps 的光纤令牌环网。它能用在高速局域网(HSLN)和城域网(MAN)中。FDDI 被定为国际标准。IEEE 将其定义为 IEEE 802.8(光纤传输)标准。FDDI 包括物理层和数据链路层标准,它规定了光纤媒体、光发送器和接收器、信号传送速率和编码、媒体接入协议、帧格式、分布式管理协议和允许使用的网络拓扑结构等规范。

4.9.1 FDDI 的特征

FDDI 是由美国 ANSI 制定的网络标准，是一种开放的网络结构，具有如下的主要特征：

(1)协议特征：FDDI 使用类似于 802.5 令牌环标准的令牌传送媒体访问控制(MAC)协议，但两者不尽相同。

(2)FDDI 网特征：FDDI 网是一个使用光纤为传输媒体的、高速的、通用的令牌环形网。其运行速率为 100 Mbps，最大距离为 200 km。最多连接站数为 1000 个，站点最大距离 2 km，网络结构是具有容错能力的双环拓扑。

(3)传输特征：FDDI 具有动态分配带宽的能力，带宽为 100 Mbps，能同时提供同步和异步的数据服务。

(4)应用环境特征：在 FDDI 标准中描述了四种应用环境：

①数据中心环境。该环境的基本要求是可靠、高速和容错，相邻站点之间的光纤长度不超过 400 m，环的总长度不超过 20 km。所以，这种环境下构成的网络站点数比较少，一般不超过 50 个，并且大部分是主机或高速外设，站点的连接通常采用双连接方式。

②建筑物环境。在该环境中典型的站点是经过集中器和 FDDI 网络相连的小型计算机、通信集中器、PC 机或外设等。所以网中大量是非容错的、单连接站点和采用星形拓扑连接的站点。

③校园网环境或主干网环境。该环境中 FDDI 可作为建筑物环境、数据中心环境的网络，以及一些其它低速网络之间的主干网。由于站点是分布在多个建筑物中的，所以会遇到点对点链路长于 2 km 连接的情况。

④多校园环境。该环境中 FDDI 是将一群一群地分布在不同网中的站点连接起来，各校园网环境的距离可以相距非常远。

⑤连接特征。FDDI 非常广泛使用的一种方法是作为连接同轴电缆的局域网主干线，如图 4.45 所示。

⑥媒体特征。FDDI 采用多模光纤，光源是采用光发射二极管 LED(light emitting diode)而不是激光。这是因为 FDDI 有可能直接连接到用户工作站点，以 100 Mbps 传输，LED 发出的光弱，不致伤害人的眼睛。

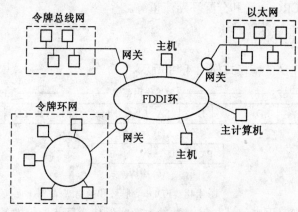

图 4.45 FDDI 作为连接局域网的主干网

4.9.2 FDDI 的协议结构

FDDI 的协议都是在物理层和数据链层,它由多个子层组成如图 4.46、图 4.47 所示。

以太网	令牌环网	FDDI		OSI 高层
LLC 子层				数据链路层
MAC	MAC	MAC	SMT	
物理层	物理层	PHY		物理层
		PMD		

图 4.46 FDDI 与以太网、令牌环网、OSI 结构对比图

1. 物理层

FDDI 在物理层中定义了两个子层:物理媒体相关子层 PMD(physical layer medium dependent)和物理层协议子层 PHY(physical layer medium)。PHY 定义的是物理层媒体检测控制部分,包括数据传输的编码和译码及时钟同步,相邻节点连接完整性和其它方面的内容。PMD 主要是媒体连接的物理定义,直接与传输媒体相关。PMD 子层有两项可供选择,即使用多

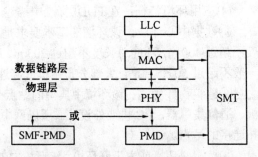

图 4.47 FDDI 协议结构逻辑图

模光纤作为传输媒体的 PMD 和使用单模光纤的 SMF-PMD。PMD 子层定义了连接在媒体上的所有硬件和设备的规范,主要包括光纤的物理层特征、损耗、带宽和色散等。另外还包括光纤连接器、光旁路开关、光收发器等设备的规范要求。

低层站管理 SMT(station management)对 FDDI 每一个协议层的正确执行进行管理,低层管理使 FDDI 网络具有低层的网络自管理能力,这是其它局域网所没有的。例如,对工作站的初始化、激活监视和管理。

2. MAC 层

MAC 子层定义了访问媒体的方式,包括构造传输帧和令牌、令牌处理(定时、令牌环协议)、寻址、CRC 校验和分配环路流量等。

4.9.3 FDDI 帧格式

FDDI 标准的 MAC 帧格式如图 4.48 所示。

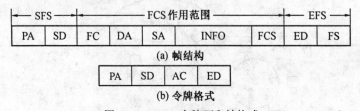

图 4.48 FDDI 令牌环和帧格式

- 前导码(PA):用来使帧与每一站的本地时钟建立同步。帧的始发站采用 16 个空闲符号(64 位)的字段作为前导码。后继的转发站可以改变字段的长度,以与时钟要求相一

致。空闲符号为不代表数据的填充用码型。非数据符号的实际形式决定于媒体上的信号编码。

• 帧首定界符(SD)：它表示一个帧的开始，而且总是以与数据相区别的信号码型来组成，它的编码为 JK，其中 J 与 K 均为非数据符号。

• 帧控制(FC)：它的比特格式为 CLFFZZZZ，其中 C 指帧的类型，L 指采用 16 位地址或 48 位地址。FF 指该帧是一个 LLC 帧或 MAC 控制帧。在 MAC 控制帧中，余下的 Z 位指 MAC 帧的格式。

• 目的地址(DA)：规定了该帧企图发往的站，它可以是一个唯一的物理地址(单个站)，也可以是一个组地址(一组站)，或是一个广播地址(局域网上所有的站)。环上可以混合包含 16 位地址与 48 位地址。

• 源地址(SA)：规定了发送该帧的站。

• 信息：包含 LLC 数据或与控制操作有关的信息。

• 帧校验序列(FCS)：是一个 32 位的循环冗余校验序列，它的生成是基于 FC、DA、SA 与信息段。

• 帧尾定界符(ED)：包括指明帧结束(FS 字段除外)的一些非数据符号。对于令牌，这一定界符的长度为 8 位(2 个非数据 T 符号)，其它帧则为 4 位(1 个 T 符号)。这种差异是为了使帧能够有整数个 8 位位组。

• 帧状态(FS)：包括检测到差错(E)，地址被识别(A)，帧已被复制(C)等指示，每种指示由一个符号来表示，其中 R 表示"断"，S 表示"通"。FS 字段还可以附加控制指示符。

4.9.4 FDDI 网络的构成

由于 FDDI 有统一的标准，因而各厂家的 FDDI 产品可以互联，甚至互相替代。这就是开放型标准化给 FDDI 带来的好处。

1. FDDI 硬件

FDDI 硬件有多种，如 FDDI 网卡、网桥、集中器和路由器等，但专门用于 FDDI 的设备主要有如下两类：

(1)FDDI 的工作站与服务器连接元件，即 FDDI 网卡。

(2)FDDI 集中器。

2. FDDI 站类型

FDDI 定义两种类型的站：A 类站和 B 类站。A 类站与两个光纤环连接，称双连站 DAS，B 类站只与两个光纤环中的一个连接，称单连站 SAS。设置 A 类站和 B 类站是根据其容错的需要程度而定的。DAS 和 SAS 的连接如图 4.49 所示。

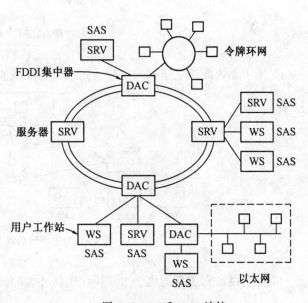

图 4.49 DAS 和 SAS 连接

3. FDDI 组网结构

FDDI 信道由两根光纤环组成,一根顺时针方向传输,一根反时针方向传输。其中,一个环路叫做主环;而另一个环路叫次环。如果两个环路有一根光纤断了,另一根光纤便可以作为后备使用。如果两根光纤在同一点都断了,这两个环可以结合在一起成为一个环。每个站中的物理层具有把两个环结合起来,或者把出问题的站删除的功能。

4. 构造 FDDI 网

构造 FDDI 网,从物理上看其组网方式比较简单,只有一种结构——环形结构,但从逻辑上它可构造成多种多样的 FDDI 网。

(1)环形组网:环形组网适用于可靠、高速的网络,如图 4.50 所示。

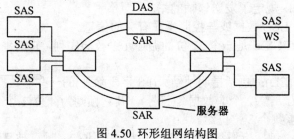

图 4.50 环形组网结构图

(2)树形组网:树形组网适用于多工作站群组的高速网络,如图 4.51 所示。

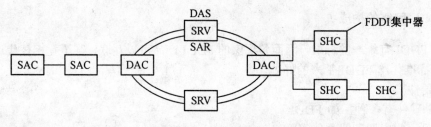

图 4.51 树形组网结构图

(3)集中器内高速主干网:主要适用于较小环境的高速网络,如图 4.52 所示。

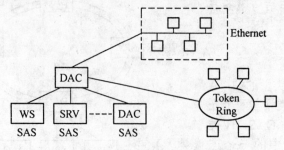

图 4.52 集中器内高速主干网

(4)主干网:它主要适用于大规模、远程环境的高速的网络应用。如图 4.53 所示。

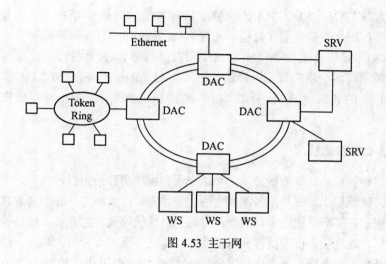

图 4.53 主干网

4.10 无线局域网 WLAN

4.10.1 无线局域网的概念

无线局域网(wireless local area network,WLAN)出现于 1990 年，它是指以无线信道做传输媒体的计算机局域网。无线局域网采用与有线网络同样的工作方式，PC、服务器、网络操作系统、无线网卡将访问站点连接起来。

计算机无线联网与计算机无线通信不是一个概念，其功能和实现技术有相当大的差异，后者指要求两台计算机之间能传输数据即可，而计算机无线联网则进一步要求以无线方式相连的计算机之间资源共享，具有有线网络系统所支持的各种功能。

计算机无线联网常见的形式是把一个计算机站点以无线的方式连入一个计算机网络中，作为网络中的一个节点，使之具有网上工作站同样的功能，它能将网络服务中的所有的服务或者数个(有线的无线的)局域网连成一个区域网。无线入网的计算机具有可移动性(在一定的区域内移动而又随时与网络系统保持联系)。

应该说，计算机无线联网方式是有线联网方式的一种补充，它是在有线网的基础上发展起来的，能快速、方便地解决以有线方式不易实现的网络信道联通问题。

无线联网要解决的两个问题：

(1)通信信道的实现与性能：为此要求工作稳定，数据传输速率高(大于 1Mbps)，抗干扰，误码率低，频道利用率高，具有保密性，收发的单一性，可以进行有效的数据提取。

(2)提供像有线网络系统那样的网络服务功能：要求现有的网络系统应能在其中运行，即要兼容有线网络的软件，使用户可以透明地操作而无需考虑网络环境。

4.10.2 无线网络规范

无线 LAN 标准是由 IEEE 802.11 工作组于 1998 年制定的，LAN 参考模型由物理层、逻辑链路层(LLC)和媒体访问控制层(MAC)构成。

无线 LAN 执行 MAC 协议采用 CSMA/CA 技术，但其与有线 LAN 中的 CSMA/CA

协议不同。无线 LAN 中的 CSMA/CA 必须得到接收端的一个明确的应答信号，才认为发送成功，而不在乎是否接受到了冲突。无线 LAN 在物理层有三种不同的技术规范：红外线 LAN(ILAN)、跳频射频 LAN(FHSSLAN)和直接射频 LAN(DSSLAN)。

无线局域网有两个新的规范，峰值传输率为 11 Mbps 的 IEEE 802.11b 标准及峰值传输率为 54 Mbps 的 IEEE 802.11a 标准。IEEE 802.11a 是利用 5.2 GHz 频带提升数据传输速率的。

4.10.3 无线 LAN 传输技术

(1)红外线传输技术：红外线技术的频谱介于电磁频谱和最短微波之间。其最典型的频率在 1000 GHz 或以上。红外线技术具有两种传输方式：直线方式和散射方式。前一种方式是将光波集中在某窄条通道中，后一种方式是以球状模式发射光柱。红外线技术的主要优点是成本低、速度快、抗干扰性和保密性好，并且不受频率管制的限制。但红外线技术的主要问题是传输距离短，并且任何障碍物(如墙壁)都可以阻止信号到达接收站。

(2)扩展频谱通信技术：无线 LAN 传输技术中的扩频技术主要有两种：跳频广谱(FHSS)和直序广谱(DSSS)。此两种扩频技术在无线电波上的操作采用电磁频谱中的 ISM(Industrial Scientific Medical)频带。ISM 频段由 902～928 MHz 和 2.4～2.48 GHz 组成。FHSS 产品安全性强，而 DSSS 安全性稍差。

4.10.4 无线局域网的结构

连接在无线局域网中的设备通常称为站，按照移动性把站分为三类：
- 固定站：如台式计算机和其它有线局域网中的设备。
- 半移动站：经常改变使用场所的站，一般在移动状态下不需要保持与网络通信。
- 移动站：在移动中也需要与网络通信的站，如车载计算机等。

无线局域网可以在普通局域网的基础上通过无线的 HUB、无线接入站(AP)、无线网桥、无线 MODEM 以及无线网卡等实现，形成不同的网络结构。下面介绍几种结构形式。

(1)HUB 接入型：采用无线 HUB 可以组建星形 WLAN，并可以在此基础上组建类似于交换以太网工作方式的 WLAN。

(2)基站接入型：这是一种采用移动蜂窝式通信网接入方式组建 WLAN 的方式，这时，各站点之间是通过基站接入来交换数据、互相连接。利用这种方式可以实现各移动站通过交换中心的自组网，还可以通过广域网远地站点组建自己的工作网络。

(3)网桥接入型：网桥接入型可用于实现不同局域网之间的连接，它不仅提供了两个局域网之间的物理层与数据链路层的连接，还为用户提供了较高层的路由和协议转换。

(4)无中心接入型：无中心结构允许网中的任意两个站点间直接通信，是一种分布式对等结构方式。

4.10.5 IEEE 802.11 协议

如图 4.54 所示，IEEE 802.11 规定 WLAN 的最小构件是基本服务集 BSS(basic service set)，在一个 BSS 内，所有的结构运行同样的 MAC 协议并且以争用的方式共享介质。一个 BSS 可以是独立的系统，也可以通过接入点(access pointer)连接到主干网上，与其它

BSS 连接或与有线网络连接，组成扩展的服务集 ESS(extended service set)。

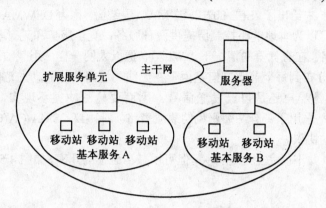

图 4.54　IEEE 802.11 结构

WLAN 协议是 IEEE 802 模型的一个子集，它的标准化也主要表现在 LLC 以下的 MAC 和物理层。这两层标准由 IEEE 802.11 定义。

1. 物理层

IEEE 802.11 协议定义了 WLAN 所使用的无线频段以及调制方式，并进一步分为 802.11、802.11a 和 802.11b 三种类型。

- IEEE 802.11 使用 2.4 GHz 频带，传送速率为 1 Mbps
- IEEE 802.11b 使用 2.4 GHz 频带，标准传输速率为 11 Mbps，实际为 7~8 Mbps。
- IEEE 802.11a 使用 5 GHz 频带，标准传输速率为 54 Mbps。

2.4 GHz 频带是一个容易受微波炉、无线电话和其它无线设备干扰的频带，5 GHz 频带是一个干扰较小的频带。下面说明 WLAN 三种主要物理层实现方法。

(1)跳频扩频(FHSS):跳频扩频使用 2.4 GHz 的 ISM 频带，共有 79 个信息频道可供跳频使用，第一个频道的中心频率为 2.402 GHz，以后每隔 1 MHz 为一个信道，视不同的频移键空技术，基本接入速率为 1 Mbps 或 2 Mbps。

(2)直接序列扩频(DSSS):直接序列扩频使用 2.4 GHz 的 ISM 频带，接入速率为 1 Mbps 或 2 Mbps。

(3)红外线(IR):红外方式使用波长是 850~950mm 的红外线传送数据，速率为 1~2 Mbps。

2. MAC 层

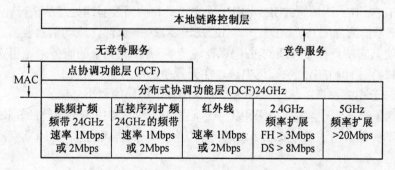

图 4.55 IEEE802.11 协议结构

从本质上看，IEEE 802.11 的 MAC 层协议与有线局域网的 MAC 协议并无本质上的区别。在图 4.55 中给出了 IEEE 802.11 的 MAC 层结构，称为 DFWMAC(分布式基础无线网 MAC)。它可以为本地链路控制层提供两种服务：竞争服务和无竞争服务。

(1)竞争服务：在有竞争的情况下，WLAN 像以太网一样，用载波侦听的方法将访问的介质的决定分布到每个节点，但是由于在无线局域网信号的动态范围很广，发送站难于有效地识别是噪声还是自己发送信号，因而要检测冲突不现实，无法沿用原有的 CSMA/CD，而是采用了带有冲突避免的载波多路侦听协议 CSMA/CA(Collision Avoidance) 作为 MAC 层的协议。

CSMA/CD 并不能完全避免冲突，但可以减少碰撞的几率，如图 4.56 所示，CSMA/CA 的访问规则如下。

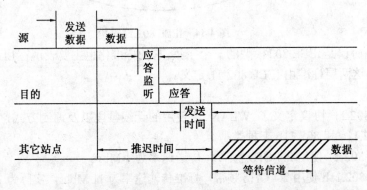

图 4.56 发送站点使用 IFS 的 CSMA 访问规则

- 任何一个站点在发送数据之前，要先监听载波，确认信道空闲时，发送探寻帧，仅当信道空闲一个 IFS(帧间隙)的间隙时间后，才发送数据。
- 如果介质忙(包括侦听中发现忙，在 IFS 时间内发现忙)，站点要推迟一个随机的时间后重新尝试。
- 一旦当前的数据发送完毕，站点要再延迟一个 IFS 时间；如果在这段时间内介质仍然忙，站点就使用二进制的退避算法并继续监听介质，直到介质空闲。
- 接收段在收到数据后，等信道空闲一个 IFS 时间后才发出回答帧，否则推迟随机时间后重新尝试。

分布式基础无线网 MAC 算法 DFWMAC 是一种分布式访问控制机制，由 MAC 的分布式协调功能层 DCF 实现优先级机制，DCF 使用了三种不同长度的 IFS。

- SISF(短 IFS)：最短的 IFS，用于优先级最高的需要立即处理的情况。如发送确认(ACK)帧，发前清除(CTS，先发一个小的发送要求——RTF，成功后接收方立即用 CTS 响应，迫使其它站点推迟介质的占用)以及轮流响应(在无竞争的服务中使用)等。
- PIFS(点协调 IFS)：中等优先级，在无竞争的服务中使用
- DIF(分布式协调)：最长的 IFS，用异步竞争访问的最小延迟。

(2)无竞争服务：无竞争服务采用集中访问控制，包括集中轮询主管的轮询，有一个中央的决策者协调访问请求，实现可以选择的访问——点协调功能 PCF。这种机制适合于下列情形：

- 几个互联的 WLAN

- 一个与优先主干网相连的基站
- 实时性强的站点
- 高优先级的站点

PCF 和 DCF 的顶部实现，他在发出轮询时使用 PFS，将所有异步帧都排除在外，并使优先级高的站点可以先发送。

4.10.6 无线局域网的构建

1. 802.11b 的基本运作模式

802.11b 运作模式基本分为两种：点对点模式和基本模式。点对点模式是指无线网卡与无线网卡之间的直接通信方式。只要 PC 插上无线网卡即可与另一台具有无线网卡的 PC 连接，对于小型的无线网络来说，这是一种方便的连接方式，最多可连接 256 台 PC。

基本模式是指无线网络规模扩充或无线和有线网络并存的通信方式，这是 802.11b 最常见的方式。此时，插上无线网卡的 PC 需要有接入点与另一台 PC 连接。接入点负责频带管理及漫游等指挥工作，一个接入点最多可连接 1024 台 PC(无线网卡)。无线网络节点扩增时，网络存取有线网的资源和服务器时，接入点可以作为无线网和有线网之间的桥梁。

2. 802.11b 的典型解决方案

802.11b 无线局域网由于其便利性和可伸缩性，特别适用于小型的办公环境和家庭网络，在室内环境中，针对不同的实际情况可以有不同的典型解决方案。

(1)对等解决方案：对等解决方案是一种最简单的应用方案，只要给每台电脑安装一块块无线网卡，即可互相访问。如果需要与有线网络连接，可以在其中一台电脑上安装一块有线网卡，无线网中其余的电脑则利用这台电脑作为网桥，访问有线网络或共享打印机设备。

(2)单接入点接入方案：接入点相当于有线网络中的集线器，无限接入点可以连接周边的无线站点，形成星形网络结构，同时通过 10base-T 端口与有线网络连接，使整个无线网的终端都能访问有线网络的资源，如图 4.57 所示。

单点接入方案一般用于不易接线的区域，或为接线费用较高的区域提供网络服务，也可以用于灵活的工作组、网络化的会议室等场合。部门范围的网络移动、漫游功能是企业可以建立易于使用的无线网络，可覆盖所有部门。802.11b 允许使用任何现有的有线网络是运行哪个应用程序或网络服务。

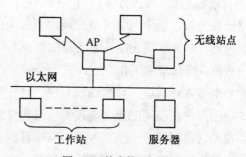

图 4.57 单点接入无线局域网

(3)多接入点的解决方案：当网络规模较大，超过了单个接入点的覆盖半径时，可采用多个接入点分别与有线网络连接，从而形成以有线网络为主干的多接入点的无线网络，所有的无线站点可以通过就近的插入点接入网络，访问整个网络的资源，从而突破无线网覆盖半径限制，如图 4.58 所示。

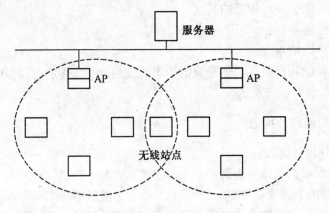

图4.58 多点接入无线局域网

(4) 无线中继解决方案：无线接入设备还有另一种用途，即充当有线网络的中继器或网桥。比如在公司的两个部门内，每个部门都有一个以太网，而部门之间由于距离很远，使得网络布线成本很高，或者由于周边环境比较恶劣，无法进行布线。部门内站点的分布范围又超出单个接入点的覆盖半径，这时可以采用两个接入点实现无线中继，以扩大无线网络的覆盖范围，如图4.59所示。无线中继是如果两个接入点的天线相互可视，则两者间的距离可达到几公里甚至几十公里。

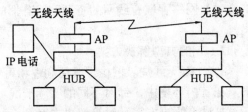

图4.59 用无线局域网作为以太网的中继

(5) 无线冗余解决方案：对于网络可靠性较高的应用环境，比如金融、证券等，接入点一旦失效，整个无线网络瘫痪，将带来很大损失。因此，可以将两个接入点放置在同一位置，从而实现无线冗余备份的方案。

(6) 多蜂窝漫游工作方式：在一个楼中或者在很大的平面里部署无线网络时，可以布置多个接入点构成一套微蜂窝系统，这与移动电话的蜂窝系统十分相似。微蜂窝系统允许一个用户在不同的接入点覆盖区域内任意漫游。随着位置的变换，信号会由一个接入点自动切换到另外一个接入点，整个漫游过程对用户是透明的。虽然提供连接服务的接入点发生了切换，但对用户的服务却不会被中断。

4.10.7 无线局域网设备

目前，国际上已有多家厂商生产符合802.11b标准的产品，比较有名的有3com，朗讯(lucent)、APPLE 和 CISCO 等公司。本节介绍 LUCENT 公司的无线局域网设备：WARALAN PC 网卡、WARA POINT-II 无线网桥、WARALAN/EC 无线外接单元。

1. 无线网卡

WARA LAN PC 网卡遵循 802.11 标准，具有高可靠性和强抗干扰的能力。增强型的 WARALAN 卡提供了4种传输速率选择：

- 高速模式
- 中速模式
- 标准模式
- 标准低速模式

高速模式的有效吞吐量是标准模式的 3 倍多，标准模式和标准低速模式对应于普通型的 2MbpsWARALAN/IEEE 提供的两种吞吐量。WARALAN 网卡适用于为两个或多个局域网提供高速的连接，适宜在会议室、教室和办公室这样的覆盖范围内联网，也可以在大范围开放的空间，诸如超市、仓库和工厂等场所无线联网。WARA LAN 网卡的覆盖范围及相关技术指标如表 4.6 所示。

表 4.6 WARALAN 网卡的技术指标

覆盖距离	高速	中速	标准	标准低速
开放办公室	125m	200m	400m	550m
半开放办公室	40m	50m	90m	115m
接收灵敏度	-84dBm	-87dBm	-91dBm	-94dBm
扩展延迟	55ns	150ns	400ns	500ns

网卡还可以外接附加的外部天线，允许网络覆盖范围更大。为了及时提供有关通信质量的信息，无线网卡提供的软件包中有贝尔实验室的 WARA MANAGER/CLIENT 站点检测工具。这是一套可在 Windows 中操作的软件，能非常迅速、准确地将链路调至最佳状态。

WARA LAN 无线网卡具有标准 PCMCIA 插槽以及一个外接天线接口，可直接插入便携电脑的标准 PCMCIA 插槽，也可通过 ISA 的转换卡连接台式机。当同 WARA POINT 网桥配合时，可实现无线的接入和点对点连接。PCMCIA 无线网卡输出功率 3 mW，当不外接天线时，可支持 500 m 传输距离，当通过转接线外接不同增益天线时，支持远达 50 km 的传输。

2. 无线网桥/无线 HUB 设备

WARA POINT-II 是连接天线网络和以太网的无线网桥，符合 IEEE 802.1D 透明网桥标准，WARA POINT-II 扩展了有线以太网的范围，为移动终端用户及难以布线的地区提供了方便的组网方式，WARA POINT-II 具有以下的特点。

- 加倍的网络容量，同时可以使用两个 PCMCIA 网卡，且采用各自的频率。
- 可以建立无线的主干网，在大型仓库及零售商店的开放型区域里，可将 WARA POINT-II 进行参数的设置、集中管理、控制和远程监控。
- 符合简单网管协议 SNMP WARA MANAGER/ACCESS POINT 软件可以方便地对 WARA POINT-II 进行参数的设置、集中管理、控制和远程监控。

WARA LAN 通过用户授权控制对无线网络的访问，从而实现安全控制。

WARA POINT-II 的有线界面符合 IEEE802.3 标准，可直接连接 10 Base-T、10 Base-2 以太网；无线界面是 WARA LAN 双 PCMCIA 插口，可连接高增益定向无线天线，扩展传输距离，面板上有 4 个 LED 分别显示 WARA LAN 无线网状态、以太网状态和电源。

3. 无线外接设备

无线外接单元 WARA LAN/EC(-S)可以将外部接口为以太网或 RS-232 串口的设备接入无线局域网，支持标准(2 Mbps)和超高速(达到 10 Mbps 以太网有效速率)两种规格。这样以太网或串口为外部接口的设备，都可以非常方便地无线连接到骨干无线局域网上。

无线外接单元主要应用在以下方面:
- 零售业,诸如 POS 终端和条码扫描仪等设备。
- 办公用,诸如打印机、复印机、UNIX 机器或其它非标准操作系统的系统平台。
- 工业,诸如数据采集设备。

WARA LAN/EC(-S)能自动配置,以自适应所连接的以太网设备和检测到的无线网,每个产品自带的工具软件 WARA MANAGER/EC 使得设置 WARA LAN/EC(-S)的参数非常容易,对 RS-232 接口的客户端,利用 WARA MANAGER/EC,经由 RS-232 接口,设置过程也是非常简单的。

WARA LAN/EC(-S)的有线界面符合 IEEE 802.3 标准,可直接连接 10 Base-T,同时支持 RS-232 接口,无线界面是 WARA LAN PCMCIA 插口,面板上有 4 个 LED 分别显示 WARA LAN 无线网、以太网 RS-232 和电源状态。

4.10.8 无线局域网应用

无线局域网的应用主要表现在以下三个方面:

(1)有线 LAN 的延伸。利用无线适配器与远程用户连接,访问远程用户,以实现有线 LAN 的延伸。其基本结构如图 4.60 所示。

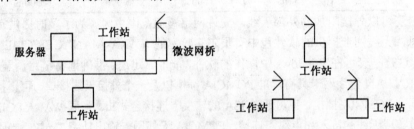

图 4.60 无线适配器与远程用户连接

(2)有线 LAN 之间通过无线网桥互连。利用无线网桥将两个有线 LAN 连接起来,实现有线 LAN 的互联,如图 4.64 所示。

图 4.64 有线 LAN 之间通过无线网桥互联

(3)独立无线 LAN,如图 4.65 所示。

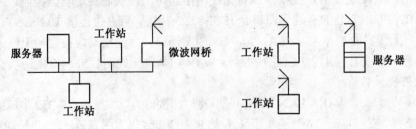

图 4.65 独立无线 LAN

4.11 虚拟局域网

虚拟局域网(virtual local area network，VLAN)或虚拟网是一项在20世纪90年代中期兴起并发展起来的网络技术，其核心思想是通过交换机在网络的物理拓扑结构的基础上，建立一个逻辑网络。这个逻辑网络中的工作站和服务器可以不受地理位置的限制，但同样具有物理局域网的功能和特点。

4.11.1 虚拟局域网概述

交换机在以太网中的使用解决了集线器所不能解决的冲突域的问题，但是交换技术并没有效地抑制广播帧。即当站点向交换机的某个端口发送广播帧后，交换机将把收到的广播帧转发所有的与其它端口相连的网络上，造成网络上通信量的剧增。

对于虚拟局域网，由一个站点发送的广播信息帧只能发送到具有相同虚拟局域网号的其它站点，而其它虚拟局域网的站点则接收不到该广播域，减少了网络上不必要的广播通信。采用具有 VLAN 技术的交换机进行局域网的组建是一种目前比较流行的组网形式。

虚拟局域网是数据链路层技术，建立在交换网络的基础上，交换设备包括以太网交换机、ATM 交换机、宽带路由器等。

虚拟局域网可以按功能、工作组或应用等为基础对局域网加以逻辑划分，而不是以实体或地理位置为基础进行划分。例如，某个特定工作组所使用的工作站和服务器可连接到同一个 VLAN，不管这些工作站和服务器在物理上是如何连接的，与它们的物理位置分布无关。即是说，VLAN 是把一组工作站和服务器分配在一个单个的广播域，在该广播域上的广播信息能到达同一 VLAN 的其它站点，这也是 VLAN 与传统的 LAN 之间的区别，如图 4.66 所示。

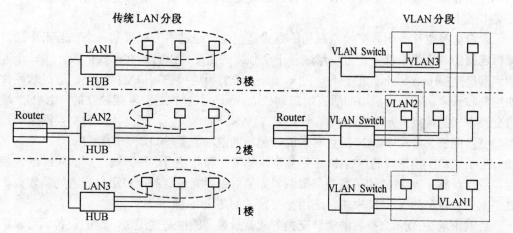

图 4.66 传统 LAN 分段与 VLAN 分段的比较

虽然虚拟局域网技术出现时间不长，但他却改变传统网络的结构，为计算机网络的不断发展创造了新的条件，也为新的网络应用的推出提供了可能。归纳起来，虚拟局域网技术有以下几方面的优点：

(1)隔离网络广播风暴：在局域网中，大量的广播信息将带来网络带宽的消耗和网络延迟，导致网络传输效率的下降。通过划分 VLAN 可以把广播信息限制在 VLAN 的范围内。这样就可以把一个大型局域网划分成几个小的 VLAN，把广播信息限制在各个 VLAN 内部，从而大大减少了网络中的广播信息，消除了因广播信息泛滥而造成的网络拥塞，提高了网络性能。

(2)增强了网络的安全性：在传统的局域网中，任何一台计算机都可以截取同一局域网中其它计算机间传输的数据包，存在着一定的安全漏洞。由于必须通过路由器来转发 VLAN 之间的数据，VLAN 就相当于一个独立的局域网，安全性可以得到很大程度的提高。此外，还可以在路由器上进行适当的设置，对 VLAN 之间互相访问进行一定的安全控制。因此，VLAN 技术可以用于防止大部分网络监听为手段的入侵。

(3)简化网络管理和维护：VLAN 中的工作站和服务器可以不受地理位置的限制，这给网络管理和维护带来了很大的方便。在网络组建时，就不必把一些相关的工作站和服务器集中在一起，而可以分散在各个部门，各个大楼，只要将它们划分到一个 VLAN 中就可以实现相互间方便的访问。如一个大学的各级教务部门的计算机全部划分在一个 VLAN 中，当网络组建好后，网络设备经常会因某种原因在一个建筑物内或校园内移动，在传统结构的局域网中，需要做很多的工作，如修改路由器的位置，更改网络设备的 IP 地址，甚至要增加电缆，特别是 IP 地址的更改带来很大的麻烦。而采用 VLAN 技术后，一切工作就简化了，主要对交换机中的 VLAN 设置进行修改或更新划分就可以了。

(4)提高网络性能：将同一工作性质的用户集中在一个 VLAN 中，可以减少跨 VLAN 的数据流量。由于跨 VLAN 的数据通过路由器，所以减少跨 VLAN 的数据流量就可以减少路由器的工作负担，而且有交换机传输数据将比路由器传输数据具有更短的延迟时间，从而提高网络的性能。

4.11.2 虚拟局域网的交换方式

建立虚拟局域网的交换技术一般包括端口交换、帧交换和信元交换三种方式。

1. 端口交换

端口交换也称为配置交换，最初的方式是把端口经过手工配置到一个或若干个通过背板连接的共享集线器中，可以形成若干个独立的由端口组合的共享媒体段，每一个连接到端口交换(port switch)的设备，在一个或几个背板连接的端口交换机上，通过软硬件的控制和管理，把交换机上的所有端口划分成若干个共享式的、互相独立的 VLAN。端口交换方式的特点一是端口用户成小规模 VLAN，非常灵活，二是在全局交换网络中，端口交换能够为全局 VLAN 提供有效的、灵活的前端配置端口组合的功能。

由于端口交换形成的 VLAN 还是共享媒体段，因此使用这种方式形成的 VLAN，使端口用户及整个 VLAN 的带宽受到限制。如果对需要高带宽的端口用户或者规模较大、对带宽要求较高的 VLAN 来说，选用全交换的网络设备是必须的。

目前市场 3COM 交换机的端口交换方式是最典型的也是使用最广泛的设备，可以单独使用形成若干独立的共享端口组，也可以作为核心交换机的前端处理设备。端口交换机的各个端口组的形成，按用户需求采用相应的管理软件进行配置。

2. 帧交换

局域网(包括以太网、令牌环网和 FDDI)交换机的每一个端口都是一个独立的共享的媒体端口。在此端口上可以接共享集线器，也可以接单独一个工作站。在一个端口上接收到的帧将正确转发到输出端口上，在寻找路径和转发时帧不会被破坏。对于广播帧来说，可以转发到交换机的所有端口。经虚拟局域网技术处理后，一个交换机或者互联的若干台交换机的每个端口可以被分配给任何 VLAN。即在网络系统中形成了若干个 VLAN。交换机能隔离 VLAN 之间的信息传递，因此不同 VLAN 的端口间的交通被阻隔了。另外，端口若接收到一个广播帧，则该帧只能在该端口所属的 VLAN 中转发到其它端口。

帧交换方式比端口交换方式增加带宽，局域网交换机上每个端口用户具有独占带宽的性能，交换机间互联的速率可达到数百兆位甚至千兆位的传输率。服务器和高速工作站可以直接连到交换机端口。目前大多数局域网交换机均按帧交换方式来实现 VLAN 的交换。

3. 信元交换

ATM 交换机上采用了信元交换，一个或多个互联的 ATM 交换机组成网络的核心系统，类似于帧交换，所不同的是从 ATM 交换机端口中接收到信元后，正确地转发到输出端口。目前端口的速率可达 155 Mbps 甚至 622 Mbps。ATM 允许一个工作站加入到多个 VLAN，允许一条物理电缆上实现多个逻辑连接，ATM 交换机中实现的 VLAN 采用了 ATM LAN 仿真技术。

4.11.3 虚拟局域网的划分方式

划分虚拟局域网是使用虚拟局域网过程中非常重要的一个环节。在通常情况下，把哪些工作站和服务器划分到哪个 VLAN 中是根据这些服务器和工作站所在的部门或所承担的任务来决定的。在本节中，主要关心的问题是如何在计算机中进行虚拟网的配置，使其能够根据用户的要求让属于同一个工作站和服务器确实工作在同一个部门的 VLAN 中。

虚拟局域网的划分方式可以分为静态划分和动态划分两种。所谓静态划分是指交换机中的某个端口属于哪个 VLAN 是相对固定的。除非管理员将其重新划分到另一个 VLAN 中。如果接入属于 VLAN1 的计算机，那么端口就工作在 VLAN1 中，如果接入属于 VLAN2 的计算机，那么该端口就工作在 VLAN2 中。在实际网络中，这两种划分都经常被采用。

从技术上来看，虚拟局域网的划分可以根据不同的需要，按不同方式进行。根据定义 VLAN 成员关系的不同，VLAN 分为七种：

- 基于端口的 VLAN(Port-Based)
- 基于协议的 VLAN(Protocol-Based)
- 基于 MAC 分组的 VLAN(MAC-Layer Grouping)
- 基于网络层分组的 VLAN(Network-Layer Grouping)
- 基于 IP 广播分组的 VLAN(Ip Multicast Grouping)
- 组合的 VLAN
- 基于策略的 VLAN(Policy Based)

不同种 VLAN 适合于不同应用场合，下面主要介绍三种 VLAN 划分方法。

1. 基于端口的划分

基于端口划分 VLAN 是目前最为常用的方法，具有简单、安全和实用的特点。以这种方式划分 VLAN 时，VLAN 可以被理解为交换端口的集合，这些被划分到同一个 VLAN 中的端口可以是在一个交换机中，也可以是来自不同的交换机。例如，可以把某一个交换机的 1、3、6 端口划分到 VLAN10，而把 2、4、5 端口划分到 VLAN20。但是划分到 VLAN10 中的这些端口必须使用 VLAN10 中的网络地址，划分到 VLAN20 中的端口必须使用 VLAN20 中的网络地址，否则将不能进行通信。按端口进行 VLAN 划分的设置操作简单,也容易被理解和接收。但是它不允许在一个端口上设置多个 VLAN,同时在设备移动或添加时,需要网络管理人员对交换机的端口重新进行设置。该划分方式属于静态划分方式。

2. 基于 MAC 地址的划分

这种方式是根据网络设备的物理地址(MAC 地址)划分 VLAN 的,属于动态划分方式。由于网络设备的 MAC 地址是唯一的,所以,基于 MAC 地址划分 VLAN 时,当网络设备从一个物理位置移到另一个物理位置而没有改变其 VLAN 时,可以避免对 VLAN 重新进行设置和修改。在这种方式下,每一个 VLAN 就是一个 MAC 清单,当网络规模较大、设备较多时,要对每个网络设备逐一进行 VLAN 设置,维护这些 MAC 清单也是一项相当繁重的工作,这是这种划分方式的缺点,也就是说,基于 MAC 的划分方式不适合大型网络。

实现这种基于 MAC 地址划分 VLAN 的方式,通常需要一台 VLAN 成员策略服务器(VLAN Membership Policy Server, VMPS),VMPS 服务器中有一个 VMPS 数据库,该数据库中包含了 MAC 地址到 VLAN 成员关系的关联。每当一台计算机接入交换端口时,交换机将该交换机的 MAC 地址发送到 VMPS 服务器中,VMPS 服务器将在 VMPS 数据库中查找该 MAC 地址对应的 VLAN 配置信息并返回给交换机进行配置。

3. 基于网络层的 VLAN

这是一种基于网络层协议或网络地址来划分 VLAN 的方式。基于网络层协议的划分是在使用多种协议的情况下,根据所使用的协议来划分不同的 VLAN,它对每个协议有可能有不同的虚拟的拓扑形式。而基于网络地址的 VLAN 划分是根据所连接的计算机的网络层地址进行 VLAN 的划分,VLAN 之间的路由器是自动的,不需要外部的路由器,基于网络地址的 VLAN 可以在一个端口上设置多个 VLAN。

在实际应用时,应根据具体的需要和所选用的交换机设备来决定采用哪种 VLAN 的划分,以获得最佳的效果。

4.11.4 虚拟局域网的路由

虚拟局域网的路由(inter VLAN routing)是为了实现不同的 VLAN 之间的数据通信。尽管大约有 90%的通信流量发生在 VLAN 内,但仍然有大约 10%的通信流量要跨越不同的 VLAN。目前解决 VLAN 之间通信主要采用路由技术。

采用路由器方式实现 VLAN 之间的互联,是一种传统的子网互联技术,即根据 IP 地址和路由来转发数据包。这种方式的优点是简单明了,逻辑清晰,缺点是由于路由器的转发速率受限,会造成一定的网络拥塞和延迟,特别是在 VLAN 之间的通信流量较高的情况下,这个问题将会更加突出。

目前比较理想的一种解决 VLAN 间路由的技术是第三层交换技术,在一个单位的网络中,只要核心交换机具有第三层交换的功能或者具有第三层交换模块,就可以实现 VLAN 间的通信数据转发,如 CISCO 公司的 Catalyst6000 系列交换机中的第三层交换模块——MSFC 模块就是一个典型例子。

4.11.5 虚拟局域网的标准和协议

在实现 VLAN 的过程中,各网络设备厂商纷纷推出自己的技术和相应的产品,而这些技术和产品所遵循的标准和协议是不相同的,致使各厂家的 VLAN 产品互不兼容。

1. IEEE 802.10 标准

IEEE802.10 标准本质上是一个 LAN/MAN 的安全性方面的标准。802.10 标准定义了一个单独的协议数据单元，通常被称为 SECURE DATA EXCHANGE(SDE)PDU，也称为 802.10 报头，该标准把 802.10 报头插在了 MAC 的帧头和数据域之间。802.10 报头由 Clear Header 和 Protected Header 两部分组成。Clear Header 部分中的 SAID(Security Association Identifies)域通常被一些厂家用作 VLAN 的标识域，即用来指使该帧将被送到哪一个 VLAN，该标识域也就是交换机进行数据交换的主要依据。但是各个厂商在实现 VLAN 技术时,通常会在 Clear Header 部分中的某些域给出不同的定义,使得基于 IEEE802.10 标准的 VLAN 技术并不完全兼容。

另外，由于 IEEE802.10 帧的长度域是可变的，难以采用硬件 ASIC 芯片对帧作处理，造成处理速率慢而且价格昂贵，因此该标准未被大多数厂家接受，没有成为公认的标准。

2. IEEE 802.1Q 标准

这是 IEEE 执行委员会于 1996 年下半年开始制定的一种 VLAN 互操作性的标准，它不仅规定 VLAN 中的 MAC 帧的格式，而且还制定了诸如帧发送及校验、回路监测、对服务品质(QOS)参数的支持，以及对网管系统的支持等方面的标准。在 VLAN 的 MAC 帧头部中，与 VLAN 的数据传送关系较为密切的是 Tag Protocol Identifier (TPID) 和 Tag Control Information(TCI)两部分。其中 TPI 主要用于指示所采用的协议的标识符，它的格式在不同类型网络的 MAC 帧中也是一样的，在常用的基于以太网的 VLAN MAC 帧中，TPID 占两个字节，802.1Q Tag Protocol 的取值为 OX 8100。

TCI 部分的格式如图 4.67 所示:在这一部分中，user priority 的长度为 3 bits，用于表示数据帧的优先级，从 0 到 7。CFI(canonical format indicator)，规范格式标识，如果这位数据为 1，表示在 MAC 数据帧中所携带的 MAC 地址全部是规范格式来表示的。VID(VLAN Identifier，VLAN 标识)长度为 12bits,用于标识该数据帧应该发送数据传输哪一个 VLAN。因此，该字段的值是交换机之间进行数据传输的重要依据，交换机将根据接收到的数据帧中的 VID 值，对数据进行转发，其中当 VID 为表 4.7 所示的值时有特殊的含义。

```
0             2 3   4                              15
| user priority | CFI |            VID              |
```

图 4.67　TCI 部分的格式

表 4.7　保留的 VID 值

VID	含　义
0	空 VID,表示在数据帧的头部信息中只含有 User Priority 信息，不包含 VLAN 标识，因此这一 VID 之不能被用作 PVID 值，也不能被用作任何筛选数据库的条目，也不能被用作任何管理操作。
1	用缺省的 PVID 来处理某一端口流入的帧，缺省的 PVID 只可以通过系统管理程序按端口进行修改设置。
FFF	保留，这一 VID 之不能被用作 PVID 的值，也不能被用作任何筛选数据库的条目，也不能被用作任何管理操作。

3. CISCO ISL 协议

　　CISCO 公司推出的 Catalyst 系列交换机中，除了支持 IEEE 802.1Q 标准外，还采用了 Inter-Switch Link Protocol(ISL 协议)来对 IEEE 802.1Q 进行补充，使得交换机之间的数据传输具有更高的效率。ISL 协议是一个 CISCO 协议，用来互联多个交换机，并且把 VLAN 信息作为通信量在交换机间传送。在全双工或半双工的模式下，ISL 可提供 VLAN 的能力，同时仍保持了全部线路的速率和性能。ISL 协议中规定，交换机在原来的以太帧前面加上一个 ISL 报头，封装成带 VLAN ID 的 ISL 报文，VLAN ID 的长度为 10 位，只有当帧的目的地为非本地网时，才把一个 VLAN ID 加在帧上。交换机将根据接收到的报文中的 VLAN ID 来决定应该把该报文转发到哪一个端口或者交换机和路由器上。

习 题 4

一、名词
1. 局域网络　　　2. CSMA/CD　　　3. Token Ring　　　4. Token Bus　　　5. LLC
6. MAC　　　7. Ethernet　　　8. Fast Ethernet　　　9. 交换式局域网　　　10. FDDI
11. WLAN　　　12. VLAN

二、填空
1. 局域网络与广域网络相比，具有_____，_____和_____的特点。
2. 局域网络几种典型拓扑结构是_____，_____和_____。
3. 局域网络中常用的介质访问控制方法有：_____，_____和_____。
4. IEEE802 LAN 参考模型中物理层的功能是实现_____的传输与接收、_____的产生和删除。该层编码通常采用_____。
5. 设计一个好的介质访问控制方法有三个基本目标：_____，_____和_____。

三、选择题
1. 对于基带总线而言，冲突检测时间等于任意两个站之间最大传播延迟的(　　)。
　A. 二倍　　　B. 三倍　　　C. 四倍　　　D. 五倍
2. 网络接口卡不具有下面哪项功能(　　)。
　A. 数据转换　　　B. 数据缓冲　　　C. 路由选择　　　D. 编码
3. 100VG-Any LAN 在 MAC 层使用的介质访问控制方法是(　　)。
　A. CSMA/CD　　　B. Token Ring　　　C. OPAM　　　D. Token Bus
4. 千兆以太网的标准是(　　)。
　A. IEEE802.3u　　　B. IEEE802.3i　　　C. IEEE802.3a　　　D. IEEE802.3z

四、问答题
1. 局域网络的三个关键技术是什么？试分析：
传统以太网 10BASE-T 采用什么技术？
·交换式局域网采用什么技术？
2. 试分析 CSMA/CD 介质访问控制技术的工作原理。
3. 一个 10BASE-T 的部门网想要进行网络升级，有哪些可选择的方案？试分析各自的优缺点？
4. 为什么在无线局域网上发送数据帧后对方必须发回确认帧，而以太网就不需要对方发回确认帧？
5. FDDI 的主要特点有哪些？和以太网比较，优缺点有哪些？
6. 用以太网交换机怎样组成虚拟局域网？
7. 有 10 个站连接到以太网上，试计算以下三种情况每一个站所能得到的带宽。
(1)10 个站都连接到一个 10 Mbps 以太网集线器；
(2)10 个站都连接到一个 100 Mbps 以太网集线器；
(1)10 个站都连接到一个 10 Mbps 以太网交换机。
8. IEEE802 标准规定了哪些层次？

第 5 章 网络互联

在各类局域网络与广域网络应用迅速增长的同时,需要将不同部门、不同单位的用户网络连接起来,以便共享彼此之间的网络资源,这种分布式资源共享的需求促进了网络互联的飞速发展。

5.1 网络互联概述

5.1.1 网络互联的必要性

网络互联是将不同的子网互相连接起来,以解决子网间的信息流通,从而达到共享网络内资源的目的。尽管 ISO 提出了 OSI 参考模型,试图统一网络的标准,但是,现实情况是大量异构网络的存在并且将继续存在下去,以及数量难以估计的各种类型局域网络,使网络互联成为必须。

1. 网络互联是局域网发展的必然趋势

局域网虽然为一个单位、一个地区所有,但广泛应用的结果必然要求跨部门、跨地区甚至跨国界的网络互联,以便进行更大范围内的网络资源共享。

2. 异构网络互联是客观存在的

OSI 参考模型用来解决世界范围内的网络标准化,旨在使一个遵守 OSI 标准的系统可以和位于世界任何地方的遵守同一标准的其它系统进行通信。但是大量的异构网络将继续存在下去,原因有以下三点:

(1)非 OSI 的网络已大量存在,而且仍在发展中,IBM 继续推销它的 SNA 结构,大部分 UNIX 的产品运行 TCP/IP 网,而众多的局域网络并没有全部采用 OSI 标准。

(2)随着计算机和网络设备成本的降低,很多部门在决定购买昂贵的大型机和网络设备时,对型号的选择各有不同的策略。在购买便宜的工作站及连接工作站的局域网时,人们是根据本单位和部门的需要,而没有统一的控制,因而安装和形成了各种类型的局域网。

(3)不同的网络采用不同的工艺技术,而新的工艺、新的硬件发展很快,随之要发展相应的新的软件,而这些新的软件不一定遵守 OSI 参考模型。

3. 各种类型的通信子网将长期存在下去

目前存在着采用不同通信手段的网络类型,如采用总线的结构、采用分组交换结构、采用卫星通信,以及用无线电、红外线和激光等不同技术的数据传输。随着硬件技术的不断发展,会出现新的通信网络类型,甚至在某些情况下,仍然会采用非 OSI 系统来支持网络应用的运行。

4. 改善网络性能

将一个大局域网分成若干较小的局域网且每个小局域网内部通信量明显地高于网间

通信量。

5. 提高网络的安全可靠性

将大的网络划分成较小的网络后,有利于隔离故障、提高可靠性,也有利于提高大网内各个区域的安全保密性。

5.1.2 网络互联的目标和要求

网络互联的具体方法有很多种,但总的来说,进行网络互联时应当做到以下几点。

(1) 在网络之间至少提供一条物理上连接的链路及对这条链路控制的规程。

(2) 对不同网络的进程之间提供合适的路由,以便交换数据。

(3) 对用户使用互联网络提供计费服务,它始终记录着不同网络和不同网关的使用情况,并维护这些状态信息。

在提供上述服务时,要求不修改原有网络的体系结构,能适应各种差别。

5.1.3 网络互联形式

网络互联可以有四种形式:局域网 LAN 与局域网 LAN 的互联;局域网 LAN 与广域网 WAN 的互联;广域网 WAN 与广域网 WAN 的互联;局域网 LAN 通过广域网 WAN 与局域网 LAN 的互联。这四种互联形式如图 5.1 所示。其中 B 表示网桥（bridge）,G 表示网关（gateway）。Internet 就是一个典型互联网。

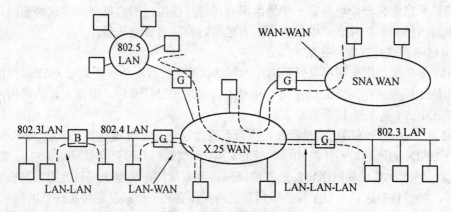

图 5.1 网络互联的四种形式

5.1.4 网络互联的优点

一个互联网与一个单一结构的网络相比具有以下优点:

(1) 提高系统的可靠性。一个单位中将所有数据处理设备连接在一个网络上的危险是:网络中的一个故障可能使整个网络瘫痪。如果将一个大网通过互联设备分割成一个个相对独立的子网,故障波及范围就会缩小到一个子网之内。

(2) 提高了系统性能。一般而言,局域网的性能随着网络站点的增加和传输范围的加大而下降。如果将网中的设备依据一定的原则分成若干组构造成局域网,而且保证各子网内的信息流量远大于子网间的信息流量,则互联各子网形成的"超级"网络的性能远远高于一个单一的网络。比如,学校各个部门（财务处、人事处、各个系等）各自分别建立自己的局域网，然后互联起来构造校园网，其性能绝对高于将校园中所有机器不分彼此连接成一个大网的性能。

（3）增加系统的保密性。由网络互联设备构成的网络系统可以增加系统的保密性。例如，可以将同一权限的用户连接在同一局域网中，在联网设备上严格限制访问该网的用户。

（4）建网方便。建立多个网络更加方便，比如要建立一个覆盖两座大楼的局域网，而这两座大楼被一条河流隔开，直接铺设电缆比较困难。比较方便的方法是在各个大楼内分别建立局域网、再通过诸如微波之类的点到点的网络互联设备连接两个网。

（5）增加地理覆盖范围。无论是局域网还是广域网，其地理覆盖范围都有一个限度，利用网络互联设备形成的超级 Internet，地理覆盖范围没有限制。

5.1.5 网络互联需要解决的技术问题

在网络互联中，不需要修改原有各网络的网络结构，但要协调各个网络的不同特性，解决互联中有关技术问题。

（1）不同的编址方案：每个网络有不同的端点名字、编址方法和目录保持方案，需要提供全局网编址方法和目录服务。

（2）不同的最大分组尺寸：在互联网络中，分组从一个网络送到另一网络时，往往需要分成几部分，称为分段。

（3）不同的超时：对连接的传送服务总要等待回答响应，如果超时后仍没有接到响应，则需要重传。但在互联网络中，数据传送有时需要经过多个网络，这需要更长时间，应该设定合适的超时值，以防不必要的重传。

（4）差错恢复：各个网络有不同的差错恢复功能，互联网络的服务既不要依赖也不要影响各个网络原来的差错恢复能力。

（5）状态报告：不同的网络有不同的状态报告，对互联网络还应该提供网络互联的活动信息。

（6）路径选择技术：网内的路径选择一般依靠各个网特有的故障检测和拥挤控制技术。而互联网络应提供不同网上站点之间的路径。

（7）用户访问控制：不同的网络有不同的用户访问控制技术提供用户对网络的访问权。互联网络也需要有不同的用户访问控制技术提供用户对不同网的访问权。

（8）连接和无连接服务：各个网可能提供面向连接的服务，也可能提供无连接的数据报服务。互联网络的服务不应该依赖于原来各个网络提供的连接服务的性质。

（9）协议转换：由于不同的网络有自己的网内通信协议，跨越网络时，要进行协议的转换。

（10）流量控制：各个网络采用不同的流量控制方法，选择不同的流量控制参数，互联时要进行流控匹配。

（11）网络接口：网络层次中，三层子网间、四层以上主机间、站与网的访问机制不同，它们之间的接口包括硬件技术和软件技术。

（12）计费：各个网络有自己的计费方法，互联网要有网际间的计费。

5.1.6 网络互联结构方案

根据网络互联接口特性是 DCE 还是 DTE，以及传送服务是端到端还是网络对网络，可以把网络互联结构方案分成四种：

	DTE 级	DCE 级
网络对网络	协议转换器	X.75 协议
端到端	网间协议（IP）	桥

1. 接口的性质

- 在数据电路设备级连接（DCE）：把网关视为接口处理机，它们有一个共同的网络访问接口（如 X.25 网络），但不一定有相同的内部协议，如图 5.2(a)所示。
- 在数据终端设备级连接（DTE）：如果没有公共的网络访问接口，则要用到协议转换器，即在主机级连接，把信关看成插入的主机，如图 5.2(b)所示。

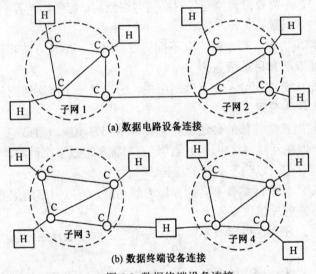

(a) 数据电路设备连接

(b) 数据终端设备连接

图 5.2 数据终端设备连接

2. 传输服务的性质

- 端-端的传输服务：是一种数据报方式，对经过多个网络的分组，要有一个端-端协议，保证可靠服务，如图 5.3(a)所示。
- 网络-网络传输服务：是一种虚电路方式，采用各个网络虚电路传输，然后利用网间虚电路将各个网络虚电路连接起来。如图 5.3(b)所示。

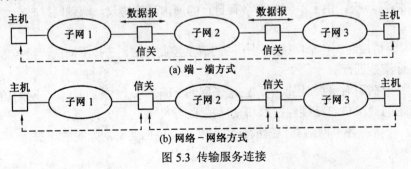

图 5.3 传输服务连接

3. 结构方案

• 对端-端的连接，所有网至少提供一个可靠的端到端的服务，而网络-网络的连接，每个网内应提供可靠的服务，然后，将几个单个的网连接起来。

• 端-端的 DCE 级方案适合于互联几个同类型的网络，互联任务很简单，采用桥的链路级将几个网络互联起来。

• 网络-网络的 DCE 级方案的结构是采用 X.75 的标准，这是 X.25 的延伸。通过 X.75 将几个 X.25 的网连接起来。

• 端-端的 DTE 级方案是在网络层上加一个网间协议 IP，所有的站点和网间连接器都用相同的 IP，从而将不同的网络互联。

• 网络-网络的 DTE 方案是采用真正的协议转换器，具有不同传输层协议的站点接在不同类型的网络，通过协议转换器实现站和站的通信。

5.1.7 网络互联的层次

从协议的层次看，可以把网络互联分成四个层次。

• 层次一：使用中继器在不同的电缆段之间复制位信号，属于物理层的功能。
• 层次二：使用网桥在局域网之间存储转发帧，完成属于数据链路层功能。
• 层次三：使用网间连接器在不同的网络之间存储转发分组，执行网络层的功能，常用的设备是路由器。
• 层次四：使用协议转换器提供更高层次的接口，完成传输层以上层次的功能，使用的设备实际上就是执行协议转换的专用计算机。

5.2 中继器（Repeater）

5.2.1 中继器的工作原理及冲突域

中继器工作在 OSI 模型的物理层，可用不同的电缆连接网段而扩展网络长度。它的原理是数字信号在传输过程中，其高次谐波最容易衰减而使信号变形，电缆上的阻抗容抗也会使信号幅值和形状变小或失真。中继器的作用就是在信号传输一定距离后，进行整形和放大，但不对信号作校验等其它处理，故即使是一个错误的信息包或信号中含有噪声，它都照样整形放大。

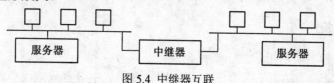

图 5.4 中继器互联

使用中继器为什么会扩展网段？最多能扩展几个网段？为此需要了解冲突域的概念。冲突域是一个确保严格遵守 CSMA/CD 协议而不能超越的时间概念，这个时间由信号传输过程中各段设备的传输延迟所组成，要求：

$$DTE 延迟 + MAC 延迟 + 中继器延迟 + 电缆延迟 \leq 25.6 \mu s$$

其中，数据在任一网站内收发所花费的时间为 DTE 延迟。由网卡进行冲突检测和收发所花费的时间为 MAC 延迟。DTE 和 DCE 延迟往往合并计算。走过一段电缆的时间为电缆延迟。通过中继器整形放大所花费的时间为中继器延迟。所有的延迟总和应小于冲突域所规定的时间 25.6 μs。其来源是按 10 base 以太网规定的信息包的最小长度 512 位，发送一位的时间为 0.1 μs，发完最小包需 51.2 μs。但是，为保证按 CSMA/CD 协议正确地收发则只能限定在 25.6 μs 之内，为什么呢？见图 5.5。

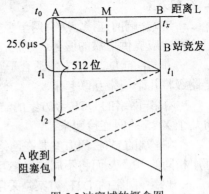

图 5.5 冲突域的概念图

在图 5.5 中，A、B 为任意两个站点，距离为 L，垂直坐标为延迟时间 t。设 A 站从 t_0 开始发送，t_1 时第一位到达 B 站而 A 站已发完 256 位，延时为 25.6 μs，在此之前 B 站不知 A 站已发送，可在任意 t_x 时间重发，但在电缆 M 点发生冲突。B 站在 t_1 检测到了冲突而发出阻塞包，A 站刚发完一个最小包后即收到拥塞包知道最小包已受损，双方都退回重新竞发，避免了资源的浪费。若不按最小包长限制的 25.6 μs，则 A 站发完较小包之后，根本不知道该包已受损而使错包在网上传播。所以以太网的冲突域是保证在延时 25.6 μs 以内发生冲突时，使得局域网内的任何网站，都能正确执行 CSMA/CD 协议，而不会发生错误。或者说局域网内任何两结点之间所有设备的延迟的总和应小于 25.6 μs，这就是组建局域网的根据，由此而制定了组建网的 5-4-3-2-1 中继规则。

5.2.2 使用中继器的原则

使用中继器应遵守以下两条原则：

（1）用中继器连接的以太网不能形成环形网。

（2）必须遵守 MAC（介质访问控制）协议的定时特性，即用中继器将电缆连接起来的段数是有限的。对于以太网，最多只能使用 4 个中继器，这意味着只能连接 5 个网段以遵守以太网的 5-4-3-2-1 规则。

其中 5 是局域网最多有 5 个网段；4 是全信道上最多可连 4 个中继器；3 是其中 3 个网段可连网站；2 是有两个网段只能用来扩长而不连任何网站，其目的是减少竞发网站的个数，从而减少发生冲突的概率；1 是由此组成一个共享的局域网，总站数小于 1024 个，全长小于 960 m（细缆）或 2.5 km（粗缆），视所用电缆而异。

5.2.3 中继器特性

（1）中继器主要用于线性电缆系统，如以太网。

（2）中继器工作在协议层的最低层，即物理层。中继器只能简单地再生信号以在附加的中继线上传输，与协议和访问的方法无关，因此，两段必须使用同种的介质访问方法。

（3）中继器通常在一栋楼内使用。

（4）扩展段上结点地址不能与现行段上的地址相同。

5.3 网桥（Bridge）

5.3.1 网桥的概念

网桥是在数据链路层上实现局域网连接的一种存储-转发设备。其重要功能是延伸以太局域网的物理范围。对于众多的共享 LAN 可以隔离 LAN 网段，为每一个 LAN 网段提供相同的带宽，这就等于扩大了总带宽。各个 LAN 段内部信息包、冲突包都不会广播到另一个 LAN 网段，明显地提高了利用效率。但网桥又具有存储、转发、过滤功能，使应该转发到另一个网段的信息得到正确地转发，如图 5.6 所示。

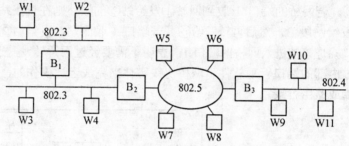

图 5.6 网桥互联局域网

由于网桥是数据链路层的互联设备，所以它不具有网络层的功能，只能看到 MAC 地址，而看不到网络层地址。对于不同网络操作系统，不同高层协议的信息包，网桥都不能做任何转换，只能照样转发。对于不同拓扑结构的局域网，如总线网、星形网、令牌环网都可以进行互联，但是由于这些不同拓扑的局域网，在介质访问控制子层，又存在着帧格式、传输率、最大帧长等种种差别，给网桥带来很多麻烦，要用软件处理。所以网桥对于同类局域网互联最为简单有效。

网桥还具备一些高级功能，如定制过滤器、强化安全选择和桥服务分级等。

由于不同局域网之间的物理特性和帧格式各不相同，所以，网桥在不同局域网之间转发帧需要解决一些问题，这些问题主要包括：

（1）对不同格式的帧进行重组。

（2）利用缓冲区存储和处理来自不同数据速率的帧，防止阻塞和帧丢失。

（3）区分不同的超时控制，正确确认帧的有效性。对网桥来说，它不变更所收到的 LLC 帧的内容和格式。它在互联两个局域网的过程中，对发送信息局域网所发的每一帧都加以分析，用 MAC 子层协议将这个帧转发到接收网中，如图 5.7 所示。

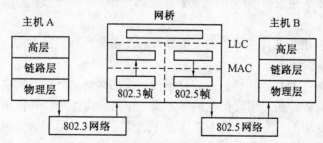

图 5.7 网桥工作原理

5.3.2 网桥结构与工作原理

图 5.8 给出了一个网桥的内部结构。最简单的网桥有两个端口，复杂的网桥可以有更多的端口。网桥的每个端口与一个网段（局域网）相连，在图中其端口 1 与网段 A 相连，而端口 2 则连接到网段 B。

网桥从端口接收网段上传送的各种帧，每当收到一个帧时，先暂存在其缓存器中。若此帧未出现差错，且要发往的目的站 MAC 地址属于另一个网段，则通过查找站表，将收到的帧送往对应的端口转发出去。若该帧出现差错，则丢弃此帧。因此，仅在同一网段中通信的帧，不会被网桥转发到另一个网段去，因而不会加重整个网络的负担。例如，该网段 A 的三个站的 MAC 地址分别为①、②和③，而网段 B 的三个站的 MAC 地址分别为④、⑤和⑥。若网桥的端口 1 收到网站①发给站⑤的帧，则在查找站表后，将此帧送到端口 2 转发给网段 B，然后再转发给⑤。若端口 1 收到站①发给站②的帧，由于目的站对应的端口就是该帧进入网桥的端口 1，表明不需要经过网桥转发，于是丢弃此帧。

网桥是通过内部的端口管理软件和网桥协议实体来完成上述操作的，图中的站表也称为转发数据库或路由目录。

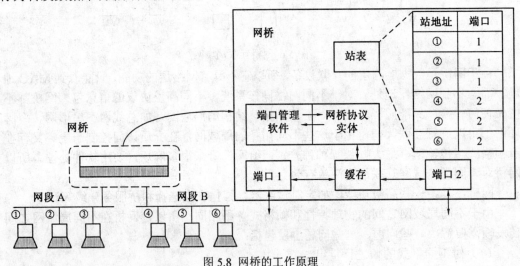

图 5.8 网桥的工作原理

5.3.3 网桥的分类

所有的网桥都是在数据链路层提供连接服务，一种常用的分类方法是分为内桥、外桥和远程桥三类。

（1）内桥：内桥是文件服务器的一部分，它是在服务器中插入两块不同的网卡把局域网间连接起来，如图 5.9（a）所示。

（2）外桥：外桥不同于内桥，是独立于被连接的网络之外的、实现两个相似的不同网络之间连接的设备。通常用连接在网络上的工作站作为外桥。外桥工作站可以是专用的，也可以是非专用的。专用外桥不能作工作站使用，只是用来建立两个网络之间的连接，管理网络之间的通信；而非专用外桥既起网桥作用，又能作为工作站使用。

（3）远程桥：远程桥是实现远程网之间连接的设备，通常远程桥是用调制解调器与通信媒体进行连接，如用电话线实现两个远地局域网的连接。

上述三种类型网桥如图 5.9 所示。

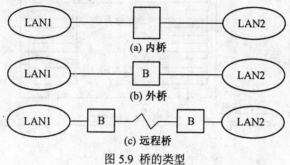

图 5.9 桥的类型

5.3.4 网桥的功能

网桥是在互联局域网之间存储转发帧和实现数据链路层上的协议转换，具体功能如下。

（1）帧的接收和传送：从所连接的局域网端口接收帧，从帧中获得目标站地址，分析目的站是否属于本网桥所连接的另一局域网，以决定对该帧是转发还是丢弃。

（2）缓存管理：在网桥中通常设置两类缓冲区，一类是接收缓冲区，用于暂存从端口收到的、待处理的帧；另一类是发送缓冲区，用于暂存经过协议转换等处理后待传送的帧。存储空间要求足够大，以适应峰值通信的需要。

（3）协议转换：网桥的协议转换仅限于 MAC 子层和物理层，即将原局域网中采用的帧格式和物理层规程转换为目的局域网采用的帧格式和物理层规程。

（4）差错控制：首先进行差错检测，然后对经协议转换后的 MAC 帧生成新的 CRC 码，并填入到新的 MAC 帧的 CRC 字段。

（5）路由选择功能：在源路由选择网桥中无此功能，但在透明网桥中有该功能。

5.3.5 网桥的路径算法

网桥的核心功能是学习、过滤、转发，因而要求使用不同的路由算法。IEEE802 委员会制定了透明网桥（transparent bridge）、源路径网桥（source routing bridge）和源路径透明网桥（source routing transparent bridge）三种算法。

1. 透明网桥算法

网桥收到的包格式是由源发站的 MAC 子层将 LLC 帧加上帧头、帧尾等而形成 MAC 帧，格式如下：

帧头	目的地址	源地址	长度	LLC 帧	校验序列	帧尾

透明网桥根据源地址学习，建立一个地址选择表，用于根据目标地址转发，并实现过滤。同时为避免发生环路而采用了生成树算法，这就是透明桥的全部基础。执行算法对用户都是透明的，故称为透明网桥。

地址选择表存于桥的每个端口的缓冲区内，其内容如下：

桥地址	端口号	所连 LAN 标识	所连网站 MAC 地址

透明网桥的学习、转发、过滤机制如图 5.10 所示。

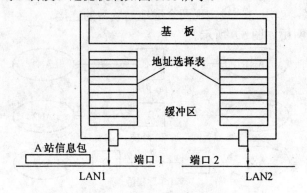

图 5.10 透明桥工作原理示意图

2. 源路径网桥

源路径网桥规范由 IEEE 802.5 提供，它不具备自学习功能，而是假定原发网站知道发往目的站路径。这种路径由一组桥地址、LAN 标识序列组成，如图 5.11 所示。当 X 站向 Y 站发送信息时，可有两条路径：一条路径序列是 LAN1，B1，LAN3，B3，LAN4；另条路径序列是 LAN1，B2，LAN2，B4，LAN4。

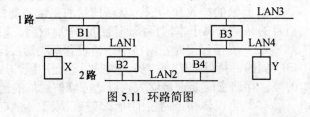

图 5.11 环路简图

3. 源路径透明网桥

在多路协议令牌环网络中，存放着依赖路径的协议和透明桥协议。支持源路径透明协议的桥，不能处理透明网桥协议。为此出现了源路径透明网桥，它使同一设备具有两种桥接方法。可根据信息包中指定的信息标志，桥可以自行决定将桥接功能处理成任一种模式。

5.3.6 网桥的优点

使用网桥设备进行局域网的互联有以下优点：

（1）可以匹配不同端口的速度，把接收到的帧存储在存储缓冲区内，主要端口的串行链路能接收不同传输速率的帧，各端口间就可以用不同的速率输入或输出帧。例如输入端口为 10 Mbps，相应输出端口可以用更高或更低的速率输出帧。

（2）对帧具有检测和过滤作用，通过对帧进行检测，对错误的帧予以丢弃，起到了对出错帧的过滤作用。

（3）网桥能提高网络带宽，扩大网络地理范围。

5.4 路由器（Router）

路由器是工作在 OSI 网络层的网络互联设备，可实现网络层以下各层的协议转换。路由器能够在不同的网络之间转发数据包，并为数据转发选择最佳路径。路由器主要用于同类或不同类网络之间的互联,而这些网络都有不同的网络号,属于不同的逻辑网络。因此路由器是连接不同逻辑子网的设备,其互联模型如图 5.12 所示。

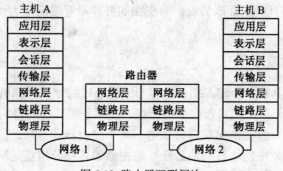

图 5.12 路由器互联层次

5.4.1 路由器的作用

路由器的主要作用是为不同网络之间的用户提供最佳的通信路径,它是用最少时间算法或最优路径算法进行信息传递路径的调节。如果某一网络发生故障或堵塞,路由器可以为其选择另一条正常的路径,以保证网络的畅通。路由器与协议有关,利用互联网协议可以为网络管理员提供整个网络的信息以便于管理网络。由于它的功能强大,所以更具灵活性,有更强的异种网互联的能力。如 IP 路由器可以用 TCP/IP 协议把以太网连接到 X.25 网上。路由器是不同网络互联的必要设备。

路由器要执行统一的 OSI 网络层协议,实现把数据包由源主机 A 发送到对方主机 B。在通向对方主机的通路上要通过不同的子网,但各子网的第三层协议并不完全相同,存在着面向连接和无连接的连接方式、不同的寻址方案、不同的包长度、不同的路由选择技术等差别。这就是说,子网所提供的服务不尽相同,也可能与网络层要求的服务有差别。因此,必须由 OSI 路由器标准来解决问题。

OSI 提供了两个标准,其一称为网络层内部组织 IONL(internal organization of network Layer),其二是 OSI 路由框架,这是路由器设计和生产的依据。

5.4.2 路由器和网桥的区别

从概念上讲,路由器和网桥相似,都属于网络互联设备,但他们之间有本质的区别:

(1) 网桥工作在数据链路层,路由器是工作在网络层。网桥是基于数据链路层的物理地址(即 MAC 地址)来转发数据帧;路由器则是根据网络层的逻辑地址(IP 地址)中的目的网络地址,决定数据转发路径,进行数据分组的转发。因此,用网桥互联起来的网络属于一个单个的逻辑网,而路由器连接的则是多个不同的逻辑网(即子网),每个逻辑网具有不同的网络地址。

(2) 路由器把网关、桥接、交换技术集于一体,其突出的特性是将不同协议的网络视为子网而互联,更能跨越广域网将远程局域网互联为大网。

(3) 由于网桥作用于数据链路层,因此它没有隔离广播信息的能力;路由器则可以隔离广播信息,抑制广播风暴。

(4) 路由器比网桥具有更高的智能、更丰富的功能和更好的安全性。它具有更高级的信息包筛选能力，能够使用特殊的协议把业务筛选到特殊的区域。使用智能路由选择来改进性能，并为信息包选择最佳路径。

（5）路由器具有多重互联协议，有更强的异种网互联的能力，是应用广泛的网络互联设备。

5.4.3 路由器的构成

路由器是一个具有多个输入端口和多个输出端口的专用计算机，其任务是转发分组。也就是说，将路由器某个端口接收到的分组，按照分组要去的目的地址（即目的网络），将该分组从某一个适合的输出端口转发给下一个路由器。下一个路由器也按照这种方法处理分组，直到该分组到达目的地为止。路由器的转发分组正是网络层的主要工作。图5.13给出了路由器的构成框图。

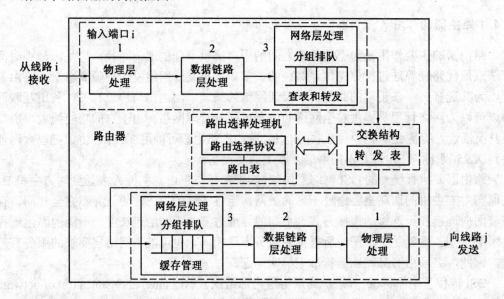

图 5.13 路由器的结构示意图

从图 5.13 中可以看出，整个路由器结构可以划分为两大部分：路由选择部分和分组转发部分。

路由选择部分也叫做控制部分，其核心构件是路由选择处理机。路由选择处理机的任务是根据所选定的路由选择协议构造出路由表，同时经常或定期地与相邻路由器交换信息，从而不断地更新和维护路由表。

分组转发部分是由三部分组成：交换构件、一组输入端口和一组输出端口。下面分别讨论每一部分的组成和功能。

（1）交换构件（switching fabric）：又称为交换组织，它的作用就是根据转发表（forwording table）对分组进行处理，将从某个输入端口进入的分组从一个合适的端口转发出去。交换构件本身就是一种网络，但这种网络完全包含在路由器之中，因此交换构件可以看成是"在路由器中的网络"。

在互联网络中，"转发"就是路由器根据转发表将用户的 IP 数据报从合适的端口转发出去。而"路由选择"则是根据复杂的分布式算法，依据从各相邻路由器所得到的关于整个网络的拓扑变化情况，动态地改变所选择的路由。路由表是根据路由选择算法得出的。因此路由表一般仅包含从目的网络到下一路由器的映射。而转发表则是从路由表得出的。转发表必须包含完成转发功能所必需的信息。这就是说，在转发表的每一行必须要包含从要到达的目的网络到输出端口和某些 MAC 地址信息（如下一个以太网地址）的映射。MAC 地址需要通过 ARP 协议才能得出。将转发表和路由表用不同的数据结构实现会带来一些好处，这是因为在转发分组时，转发表的结构应当是查找过程最优化。路由表总是由软件实现的，但转发表甚至可用特殊的硬件来实现。一般在讨论路由选择原理时，往往不去区分转发表和路由表，而是笼统地使用路由表这一名词。

路由器输入端口和输出端口都有三个方框，用方框中的 1、2 和 3 分别代表物理层、数据链路层和网络层的处理模块。物理层进行比特的接收。数据链路层则按照链路层协议接收传送分组的帧。再将帧的首部和尾部去掉后，分组就被送入网络层的处理模块。若接收的分组是路由器之间的交换路由信息的分组（如 RIP 或 OSPF 分组等），则将这种分组送交路由器的路由选择部分的路由选择处理机，若接收的是数据分组，根据分组首部目的地址查找转发表，分组就经过交换构件到达合适的输出端口。

输入端口中的查找和转发功能在路由器的交换功能中是很重要的。为了使交换功能分散化，往往将复制的转发表放在每一个输入端口中。路由选择处理机负责对各转发表的副本进行更新，分散化交换可以避免在路由器中的某一点上出现瓶颈。

路由器必须以很高的速率转发分组，最理想的情况是输入端口的处理速率能够跟上线路将分组传送到路由器的速率，这种速率称为线速（line speed 或 wire speed）。粗略地估算，设线路是 OC-48 链路，即 2.5 Gbps。若分组长度为 256 字符，那么线速的查找就应当使路由器达到每秒能够处理 100 万以上的分组。

（2）一组输入端口：当一个分组正在查找转发表时，后面又有另一分组输入到这个端口。后到的分组必须在队列中排队等待，因而产生了一定的延迟。

（3）一组输出端口：输出端口从交换构件接收分组，然后将它们发送到路由器外面的线路上。在网络层的处理模块中设有一个缓存，实际上它就是一个队列。当交换构件传送过来的分组的速率超过输出链路的发送速率时，来不及发送的分组就必须暂时存放在这个队列中。数据链路层处理模块将分组加上链路层的首部和尾部，交给物理层后发送到外部线路。

从以上的讨论可以看出，在路由器的输入端口和输出端口都可能造成分组的排队。若分组进入队列的速率太快以致队列溢出，那么就要发生分组的丢失。

5.4.4 路由器的基本功能

1. 路由选择

当两台连到不同子网上的计算机需要通信时，必须经过路由器，通过互联网沿着一条从源端到达目的端的最佳路径。所以路由器必须具备的基本功能之一就是路由选择功能。

所谓路由选择就是按照路由选择算法及其协议，确定从源端到达目的端的数据转发最佳路径。路由选择的实现方法是：路由器使用路由选择协议，建立并维护一个路由表。在路由表中包含目的网络地址和下一条路由器地址或路由器端口号等路由信息。路由表中的信息告诉每一台路由器应该把数据报转发给谁，它的下一跳路由器地址是什么。路由器根据路由表提供的路由信息，把数据包转发给下一跳路由器。通过一级一级地转发，最终把数据包传送到目的端。

如图 5.14 所示，网络 A、网络 B 和网络 C 都直接与路由器相连，路由表的内容则包含目的网络与输出端口的对应关系。图 5.14 是一个只经过一个路由器，故路由表很简单。但是，如果一个复杂的网络要使用几个或几十个路由器，则路由表要复杂。在下面的路由表实例中，路由表的第一个字段是路由状态码，其中 C 表示目的网络的一个端口直接相连，即直连，S 为静态路由、O 为 OSPF 动态路由。第二个字段是目的网络地址和掩码（202.112.236.0/24），紧跟其后的是下一跳路由器地址（202.112.41.8）和在 OSPF 下路由表中。下一路由器的信息，除包含路由器地址信息外，还给出输出端口，如 Gigabit Ethernet 7/0 等路由信息。

另外，由于网络拓扑结构和连接情况可能发生变化，因此路由器需要及时更新路由表。这将由所使用的路由协议规定的定时更新或发生变化时更新来完成。

路由表实例：

  C 202.112.38.72 is directly connected，Gigabit Ethernet 8/0

 S 202.112.236.0/24 【1/0】via 202.112.41.8

  162.105.0.0/16 is variably subnetted,209 subnets,4 masks

 O 162.105.139.64/26

  【110/3】via 162.105.250.118，10:35:25,GigabitEthernet 7/0

 O 162.105.203.0/24

  【110/3】via 162.105.250.118，10:35:25,GigabitEthernet 7/0

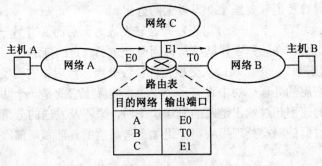

图 5.14 路由选择

2. 数据转发

路由器的另一个基本功能是完成数据分组的传送，即数据转发，也称数据交换（switching）。在多数情况下，互联网上的一台主机（源端）要向互联网上另一台主机（目的端）发送一个数据包，通过指定默认路由（与主机在同一个子网的路由器端口的 IP 地址为默认路由地址）等方法。源端计算机已经知道一个路由器的物理地址（即 MAC 地址）。源端主机将带着目的主机的网络层协议地址（如 IP 地址）的数据包发送给已知路由器。路由器在接收了数据包之后，检查数据包的目的网络地址，再查询路由表，以确定它是否知道怎样转发这个包，如果路由表中指出了到达目的网络的下一跳路由器地址，路由器则将目的 MAC 地址改为下一跳路由器的 MAC 地址，并且把数据包传送给下一跳路由器，否则将包丢弃。下一跳路由器执行相同的转发过程，最终将包传送给目的端主机。值得注意的是，在数据包通过每一跳路由器传送时，数据包中的目的 MAC 地址是变化的。当路由器收到一个数据包时，先将链路层所加的包头去掉，即只看到网络层地址，再根据路由表，确定路由，执行本身的路由协议，进行安全、优先级等处理。若各项处理正常结束，重新加上链路层包头进行转发。对于 IP 协议传输的是 IP 数据包，目的网络地址是不变的。

综上所述，为了完成端到端的通信，在基于路由器的互联网中，每台计算机必须分配一个唯一的网络地址（IP 地址），路由器在转发数据包时，依据的是网络地址。但是，当数据包转发到目的网络后，在计算机与路由器之间或路由器与路由器之间的信息传送，仍然需要使用 MAC 地址，依赖于数据链路层完成。因此，路由器在具体传送过程中，需要进行 IP 地址到 MAC 地址的转换，数据转发流如图 5.15 所示。

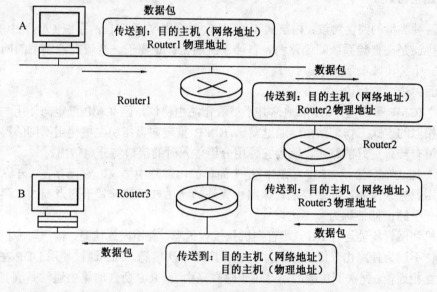

图 5.15 路由器的数据交换

3. 生成和保存路由表

路由选择表示路由器赖以寻址的依据。内容为每个路由器所连接的 LAN 标识以及每个 LAN 中所连接的主机标识。建立选择表的方法有静态生成法和动态生成法。静态生成法是由管理员根据网络结构以手工方法生成，存入路由器的数据库中。而动态生成法则经路由器执行相关的路由协议自动生成。

4. 隔离子网连通广域网

目前的路由器通常是多协议路由器，即一个路由器可以处理多个协议并具备相应的软件。而一定的协议支持一定的设备，也就是说，路由器可以把一个信息包的网络层地址转换为实际的路由。也可能由于一个包为到达目标地址花费的对话时间太长而被丢弃。总之，路由器和网桥相同之处是，都能将物理上分离的和不同技术的 LAN 互联，每个子网都是一个独立的管理域。路由器的关键功能就是指将信息包发往特定的子网实行通信，绝不会向其它子网广播而实现隔离。同时路由器也能够接入 X.25、帧中继、Internet 等而连接远程办公室或 LAN。

5. 保证安全

上述隔离子网已为互联网提供了基本的安全性。同时路由器还随时监督来自各个网站的信息。用动态过滤器进行过滤，只有合法授权的可用信息才能通过，它起到了防火墙的作用。

6. 管理控制

路由器具备开放最短路径优先（OSPF）协议或中间系统到中间系统（IS-IS）协议，并提供分类管理，允许管理员规定路由器服务的类别以及每个类别相应的参数。参数一般包括线速度和线路延迟。

路由器还能提供路由分段功能。此外加密、压缩、容错管理等也可用路由器完成。

5.4.5 路由协议

有两种类型的路由协议：内部的和外部的。内部协议是在自治系统（AS）中的路由，而外部协议是在自治系统间的路由。自治系统通常就是属于一个管理控制下的网络，它可以是一个公司或一所大学。

下面讨论内部协议

（1）ICMP 重定向：ICMP 通常并不被看作路由协议，但 ICMP 重定向使用与路由协议极为相似的方式工作，路由器通过发送 ICMP 重定向可指引主机使用不同的路由。路由器知道有一条更好的路由，因为它使用分组传入时的接口将分组传出。

（2）路由信息协议（RIP）：RIP 是个简单的内部路由协议，它已存在多年，而且被广泛应用。它采用距离向量算法，该路由算法的路由选择纯粹基于两点间的"跳"数，每经过一个路由器被称为一"跳"。

主机和网管均能运行 RIP，尽管主机只接收信息，并不发送信息，信息可专门从一网管获得，不过为使路由表保持最新，每 30 s 广播一次信息。RIP 通过使用 UDP 在主机和网关间互相通信。网关间传输的信息用于建立路由表。RIP 所选的路由通常是到目的站具有最小跳数的那条路由。

5.4.6 路由器的工作流程

路由器在接收一个包后，打开包进行分析，根据目的网路地址，完成路由选择和数据包的转发。下面简单介绍路由器的工作流程，如图 5.16 所示。

1. 接收帧分解出 IP 数据包

当发送端将封装了 IP 数据包的数据帧，通过物理层传送到路由器某个端口时，路由器的底层驱动程序，按照相应的数据链路层协议接收该帧，并从中分解出 IP 数据包，交给 IP 层协议软件处理。

2. IP 包头合法性验证

路由器的 IP 层软件，首先检查 IP 包头各个域的合法性，以确定该 IP 数据包是否有效。检查的内容包括校验和、版本号（IPV4 或 IPV6）及长度等。如果出现校验和不正确，版本号不符或包长不够大等错误，则视为错误包而被丢弃；如果正确无误，则继续完成下面的步骤。

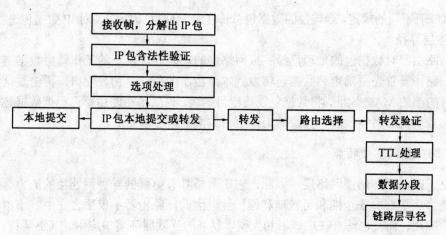

图 5.16 路由器工作流程

3. IP 数据包选项处理

在包头合法性验证之后，路由器将处理数据包中的安全、时间戳、路由记录、源路由选项。对于路由记录选项，路由器在路由目录选项数据域中，写入自己的 IP 地址。对于时间戳选项，路由器写入自己的 IP 地址和当前的世界标准时间（ms）。对于源路由选项，路由器先写入自己的 IP 地址，待下一步再作相应的处理。

4. IP 数据包本地提交或转发

在包头选项处理完成之后，路由器要决定数据包是交给本地处理还是转发给下一跳路由器处理。

- 当数据包中有源路由选项时，路由器则转发该包。
- 当数据包的目的网络地址与路由器的某个端口的网络地址相符时，则进行本地提交。由路由器直接将该数据包转发到本路由器的某个端口。如数据包的源和目的网络都与路由器直接相连，那么路由器就在各端口之间转发，则不用转发给别的路由器。
- 如果数据包的目的地址是个广播地址或组广播地址时，路由器则既本地提交，也进行转发。

5. 路由选择

路由器如果决定转发一个 IP 数据包，就必须先进行路由选择，以便让路由器知道下一步应该把数据包转发到哪一个路由器。

6. 转发验证

转发验证可以根据访问控制列表，对 IP 数据包进行过滤，将非法的源 IP 地址或目的 IP 地址的数据包，以及非法的广播和组织数据包丢弃，一次提供包过滤功能，保证网络的安全性。

7. TTL 处理

TTL 域用于控制数据包的生存时间。数据包经过路由器时都至少把该值减 1，如果 TTL 值减到 0，则该数据包被丢弃，并发送一个 ICMP 超时控制报文（组播地址除外），以告知该数据包出现超时错误。

8. 数据分段

在确定了目的 MAC 地址之后，要进行数据分段。由于各物理网络对帧的最大长度

（MTU）有不同的规定，当转发的数据包总长度大于 MTU 时，需要对 IP 数据包进行分段。

9. 链路层寻径

当路由器对数据包的处理已经完成网络层的功能后，余下的工作就由数据链路层来完成。路由器首先要确定将数据包转发到本路由器的那一个物理端口，再由数据链路层根据目的端的 MAC 地址，将数据包发送给目的端。也就是在路由器已经把数据包转发到目的站点所在的网络段后，其余的工作全由数据链路层来完成。

5.4.7 路由器的主要特点

由于路由器作用在网络层，因此，它比网桥具有更强的异种网连接的能力、更好的隔离能力、更好的安全性和可管理和维护性。因此，路由器不仅适合在中、小型局域网互联中应用，而且也适合在广域网和大型、复杂的互联网环境中应用。其主要特点如下：

（1）路由器具有很强的异种网互联能力，它可以连接不同的 MAC 协议、不同的传输介质、不同的拓扑结构和不同的传输速率的异种网。

（2）路由器有很强的广域网互联能力。支持各种广域网的数据链路协议（如 HDLC、PPP、LAPB），提供多种多样的广域网标准接口。它常用于 LAN-WAN-LAN 的网络互联环境和 WAN-WAN 连接，并广泛应用于 Internet 中。

（3）路由器具有很强的隔离广播信息能力。在广播式网络中，其广播信息只能在一个逻辑子网中传播。每一个子网都是一个独立的广播域，而路由器连接不同的逻辑子网，因此，路由器在逻辑子网之间不转发广播信息，它可以隔离广播信息，防止广播风暴的产生。

（4）路由器具有两个基本功能：一是确定通过互联网到达目的网络的最佳路径，二是完成数据分组（packet）的传送，即路由选择和数据转发。

（5）路由器是基于网络地址（IP 地址）完成路径选择和数据转发。当路由器接收一个进来的数据包时，它首先根据目的 IP 地址，从路由表中找到下一跳路由器地址，并将该数据包转发给下一跳路由器。通过一级一级的转发最终到达目的端。

（6）路由器具有流量控制和拥塞控制功能，能够对不同速率的网络进行速度匹配，以保证数据包的正确传送。

（7）路由器与网络层协议有关。多协议路由器可以支持多种网络层协议（如 TCP/IP、IPX、DECNET 等），转发多种网络层协议的数据包。

（8）路由器具有包过滤（packet filter）的初级防火墙的功能。路由器在转发网络层数据分组时，依据的是网络层地址，因此，路由器能够基于 IP 地址进行包过滤。它可以过滤 IP 包或某种应用的 TCP、UDP 数据包。路由器能区分每一个进入的数据包，并与网络管理员制定的一些过滤规则进行匹配，凡符合允许转发条件的包被正常转发，否则丢弃。一般情况下，为了网络的安全，防止黑客攻击，网络管理员经常用这个功能，拒绝一些网络站点对某些子网或站点的访问，限制某些子网或站点对一些应用进程的访问，如不允许某个子网使用远程登录（telnet）访问某些站点等。

（9）对大型网络微段化，将划分后的各网段用路由器连接起来，以达到提高网络性能和网络带宽的目的，且便于网络的管理和维护。这也是共享式网络为解决带宽问题所采用的方法。

5.5 网关（Gateway）

5.5.1 网关的概念

网关的主要功能是计算路由和跨越可见的局域网的边界传输分组数据，它是实现传输层以上网间协议的转换。现在主要有三类网关：协议网关、应用网关和安全网关。

1. 协议网关

协议网关常用于使用不同协议的网络间进行协议转换。换句话说，它可连接 OSI 七层完全不同的网络结构，如图 5.17 所示。

2. 应用网关

应用网关是在两种不同格式间翻译数据的系统。通常，这些网关是用来连接不相容的源和目的系统。典型的应用网关以一种格式接收输入，翻译它，并以一种新格式输出，如图 5.18 所示。输入和输出接口可为不同的或相同的网络连接。

图 5.17 网关的层次结构

图 5.18 应用网关逻辑结构

单个应用可以有多个应用网关。例如，电子邮件可以用多种不同格式实现，尽管各个邮件的格式不同，一个邮件的服务器可能需要同其它多种邮件服务器交互。实现这点的唯一办法是支持多个网关接口。

应用网关也能用于将局域网用户连至外部数据源。在相同的局域网上将应用程序的逻辑和可执行代码保持为用户数据库，避免产生低带宽高时延的广域网。应用网关然后便会向存有用户所需数据的合适的联网计算机发出 I/O 请求，然后取得数据并按所需的格式提交给用户。

3. 安全网关

安全网关是一些技术的结合，这些技术的范围可以从协议层的过滤到相当复杂的应用层过滤。

5.5.2 网关的功能

一般而言，网关提供以下的功能：

(1)地址格式的转换：网关可作不同网络之间不同地址格式的转换，以便供寻址和选择路由之用。

(2)寻址和选择路由：寻址的目的在于确定各设备或资源在网上的位置，配合传输路由的选择，以便建立两网络之间的连接。

(3)包格式的转换：由于连接的网络其结构可能完全不同，因此它可能使用不同长度的包，网关可以提供包的分割与重组，以适合不同的网络传输。

(4)数据字符格式的转换：网关对于不同的字符系统，也必须提供字符格式的转换，如 ASCII 与 EBCDIC 之间的转换。

(5)网络传输流量控制：对网络传输的流量必须加以控制，以避免拥塞使数据丢失。

(6)协议网络：网关可提供不同网络间协议转换，例如将 LAN 的物理层转换成 X.25 的物理层。

5.5.3 协议转换方法

网关实现协议转换的方法主要有两种：直接协议转换和间接协议转换。

1. 直接协议转换

直接协议转换是将输入网络的数据包的格式转换成另一种网络的数据包的格式。当两种网络通过一个网关互联时，是最简单的一种方法。一个双边网关（全网关）要进行两种协议的转换，即由网

图 5.19 直接协议转换

络 1→网络 2 或者由网络 2→网络 1，如图 5.19 所示。同理，当网关互联 n 个网络时，则网关要进行 $n(n-1)$ 种协议转换，这就是说，要编写 $n(n-1)$ 种协议转换程序模块。互联的网络越多，n 值越大，则需要编写的协议转换程序模块数目将随着 n 的增加而急剧增大。同时，对网关的处理能力和存储空间的要求也就越高。因此，这是一种不可取的协议转换方法。

2. 间接协议转换

间接协议转换原理如图 5.20 所示，该方法要求制定一种统一的标准网间数据包格式。网关在输入端将输入网络的数据包格式转换成标

图 5.20 间接协议转换

准的网间数据包格式，在输出端再将标准网间数据包格式转换成输出网络的数据包格式。这种标准网间数据包格式只在网关内部使用，不在互联网的各个网络中使用。因此，不需要互联的网络修改其内部协议。当两种网络互联时，采用标准网间数据包格式的网关需要完成 4 种数据包格式的转换：网 1→网间，网间→网 2，网 2→网间，网间→网 1。当数据包从网络 1 进入网关时，他首先被转换成标准网间数据格式；在输出端，网关再将这种标准网间数据格式的数据包转换成网络 2 所要求的数据包格式，转发到网络 2。当有 n 种网络互联时，间接协议转换方法只需要 $2n$ 个协议转换程序模块。这与直接协议转换方法相比，n 值越大，软件设计节省的工作量就越大。

5.6 局域网络互联

局域网络的应用已经相当广泛，今后将更加普及，将一个单位的多个局域网络互联起来形成一个更大规模的局域网，目前已经出现了多种局域网的互联方式。

5.6.1 本地局域网络互联

本地局域网络的互联，有以下四种方式：

1. 用网桥/路由器实现互联

目前的局域网络不论采用拓扑结构、媒体访问控制方法和传输媒体哪种方法，一般都遵循 IEEE802 标准，具有相同的 LLC 子层，而 MAC 子层和物理层可能不同。对相距不远的局域网，可采用本地网桥/路由器将它们连接在一起。采用本地网桥/路由器连接有下面两种形式。

（1）内部网桥/路由器：这是配置在服务器上的网桥/路由器。内桥是服务器的一部分，它是在服务器中利用不同的网卡，把局域网连接起来，如图 5.21 所示。

（2）外部网桥/路由器：用一台 PC 机作为网桥/路由器，外桥可以是专用的，也可以是非专用的。

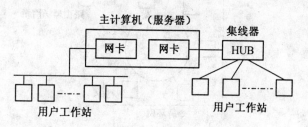

图 5.21 内桥结构

专用外桥不能作为工作站使用，只能用来建立两个局域网络之间的连接，管理网络之间的通信。而非专用网桥既起网桥作用，又能作为工作站使用。在 PC 机中配置不同的网桥适配器，并装入相应的网桥/路由器模块，便可实现不同局域网络的互联，如图 5.22 所示。

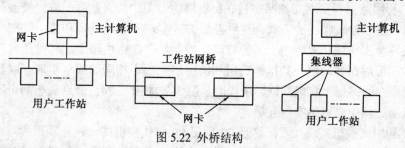

图 5.22 外桥结构

2. 利用 FDDI 实现互联

光纤分布式数据接口 FDDI 是当今最成熟、传输速率高达 100Mbps 的高速网络技术。采用 FDDI 可以组建高速局域网。当单位较大含有较多部门的局域网络，而且部门局域网之间的信息量较大或较频繁地访问主服务器时，利用 FDDI 实现网络互联是比较恰当的，这样的网络结构实际上是一个两级网络结构，各部门的局域网是基础网，而 FDDI 作为主干网把它们连接起来。

利用 FDDI 实现局域网互联，不仅可以提高局域网之间互访和局域网对连接在 FDDI 主干网上的服务器访问速度，而且具有较高的可靠性和能覆盖较大的地理范围，这是因为 FDDI 非常可靠，不会因为某个网络的故障而影响其它网络。而 FDDI 的最大距离可达 100km，因而可以用它来连接地理上较分散的局域网，如图 5.23 所示。

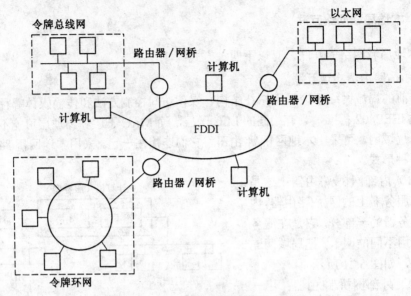

图 5.23　FDDI 用作连接局域网的主干网

3. 利用路由器或交换机实现互联

利用 FDDI 实现互联,虽然可获得较好的互联性能,但价格昂贵技术复杂,一般单位难于接收。主要用于构建较大型且性能要求较高的互联网络。在一般情况下常用的互联设备是高档路由器或交换机。

(1) 利用路由器实现局域网络互联:以路由器为中心来互联一栋大楼或一个企业中的局域网,是以前较常用的方式。这种互联方式实现了分布处理和集中管理,即处理功能分布在各个工作站和服务器上,但管理功能却集中在路由器上。同时还可互联不同类型的网络,可对在物理层、数据链路层和网络层上都不相同的网络实现互联。但是,由于路由器是在网络层上实现互联,所以时延要大。如图 5.24,分别属于两个不同局域网络的主机通过帧中继网络实现互联。

(2) 利用交换机实现互联:这是 20 世纪 90 年代推出的一种互联形式,由于使用性能较好和方便,人们越来越多地采用交换机来连接多个以太网,如图 5.25 所示。

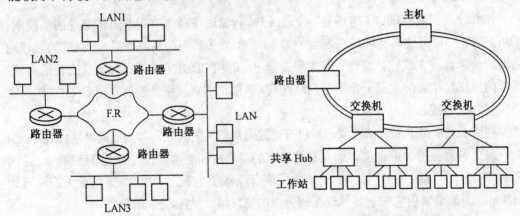

图 5.24　采用路由器连接远程网络　　　　图 5.25　用交换机连接 LAN 与 LAN

5.6.2 远程局域网络连接

当一个单位分布在很广的地理范围（如处于不同的城市）时，其所属的各部分网络之间必然相距很远。这时就需要通过广域网 WAN 来互联局域网络，如图 5.26 所示。

路由器是连接 LAN 和 WAN 最常用的设备。路由器的性能档次很多，其端口数从几个至几十个不等，所支持的通信协议有多有少。图 5.26 中的路由器 R1 支持两种 LAN 协议和一种 WAN 协议。路由器 R2 只需支持一个 LAN 协议和一个 WAN 协议。这样就可以利用一个 WAN 去互联三个局域网。

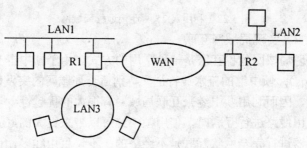

图 5.26 LAN 和 WAN 互联

然而，广域网的类型很多。因此利用广域网来互联局域网的方式也有多种，归纳起来有如下几种方式。

1. 租用专线

租用专线来互联远程局域网络是目前最成熟最常用的一种方式。这种方式不仅技术成熟，而且地理覆盖面广。但是专线的租用价格较贵（因为要应付高峰业务流量，需按 3～5 倍于平均通信量的租用线），所提供的服务和故障处理尚不尽人意，尤其是当租用专线涉及到多个国家时，一旦出现问题就难解决。

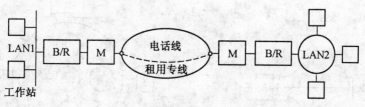

图 5.27 租用专线互联远程 LAN

图 5.27 是利用电话网中的租用专线来实现远程局域网互联的示意图。图中的网桥/路由器也用一台 PC 机担任。在 PC 机中插入一块与 LAN 相应的网卡与本地 LAN 相连接，再插入一块异步通信卡，使 PC 机与调制解调器相连，调制解调器通过租用专线与另一个 LAN 上相应的调制解调器连接。

2. 利用 X.25 分组交换网互联

利用 X.25 分组交换网互联远程局域网，不仅技术成熟、地理覆盖面广，而且还有一整套差错控制设施，能提供更多的服务，因而能适应各种网络，包括低质量网络，但是也因此使其传输速率不高，只能以 64 kbps 的数据速率进行。

图 5.28 是利用 X.25 用来互联两个局域网的示意图。为了将局域网连接到 X.25 网上，需要使用 X.25 路由器，该路由器对于 X.25 网来说相当于 DTE，将它们连接到 X.25 网的

DCE 上。实际上，一个路由器可以连接一个或多个不同的局域网，因此，一个路由器可以将多个本地局域网连接到 X.25 网上，再通过 X.25 网与远程局域网互联。

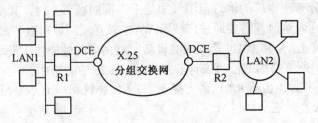

图 5.28 利用 X.25 网连接远程局域网

3. 利用帧中继（F.R）实现局域网互联

利用帧中继实现局域网远程互联是一种常用的方式。由于帧中继具有较高的传输速率（可达 2.048Mbps），帧中继的流水线特征又特别适合局域网的突发性、高速率与大流量数据传输的特点，因而利用帧中继来互联局域网有很大的优越性。当局域网通过路由器使用广域网的租用线路进行互联时，使用帧中继可以带来很大的好处。一般地讲，使用租用线路对路由器进行完全网状互联是不经济的，不仅租用线多，而且路由的端口也要多，如图 5.29（a）所示，每个路由器的广域端口与连接到它的租用线路一样多。但当使用帧中继永久虚电路，如图 5.29（b）所示，代替租用线路后，有两个重要的不同，显示帧中继更为可取。首先，由于一条访问电路复用多个永久虚电路，每个路由器仅需要一个广域网接口，从而减少了路由器的成本，即使采用全部网状互联，也是有吸引力的。其次，仅仅在路由器和帧中继交换机之间的路由为用户专用，而在帧中继交换机之间的电路却与其它许多用户统计复用或共享，使得减少传输经费成为可能。

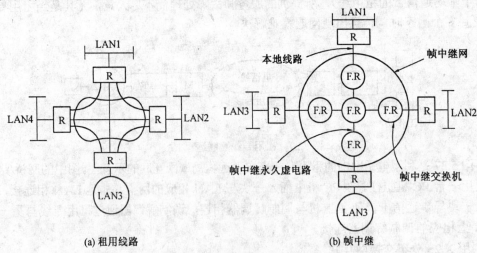

图 5.29 利用帧中继连接局域网

目前，帧中继主要以永久虚电路方式提供服务，类似于租用专线，但价格比租用专线便宜一半还多。

4. 租用 ATM 网实现远程局域网的互联

用 ATM 来互联远程局域网是一种比较好的方式，不仅传输速率很高，还能提供数据和语音业务，支持图像和视频服务，具有广阔的发展前景。

ATM 网与现有的网络相比有很多优点，可以提供比较理想的网络服务。ATM 技术不仅是广域网的核心，也进入局域网、无线网和桌面系统领域。但是，要使 ATM 技术真正得到广泛应用，关键问题是在现有网络不做任何变动的条件下，实现现有网络与 ATM 网络的互联互通。所谓互联互通，就是做到不仅两个现有网络上的终端可以通过 ATM 网通信，而且现有网上的终端和 ATM 网上的终端之间也可以进行通信。现有网络从物理层到应用层有一套完整的协议，而 ATM 从物理层到网络层又定义了一套全新的协议，两套协议并不相同，要实现互联互通就出现了 ATM 网络的接入问题。ATM 网与现有网络的接入点可以在数据链路层，也可以在网络层，不同的接入点决定了不同的处理方式。

图 5.30 给出了在 ATM 平台上运行 IP 的结构示意图，图中三个 ATM 交换组成 ATM 网，每个 ATM 交换机除两个端口用于互联外，其余端口可接用户设备（包括主机、路由器、服务器等）。

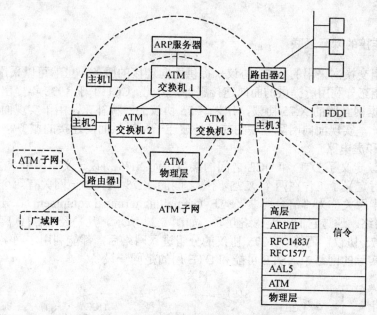

图 5.30 ATM 互联局域网与广域网

5.7 广域网互联

广域网的互联，一般使用路由器或网关在网络层及其以下各层实现协议转换。广域网的互联方式分无连接和面向连接两种。

5.7.1 无连接的网际互联方式

无连接互联方式是采用互联网协议 IP，通过 IP 路由器将网络互联起来。不论互联的各个子网之间有多少差异，比如提供无连接服务的以太网还是提供面向连接服务的 X.25 网，当上升到互联网络层时，整个网络都是按一个 IP 协议来工作，向传输层提供无连接服务。当今，十分流行的 Internet 就是采用这种互联方式。

当一些网络经过路由器或网关互联起来组成互联网时，路由器或网关应用于分组交换网中的交换结点，被互联的各子网对应于分组交换网中的传输链路，如图 5.31 所示。网关起到了分组交换的作用，通过与它互联的网络把分组从源主机 H_1 传送到目的主机 H_2 或者相反。

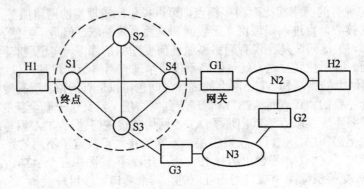

图 5.31 互联网的结构

5.7.2 面向连接的网际互联

由于分组交换网采用的 X.25 协议，提供面向连接的服务，虽然可以采用 IP 实现其互联，但不能充分利用所提供的面向连接服务。为此，CCITT 于 1978 年提出了用于实现 X.25 公用数据网互联的 X.75 协议，作为 X.25 协议的一种补充，用于实现面向连接的网际互联。因此，实现面向网际互联的前提是被连子网提供面向连接的服务。

1. X.75 网关和虚电路

X.25 协议定义了 DTE 和 DCE 之间的接口，而 X.75 协议定义了两个 X.25 网络之间的接口，同时定义了工作在两个 X.25 网络之间的 X.75 网关。该网关有两个"半网关"组成，每个半网关称为"信令终端" STE（signalling terminal equipment）。分属于两个互联的 X.25 网络，通过它们实现网络互联，如图 5.32 所示。凡是经过 STE 离开网络的分组都符合 X.75 协议，而符合 X.75 协议的分组进入网络后，都能利用本网络所提供的服务。在一个实际的网络中，STE 可能和 DTE 用的是同一设备。

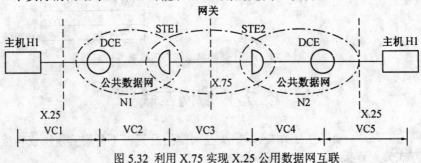

图 5.32 利用 X.75 实现 X.25 公用数据网互联

公用数据网 N_1 和 N_2 经两个 STE 互联以后，就能支持虚电路服务。图 5.32 表示了从主机 H_1 到 H_2 的虚电路由 5 段不同的虚电路串接而成。其中 VC_1 和 VC_5 是 X.25 虚电路，VC_2 和 VC_4 分别为公用数据网 N_1 和 N_2 的虚电路，VC_3 则是 X.75 支持的虚电路。不过对主机 H_1 和 H_2 来说，他们和网络的接口仍然是 X.25，看不到 X.75，所以互联后的更大的网络可以看成是 X.25 网的扩大。

2. X.75 的层次结构

两个 STE 之间的接口标准 X.75 与 X.25 相似，也分为物理层、数据链路层和分组层三个不同的层，而且各层的功能与 X.25 相应层次的功能基本相同。但是，并不等于说明公用数据网互联不复杂。这是因为在互联网络之间还可能存在一些差异，例如每个网络可能有不同的寻址方法、分组格式、最大分组长度、时延，采用不同的差错恢复方法、路由选择法等。因此，互联不同的公用数据网还要设法解决这些矛盾。

3. X.75 协议的功能

（1）两个 STE 之间连接的建立与释放：由于 X.75 是面向连接的互联协议，在两个 STE 之间存在连接的建立与释放的问题。因此，X.75 提供了在两个 STE 之间建立连接和释放连接的功能，并提供了相应的 X.75 分组。例如，从 H_1 发出的 X.25 呼叫请求分组后，在主机 H_1 到 STE_1 之间建立一条虚电路，当用户请求分组到达目的主机 H_2 后，如果后者同意建立连接，便发回一呼叫接受分组，于是在主机 H_1 和 H_2 之间建立一条虚电路。

（2）分段与重新组装：这一功能是为了解决互联的各 X.25 网络的分组长度不同的问题。

（3）流量控制：由于网关是不同网络互联的接口或交换结点，而这些结点本身的信息处理能力有限，所以必须限制通过 STE（或网关）的信息流，以防止发生过载。不过，在互联网环境下，由源主机到目的主机间的任一条虚电路，必然穿过若干网络，而每个网络本身都具有流量控制机构，所以 X.75 的流量控制机构只是用来控制互联的两个 STE 之间的流量，即在互联网络中流量控制是分段进行的。这种逐段控制流量的方法比端到端流量控制可以使信息传输的时延更小些。

通过上述可知：(1)X.75 协议没有单独的 X.75(子)层，这是由于 X.75 和 X.25 协议的 PDU 是相似的，无需在 X.25 分层上附加 X.75(子)层，分组从一个网络传送到另一网络时，STE 只是对原有的 X.25 分组作适当修改并未在 X.25 分组的 PDU 前再加协议控制信息 PCI 头；(2)无论是连接的建立和释放，还是数据的传输，都采用确认方式。因此，它比 IP 数据报协议更可靠。但是这种确认是分段完成的，所以确认只表明分组已成功地通过了一段路径或一个网络。

4. 一种典型的远程互联网络结构

图 5.33 是我国一些较为普遍采用的一种经济有效的远程互联网络总体结构，是由交换局域网、路由器和访问服务器（通信服务器）、公共广域通信网等部分组成。

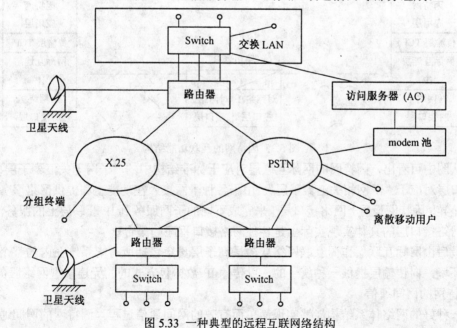

图 5.33 一种典型的远程互联网络结构

5.8 因特网的互联结构及网际互联协议

1. 因特网的组织结构

因特网在组织结构上是由主干网络（多个中转性网络）、地区性网络和组织性网络等三级网络构成，将这些网络互相连接在一起构成庞大的互联网络的关键设备与技术是路由器和网际互联协议 IP。图 5.34 是因特网组织结构的一般形式。

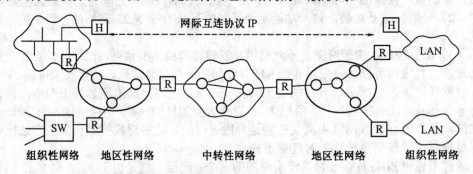

图 5.34 因特网组织结构的一般形式

2. 因特网的互联功能结构

在因特网的分层功能结构中，与网络互联有关的是网络接口层和网际互联层。因特网实际上是一个虚拟概念的网络，与具体的物理网络无关，所以在功能结构中没有涉及通信子网的 1—2—3 层。因特网的功能层次与物理网络的功能层次结合起来后，就可以构成完整的网络体系结构，如图 5.35 所示。

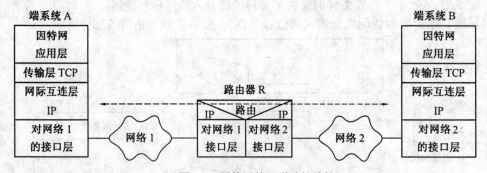

图 5.35 因特网的互联功能结构

从图中可看出，因特网的网际互联层对应于标准结构中的"子网无关汇聚子层"，网络接口层对应于"子网相关汇聚子层"。由于各种子网接入在功能上和提供网络服务上存在着差异，因特网设置"网络接口层"来完成不同的子网服务到 IP 互联层上的服务汇聚，所以网络接口层的具体实现实际上是各种网络接口程序的集合。

最后由网际互联层作为互联网络层的最高子层贯穿包括所有端系统在内的整个互联网络环境，向传输层提供一种统一的、以传输 IP 数据包方式的、无连接型网络服务。

3. 因特网的网间通信

一种好的网络体系结构能够实现简单而有效的网间通信过程，因特网的网间通信过程如图 5.36 所示。

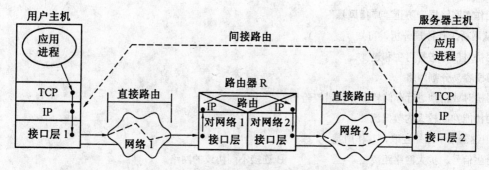

图 5.36 因特网的网间通信示意图

当一个端系统（例如一台用户计算机）要与远地任何互联子网上的一个端系统（例如一台服务器主机）进行通信，首先由传输层实体启动通信过程。传输层将来自应用系统的用户数据流分段地交给 IP 层（网络互联层），每段最长为 64K 字节。IP 层实体将数据段再分割成更小的数据单元并封装成 IP 数据报，即 IP 协议数据单元，它的长度由所在的子网能够服务能力来决定。在互联层的界面上，IP 数据报是在由端系统和路由器构成的虚拟网上传输，各个路由器对 IP 数据报在允许的路径上总是"尽力传送"。虚拟网上的路径选择服务于"间接路由"协议机制。

IP 数据报在端系统与路由器、路由器与路由器之间的真实传输过程，则是在各个子网内进行，由网络接口层来完成 IP 数据报与当地子网协议数据单元之间的可逆转换。各个子网内数据单元的路径选择服从于该子网内的"直接路由"协议机制。

到达目的端系统的所有 IP 数据报，由 IP 层实体对它们进行排序、卸包和组装，恢复成原来的数据段递交给目的主机传输层，传输层再把所有数据段重装恢复成原来的用户数据流，递交给目的应用系统。

习 题 5

一、名词解释

1. 中继器   2. 网桥   3. 路由器   4. 网关

二、填空题

1. 在某企业中，需要把一个以太网和一个令牌网进行连接，应选用_____。
2. 路由器工作在 OSI 模型的_____，而网关则工作在_____层以上。
3. 网桥处理的处理对象是_____。
4. 以太网中，中继器的个数必须在_____个以内。

三、选择题

1. 中继器工作在 OSI 的物理层，它不转换或过滤数据包，因而要求连接的两个网络（   ）。

A.具有相同的传输介质   B.具有相同的介质访问方式
C.使用同一种网络操作系统   D.使用不同的网络操作系统

2. （   ）反映了路由器的基本特征。

A.根据介质访问子层的地址发送数据信息
B.连接使用不同协议的网络
C.在物理层上实现网络的连接

D.工作在网络层,防止"广播风暴"

3. 从网桥工作原理分析,可知( )。

A.网桥对信号进行再生和过滤

B.网桥容易分割网络

C.网桥对数据帧进行存储转发和差错校验

D.网桥能抑制较大的数据流

4. 中继器用于网络互联,其作用是( )。

A.再生信号、扩大网络距离　　　　　B.连接不同协议的网络

C.控制网络中的"广播风暴"　　　　　D.提高网络速率

5. 如果互联的局域网高层分别采用 SPX/IPX 协议与 TCP/IP 协议,那么可以选择的互联设备是( )。

A.中继器　　　　　B.透明网桥　　　　　C.自适应网卡　　　　　D.多协议路由器

6. 网关不能作为通用的网间连接器的原因是( )。

A.因为网关结构太复杂

B.因为网络是针对某一特定环境和应用进行开发

C.因为网关工作在网络的各个协议层上

D.因为网关不是一种硬件设备

7. 路由器用于网络互联,它对各层网络协议的要求是( )。

A.物理层上的协议应一致　　　　　　B.网络层以上的高层协议相同

C.数据链路层以上的协议应相同　　　D.网络层以下的低层协议相同

8. ( )网络互联设备能够在传输层以上实现不同网络互联。

A.中继器　　　　　B.网桥　　　　　C.网关　　　　　D.路由器

9. 反映数据链路层一级转换的互联中继系统是( )。

A.中继器　　　　　B.网桥　　　　　C.路由器　　　　　D.网关

10. 在局域网中,用于异构网互联的网间连接器是( )。

A.网关　　　　　B.网桥　　　　　C.中继器　　　　　D.集线器

四、问答题

1. 进行网络互联时,有哪些共同问题需要解决?

2. 列出 4 种用于网络互联的设备,以及它们工作的 OSI 协议层。

3. 网桥在不同局域网之间转发帧需要解决哪些问题?

4. 网桥的主要功能是什么?

5. 路由器包括哪些基本功能?

第6章 互联网Internet

6.1 Internet概述

当前信息网络正朝着三个方向向前发展。
- 国家信息基础设施NII和全球信息基础设施GII的规模和建设。
- 全世界最大的互联网Internet的规模和应用正在飞速发展。
- 商业化的网络服务已成为一个很大的市场,并正在被大力开拓。

其中Internet的影响尤为显著,Internet是未来NII和GII的雏形,对信息技术的发展,对信息市场的开拓以及信息社会的形成起着十分重要的作用。

6.1.1 Internet的定义

Internet是全球最大的开放的由众多网络互联而成的计算机互联网,这是Internet的一般性定义,意味着全世界采用开放系统协议的计算机都能相互通信。

狭义的Internet是指上述网络中所有采用IP协议的网络互联的集合,其中TCP/IP协议的分组可通过路由选择相互传送,通常把这样的一个网称为IP Internet。

广义的Internet指IP Internet加上所有能通过路由选择至目的站的网络,包括使用诸如电子邮件这种应用层网关的网络,各种存储转发的网络,以及采用非IP协议的网络互联的集合。

6.1.2 Internet的形成

Internet是由美国的ARPANET发展和演化而成的,ARPANET是全世界第一个分组交换网。1969年美国国防部的国防科技研究计划局DARPA建立了一个只有4个节点的存储转发方式的分组交换广域网——ARPANET,该网是为了验证远程分组交换网的可行性而进行的一项实验工程。

1972年在首届国际计算机通信会议ICCC上首次公开展示了ARPANET的远程分组交换技术,当时ARPANET已有约20个分组交换节点机(采用BBN公司开发的接口报文处理机IMP)和50台主机。在总结最初的建网实践经验的基础上开始了网络控制协议NCP(Network Control Protocol)的第二代网络协议的设计工作,随后DAPA又组织有关专家开发了第三代网络协议——TCP/IP(Transmission Control Protocol/Internet Protocol)协议,于1983年在ARPANET上正式启用,这使以后的Internet得以迅速发展。

1983年ARPANET被分成两部分,一部分是专用于国防的Milnet,剩下的部分仍以ARPANET相称。与此同时,在美国还相继建立了CSNET和BITNET两个网络。ARPANET的建立产生了网络互联的概念,即将各个独立的网互联成一个更大的网络实体。在1972年的ICCC会议上曾讨论过将世界上的研究网互联起来的问题。当ARPANET采用TCP/IP协议以后,上述想法变成了现实,使用称为网关的网络互联设备形成互联各种网络的网络，其中的ARPANET为中心组成的新的互联网称作Internet。事实上，Internet的产生是由各种技术及其发展引起的，包括将ARPANET、分组无线网、分组卫星网和局域网连接起来的技术，连接各种网络成互联网的网络设备——网关的概念，将IP分组封装在更低层的网络分组内的方法，以及TCP/IP协议等，其中网关的概念和TCP/IP协议是Internet的核心。从1969年ARPANET诞生到1983年Internet的形成是Internet发展的第一阶段，也就是研究试验阶段，当时Internet连接的计算机约200台。

6.1.3 Internet的发展

从1983年到1994年是Internet发展的第二个阶段，核心是NSFNET的形成和发展，这是Internet在教育和科研领域广泛使用的实用阶段。1986年美国国家科学基金会NSF(National Science Foundation)制定了一个使用超级计算机的计划，即在全美设置若干个超级计算机中心，并建设一个高速主干网，这些中心的计算机连接起来，形成NSFNET，并成为Internet的主体部分。主干网的高速从初期的T1（每秒1.544兆位）发展到T3（每秒45兆位）。图6.1是1992年的NSFNET主干网拓扑图。

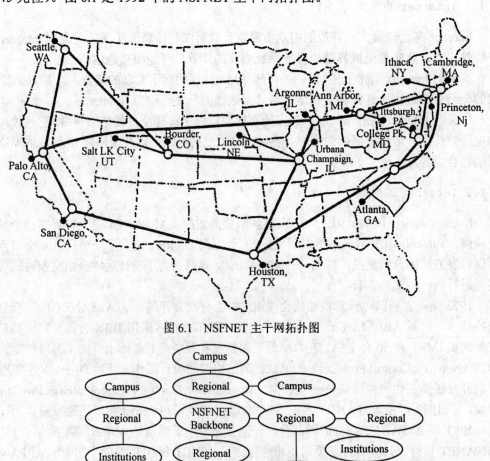

图6.1　NSFNET主干网拓扑图

图6.2　NSFNET分层结构图

NSFNET 是一个三级分层的互联网，即 NSFNET 主干网，各个区域网、以及使众多的校园网，图 6.2 是 NSFNET 的分层结构图。

1990 年到 1991 年，IBM、MCI 和 Merit 三家公司共同协作建立了一个先进网络服务公司 ANS（Advanced Network Services）专门为 NSFNET 提供服务。NSFNET 的形成和发展，成为 Internet 的最主要的组成部分。

与此同时，很多国家相继建立本国的主干网，并接入 Internet 成为 Internet 的组成部分，如加拿大的 CANET、欧洲的 EBONE、英国的 PIPES 和 JANET、以及日本的 WIDE 等。

Internet 最初的宗旨是用来支持教育和研究的活动，不是用于营业性的商业活动。但是随着 Internet 规模的扩大，应用服务的发展，以及商业全球化需求的增长，提出了一个新的概念——Internet 商业化，并开始建立 AlterNet 和 Spinet 这些商用 IP 网络。为了解决商用 IP 网络接入 Internet 的问题，1991 年宣布了一个解决方案，也就是采用称为 Internet 交换 CIX（Commercial Internet Exchange）互联点的结构。它由高速路由器和连接各 CIX 成员的链路组成，这些 CIX 的成员都是网络服务提供者，而不是网络最终用户。CIX 创造了更多的商业化机会，从此 Internet 就不仅服务于教育、研究和政府部门了。1994 年 NSF 宣布不再给 NSFNET 运行、维护经费支持，由 MCI、Sprit 等公司运行维护，这样不仅商业用户可以进入 Internet，而且 Internet 的经营也商业化了。图 6.3 是商业化后的 Internet 结构图。

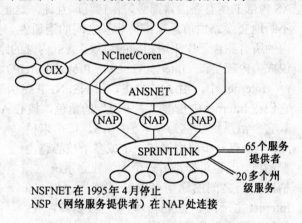

图 6.3 商业化后的 Internet 结构（1995 年）

Internet 从试验研究阶段发展到用于教育、科研的实用阶段，进而发展到商用阶段，反映了 Internet 技术和应用的成熟。

6.1.4 Internet 结构

如上节所述，Internet 是全球最大的，开放的，由众多网络互联而成的计算机网，它的核心是开放，且贯穿在整个体系结构中，图 6.4 表示 Internet 体系结构图。

最底层是物理传输管道，Internet 可建立在任何物理传输网之上，包括租用线、拨号电话网、卫星网等。

TCP/IP 协议是实现互联网连接性和互联操作性的关键，它把成千上万的 Internet 上的各种网络互联起来。

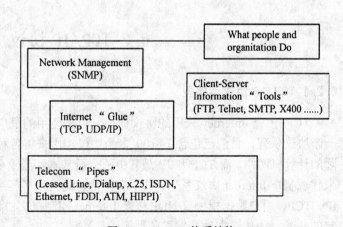

图 6.4 Internet 体系结构

在高层，TCP/IP 协议为 Internet 用户提供了终端访问方式和客户服务器方式的服务工具，诸如文件传输 FTP、虚拟终端 Telnet、电子邮件 SMTP 等，用户可根据需要利用这些服务工具。而作为整个网络管理，Internet 制定了简单网络管理协议 SNMP（Simple Network Management Protocol）。

由于 Internet 现在已经变成世界范围的互联网，因此，其结构已改变"单一网络"模型，将 Internet 分成核心主干网和一系列自治系统（autonomous system，AS）。一个 AS 就是一个管理机构下的网络，Internet 管理机构为每个自治系统分配一个 16 位二进制数的编号。

最小的 AS 可以小到仅有一台路由器组成，直接将一个局域网连入 Internet 核心主干网。大的 AS 可以由许多局域网通过广域网连接在一起的企业网。从路由器的角度来看，AS 内部的所有路由器都必须保持互联互通，这也就意味着一个 AS 内的所有路由器必须不断地交换路由信息来维持相互之间的连通性。为了保证这一点，通常是在同一个 AS 内的所有路由器中采用相同的协议。AS 内部的路由器通常称为"内部网关"，相应的协议成为内部协议（Interior Gateway Protocal，IGP），如 RIP、IGRP 及 OSPF 就是属于 IGP。

Internet 中，由 ARPANET 和 NSFNET 路由器所组成的自治系统称为"核心"AS，它们在 Internet 中扮演"主干网"的角色，核心 AS 中的路由器称为核心路由器。所有的其它自治系统都称为"末梢"AS。每个末梢 AS 至少有一个路由器与一个或多个核心路由器相连，但也可能是另一个大的独立系统。末梢路由器之间的通信必须经过核心 AS（即 Internet 主干网）来进行。这些连接到其它 AS 的特殊路由器称为"外部网关"，而外部网关之间使用的路由协议称为外部网关协议（Exterior Gateway Protocal，EGP）。将 Internet 划分为"核心主干网"和自治系统 AS 之后，Internet 的结构就变成如图 6.5 所示的情况。

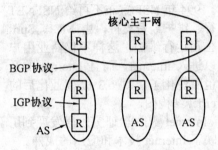

图 6.5 Internet 核心主干图

6.2 TCP/IP 协议

6.2.1 TCP/IP 协议层模型

TCP/IP 是 Internet 采用的协议标准，也是使用的最广泛的工业标准。事实上，它是一个协议系列，目前已包含了 100 多个协议，用来将各种计算机和数据通讯设备组成实际的计算机网络。而 TCP 和 IP 是其中两个最基本和最重要的协议。因此，通常用 TCP/IP 来代表整个 Internet 协议系列。其中有些协议是为很多应用需要而提供的底层功能，包括 IP、TCP、用户数据报协议 UDP 以及 Internet 控制报文协议 ICMP。另一些协议则完成特定的任务，如传送文件、发送邮件等。

对应开放系统互联 OSI 模型的层次结构，可将 TCP/IP 协议系列分成四个层次的结构：网络接口层、网络互联层、传输层和应用层，如图 6.6 所示。

层
层之间传送的对象
应用
报文流
(TELNET、FTP、电子邮件等)
传送
传输协议分组
(TCP、UDP)
网络互联
IP数据帧
(IP、ICMP)
网络接口
特定的网络帧
(设备驱动器和接口卡)
硬件

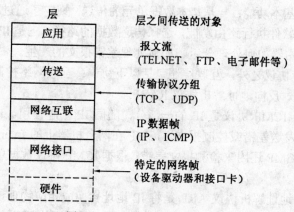

图 6.6　TCP/IP 协议的四个层次

6.2.2 网络接口层

网络接口层是 TCP/IP 协议的最底层，它的功能与 OSI 协议中物理层、数据链路层及网络层的一部分功能相对应。该层所使用的协议为各通信子网本身固有的协议，包括以太网 IEEE 802.3、快速以太网 IEEE 802.3u、千兆以太网 IEEE 802.3z、IEEE 802.3ab、万兆以太网 IEEE 802.3ae；令牌环网 IEEE 802.5 协议、FDDI、无线局域网协议 IEEE 802.11a 和 IEEE 802.11b 等所有的局域网标准协议和分组交换网 X.25、Cable Modem、XDSL、SMDS、HDLC、Frame Relay、ISDN 等所有的广域网标准协议，可以说 TCP/IP 适应于各种物理网络。

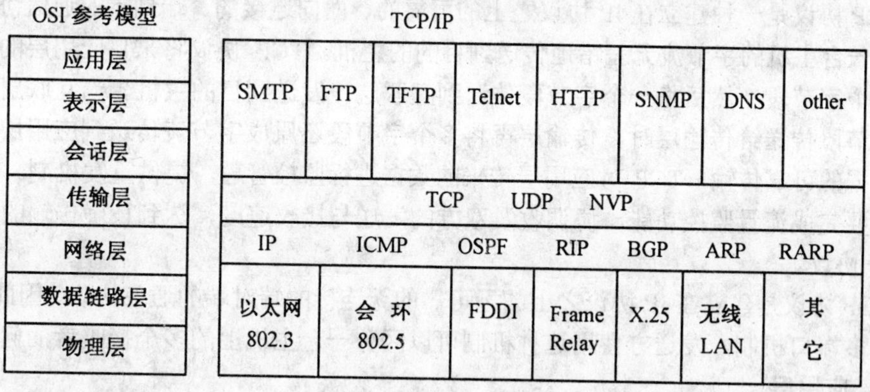

OSI 参考模型
TCP/IP
应用层
表示层
会话层
传输层
网络层
数据链路层
物理层
SMTP
FTP
TFTP
Telnet
HTTP
SNMP
DNS
other
TCP
UDP
NVP
IP
ICMP
OSPF
RIP
BGP
ARP
RARP
以太网
802.3
会 环
802.5
FDDI
Frame
Relay
X.25
无线
LAN
其
它

图 6.7　TCP/IP 协议器

6.2.3 网络互联层

网络互联层中最重要的是 IP 协议，IP 协议的基本任务是通过互联网传输数据报，它把传输层送来的消息封装成 IP 数据包，通过路由选择算法确定一条最佳路径，并完成数据转发，最终将数据传送到目的端。IP 协议规定了一个统一的 IP 数据包格式，以消除各通信子网的差异，这样即使采用不同物理技术的网络也可以在网络互联层上达到统一。

IP 协议提供无连接数据服务，这是 Internet 上最重要的服务。IP 并不保证正确地传输数据报，分组可能丢失、重复、延迟以及次序发生变化，系统既不能检测这些情况，也不能通知发送者和接收者。一系列的 IP 数据报从一台计算机传送到另一台计算机和接收者。IP 数据报从一台计算机传到另一台计算机可以通过不同的路径。

IP 提供了三个基本功能：一是基本数据单元的传送，规定了通过 TCP/IP 网的数据的确切格式；二是 IP 软件执行路由功能，选择传递数据的路径；三是 IP 包括了一些其它规则以确定主机和路由器如何处理分组、如何处理差错报文的产生。

互联层除了 IP 协议之外，互联层还包括以下协议：互联网络控制报文协议 ICMP、地址解析协议 ARP、反向地址解析协议 RARP。

• ICMP 协议。ICMP 协议是 IP 的一部分，随同 IP 一起使用。ICMP 允许路由器向其它路由器或主机发送差错或控制报文，ICMP 在两台机器上的 Internet 协议软件之间提供了通信。另外，ICMP 还用来检测报文差错，根据 ICMP 协议数据单元格式规定的代码可确定差错类型。

• ARP 协议。地址解析协议 ARP 是将 IP 地址转换成相应物理地址的协议，只需给出目的主机的互联网地址。这样，网络的物理地址可以对网络层服务透明。

• RARP 协议。反向地址解析协议 RARP 是将物理地址转换成 IP 地址的协议，当结点只有自己的物理地址而没有 IP 地址时，则可能通过 RARP 协议发出广播请求，寻求自己的 IP 地址。这样无 IP 地址的结点可通过 RARP 协议取得自己的 IP 地址。

6.2.4 传输层

TCP/IP 协议簇在传输层提供了两个协议，即传输控制协议 TCP 和用户数据报协议 UDP。

1. TCP 协议

TCP 协议是一种建立在 IP 协议之上的可靠的、面向连接的、端到端的通信协议，它保证将一台主机的字节流无差错地传送到目的的主机。TCP 协议将来自应用层的字节流分成多个字节段，然后将一个字节段传送到互联层，发送到目的主机。当互联层将接收到的字节段传送给传输层时，传输层再将多个字节段还原成字节流传送到应用层。为了保障数据的可靠传输，TCP 对应用层传来的数据进行监控管理，提供重发机制。TCP 协议同时要完成流量监控功能，协调收发双方的发送与接收速度，达到正确传输的目的。

2. UDP 协议。

UDP 协议是建立在 IP 协议之上的不可靠的无连接的端对端的通信协议。因此，UDP 增加了多端口机制，发送方使用这种机制可以区分一台主机上的多个接收者的问题。

6.2.5 应用层

TCP/IP 模型的应用层包括所有的高层协议，并且总是不断有新的协议加入。目前，应用层协议主要有以下几种。

1. 网络终端协议 Telnet

用于实现互联网中的远程登录功能，允许一台本地机器登录到远程服务器上作为服务器的超级终端，以共享远程服务器的所有资源和功能。

2. 文件传输协议 FTP

用于实现互联网中交互式文件传输功能，允许授权用户登录到文件服务器中，通过远程文件服务器传输文件，也可向远程服务器下载或上载文件。

3. 简单邮件传输协议 SMTP

用于实现互联网中电子邮件传输功能，解决如何通过一条链路把电子邮件传输到接收者。
4. 域名系统
用于实现网络设备名到 IP 地址映射的网络服务，采用层次结构的域名系统，为用户提供了高效、可靠的查询方式。
5. 简单网络管理协议 SNMP
用于管理和监视网络设备，定义了一种在工作站或微机等经典的管理平台与设备之间使用 SNMP 命令进行网络设备管理的标准。
6. 超文本传输协议 HTTP
用于 WWW（WORLD WIDE WEB）服务，通过将 WWW 服务器中的用超文本标注语言 HTML 制作的网页传输到客户机中，用户便可以用浏览器浏览网页。

应用层协议可以分为三类：一类依赖于 TCP 协议，如网络端协议 Telnet、简单电子邮件协议 SMTP、文件传输协议 FTP 等；另一类是依赖于 UDP 协议，如简单网络管理协议 SNMP、简单文件传输协议 TFTP；第三类则依赖于 TCP 协议，也依赖于 UDP 协议，如域名系统 DNS。

6.3 网络接口层协议

网络接口层上的 TCP/IP 协议用于使用串行线路连接主机与网络或连接网络与网络的场合，这就是 SLIP 协议或 PPP 协议。使用串行线路进行连接的例子，如家庭用户使用电话线和调制解调器接入网络，或两个相距较远的网络利用数据专线进行互联等。

6.3.1 SLIP 协议

SLIP(Serial Line Internet Protocal)提供在串行通信线路上封装 IP 数据报的简单方法，使得远程用户通过电话线及高速调制解调器可以很方便地接入 TCP/IP 网络。SLIP 对 IP 数据报的封装方法如图 6.8 所示。

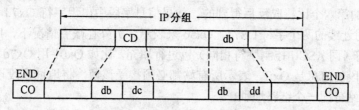

图 6.8 SLIP 组装方式

在 IP 数据报后加一个称为 END 的特殊字符（OxcO）作为帧的结束标志。由于没有帧起始标志，发送前线路上的一些噪声会被当作数据报的一部分而被接收下来，因而在大多数的实现中，在发送 IP 数据报前，也发送一个 END，这样接收方可以准确识别出两个 END 之间的部分为有效数据报，而以第一个 END 结束的数据报交给上层实体后，会因检测出错误而被丢弃。

如果 IP 数据报中出现同 END 相同的字符，则必须以连续的两个 Oxdb，Oxdc 来代替它，其中 Oxdb 称为是 SLIP 的转换字符（ESC）。

如果 IP 数据报中出现同 ESC 相同的字符，则必须以连续的两个字符 Oxdb，Oxdd 来代替它。

SLIP 是一种简单的组帧方式，但它存在一些严重的问题。

（1）通信的双方必须事先知道对方的 IP 地址，这给家庭用户上因特网带来很大的限制，因为不可能为每个家庭用户的计算机分配一个固定的 IP 地址，而 SLIP 又不支持在连接建立的过程中动态地分配 IP 地址。

（2）SLIP 帧中没有协议类型域，因此它只能支持 IP 协议。

（3）SLIP 帧中没有检验字段，因此链路层上无法检测出传输错误，必须有上层实体进行错误处理，或选用具有纠错能力的调制解调器来解决传输错误的问题。

为解决以上问题，在串行通信线路上又开发了 PPP 协议。

6.3.2 PPP 协议

PPP（point to point protocal）是一种有效的点对点通信协议，它由以下三部分数据报组成：

（1）串行通信线路上的组帧方式。

（2）用于建立、配置、测试和拆除数据链路的链路控制协议 LCP。

（3）一组网络控制协议 NCPs，用以支持不同的网络层协议。

PPP 帧格式与 HDLC 帧格式相似，如图 6.9 所示。

1	1	1	1或2	<1600	2或4	1	(字节)
Flag 7e	Addr ff	Ctrl 03	Protocol	Information	CRC	Flag 7e	

图 6.9 PPP 帧格式

PPP 帧的起始和结束标志都是 0x7e，如果在信息字段出现与此相同的字符，必须进行填充。在同步数据链路中采用比特填充法进行填充，在异步数据链路中，采用字符填充法去填充。在字符填充法中，转义字符为 0x7d，紧跟在转换字符后面的那个字符，其中六比特必须取反。比如字符 0x7e 转换成连续的两个字符 0x7d、0x7e 来传输。0x5e 是将 0x7e 的第六个比特取反后得到的。如果信息字段中出现字符 0x7d，也必须进行填充，0x7d 用连续的两个字符 0x7d、0x5d 来表示。另外在缺省情况下，PPP 对所有小于 0x20 的字符（同 ASCII 控制字符相同）也进行填充，比如 0x01 用 0x7d、0x21 来传输。

地址字段的值总是 0xff，表示所有站都必须接受该帧，将地址字段设置成 0xff，是避免给每个站分配一个链路地址。

控制字段的值缺省为 0x03，表明这是一个无编号帧。也就是说，PPP 在缺省的情况下，不提供使用帧编号和应答的可靠传输机制，但在有噪声环境中也可以选用有编号的传输模式。

协议字段的编码值指明信息字段中携带的是什么类型的数据。以 0 开始的编码表示信息字段携带的是网络层的数据报，如 0x0021 表示携带的是 LCP 数据报，用来协商 PPP 参数。协议字段的长度缺省为 2 个字节，可以用 LCP 协商成一个字节。

帧校验字段是一个循环冗余码，通常为 2 个字节，也可以协商成 4 个字节。

由于 PPP 帧中增加了校验字段，因而 PPP 在链路层上具有差错检验的功能；PPP 的 LCP 协议提供了通信双方进行参数协商的手段；因为 PPP 帧中增加了协议字段，并已提供了一组 NCPS，使得 PPP 可以支持多种网络层协议，目前可以支持的网络层协议有 IP、IPX、OSICLNP、NNS 等；另外支持 IP 的 NCP 可以在建立连接时动态分配 IP 地址，解决了家庭用户上因特网的问题。由于 PPP 具有的这些优点，PPP 正在迅速地取代 SLIP。

6.4 网络互联层协议

6.4.1 网络互联协议 IP

网络互联协议 IP（Internet Protocal）是网络互联层协议，其主要用功能包括无连接的数据包（Packet）传送、数据包寻径和差错处理三部分。协议的内容有 IP 报文（即 IP 包）的类型、格式协议与定义、IP 报文的地址（IP 地址）及其分配方法、IP 报文的路由选择和数据转发、IP 报文的分段与重组等。

IP 协议向传输层提供统一的 IP 数据包和统一的 IP 地址，它将各种网络技术的帧格式和地址格式等的差异屏蔽起来，这些差异与上层无关，使异种网络在 IP 层达到统一，实现异种网的互联。

1. IP 数据包的报文格式

IP 数据包是 IP 协议的基本数据单元，它由数据包头（header）和数据两部分内容组成，图 6.10 给出了 IP 数据包的格式

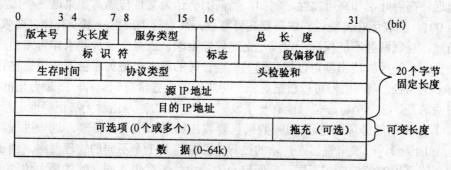

图 6.10　IP 数据包格式

传输层的数据交给网络互联层后，IP 协议在其前面加上 IP 数据包头，用于在传输途中控制 IP 数据包的寻径、转发和处理。IP 数据包头包含一些必要的控制信息，它本身由 20 个字节的固定部分和变长的可选项（option）部分构成。固定部分的内容包括：IP 协议的版本号、IP 数据包的报头长度、服务器类型、数据包总长度、标识符、标志位、段位移、数据包生存时间、协议类型、包头校验，以及源端 IP 地址和目的端 IP 地址共 12 个字段域。可选的变长部分包括源路径等多个可选控制项。下面分别介绍 IP 数据包头中各字段的含义及作用。

（1）版本号：IP 数据包头的第一项就是 IP 协议的版本号（Version），它占 4 位，表示 IP 协议的版本号。目前在 Internet 上广泛使用的 IP 协议版本为 4（IPv4）。无论是主机还是中间路由在处理每个接收的 IP 数据报之前，首先需要检验它的版本号，以确保使用正确的协议版本来处理它。

（2）长度字段：在 IP 数据包头中有两个长度字段，一个表示 IP 数据包头的长度，

另一个表示 IP 数据包的总长度。头长度占用 4 位，表示数据包头的长度。一个表示包头长度单位是 4 个字节，即 IP 数据包头中真正的字节数应该等于包头长度值乘以 4，例如，包头长度值为 9，则表示 IP 数据包头长度为 36 个字节。IP 数据包头又分为固定部分和选项（option）部分，固定部分正好是 20 个字节，而选项部分为变长，因此需要用一个字段来给出 IP 数据包头的长度。而且若选项部分长度不为 4 的倍数，则还应根据需要填充（padding）1～3 个字节以凑成 4 的倍数。

总长度字段表示整个 IP 数据包的长度（包括数据包头和数据），它的值以字节（byte）为单位。总长度字段用 16 位表示，所以 IP 数据包最长可达 64k 字节。

（3）服务类型（type of service）和优先级：IP 数据包头中的服务器类型字段规定了对于本数据包的处理方式。该字段总共为 1 个字节，被分为 5 个子域，其结构如下：

0	2 3	4	5 6	7 (bit)
优先权	D	T	R	保留

优先权标识本数据包的优先级，用 3 位表示，取值为 0～7。"0" 为一般优先级，即值越大，表示优先级越高。它提供了一种区分不同 IP 数据包的手段，例如，让重要的网络控制信息比一般 IP 数据具有更高的优先级。

D、T、R 三位表示本数据包所希望的传输类型。D 是延迟（delay），T 是吞吐率（throughput），而 R 表示可靠性（reliability）。若上述三个标志位被置为 1，分别表示要求低延迟、高吞吐率和高可靠性。例如，当前的会话为文件传输，如果这三个比特位的设置为 001，则表示在传输过程中需要高可靠性，而对延迟或吞吐率没有什么要求。

当然，互联网并不能保证一定满足上述传输要求，而是把这种要求作为路由选择时的一个提示，途经的路由器可以把它们当做选径时的参考。假如路由器知道去往目的地网络有多条路径，则路由器可以根据这三个标志位的设置情况来选择一条最合适的路由。应该说明的是，这三个标志位只能有一个设置为 "1"，否则路由器无法正确地进行处理。

（4）数据包的分段和重组：IP 数据包要放在物理帧中进行传输，这一过程叫封装（encapsulation）。一般来说，在传输的过程中要跨越若干个不同的物理网络，由于不同的物理网络采用的帧的格式不同，且所容允的最大帧长度也不同（帧的最大传输单元，简称为 MTU（Maximum Transfer Unit，其值由物理网络的硬件和算法所确定）。而 IP 数据包的最大长度可以为 64k 字节，远大于大多数物理网络的 MTU 值。因此 IP 协议需要分段机制，把一个大的 IP 数据包，分成若干个小的分段进行传输，最后由接收端重新组合还原。

分段（fragment）可以在任何必要的中间路由器上进行，而重组仅在目的主机上进行。在 IP 包头中，共有三个字段用来实现对数据包的分段和重组：标识符（identification）、标志域（flag）和分段偏移值（fragment offset）。

（a）标识符。标识符是一个无符号整型值，它是 IP 协议赋予数据包的标识，属于同一数据包的分段具有相同的表示符。标识符的分配必须统一，决不能重复。IP 协议每发送一个 IP 数据包，就要把该标识符的值加 "1"，作为下个数据包的标识符。标识符用 16 位表示，取值范围为 0～64k。这样可以保证在重复使用一个标识符时，具有相同标识符的上一个 IP 数据包的所有分段都已经从网络上消失，以此避免不同的数据包具有相同的标识符。

(b) 数据包标志域。数据包标志域占用 3 位,但只有低两位有效,每位的意义如下。

- 0 MF (more fragment) 最终分段标志
- 1 DF (don't fragment) 禁止分段标志
- 2 未用

当 DF 位为 "1" 时,表示该数据包不能分段。假如此时数据包长度大于 MTU 值,则根据 IP 协议把该数据包丢弃,同时向源端返回出错信息。

当 MF 标志为 "0" 时,说明该分段是数据包的最后一个分段。

(c) 分段偏移值。分段偏移值指出本分段的第一个字节在初始的 IP 数据包中的偏移值,该偏移量以 8 字节为单位。

(5) 数据包生存时间:IP 数据包传输的特点是每个数据包单独寻址。因此在互联网的环境中从源到目的端的传输延迟通常是随机变化的。在传输过程中,可能因为中间路由器的路由表出现错误,而导致数据包在网络中无休止地循环。为避免这种情况,IP 协议用生存时间 TTL(time to live)来限制一个数据包在网络中的生存时间。如果数据包没能在设定的生存时间内传输到位,则会被自动丢弃。

在每个新生成的 IP 数据包中,其数据包头的生存时间字段都被初始化为最大值(255),这是 IP 数据包的最大生存周期。TTL 以秒为单位,随着时间的流逝,路由器和主机应该从 TTL 中减去消耗的时间,一旦 TTL 等于 0,便将该数据包丢弃,但由于精确的时间同步在互联网环境中很难实现,故 IP 协议采用简单近似的 TTL 处理方法,即在数据包每经过一个路由器时,其 TTL 值减 1,直到它的值减为 0,则丢弃该数据包,并发送错误信息。这样,即使在网络中出现循环路由,循环转发的 IP 数据包也会在有限的时间内被丢弃。

(6) 协议类型:协议类型 (protocol) 字段的内容指出 IP 数据包中数据部分是属于哪一种高层协议,接收端则根据该协议类型字段的值确定应该把 IP 数据包中的数据交给哪一个上层协议去处理。常见的协议类型有 TCP、UDP、ICMP、IGMP 等,其对应的协议类型分别为 6,17,1 和 2,其它协议类型及其对应的编号参见 RFC1700。

(7) 头检验和:头检验和 (header checksum) 字段用于保证头部数据的完整性和传输的正确性。其计算方法很简单,在发送端把校验和字段设置为 0,然后对数据包头中的内容按 16 位累加,结果值取反,便得到校验和。注意 IP 协议只对数据头部信息作校验,不提供对数据部分的校验。

(8) 源地址和目的地址:在 IP 数据包的头部有两个字段,源地址和目的地址(source/destination IP address),它们分别表示该数据包的发送者和接收者。在传输过程中,这两个字段始终保持不变。关于 IP 地址的格式及分类将在后面说明。

(9) IP 数据包选项:IP 数据包选项 (option) 主要用于额外的控制如支持排错、安全和测试,在 IP 报头中可以包括多个选项。该字段的长度可变,从 1~40 字节不等,取决于选项。每个选项的第一个字节为标识符,表示该选项的类型。如果该选项的值是变长的,则紧接在其后的 1 个字节给出其长度,之后才是该项的值。IP 协议的选项类型如表 6.1 所示。

表 6.1 IP 数据包头中的可选项

安全选项（Security）	表示该 IP 数据包的保密级别
严格源路径（Strict Source Routing）	给出完整的路径表
松散源路径（Loose Source Routing）	给出该数据包在传输过程中必须要经过的路由器地址
路由记录（Record Route）	让途径的每个路由器在 IP 数据包中的记录其 IP 地址
时间戳（Timestemp）	让沿途经过的每个路由在 IP 数据包中记录其 IP 地址及时间值

图 6.11 是选项代码的格式，还有些选项需要多个字节，但其中第一个字节仍需为选项代码，后面可能跟有 1 字节的选项长度和多字节的数据。选项是连续出现的，中间不需要有分隔符，最后用全 0 的填充字段补齐成为 4 字节的整数倍。

选项代码有三个字段。第一个字段是复制字段，占 1 位，它的作用是控制网络中的路由器在将数据报进行分片时所做的选择。当复制字段时，必须将此选项字段复制到每一个数据报分片中。而当复制字段为 0 时，就只复制到第一个数据报分片中。

第二个字段是选项类别字段，占 2 位。但目前只有两类可供选用，当类别为 0 时，用作数据报或网络控制（主要是这类），当类别为 2 时，用作排错和测量，即 Internet 时间戳。

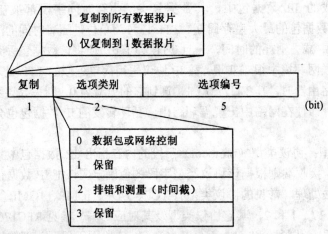

图 6.11 选项代码的格式

第三个字段是选项编号，占 5 位，它指出可有的选项及其作用，如表 6.2 所示。

表 6.2 IP 数据报中可能的选项类

选项类	选项号	长度	描述
0	0	-	选项表结束，在首部的结尾选项仍没有结果时使用。
0	1	-	无操作（用来对齐选项表的八位组）
0	2	11	安全和处理限制
0	3	VAR	不严格的源站选路，用来在一个指定路径为数据报选路
0	7	VAR	记录路径，用来跟踪路由
0	8	4	流标识符，用来携带一个 SATNET 流标识符
0	9	VAR	严格的源站选路，用来在指定路径上为数据报选路
2	4	VAR	Internet 的数据戳，用来记录路由上的时间戳

属于选项类别 0 的有下列一些选项编号。

（1）选项编号 0：指出这是选项中的最后一个。

（2）选项编号 1：表示无操作，用于需要按每 4 个字节对齐之用，和填充字段的功能是一样的。

以上两种都是只使用 1 字节的选项代码，下面的几种则要使用若干字节。

（3）选项编号 2：是为安全而使用的，且只在美国国防系统传送机密文件时使用。路由器在检测到这一安全选项时，就要使该数据报不要离开安全的环境。

（4）选项编号 7：是为记录路由用的，其长度可变。图 6.12 是记录路由的选项格式。这种数据报是用来监视和控制互联网中的路由器是如何转发数据报的。源站发出一个空白的表，让数据报所经过的各路由填上其 IP 地址，以获得路由信息。

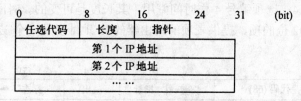

图 6.12 记录路由的选项格式

记录路由的是前 3 个字节。

①选项代码字段。包括选择项和选项号，记录路由是 0 和 7。

②长度字段。填入此选项的长度。

③指针字段。指出下一个可填入 IP 地址的空白位置的偏移量。

在这之后，就是若干个 4 字节长的 IP 地址区域，由各个路由器填入。当一个路由器收到包含有记录路由选项的数据报时，先检查指针所指的位置是否超过了表的长度。如不超过，则填入自己的 IP 地址，并将指针值加 4，然后转发出去；如已填满，则不填入自己的 IP 地址，而仅仅转发此数据报。

当数据报到达时，目的主机取出 IP 地址表进行处理。一般的计算机在收到这样的数据报时，并不会理睬数据报中所记录的路由。因此，要使用记录路由选项的话，源站必须和有关目的站主机协商好，请目的主机在收到记录的路由信息后，将路由信息提取出来，并发回源站。

在建网时，人们发现源站路由选项，它提供一种由源主机指定一条通过互联网的路径。IP 支持两种形式的源站选路。

（5）选项编号 3：为不严格的源站选路（loose source routing），其长度是可变的。

（6）选项编号 9：为严格的源站选路（strict source routing），其长度也是可变的。

源站选路是指源站将数据报传送的路由事先规定好。严格的源站选路给出一个从源到目的地 IP 地址序列，要求数据报严格沿指定路由表传输，不允许改变源站规定好的路由。其最大的功能是当路由表破坏时，可由系统管理器发出一个紧急包或作定时监测。但不严格的源站选路只是制定一个必须经过的路由器，不同情况下则可以通过路径上其它路由器。它允许在数据报的传送过程中，将路由表中源站规定要经过的一些路由器，改换成别的路由器。

源站选路选项的格式与图 6.12 记录路由格式相似。前面也是 3 个固定的字节。但选项代码字节中的 3 个字段应分别填入 1, 0 和 3（不严格的源站选路）以及 1, 0 和 9（严格源站选路）。此外，这 3 个字节后面的 IP 地址表不是空的，而是事先由源站写好的。数据报按源站制定的路由传送，当路由器收到此数据报后，若指针已超过表的范围，则转发此数据报，不写任何数据。若指针的指示是正确的，则填入自己的 IP 地址（覆盖掉原来的 IP 地址），并按表中指出的下一个地址转发出去。这里要注意的是：一个路由器有两个或两个以上的 IP 地址。原本在这个选项路由表中写入的是路由器的入口 IP 地址，而路由器写的 IP 地址则是路由器的出口 IP 地址。

在数据报中加入源站路由选项，可以使网络的管理者了解沿网络中的某一条通路状况是否正常，一般的用户并不使用这一功能。

选项类别为 2 是 Internet 的时间戳。

（7）选项编号 4：选项编号 4 作时间戳用，其长度是可变的。时间戳选项与记录路由选项都包含两个 32 位的项，提供表项的路由器的 IP 地址以及一个 32 位整数时间戳。格式如图 6.13 所示。

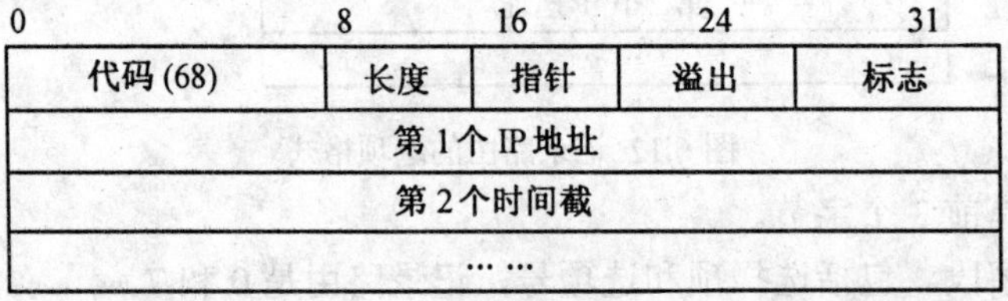

0	8	16	24	31
代码(68)	长度	指针	溢出	标志
第 1 个 IP 地址			
第 2 个时间戳			
……			

图 6.13 时间戳选项格式

但一开始除了原来的选项代码字段、长度字段和指针字段分别指定了为选项所保留的空间大小以及下一个可使用空间的位置。4 位的溢出字段包含一个整数计数器，它统计因为选项空间太小而不能提供时间戳的路由器的个数。4 位的标志字段的值控制选项的确切格式，并指明路由器应如何提供时间戳。标志字段含义如表 6.3 所示。

表 6.3 时间戳选项标志字段含义

标志字段值	含 义
0	仅记录时间戳；忽略 IP 地址
1	在每个时间戳之前记录一个 IP 地址
2	由发送方指定 IP 地址；如果表中下一个 IP 地址与路由器的 IP 地址匹配，则路由器仅记录时间戳

标志字段区分几种情况：
①只写入时间戳；
②写入 IP 地址和时间戳；
③IP 地址由源站规定好，路由器只写入时间戳。溢出字段写入一个数，此数值及数据报所经过的路由器的最大数目（考虑到太多的时间戳可能会写不下）。

时间戳记录了路由器收到数据报的日期和时间，占用 4 字节。时间的单位是 ms（毫秒），是从午夜算起的通用时间（universal time），即格林尼治时间。当网络中的主机的本地时间和时钟不一致时，记录的时间戳会有一些误差。时间戳可用来统计数据报经路由器产生的时延和时延的变化。

2. IP 数据包的封装、分段与重组

IP 数据包要交给数据链路层，封装成帧后才能发送。在理想情况下，每个 IP 数据包正好放在一个物理帧中发送，这样可以使网络的传输效率最高。而实际的物理网络所支持的最大帧长各不相同。例如，以太网帧的最大长度为 1500 字节，而一个 FDDI 帧中可以容纳 4470 个字节的数据。我们把这个上限称为物理网络的最大传输单元 MTU。有些网络的 MTU 非常小，其值可能只有 128 个字节。

为了能把一个 IP 数据包放在不同的物理帧中，最大 IP 数据包的长度只能等于这条路径上所有物理网络的 MTU 的最小值。当数据包通过一个可以传输更大长度的帧的网络时，把数据包的大小限制在互联网上最小的 MTU 之下是经济的。同样，如果数据包的长度超过互联网的最小的 MTU 值的话，则当数据包在穿越子网时，就无法被封装在一个帧中。

IP 协议采用了这样一种方法：在发送 IP 数据包时，一般选择一个合适的初始长度。如果这个数据包要经历的中间物理网络的 MTU 值比 IP 数据包的长度要小，则 IP 协议把这个数据包分成多个小的 IP 分段后分别发送。图 6.15 给出了对 IP 数据包进行分段的网络环境示例。

在图 6.14 中，两个以太网通过一个远程网互联起来。以太网 MTU 是 1500 个字节，但是中间的远程网的 MTU 为 620 个字节。如果主机 A 发送给 B 一个长度超过 620 字节的 IP 数据包，首先在经过路由器 R1 时，就必须把该数据包分成多个字段。

在进行分段时每个数据片的长度依照物理网络的 MTU 而确定。由于 IP 数据包头中的偏移字段的值，实际上是以 8 字节为单位的，所以要求每个分段的长度必须是 8 的整数倍（最后一个字段除外，它可能比前面几个分段的长度都小，它的长度可能为任意值）。

图 6.14 拥有不同 MTU 值的网络

图 6.15 是一个包含有 1400 字节数据的 IP 数据包，在经过图 6.14 所示网络环境中路由器 R1 后，该数据包的分段情况。

原始 IP 数据包	IP 数据	数 据 片 (1400 B)
分段 1	分段 1 的头 (偏移为 0)	数 据 片 (600 B)
分段 2	分段 2 的头 (偏移为 600)	数 据 片 (600 B)
分段 3	分段 3 的头 (偏移为 1200)	数 据 片 (200 B)

图 6.15 IP 数据包的分段

从图 6.15 中可以看出，每个分段都包括各自的 IP 数据包头。而且该数据包头和原来的 IP 数据包头非常相似，除了 MF 标志位、分段偏移、校验和等几个字段外，其它字段完全一样。

重组（reasembly）是分段的逆过程，把若干个 IP 分段重新组合后还原成原来的 IP 数据包。在目的端收到一个 IP 数据包时，可以根据其分段偏移和 MF 标志位来判断它是

否为一个分段。如果 MF 是 0，并且分段偏移为 0，则表明这是一个完整的 IP 数据包。否则，如果分段偏移不为 0，或者 MF 标志位为 1，则表明它是一个分段，这时目的端需要实行分段重组。IP 协议根据 IP 数据包头中的标识符字段的值来确定哪些分段属于同一个原始数据包，根据分段偏移来确定分段在原始数据包中的位置。如果一个 IP 数据包的所有分段都正确地到达目的地，则把它重新组织成一个完整的数据包后交给上层协议去处理。

3. IP 地址的表示和分类

（1）IP 地址的表示：Internet 地址使用 IP 地址，通常也称互联网地址。IP 地址是用来唯一表示互联网上计算机的逻辑地址。每台联网的计算机都用 IP 地址唯一地标识自己。

IP 地址的长度为 32 位（4 个字节），采用点十进制的表示方法，即每个地址被表示为 4 个以小数点隔开的十进制整数、每个整数对应一个字节，如 165.112.205.120。32 位的 IP 地址由网络号和主机号两部分组成，其中网络号就是网络地址，用于表示某个网络。主机号用于表示在该网络上的一台特定的主机，位于同一物理网络上的所有主机具有相同的网络号，如图 6.16 所示，所以 IP 地址可表示为：

IP 地址 :=(<网络号>，<主机号>)

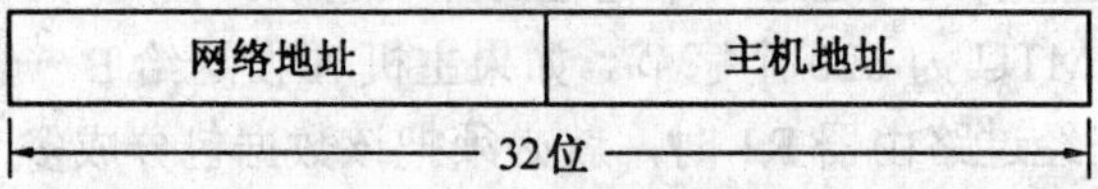

网络地址	主机地址

←——————32位——————→

图 6.16　IP 地址的表示

（2）IP 地址的分类：为了适应不同规模的物理网络，IP 地址分为 A、B、C、D、E 五类，但在 Internet 上可分配使用的 IP 地址只有 A、B、C 三类。这三类地址统称为单目传送（unicast）地址，因为这些地址通常只能分配给唯一的一台主机。D 类地址被称为组播（multicast）地址，组播地址可用于视频广播或视频点播系统，而 E 类地址尚未使用，保留给将来的特殊用途。

不同类别的 IP 地址的网络号和主机号的长度划分不同，它们所能识别的物理网络数不同，每个物理网络所能容纳的主机个数也不同，如图 6.17 所示。

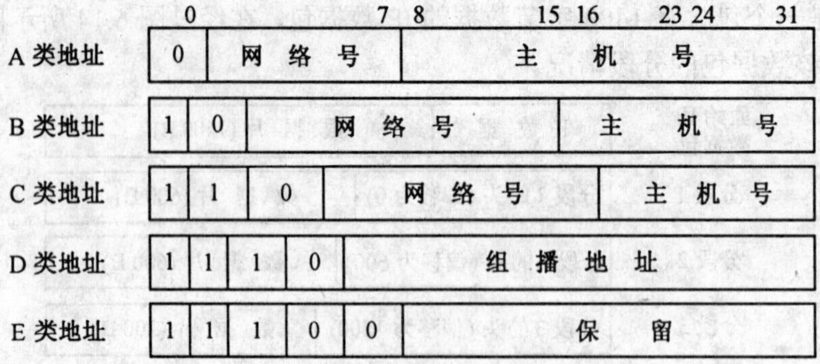

```
              0       7 8       15 16      23 24     31
A 类地址  | 0 |   网络号   |        主  机  号         |
B 类地址  | 1 0 |     网络号      |      主  机  号     |
C 类地址  | 1 1 0 |        网络号         |  主 机 号  |
D 类地址  | 1 1 1 0 |        组  播  地  址            |
E 类地址  | 1 1 1 1 0 |          保  留                |
```

图 6.17　IP 地址格式与分类

路由器在转发分组查找转发表时，转发表只使用 IP 地址中的网络号 NET-ID 来查找路由。只要 IP 数据报能正确地到达目的网络，就可以在这个网络上直接交付给目的主机。因此，路由器转发分组的步骤是：

• 先按所要找的 IP 地址中的网络号 NET-ID 把目的网络找到。
• 当分组到达目的网络后，再利用主机号 HOST-ID 将数据报直接交付给目的主机。

A 类地址的网络号占 1 个字节，只有 7 个比特可供使用（第一个比特已固定为 0），但可提供使用的网络号是 126 个（2^7-2），即 A 类地址可识别 126 个不同的物理网络或虚拟网。全 0 的 IP 地址是个保留地址。127（即 0111 1111）保留作为本地软件环回测试（loopback test）本主机使用。后面 3 个字节最大主机数是 16777214（$2^{24}-2$），除了 127.0.0.0 和 127.255.255.255。全 0 的主机号字段表示该 IP 地址是"本主机"所连接到的单个网络地址（如一主机地址为 5.6.7.8，则该主机所在的网络地址就是 5.0.0.0），而全 1 的主机字段表示该网络上的所有主机。

B 类地址的网络字段占 2 个字节，前 2 位是"10"，剩下 14 位可表示的网络数为 16384（2^{14}），每个 B 类地址可容纳 65536 台主机。

C 类地址有 3 个字节的网络号字段，前 3 位是"110"，剩下 21 位比特可表示网络数是 2097152，即（2^{21}），每个 C 类地址可容纳 254 台主机。表 6.4 给出每类 IP 地址的使用范围。

表 6.4 各位 IP 地址的使用范围

地址类别	高 位	网络号范围	最大主机数
A	0	1~126 (27~2)	16777214
B	10	128~191 ( )	65534
C	110	192~223 ( )	254
D	1110	224~239	
E	11110	240~254	

（3）特殊的 IP 地址

（a）广播地址。IP 地址结构规定，所有主机号为"1"的地址是用于广播的，所谓广播是指向网络上的所有站点发送数据包。广播地址又分为两种，直接广播地址和有限广播地址。

在一个特定子网中，主机地址部分全为"1"的地址成为直接广播地址（direct broadcast）。使用直接广播地址，一台主机可以向任何指定的网络直接发送广播包，很多 IP 协议利用这个功能向一个子网上广播数据。例如，在子网地址为 162.105.130.0 的网络上，162.105.130.255 就是该网络的直接广播地址。另一台 IP 地址为 202.112.7.12 的主机，虽然不在这个子网（162.105.130.0）内，也可以用广播地址 162.105.130.255 向该子网上所有的主机广播信息。协议规定，每台主机和路由器都要接受和处理目的地址为本子网广播地址的数据包。

32 位全"1"的 IP 地址（255.255.255.255）为有限广播地址（limited broadcast address）或本地网广播地址（local network broadcast address），该地址被用于在本网络内部广播。使用有限广播地址，主机可在不知道自己的网络地址的情况下，也可以向本子网上其它所有的主机发送信息。

无论哪种广播地址都不像其它的 IP 地址那样分配给某台具体的主机。因为它是指满足一定条件的一组机器，所以广播地址只能作为 IP 数据报的目的地址，表示该数据报的一组接收者。

（b）组播地址。D 类 IP 地址就是组播地址（multicast），即在 224.0.0.0~239.255.255.255 范围内的每个 IP 地址，实际代表一组特定的主机。它与广播地址相似之处在于都是只能作为 IP 数据包的目的地址，表示该数据包的一组接受者；而不能把它分配给某台具体的主机。组播地址和广播地址的区别在于，广播地址是按主机的物理位置来划分各组的（属于同一个子网），而组播地址指定一个逻辑组，参与该组的机器可能遍布整个 Internet。

组播地址主要用于电视会议、视频点播等。一个由多方参与的电视会议，正在发言一方的声音和图像将被传送到其它参与者的主机上。如果采用单目发送方式，则需要源端向每个参与者发送一份备份，即使两个接收者紧密相邻，并且到达它们的路径大部分是一样的。这将极大地占用网络带宽资源，对发送端和网络都造成了很大的浪费。采用组播方式，则可以有效地解决这个问题。

实际上，一个组播 IP 地址唯一地标志一个逻辑组。每个要求参与组播接收的主机使用 IGMP 协议，主动登记到希望加入的组中去。网络中的路由器根据参与的主机的位置，为该组播的通信组形成一棵发送树。服务器在发送数据时，只需发送一份数据包，该数据包的目的地址为相应的组播地址。路由器根据已经形成的发送树依次转发，只是在树的分叉处复制数据包，向多个网络转发一份拷贝。经过多个路由器转发后，该数据包可以到达所有登记到该组的主机处，而且在发送过程中仅需复制少量的拷贝，这样就大大减少了原主机的负担和网络资源的浪费。

(c)"0" 地址。

按照规定，主机号"0"从来不分配给任何一个单个主机，而用这种主机号为零的 IP 地址来代表该网络本身。例如，202.112.7.0 就是一个 C 类网络地址，表示该网络本身，即网络地址。

网络号为"0"的 IP 地址指的是本网络上的某台主机。例如，如果一台主机（IP 地址为 202.112.7.13）接收到一个 IP 数据包，它的目的地址中网络号部分为"0"，而主机号部分与它自己的地址匹配（即 IP 地址为 0.0.0.13），则接收方把该 IP 地址解释为本网络的主机地址，并接收该数据包。

特殊地址"0.0.0.0"则代表本主机地址，网络上任何主机都可以用它来表示自己。

(d) 回送地址。

原本属于 A 类地址范围的 IP 地址（127.0.0.0~127.255.255.255）没有包括在 A 类地址中。这是因为任何一个以数字 127 开头的 IP 地址（127.any.any.any）都叫做回送地址（loopback address），它是一个保留地址，最常见的表示形式为 127.0.0.1。

每台主机上对应 IP 地址 127.0.0.1 有个接口，成为回送接口（loopback interface）。IP 协议规定，当任何程序向回送地址发送数据包时，计算机上的协议软件不会把该数据包向网络上发送，而是把数据直接发送给本主机。因此，网络号等于 127 的数据包不能出现在任何网络上，主机和路由器不能为该地址广播任何寻径信息，回送地址主要用于对本级网络协议和网络软件的测试和实现本地机进程的通信。

4. IP 地址特点

（1）每一个 IP 地址都由网络号和主机号两部分组成，所以 IP 地址是一种分等级的地址结构。其好处是：第一，IP 地址管理机构在分配 IP 地址时只分配网络号（第一级），而剩下的主机号（第二级）则由得到该网络号的单位自行分配。这样就方便了 IP 地址的管理。第二，路由器仅根据目的主机所连接的网络号来转发分组（而不考虑主机号），这样可以使路由表中的项目数大幅度减少。

（2）IP 地址和主机的地理位置没有对应关系。

（3）当一个主机同时连接到两个网络时，该主机就必须同时具有两个相应的 IP 地址，其网络号是不同的，这种主机称为多归宿主机（multihomed host）。

（4）从因特网观点看，用转发器或网桥连接起来的若干个局域网仍为一个网络，因此，这些局域网都具有同样的网络号。

（5）在 IP 地址中，所有分配到网络号的网络都是平等的。

例如，图 6.18 画出了三个局域网（LAN1、LAN2、LAN3）通过三个路由器（R1、R2、R3）互相连接起来所构成的一个互联网（用虚线框起来），其中局域网 LAN2 是由两个网段通过网桥 B 互联的，图中的小圆圈表示需要有同一个网络地址。

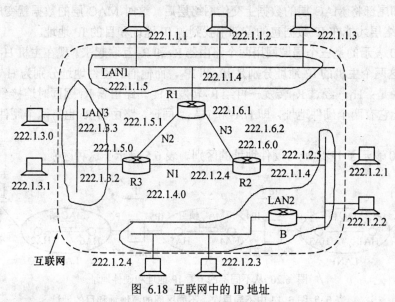

图 6.18 互联网中的 IP 地址

从图中注意到：

（a）在同一个局域网上的主机或路由器的 IP 地址中的网络号必须是一样的。

（b）用网桥（工作在链路层）互联的网段仍然是一个局域网，只能有一个网络号。

（c）路由器总是具有两个以上的 IP 地址。

（d）当两个路由器直接相连时，在连线两端的接口处可以指明也可以不指明 IP 地址。如果指明了 IP 地址，则这一段连线就构成了一种只包含一段线路的特殊"网络"（如图中的 N1、N2、N3）。之所以叫做"网络"是因为它有 IP 地址。但为了节省 IP 地址资源，对于这种由一段连线构成的特殊"网络"，现在也常常不指明 IP 地址。

（6）IP 地址与 MAC 地址：IP 地址与 MAC 地址（或称物理地址、硬件地址）从层次结构看，IP 地址属于网络层地址而 MAC 地址属于数据链路层和物理层地址。

在发送数据时，数据从高层传到低层，然后才能到通信线路上传输。使用 IP 地址的 IP 数据报一旦交给数据链路层，就被封装成 MAC 帧。MAC 帧在传送时使用的源地址和目的地址都是硬件地址，写在 MAC 帧的首部中，如图 6.19 所示。

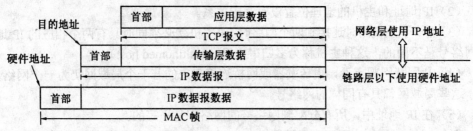

图 6.19 IP 地址与硬件地址区别

连接在通信线路上的设备（主机或路由器）在接收 MAC 帧时，是根据 MAC 帧首部中的硬件地址。在数据链路层看不见隐含在 MAC 帧的数据中的 IP 地址。只有在剥去 MAC 帧的首部和尾部将 MAC 层的数据上交给网络层后（这时 MAC 层的数据就变成了 IP 数据报），网络层才能在 IP 数据包的首部中找到源 IP 地址和目的 IP 地址。

图 6.20 表示的是三个局域网用两个路由器 R_1 和 R_2 互联起来。现在主机 H_1 要和主机 H_2 通信。这两个主机的 IP 地址分别是 IP_1 和 IP_2，而他们的硬件地址分别为 HA_1 和 HA_2。通信的路径是：$H_1 \rightarrow$ 经过 R_1 转发 $\rightarrow$ 再经 R_2 转发 $\rightarrow H_2$。路由器 R_1 因同时连接到两个局域网上，因此它有两个硬件地址，即 HA_3 和 HA_4。同理，路由器 R_2 也有两个硬件地址 HA_5 和 HA_6。

图 6.20 表示了 IP 地址与硬件地址的区别。表 6.5 表示了这种区别。

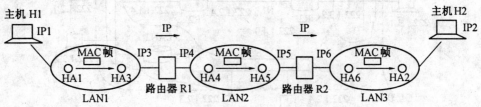

图 6.20 从不同层次上看 IP 地址和硬件地址

表 6.5 图 6.14 中不同层次、不同区间的源地址和目的地址

	在网络层写入 IP 数据报		首部在数据链入层写入 MAC 帧首	
	源地址	目的地址	源地址	目的地址
从 H1 到 R1	IP1	IP2	HA1	HA3
从 R1 到 R2	IP1	IP2	HA4	HA5
从 R2 到 H2	IP1	IP2	HA6	HA2

对图 6.20 需要指出的是：

（a）在 IP 层抽象的互联网上只能看到 IP 数据报，虽然 IP 数据报要经过路由器 R_1 和 R_2 的两次转发，但在他的首部中的源地址和目的地址始终分别是 IP_1 和 IP_2。数据报中间经过的两个路由器的 IP 地址并不出现在 IP 数据报的首部中。

（b）虽然在 IP 数据报首部有源站 IP 地址，但路由器只根据目的站的 IP 地址的网络号进行路由选择。

（c）在具体的物理网络的链路层，只能看见 MAC 帧（在 X.25 网的链路层则表示 HDLC 帧），IP 数据报被封装在 MAC 帧中。MAC 帧在不同网络上传送时，其 MAC 帧首部中的源地址和目的地址要发生变化。开始在 H_1 到 R_1 间传送时，MAC 帧首部中写的是从硬件地址 HA_1 发送到硬件地址 HA_3，路由器 R_1 收到此 MAC 帧后，在转发时要改变首部中的源地址和目的地址,将它们换成从硬件地址 HA_4 发送到硬件地址 HA_5。路由器 R_2 收到帧后,在改变一次 MAC 帧的首部,填入从 HA_4 发送到 HA_5,然后在 R_2 和 H_2 之间传送。MAC 帧的首部的这种变化,在 IP 层是看不见的。

(d) 在互联网中的各个网络的硬件地址体系各不相同,IP 层抽象的互联网却屏蔽了下层网络地址细节。在网络层上使用统一的抽象的 IP 地址研究主机和主机或路由器之间通信。但是有两个主要问题还没有解决。

- 主机或路由器怎样知道应当在 MAC 帧的首部填入什么样的硬件地址?
- IP 数据包如何找到下一跳路由器?

5. 子网和掩码

(1) 子网的概念和子网的划分:IP 地址的两级结构存在不合理的地方:

(a) 同一网络主机数不能太多。在一个广播网中,如果网络站点过多,大量的广播信息在网上传送,甚至产生广播风暴,会导致网络的性能急剧下降。为此,在实际网络设计中,要求属于同一个广播域的网络规模不能太大,主机数不能过多。

(b) IP 地址空间的利用率不高。根据 IP 地址的两级结构,A 类地址允许包含的主机数达 1600 万台,而 B 类地址可以包含的主机数也有 6 万台。然而有些网络对连接在网络上的计算机数目有限制,达不到这些数目,如 10BASE-T 以太网规定其最大节点数只有 1024。这样的以太网若使用一个 B 类地址,地址空间的利用率还不到 2%,IP 地址的浪费会使 IP 地址空间过早地被用完。

(c) 从网络的吞吐量考虑,将大量的主机放在同一网络中会影响网络的性能。当网络上工作的主机数小于一定数目时,网络的吞吐量和网络上工作的主机数大约成正比。但是当网络上工作的主机数超过一定值时,拥塞就可能产生,导致网络的吞吐量增加缓慢,甚至反而会随主机数的增加而下降。因此,从提高网络的吞吐量考虑,一个网络上的主机数也不应太多,这一因素也使得 IP 地址空间的利用率也不可能很高。

(d) 给每一个物理网络分配一个网络号会使路由表变得太大而使网络性能变坏。每一个路由器都要从路由表中查出到达其它网络的下一跳路由器。因此,互联网中网络数目越多,路由器的路由表的项目也就越多。这样,即使我们拥有足够多的 IP 地址资源可以给每一个物理网络分配一个网络号,也会导致路由表中的项目数过多,这不仅增加了路由器的成本(需要更多的存储空间),而且也会使查路由表时耗费更多的时间,同时也使路由器之间定期交换的路由信息急剧增加,因而使路由器和整个互联网络的性能下降了。

(e) 两级的 IP 地址不够灵活。如果一个单位需要增加一个新的物理网络时,就必须事先得到因特网管理机构批准。原来的两级的 IP 地址结构限制了一个单位灵活地增加本单位网络。

为解决上述问题,从 1985 年起在 IP 地址中又增加了一个"子网号字段",使两级的 IP 地址变成三级的 IP 地址,它能够较好地解决上述问题,这种做法叫作划分子网(subneting)、子网寻址或子网路由选择。划分子网已成为因特网标准协议。

(2) 子网划分方法:

(a) 一个单位如果拥有多个物理网络,可将所属的物理网络划分为若干个子网(subnet),划分子网是属于一个单位内部的事情,从外部看不见单位内部有多少个子网组成,对外部的表现是一个大网络。

（b）划分子网的方法是从主机号借用若干个比特号作为子网号，而主机号也就减少了若干个比特。于是两级 IP 地址结构在本单位内部变为三级的 IP 地址，即网络号、子网号和主机号，可以表示如下

IP 地址：={<网络号>，<子网号>，<主机号>}

（c）凡是从其它网络发送给本单位某个主机的 IP 数据报，仍然是根据 IP 数据报的目的网络号找到连接本单位网络上的路由器。但此路由器在收到 IP 数据报后，按目的网络号和子网号找到目的子网，将 IP 数据报交给目的主机。

举例：图 6.21 表示一个单位有一个 B 类 IP 地址，网络地址是 145.13.0.0（网络号是 145.13）。凡目的地址为 145.13.x.x 的数据报都被送到这个网络。

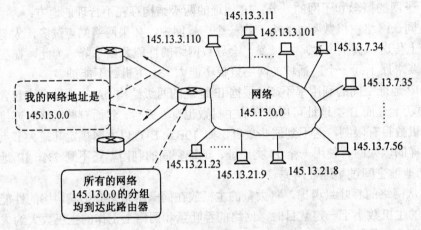

图 6.21 一个 B 类网络 145.13.0.0

先将图 6.21 的网络划分为三个子网，如图 6.22 所示。假定子网号占用 8 位，因此在增加子网号后，主机号就只在 8 位。所划分的三个子网分别是：145.13.3.0，145.13.7.0 和 145.13.21.0。在划分子网后，整个网络对外部仍表现为一个网络。其网络地址仍为 145.13.0.0。但网络在收到数据报后，再根据数据报的目的地址将其转发到相应的子网。

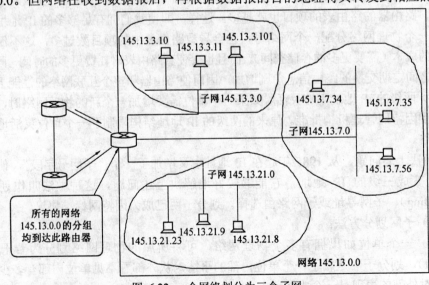

图 6.22 一个网络划分为三个子网

通过将 IP 地址的主机号部分进一步划分为子网号和主机号的方法，把一个包含大量主机的网络划分成许多小的网络，每个小的网络就是一个子网，每个子网都是一个独立的逻辑网络，独立的广播域。它可以隔离广播信息，缩小广播域，以提高网络性能，划分子网后使网络便于管理和隔离故障，提高网络的可靠性，还可以更有效地利用 IP 地址空间。

（3）子网掩码：掩码用来确定如何划分 IP 地址的网络号、子网号和主机号，它将主机地址部分进一步划分为子网地址和主机地址。

掩码是一个与 IP 地址相对应的 32 位数字，和 IP 地址一样也用 4 个点十进制数表示，如 255.255.255.0。掩码的一些位为"1"，另一些位为"0"。二进制位为"1"所对应的 IP 地址为网络号和子网号。掩码为"0"所对应的 IP 地址为主机号。这样通过掩码将 IP 地址中的主机地址段划分为子网号和主机号，使网络号的位数加长，把大网划分若干个小网，增加了网络个数，这时的网络地址应为网络号加子网号，它们共同表示一个网络，如图 6.23 所示。如 IP 地址 162.115.129.10，原本是一个 B 类地址，它的前两个字节是网络号，标准掩码 255.255.0.0，网络地址是 162.115.0.0。如果掩码设置为 255.255.255.0，则第 3 个字节为子网号，第 4 个字节仍为主机号，其网络地址为 162.115.129.0。

对于连接在一个子网上的所有主机和路由器，其子网掩码都是同样的。子网掩码是整个子网的一个重要属性。应注意，一个路由器连接在两个子网上就拥有两个网络地址和两个子网掩码。

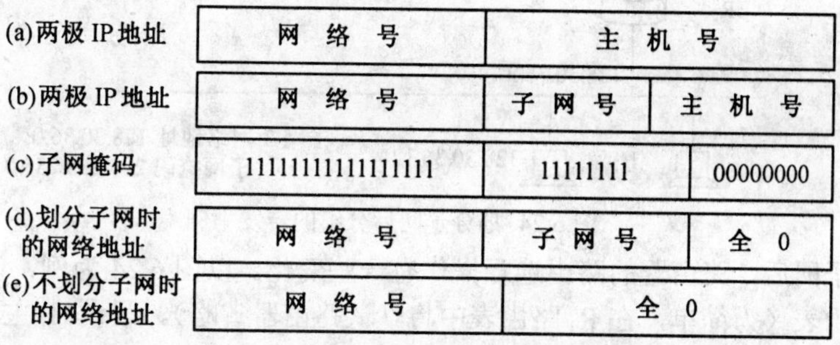

(a)两极 IP 地址	网 络 号	主 机 号	
(b)两极 IP 地址	网 络 号	子 网 号	主 机 号
(c)子网掩码	1111111111111111	11111111	00000000
(d)划分子网时的网络地址	网 络 号	子 网 号	全 0
(e)不划分子网时的网络地址	网 络 号	全 0	

图 6.23 IP 地址的名字段和子网掩码

为了使不划分子网时也能使用子网掩码，需要使用特殊的子网掩码，即默认的子网掩码。默认的子网掩码中 1 比特的位置和 IP 地址中的网络号字段正好相对应。因此默认的子网掩码和某个不划分子网的 IP 地址逐位（比特）相"与"（AND），就得出该 IP 地址的网络地址，而不必考虑这是哪一类地址。

A 类地址的默认子网掩码是 255.0.0.0
B 类地址的默认子网掩码是 255.255.0.0
C 类地址的默认子网掩码是 255.255.255.0

6. 使用子网时分组的转发

由于 IP 地址增加了一个子网号字段，因此使用子网划分后路由表中每行应包含目的网络地址、子网掩码和下一跳地址。相应地，分组转发算法也必须作相应的改动。我们用图 6.24 为例来说明。

在图 6.24 中包括三个子网的网络拓扑。各子网的网络地址和子网掩码如图所示，并

给出了路由器 R_1 的路由表。

假设主机 H_1 要发送一个分组。首先，主机 H_1 应将分组的目的地址和该主机自己的子网掩码按位做"与"运算。若其结果等于该主机的网络地址，则说明目的主机与 H_1 是连接在同一个子网上，此时分组可以在同一网内直接交付而不需要找下一跳的路由器来转发。如果相"与"的结果不等于 H_1 的网络地址，则表明这属于间接交付，必须将该分组交给本子网上的一个路由器进行转发。

例如，主机 H_1 要发送分组给 H_2。H_1 的子网掩码（255.255.255.128）与 H_2 的 IP 地址（128.30.33.138）按位相"与"，得出 128.30.33.128，它不等于 H_1 的网络地址（128.30.33.0），说明 H_2 与 H_1 不在同一个子网上。因此 H_1 知道不能将分组直接交给 H_2，而必须将分组交给子网的默认路由器 R_1，由 R_1 来转发。此时要用到 ARP 来寻找路由器 R_1 的硬件地址。

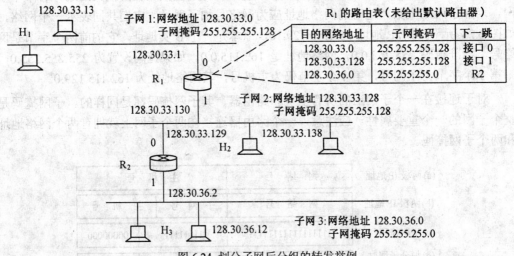

图 6.24 划分子网后分组的转发举例

在划分子网后，路由器的路由选择操作有一些变化。以图 6.24 为例，说明路由器 R_1 如何查找路由表（为简单，在 R_1 路由表中将默认路由器省略）。假设 H_1 主机传送数据包给 H_2 主机。路由器 R_1 先查找路由表的第一行，将子网掩码 255.255.255.128 和收到的分组的目的地址 128.30.33.138 按位"与"，得出 128.30.33.128。将此结果与这一行的目的网络地址 128.30.33.0 进行比较。因为不匹配，继续往下找第二行。用第二行的"子网掩码 255.255.255.128"和收到的分组的"目的地址 128.30.33.138"按位"与"，结果也是 128.30.33.128。这个结果和第二行的目的网络地址相匹配。说明这个网络就是目的网络。于是 R_1 将分组从接口 1 直接交付给主机 H_2（它们都在一个子网上）。这当然还要使用 ARP 找到主机 H_2 的物理地址。

这样，在划分子网的情况，路由器转发分组的算法如下：

（a）从收到的数据报的首部提取目的 IP 地址 D。

（b）先判断是否为直接交付。对路由器直接相连的网络逐个进行检查，用各网络的子网掩码和 D 逐位相"与"，看结果是否和相应的网络地址匹配。若匹配，则将分组进行直接交付（需要 D 转换成物理地址，将数据报封装成帧发送出去），转发任务结束。否则就是间接交付，执行（c）。

（c）若路由表中有目的地址为 D 的指明主机路由，则将数据报传送给路由表中所指明的下一跳路由器；否则，执行（d）。

（d）对路由表中的每一行（目的网络地址、子网掩码、下一跳地址），将其中的子网掩码和 D 按逐位相"与"，其结果为 N。若 N 与该行的目的网络地址匹配，则将数据报传送给该行指明的下一跳路由器；否则，执行（e）。

（e）若路由表中有一个默认路由，则将数据报传送路由表中所指明的默认路由；否则，执行（f）。

（f）报告转发分组出错。

上述的分组转换算法对不划分子网时也能使用，此时子网所占用的比特数为零，因此还是两级地址，用默认子网掩码和某个不划分子网的 IP 地址逐位相"与"，就可以得出该 IP 地址的网络地址来。

6.4.2 地址解析协议 ARP

1. 逻辑地址与物理地址

IP 协议根据 IP 地址传输报文，但 IP 地址中的网络地址、路由器地址和目的主机地址，都是 TCP/IP 内部使用的逻辑地址，不是网络设备的物理地址。不能用它们来发送分组，因为数据链路层硬件不能识别 IP 地址。大多数主机都是通过一个识别局域网地址的接口卡连上局域网的。IP 地址只是主机在网络层中的地址，若要将网络层中传送的数据报交给目的主机，还要传到数据链路层变成 MAC 帧后才能在物理网络中传送。而 MAC 帧使用的是源主机和目的主机的硬件地址，因此必须在 IP 地址和主机的硬件地址之间进行转换。

实际上任何联网设备（主机、路由器、交换机、集线器等）都有唯一的物理地址（硬件地址），即 MAC 地址。例如，在以太网中由 IEEE802.3 标准确定，其主机地址就是网卡的 6 字节（48 位）MAC 地址。但是不同厂家的设备或由于使用不同的协议，其物理地址的长度、格式都不尽相同，所以 TCP/IP 采用统一的 IP 地址正是为了屏蔽这些差别。物理地址和逻辑地址的区别可以从以下两个角度看：从网络互联的角度看，逻辑地址在整个互联网络中有效，而物理地址只在子网内部有效；逻辑地址在网际层使用，而物理地址在网络接口层（数据链路层）使用。这两种地址需要一种映射关系对应起来。ARP 在源和目的两端实现 IP 地址和物理地址的互相转换，它们是 IP 协议的一个子集。

在源站点到目的站的路径上，每一步都要完成地址映射。有两种情况：第一，在发送分组的最后一步，分组必须通过某个物理网络到达它的目的站点。发送分组的计算机必须把目的站点的 IP 地址映射到它的物理地址；第二，沿着从源站点到目的站点的路径，除了最后一步，在每一步都必须把分组发送到一个中间的路由器上。因此发送方必须把中间路由器的 IP 地址映射到一个物理地址。

2. 地址解析协议 ARP

从 IP 地址到物理地址的转换是由地址解析协议 ARP 来完成的。由于 IP 地址有 32 位，而局域网络（以以太网络为例）的物理地址是 48 位，因此它们之间不是一个简单的转换关系。此外，在一个网络上可能经常会有新的计算机加入进来，或撤掉一些计算机。更换计算机的网卡也会使其物理地址改变。因此，在计算机网络的各主机上应存放一个从 IP 地址到物理地址的转换表，并且能够经常动态更新。地址解析协议 ARP 很好地解决了这些问题。

每一个主机都应有一个 ARP 高速缓存（ARP cache），里面有一个从 IP 地址到物理地址的映射表，这些都是该主机目前知道的一些地址。当主机 A 要向本局域网上的主机 B 发送一个 IP 数据报时，就先在其 ARP 高速缓存中查看有无主机 B 的 IP 地址，如果有，就可以查出其对应的物理地址，然后将此物理地址写入 MAC 帧中，再通过局域网发往该物理地址所代表的主机。

也有可能查不到主机 B 的 IP 地址项目，这可能是主机 B 才入网，也可能是主机 A 刚加入，其高速缓存还是空的。在这种情况下，主机 A 就自动运行 ARP，按以下步骤找出主机 B 的物理地址。

（1）ARP 进程在本局域网上广播发送一个 ARP 请求分组，上面有主机 B 的 IP 地址，如图 6.25 所示。

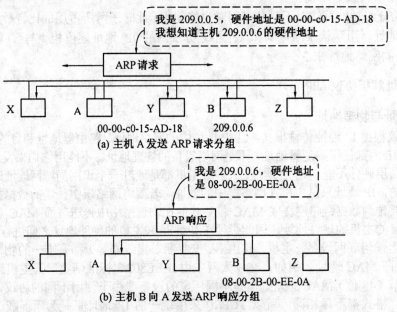

图 6.25 地址解析协议 ARP 的工作原理

如图 6.25（a）所示，主机 A 广播发送 ARP 请求分组。ARP 请求分组的主要内容表明："我的 IP 地址是 209.0.0.5，硬件地址是：00-00-CO-15.AD-18。我想知道 IP 地址为 209.0.0.6 的主机的硬件地址。"

（2）在本局域网上的所有主机上运行的 ARP 进程都收到该 ARP 请求分组。

（3）主机 B 在 ARP 请求分组中见到自己的 IP 地址，就向主机 A 发送 ARP 相应分组，并写入自己的硬件地址。其余的所有主机都不理睬这个 ARP 请求分组，如图 6.25（b）所示。ARP 相应分组的主要内容表明："我的 IP 地址是 209.0.0.6，我的硬件地址是 08-00-2B-00-EE-0A"。ARP 相应分组是以点对点方式从源地址发送到目的地址。

（4）主机 A 收到主机 B 的 ARP 相应分组后，就在其 ARP 高速缓存中写入主机 B 的 IP 地址到硬件地址的映射。

当主机 A 向 B 发送数据报时，为了减少网络上的通信量，主机 A 在其发送的 ARP 请求分组时，就将自己的 IP 地址到硬件地址的映射写入 ARP 请求分组。当主机 B 收到 A 的 ARP 请求分组时，就将主机 A 的这一地址映射写入主机 B 自己的 ARP 高速缓存中。

上述 ARP 是解决同一个局域网上的主机或路由器的 IP 地址和硬件地址的映射问题。如果主机 H_1 和 H_2 不连接在同一个局域网上，那么主机 H_1 就无法解析主机 H_2 的硬件地址（它也不需要知道主机 H_2 的硬件地址）。主机 H_1 发送给 H_2 的 IP 数据报需要通过与主机 H_1 连接在同一个局域网上的路由器 R_1 转发。因此主机 H_1 的 ARP 必须将路由器 R_1 的 IP 地址解析为硬件地址 HA_3，以便将 IP 数据报传送到转发该数据包的路由器 R_1。R_1 从路由表找出了下一个路由器 R_2，同时解析出 R_2 的硬件地址 HA_5。于是 IP 数据报按照硬件地址 HA_5 转发到路由器 R_2。路由器 R_2 再转发这个 IP 数据报，使用类似方法解析出目的主机 H_2 的硬件地址 HA_2，使 IP 数据报最终交付给主机 H_2。

需要指出的是，这种从 IP 地址到硬件地址的转换是自动进行的，主机的用户对转换的过程是不知道的。只要主机或路由器要和本网络上的另一个已知 IP 地址的主机或路由器进行通信，ARP 协议就会自动地将该 IP 地址转换为链路层所需的硬件地址。

下面用一个实例来说明 ARP 协议的工作过程。假设源端 A 要和 IP 地址为 162.105.1.10 的主机 B 通信。A 首先查看自己的 ARP 表，看其中是否有与 162.105.1.10 对应的 ARP 表项。如果找到了，则直接利用该 ARP 表项中的 MAC 值把 IP 数据报进行帧封装，然后发送给主机 B。

如果在 ARP 表中找不到对应的地址项，则调用 ARP 协议，创建一个 ARP 请求数据报，并以广播方式发送（把以太网帧的目的地址设置为 FF-FF-FF-FF-FF-FF）。在 ARP 请求包中包含主机 B 的 IP 地址（162.105.1.10）、主机 A 的 IP 地址和 MAC 地址。由于它是以广播方式发送，故属于 162.105.1.0 网络上的所有的计算机都将接收到该请求包，不过只有被询问的主机 B 给出响应。主机 B 首先把 ARP 请求包中发送方的 IP 地址和 MAC 地址对放入本地的 ARP 表中，然后再创建一个 ARP 相应包，在包中填入自己的 MAC 地址，返回给主机 A。这个响应不再以广播的形式发送，而是在以太网帧的目的地址域中填入 A 的 MAC 地址，直接发送给主机 A。

主机 A 在收到响应后，从数据包中提取出所要查询的 IP 地址及其对应的 MAC 地址，添加到自己的 ARP 表中，并且根据该 MAC 地址把需要发送的数据报封装成帧发送出去。

实际上，ARP 的查询请求数据报和其响应数据报的内容很相似，只不过请求包中有三个已知地址：源 IP 地址、源 MAC 地址、目的 IP 地址。响应包中除了上述三个地址之外，还给出了所要查询的 MAC 地址。图 6.26 给出了两者内容的对应关系。

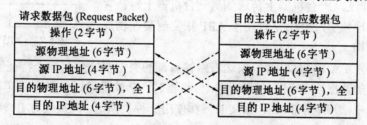

图 6.26　ARP 查询请求\相应数据包

ARP 表的内容是定期更新的，如果一条 ARP 项很久没有使用了，那么它将被从 ARP 表中删除掉。这样可以节省内存空间和 ARP 表的检索时间。ARP 表一般都是动态生成和更新的。但是在一些网络设备上（如路由器）也可以设置静态 ARP 表。ARP 表的内容如下：

（1）路由器上的 ARP 表。

Protocol Address	Age（min）	Hardware Addr	Type	interface
Internet 202.112.41.146	201	0050.737c.3490	ARPA	FastEthernet2/1
Internet 202.112.41.145	-	00d0.63c3.3c41	ARPA	FastEthernet2/1
Internet 162.105.253.18	0	00007.841f.4bfc	ARPA	Gigabit Ethernet 6/0
Internet 162.105.253.17	227	0004.9ac8.9682	ARPA	Gigabit Ethernet 6/0

（2）第三层交换机的 ARP 表

Protocol Address	Age（min）	Hardware Addr	Type	interface
Internet 162.105.68.143	82	0000.e880.7371	ARPA	Vlan158
Internet 162.105.64.139	195	0050.baca.874b	ARPA	Vlan159
Internet 162.105.66.137	198	0050.baca.9766	ARPA	Vlan161
Internet 162.105.64.138	193	0050.baca.90cf	ARPA	Vlan159

（3）交换机上的 ARP 表

VLAN	Dest MAC/Route Des[CoS]	Destination Ports
1	00-02-fd-3b-38-c0	3/8[ALL]
1	00-30-94-61-e7-80	3/7[ALL]
203	00-d0-b7-84-87-e8	6/16[ALL]
171	00-48-54-80-a0-b8	3/7[ALL]
171	00-48-54-8d-4c-be	3/7[ALL]
102	00-a0-c9-e9-7b-51	3/7[ALL]
800	00-01-97-22-b0-c0	3/7[ALL]
174	00-30-48-21-c0-00	6/29[ALL]
34	00-06.5b-27-d3-dc	3/7[ALL]
1	00-07-eb-ed-8d-80	3/7[ALL]
174	00-05.5d-61-78-3d	3/5[ALL]

ARP 不是 IP 协议的一部分，因此 ARP 数据包不包括 IP 头，而是直接放在以太网帧的数据部分进行发送。而且，在以太网中定义了一种新的类型来表示 ARP 数据包。ARP 请求和响应数据包的类型值都是 0x0806。

3. ARP 的协议格式

当 ARP 报文从一台机器上传送到另一台机器上时，它们必须放入物理帧中，图 6.27 说明了 ARP 报文封装在物理网络帧中的结构。

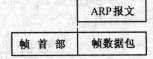

图 6.27 ARP 报文的封装

为了识别携带 ARP 报文的帧，发送方给帧首部的类型字段分配一个特征值，并把 ARP 报文放在该帧的数据段中。当一帧到达一台机器时，IP 软件通过帧类型确定该帧的内容。在大多数技术中，所有携带 ARP 报文的帧都使用一种类型值，而接收方 IP 软件必须进一步区分 ARP 请求和 ARP 应答。

ARP 报文格式如图 6.28 所示。

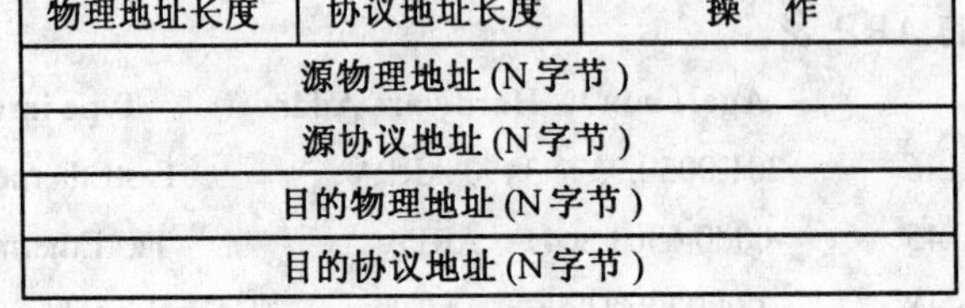

0	8	16	24	31
硬件类型		协议类型		
物理地址长度	协议地址长度	操 作		
源物理地址（N 字节）				
源协议地址（N 字节）				
目的物理地址（N 字节）				
目的协议地址（N 字节）				

图 6.28 ARP 报文格式

- 硬件类型字段：硬件类型字段指明了网络接口硬件的类型。ARP 支持多种网络，如以太网、令牌环网、FDDI、X.25 及 ATM 网络等。以太网此值为"1"。
- 协议类型字段：协议类型字段指明发送方提供的高层协议地址类型，IP 协议类型值为 0800H。
- 操作字段：操作字段指明操作的类型，包括 ARP 请求、ARP 应答、RARP 请求和 RARP 应答。
- 物理地址长度字段和协议地址长度字段：物理地址长度字段和协议地址长度字段指明了物理地址和高层协议地址的长度，允许 ARP 在任意网络中使用。
- 源和目的物理地址：源和目的物理地址一般小于或等于 6 个字节，若小于 6 个字节时使用填充位。
- 源和目的协议地址：源和目的协议地址如是 IP 地址，则占 4 个字节。

当发出请求时，发送方用"目的物理地址"和"目的协议地址"字段发出目的主机的 IP 地址（ARP）或物理地址（RARP）。在目的主机响应之前，它填好所缺的地址，交换目的和发送方地址对的位置，并把操作改成应答。因此，一个应答携带了最初请求方的 IP 地址和物理地址，以及所寻找机器的绑定 IP 地址和物理地址。

6.4.3 反向地址解析协议 RARP

在进行地址转换时，有时还要用到反向地址解析协议 RARP。反向地址解析协议（RARP）可以实现 MAC 地址到 IP 地址的转换。无盘工作站在启动时，只知道自己的 MAC 地址。它只有使用 RARP 协议得到自己的 IP 地址，才能和服务器通信。

无盘工作站一般只运行其 ROM 中的文件传送代码，就可用下行装载方法从局域网上其它主机得到所需要的操作系统和 TCP/IP 通信软件，但这些软件中并没有 IP 地址。无盘工作站要运行 ROM 中的 RARP 来获得其 IP 地址。RARP 的工作过程如下：

为了使 RARP 能工作，在局域网上至少有一个主机要充当 RARP 服务器，无盘工作站首先向局域网发出 RARP 请求分组（在格式上与 ARP 请求分组相似）。并在此分组中给出自己的硬件地址。

RARP 服务器有一个事先做好的从无盘工作站的硬件地址到 IP 地址的映射表，当收到 RARP 请求分组后，RARP 服务器从映射表查出该无盘工作站的 IP 地址，然后写入 RARP 相应分组，发回给无盘工作站。无盘工作站用此方法获得自己的 IP 地址。

ARP 和 RARP 都已成为因特网标准协议。

6.4.4 控制报文协议 ICMP

1. 控制报文协议 ICMP

IP 数据包的传送不保证不丢失。在无连接的系统中，每个路由器是自治地运行的，没有一个系统能在任何时候都工作正确。除了通信线路和处理器故障外，在目的机器临时或永久断连、寿命计时器超时或者中间路由器被拥塞无法处理传入的通信业务时，IP 就无法投递数据报。为了减少分组的丢失，就要使用 TCP/IP 协议簇中的控制报文协议 ICMP（internet control message protocal）。ICMP 允许主机或路由器报告差错情况和提供有关异常情况的报告。但 ICMP 不是高层协议，它仍是 IP 层中的协议。ICMP 报文作为 IP 层数据包的数据，加上数据包的首部，组成 IP 数据包发送出去。ICMP 允许路由器向其它路由器或主机发送差错或控制报文；ICMP 在两台机器中的 Internet 协议软件之间提供了通信。

ICMP 是一种差错报告机制，它为遇到差错的路由器提供了向初始源站报告错误的办法。但 ICMP 并没有全部制定对每个可能差错所采取的措施。简而言之，当数据报产生错误时，ICMP 只能向数据报的初始源站点汇报差错情况，源站点把差错交给一个应用程序或采用其它措施来纠正问题。

ICMP 只能向初始源站点报告问题，它不能用于通知中间路由器。即使中间路由器发生错误，ICMP 也不能向中间路由器汇报差错，只能向初始源站点发回一个报告。初始源站点不对出错的路由器负责，也不对它进行控制。事实上，源站点无法确定是哪个路由器引起的问题。

ICMP 之所以只和初始源站点通信，是因为 IP 数据报只包含初始源站点和最终目的站点的 IP 地址，而不包括它在互联网上形成的完整记录，它在整个传输过程中始终保持不变。此外，由于路由器可以建立和改变它们自己的路由表，所以没有路由表的全部知识。因此，当数据报到达指定的路由器时，无法了解它经过的路径。如果路由器检测到问题，它不知道处理数据报的中间机器的地址，所以无法把问题通知给它们。但它并不是丢弃数据报，而是使用 ICMP 通知最初源站点发生了问题，并认为主机与网络管理员协作能找到问题并解决它。

在 TCP/IP 中，ICMP 和 IP 处于同一个层次，但 ICMP 是 IP 的用户，ICMP 数据报要借助 IP 数据报进行传输。因此，ICMP 报文在物理网络中的传输要经过两级封装，如图 6.29 所示。每个 ICMP 报文放在 IP 数据报的数据部分中通过互联网，而数据报本身放在帧的数据部分中通过物理网络，即 ICMP 是以 IP 数据报发送的。携带 ICMP 报文的数据报与携带用户信息的数据

图 6.29 IMCP 报文的级封装

报具有完全相同的路由选择，没有附加的可靠性和优先级。因此，ICMP 数据报不能保证传输的可靠性，可能丢失或被丢弃。

2. ICMP 报文格式

ICMP 报文格式如图 6.30 所示。ICMP 报文的前 4 个字节是统一的格式，共 3 个字段。后面部分长度是可变的，其长度取决于 ICMP 的类型。

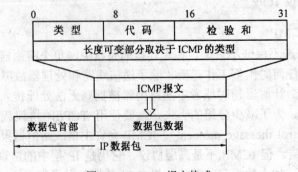

图 6.30 ICMP 报文格式

ICMP 报文的类型字段占 4 个字节，用来标识报文。类型字段的值与 ICMP 报文的类型的关系如表 6.6 所示。

表 6.6 IMCP 报文的类型

类型字段的值	IMCP 报文的类型
0	Echo（回送）回答
3	目的站不可达
4	源站抑制(Source Quench)
5	改变路由(Redirect)
8	Echo 请求
11	数据包的时间超过
12	数据包的参数有问题
13	时间戳(Time stamp)请求
14	时间戳回答
17	地址掩码(Address Mask)请求
18	地址掩码回答

ICMP 报文的代码字段占 1 个字节，为的是进一步区分某类型中的几种情况。后面的检验和占 2 个字节，它检验整个 ICMP 报文，使用与 IP 相同的校验算法，但 ICMP 校验和只覆盖 ICMP 报文。数据报首部的检验和并不检验数据报的内容，因此不能保证经过传输的 ICMP 报文不产生差错。报告差错的 ICMP 报文包括产生问题的数据报的首部及其开头的 64 位数据，以便接收方能够更精确地判断是哪个协议及哪个应用程序对该数据报负责。

ICMP 报文的类型很多，但可分为两种类型，即 ICMP 差错报文和 ICMP 询问报文。

（1）回送（Echo）：请求和回送应答报文。ICMP Echo 请求报文是由主机或路由器向一个特定的目的主机发出的询问。收到此报文的机器必须给源主机发送 ICMP Echo 回答报文。这种询问报文用来测试目的站是否可达及了解其有关状态。在应用层有一个服务称 PING（Packet Internet Groper）用来测试两个主机之间的连通性。PING 使用了 ICMP Echo 请求与 Echo 回答报文。

（2）时间戳（Timestamp）：请求和时间戳应答报文。ICMP 时间戳请求报文是请某个主机或路由器回答当前的日期和时间。在 ICMP 时间戳回答报文中有一个 32 位的字段，其中写入的证书代表从 1900 年 1 月 1 日起到当前时刻一共有多少秒。时间戳请求与回答可用来进行时钟同步和测量时间。

（3）地址掩码（Address Mask）：请求和地址掩码应答报文。ICMP 地址掩码请求报文可使主机向子网掩码服务器得到某个接口的地址掩码。在 ICMP 地址掩码回答报文中有一个 32 位的子网地址掩码字段。地址掩码请求和回答可用来获得主机的子网地址。

（4）目的站不可达报文：目的站不可达报文用来向源站点报告子网或路由器不能定位目的地，设置了 DF 位的分组不能绕过"小分组"网络。

（5）数据报超时报文：数据超时报文用来向源站点报告数据报由于计时器为零而被丢弃。这一事实表明存在选路循环，或有大量的拥塞，或计时器设得过小。

（6）数据报参数问题报文：数据报参数问题报文表明在数据报头部字段中发现了非法值。这一事实说明了发送主机的 IP 软件有问题，或者问题出在所经路由器的软件中，只有在必须丢弃数据报的情况下才发送该报文。

(7) 源站抑制报文：源站抑制报文用来抑制发送过多数据报的主机。当某个速率较高的源主机向另一个速率较低的目的主机（或路由器）发送一连串的数据报时，就有可能使速率较低的目的主机产生拥塞，因而不得不丢弃一些数据报。通过高层协议，源主机得知丢失了一些数据包，就不断地重发这些数据报。这就使得本来就已经拥塞的目的主机更加拥塞。在这种情况下，目的主机就向源主机发送 ICMP 源站抑制报文，使源站暂停发送数据报，过一段时间再逐渐恢复正常。

(8) 改变路由报文：改变路由报文用来向主机报告路由可能的错误。如果拓扑结构改变了，主机或路由器中的选路表就要改变。路由器定期交换选路信息以适应网络改变并保持它们的路由总是最新的。主机从最小的信息开始并依赖于路由器更新它的路由选择表。在特殊情况下，当路由器检测到一台主机使用非优化路由时，它向该主机发送一个改变路由的 ICMP 报文，请求该主机改变路由。路由器也把初始数据报向它的目的站转发。

ICMP 改变路由的方法很简单；它允许主机只要知道本地网络上的一个路由器地址就能启动。只要主机发送了一个有更好路由的数据报，最初的路由器就会向它发送一个 ICMP 改变路由报文。主机的选路表保持很小，但仍然包含了所有目的站的优化路径。

6.5 传输控制层协议

在 TCP/IP 协议簇中，实现传输层协议的是面向连接的协议 TCP 和面向无连接的协议 UDP。

6.5.1 传输控制协议 TCP

TCP 协议除提供进程通信能力外，最显著的特点是高可靠性。它提供的是面向连接的高可靠性的传输服务。

1. TCP 协议的功能

(1)连接的建立和释放：TCP 对上层提供面向连接端到端可靠的通信服务。通信双方在传输数据之前，首先必须建立连接。TCP 协议使用"三次握手"（three-way hand shake）方式建立端到端的全双工连接。在连接建立之后，在两个方向上可以同时传送数据。在断开连接时，两个方向的连接也是分别释放的。

(2)形成传输层的 PDU：TCP 协议提供面向字节流（stream）的传输。TCP 协议从应用层收集数据后进行分段，加上 TCP 协议报头，封装成适当长度的报文段，在报文头中的序号域指出段中数据在发送的数据流中的位置。

(3)支持多个应用进程的同时通信：在接收端，对收到的数据进行分解，分别送到多个应用程序。为了表示一台计算机上多个进程，TCP 使用了协议端口（port），每个端口被赋予一个小的整数以便识别。TCP 用一对端点表示连接，端点由主机的 IP 地址和该主机上的 TCP 端口号组成。一台机器上的某个 TCP 端口可以被多个连接所共享。

(4)快速数据传输：TCP 协议为适应实时性要求很高的应用，提供了强迫传输的机制。有些应用程序不要求缓存，要求 TCP 协议立即将数据发送出去。例如远程登录，当用户输入完一个命令后,希望马上把数据发送出去,在得到该命令的执行结果后,再继续进行后面的操作。为此,TCP 协议提供了"PUSH"操作,以强迫不再进行缓存,立即把数据传送出去。"PUSH"操作的实现是在发送端 TCP 软件在 TCP 报中设置一个 PUSH 标志位(将头段中的 PSH 位置"1"),并马上发送数据。接收方在收到带有 PSH 标记的数据包后,就立即将数据交给应用程序。

(5)紧急数据发送:TCP 协议允许用户发送紧急数据,表示需要接收者优先处理。它不是使用上面的 PUSH 功能,而是提供一种终端机制。例如,在用户远程登录时,启动了一个程序,如果要求终止该程序的运行,可以按 Del 键或 Ctrl + C 组合键。在传输这个字符时,设置 URG(urgent)标志位,则 TCP 协议应该马上把数据发送出去。在接收方,TCP 协议并没有规定在接收到紧急数据后如何处理,不过一般要求接收进程马上采取行动。如在 UNIX 系统上 TCP 协议通过该程序发送信号,激活其异常处理程序。

(6)实现可靠的数据传送:由于网络层 IP 协议提供简单的数据传输服务,因而 IP 数据报可能因为拥塞或线路故障而丢失,也可能由于数据报经过不同的路由,而使得数据报的接收顺序和发送顺序不一致。为此,TCP 协议采取了一系列技术措施,以提供高可靠性的传输服务。TCP 协议采取的技术措施有确认超时重传、差错恢复、排序、流量控制、拥塞控制等。

TCP 协议提供的差错恢复和排序功能是通过对每一个要传输的字节进行编号,每个 TCP 数据报中还带有一个确认号,表示接收方希望接收的下一个字节的序号,同时它也说明所有在该序号之前的数据都已经正确地接收。

另外,当发送方传输了一个 TCP 数据包后,并不马上把该数据包删除,而是把它存入重传缓冲区中,并为它启动一个定时器。如果在时钟超时之前得到接收方返回的确认,则从缓冲区中删除该数据包。否则,重新传输该数据包,以此实现确认与超时重传。

(7)流量控制:在 TCP 协议中采用滑动窗口机制,实现流量控制和拥塞控制。滑动窗口机制就是动态改变窗口大小,来实现流量控制。窗口的大小表示在最近收到的确认号之后允许传送的数据长度。如果窗口大小为 0,则表示当前的接收方没有能力接受任何数据,因此发送方就必须等待,直到接收方返回的窗口值大于 0 时,才能继续发送数据。另外,TCP 协议还可以通过监测网络的负载情况,相应地调整发送方数据的发送速率,以免发生拥塞。

2. TCP 报文段的格式

TCP 报文段的格式如图 6.31 所示,一个 TCP 报文分为首部和数据两部分。

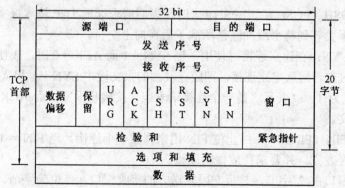

图 6.31 TCP 报文段的格式

TCP 报文段首部的前 20 个字节是固定的，后面有 4N 字节是选项（N 为整数）。因此，TCP 首部的最小长度是 20 字节。

首部固定部分各段的意义如下：

（1）源端口和目的端口：源端口和目的端口各占 2 个字节。端口是传输层与高层的服务接口，16 bit 的端口号加上 32 bit 的 IP 地址，构成了相当于传输层服务访问点 TSAP 的地址（共 48 bit）。这些端口可用来将若干高层协议向下复用。

（2）发送序号：发送序号占 4 个字节，是本报文段所发送的数据部分第一个字节的序号。在 TCP 传送的数据流中，每一个字节都有一个序号。例如，在一个报文段中，序号为 300，而报文中的数据共 100 字节。那么下一个报文段中，其序号就是 400。因此 TCP 是面向数据流的。

（3）接收序号：确认序号占 4 个字节，是期望收到对方下次发送的数据的第一个字节的序号，也就是期望能够收到的下一个报文段的首部中的序号。

由于序号字段中有 32 bit 长，可对 4 Gbit（即 4 千兆字节）的数据进行编码。这样就可保证当序号重复使用时，旧序号的数据早已在网络中消失了。

（4）数据偏移：数据偏移占 4 个比特，它指出数据开始的地方离 TCP 报文段的起始处有多远，这实际上就是 TCP 报文段首部的长度。由于首部长度不固定（因首部中的选项字段长度是不确定的），因此数据偏移字段是必要的。但应注意，"数据偏移"的单位是 32 bit，而不是字节或位，数据偏移字段后面有 6 bit 是保留字段供今后使用，但目前为 0。

保留字段后面的 6 bit 是说明本报文段性质的保留字段（或称为标志），各位的意义如下：

• 紧急位 URG（URGent）：当 URG = 1 时，表示该报文应尽快传递（加速数据传送），而不按在结点缓冲区中排队顺序传送。例如，已经发送了一个很长的程序要在源地主机上执行。但后来发现有些问题，要取消该程序的运行，从键盘上发出中断信号，这就是紧急的数据。此时要与第 5 个 32 bit 中的后一半 "紧急指针"（urgent pointer）字段配合使用。紧急指针指出在本报文段中的紧急数据的最后一个字节的序号。紧急指针可以使接收方知道紧急数据共有多长。

• 确认位 ACK：只有当 ACK=1 时，确认序号字段才有意义。当 ACK=0 时，确认序号无意义。

• 紧急位 PSH（PUSH）：当 PSH = 1 时，表明请求远地 TCP 将本报文段立即传送给其应用层，而不要等到整个缓冲区都填满了后再向上交付。

• 同步位 SYN：在建立连接时使用，当 SYN = 1 而 ACK = 0 时，表明这是一个连接请求报文段。对方若同意建立连接，则应在发回的报文段中 SYN = 1 和 ACK = 1。因此，同步位 SYN 置为 1，就表示这是一个连接请求或连接接收报文，而 ACK 位的值用来区分是哪一种报文。

• 终止位 FIN（FINAL）：终止位 FIN 用来释放一个连接，当 FIN = 1 时，表明欲发送的字节串已经发完，并要求释放传输连接。

• 窗口：窗口占 2 字节，是报文段发送方的接收窗口，单位为字节。通过此窗口可以告诉对方在未收到确认时，能发送的数据字节数至多是此窗口的大小。

• 校验和：校验和占 2 个字节，校验和字段校验的范围包括首部和数据这两部分。但和用户数据报 UDP 一样，在计算校验和时，需要 TCP 报文段的前面加上一个 128 字节的伪首部。伪首部的格式与图 6.36 中 UDP 数据报的伪首部一样。但应将伪首部的第 4 个字段中的 17 改为 6（Internet 规定 TCP 的协议号是 6），将第 5 个字段中的 UDP 长度改为 TCP 长度。校验和的计算方法与 IP 数据报首部校验和的计算方法一样，只是还要加上 TCP 报文的伪首部。接收端收到此报文后，仍要加上这个伪首部来计算校验和。

•选项：选项长度可变。TCP 只规定了一种选项，即长度报文段 MSS（maximum segment size）。当 MSS 长度减少时，网络的利用率就降低。设想在极端的情况下，当 TCP 报文段只有一个字节的数据时，在 IP 层传输的数据报的开销至少有 40 个字节（包括 TCP 报文段的首部和 IP 数据报的首部），这样对网络的利用率就不会超过 1/40，到了数据链路层还要加上一些开销。但反过来，若 TCP 报文段非常长，那么在 IP 层传输时就可能要分解成多个短数据报片。在目的站要将收到的各个短数据报片装配成原来的 TCP 报文段。当传输出错时还要进行重传。这些也都会使开销增大。一般认为 MSS 应尽可能大些，只要在 IP 层传输时不需要再分片。在建立连接的过程中，双发都将自己能够支持的最大报文长度 MSS 写入这一字段。在以后的数据传送阶段，MSS 取双方提出的较小的那个数值。若主机来填写这项，则 MSS 的默认值是 536 字节长的净负荷，所以在 Internet 上的主机能够接收的报文段长度都应是 536 + 20 = 556 字节。

3. 端口的概念

TCP 和 UDP 协议都使用了与应用层接口处的端口（port）与上层的应用进程进行通信。应用层的各种进程是通过相应的端口才能与传输层进行交互。

在传输层与应用层的接口上所设置的端口是一个 16 位的地址，并用端口号进行标识。端口号分为两类：一类是专门配给一些最常用的应用程序，称为通用端口（well-known port），数值为 0～255。"通用"或"熟知"标识，这些端口号是 TCP/IP 体系确定并公布的，因而是所有用户进程都熟知的在应用层中的各种不同的服务器进程不断地检测分配给他们的通用端口，以便发现是否某个客户进程要和它通信。另一类则是一般的端口号，用来随时分配给请求通信的客户进程。图 6.32 表示了几个常用的熟知端口。

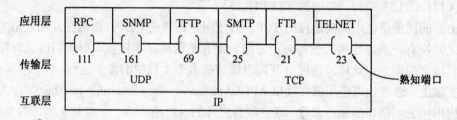

图 6.32 端口的意义

图 6.33 中的例子说明了端口的作用。设主机 A 要使用简单邮件传送协议 SMTP 与主机 C 通信。SMTP 使用面向连接的 TCP。为了找到目的主机中的 SMTP，在主机 A 和主机 C 的连接中，要使用目的主机中的熟知端口，其端口号为 25。主机 A 也要给自己的进程分配一个端口号，设分配的源端口号为 500，这是主机 A 和主机 C 建立的第一个连接。图中连接用虚线，表示这个连接不是物理连接而是一个虚连接。

现在主机 A 中的另一个进程也要和主机 C 中的 SMTP 建立连接。但其源端口号不能与上一个连接重复。设主机 A 分配给这个源端口号 501，这是主机 A 和主机 C 的第 2 个连接。

设主机 B 现在也要和主机 C 的 SMTP 建立连接。主机 B 选择源端口号为 500。目的端口号仍然是 25，这是和主机 C 建立的第 3 个连接。这里的源端口号与第 1 个连接的源端口号相同，这也只是一种巧合，各主机都独立地分配自己的端口号。

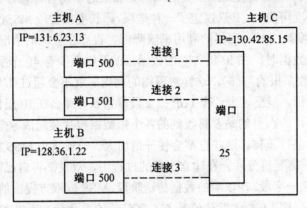

图 6.33 主机 C 的 STMP 建立 3 个连接

为了在通信时不发生混乱，必须把端口号和主机的 IP 地址结合在一起使用。在图 6.33 中，主机 A 和 B 虽然都使用了相同的源端口号 500，但只要查一下 IP 地址就可知道是哪一个主机的数据。

因此，TCP 使用"连接"（而不仅仅是"端口"）作为最基本的抽象。一个连接由它的两个端点来标识，这样的端点就叫套接字（socket）或插口。套接字的概念并不复杂，但非常重要。套接字包括 IP 地址（32 bit）和端口号（16 bit），在整个 Internet 中，在传输层通信的一对套接字必须是唯一的。例如图 6.33 中连接 1 的一对套接字是：

（131.6.23.13.500）和（130.42.85.15.25）

而连接 2 的一对套接字是：

（131.6.23.13.501）和（130.42.85.15.25）

上面的例子是使用面向连接的 TCP。若使用无连接的 UDP，虽然在互相通信的两个进程之间没有一条虚连接，但每一个方向一定有发送端口和接收端口，因而也同样可以使用套接字的概念。这样才能区分开同时通信的多个主机中的多个进程。

实际上，通常使用应用编程接口 API（Application progranmming interface）作为传输层与应用层之间接口的通用名称。现在较为流行的 API 有两类，一类是上面讲的套接字，或称 Berkeley socket，由 AT&T 公司开发的，称为 XTI（X10pen transport interface）。XTI 是 TLI 的一个超集。

4. TCP 的编号与确认

TCP 将要传送的整个报文看成是由一个个字节组成的数据流，然后对每一个字节编一个序号。在连接建立时，双方要商定初始序号。TCP 将每一次所传送的报文段中的第一个数据字节的序号，放在 TCP 首部的序号字段中。

TCP 的确认是对接收到的数据的最高序号（即收到的数据流中的最后一个序号）表示确认，但返回的确认序号是已收到的数据的最高序号加 1。也就是说，确认序号即表示期望下次收到的第一个数据字节的序号。

由于 TCP 能提供全双工通信，因此通信中每一方都不必专门发送确认报文段，而可以在传送数据时顺便把确认信息捎带传送，从而提高传输效率。

例如，一个交互式用户使用一条 Telnet 连接（传输层为 TCP 协议）。假定用户只发一个字符，加上 20 个字节的首部后，得到 21 字节长的 TCP 报文段。再加上 20 字节的 IP 首部，形成 41 字节长的 IP 数据报。在接收端，TCP 发出确认，构成的数据报是 40 字节长。如果用户要求远地主机回送这一字符，那么用户仅发一个字符，线路上就需传送长度为 162 字节共 4 个报文段（包括用户端对回送字符的确认）。显然，这种传送方法的效率不高。因此应当推迟发挥确认报文，并尽量使用捎带确认的方法。

在 TCP 的实现中广泛使用了 Magle 算法。其算法是：若数据是逐个字节地到达发送端，那么发送端就将第 1 个字符先发送出去，将后面到达的字符都缓存起来。当收到对第一个字符的确认后，再将缓冲区中的所有字符装成一个报文段发送出去，同时继续对后面到达的字符进行缓存。只有在收到确认后才继续发送下一个报文段。当字符到达较快而网络速度较慢时，用这样的方法明显地减少了网络带宽。同时算法还规定，当到达的字符已达到窗口大小的一半或已达到报文段的最大长度时，就立即发送一个报文段。

5. TCP 的流量控制

TCP 采用可变窗口的方式进行流量控制，窗口大小单位为字节。在 TCP 报文段首部的窗口字段，写入的数值就是当前设定的接收窗口数值。

发送窗口大小在连接建立时由双方商定。但在通信过程中，接收端可根据自己的资源情况，随时动态地调整自己的接收窗口（可增大或减小），然后告诉对方，使对方的发送窗口和自己的接收窗口一致。这种由接收端来控制发送端发送数据流量的方法，在计算机网络中经常使用。图 6.34 所示为在 TCP 中使用的窗口概念。

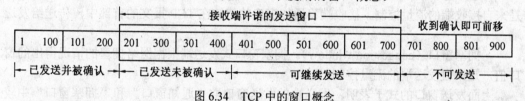

图 6.34 TCP 中的窗口概念

在图 6.34 中表示发送端要发送的数据有 9 个报文段，每个报文端 100 字节长，而接收端许诺的发送窗口为 500 字节。发送窗口当前的位置表示有两个报文段（其字节序号为 1~200）已发送过并已收到了接收端的确认。发送端在当前情况下，可连续发送 5 个报文段而不必收到确认。假定发送端已发送 2 个报文段但未收到确认，那么它还能再发送 3 个报文段。发送端在收到接收端发来的确认后，就可将发送窗口向前移动。

下面通过图 6.35 来说明利用可变窗口大小进行流量控制。

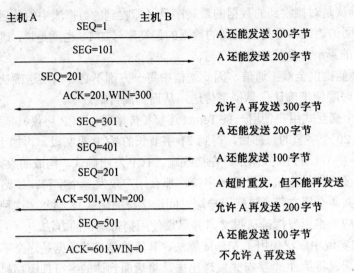

图 6.35 利用可变窗口进行流量控制例子

设主机 A 向主机 B 发送数据，双方商定的窗口值是 400，并且设每一个报文段为 100 字节长，序号的初值为 1（图中 SEQ=1）。从图中可以看出，主机 B 进行了三次流量控制，第一次将窗口减少为 300 个字节，第二次又减少为 200 个字节，最后减至 0，即不允许对方再发送数据了。这种暂停状态将持续到主机 B 重新发出一个新的窗口值为止。

实现流量控制并非仅仅为了使接收端来得及接收。如果发送端发出的报文过多会使网络的负荷过重，因此会引起报文段的时延增大。而报文段时延的增大，将使主机不能及时地收到确认。因此会重发更多的报文段，而这又会进一步加剧网络的拥塞。为了避免发生拥塞，主机应当降低发送速率。因此，发送端主机在发送数据时，既要考虑到接收端的接受能力，又要使网络不要发生拥塞。所以发送端的发送窗口应按以下方式确定

$$发送窗口=MIN[通知窗口, 拥塞窗口]$$

• 通知窗口（advertised window）。通知窗口式接收端根据其接收能力许诺的窗口值，是来自接收端的流量控制。接收端将通知窗口的值放在 TCP 报文的首部中，传送给发送端。

• 拥塞窗口（congestion window）。拥塞窗口式发送端根据网络拥塞的情况得出的窗口值，是来自发送端的流量控制。

上面发送窗口的式子表明，发送端的发送窗口取"通知窗口"和"拥塞窗口"中较小的一个。在不发生拥塞的稳定工作状态下，接收端通知的窗口和拥塞窗口是一致的。

6. TCP 的重发机制

重发机制是 TCP 协议中重要而复杂的问题之一，TCP 每发送一报文段，就设置一次定时器。只要定时器设置的重发时间已到而没有收到确认，就要重发这一报文段。由于 TCP 下层的物理网络是各种局域网络和广域网络互联在一起，且数据报每次选择的路由是变化的，因此各数据报时延的大小是不一样的，那么如何确定传输层的超时定时器的重发时间？

TCP 采用了一种自适应算法，这种算法记录每一个报文段发出的时间以及收到相应的确认报文段时间。这两个时间差就是报文段的往返时延。将各个报文段的往返时延加权平均，就得出了报文段的平均往返时延 T。每测量到一个新的往返时延，就按下式重新

计算其平均往返时延。

平均往返时延 $T = a$(旧的往返时延 T) + $(1-a)$(新的往返时延)

在上式中，$0 \leq a < 1$。若很接近 1，就表示新算出的往返时延 T 和原来的值相比变化不大，而新的往返时延的影响也不大（T 值更新较慢）。若选择 a 接近于零，则表示加权计算的往返时延 T 受新的往返时延的影响较大（T 值更新较快）。典型的 a 值为 7/8。

显然，定时器设置的重发时间应略大于上面得出的平均往返时延，即

重发时间 = β（平均往返时延）

这里 β 是个大于 1 的系数，实际上系数 β 是很难确定的。若取 β 很接近于 1，发送端可以很及时地重传丢失而仅仅是增加了一点点时延，那么过早地重传来收到确认的报文段，反而会加重网络的负担。

对此，Kam 提出了一个算法：会计算平均往返时延时，只要报文段重发了，就不采用其往返时延样本。这样得出的平均往返时延和重发时间就较准确。

但是，这又引起新的问题。设想出现这样的情况：报文段的时延突然增大了很大。因此在原来得出的重发时间内，不会收到确认报文段，于是就重发报文段。但根据 Kam 算法，不考虑重发报文段的往返时延，这样重发时间就无法更新。

对 Kam 算法修整时：报文段每重发一次，就将重发时间增大一些

新的重发时间 = r（旧的重发时间）

系数 r 的典型值是 2，当不再发生报文段的重发时，才根据报文段的往返时延更新平均往返时延和重发时间的数值。实践证明，这种策略较为合理。

6.5.2 用户数据报协议 UDP

用户数据报协议 UDP 只在 IP 的数据报服务基础上增加了很少的功能，即端口的功能。UDP 有两个字段：数据字段和首部字段。首部字段只有 8 个字节，由 4 个字段组成，每个字段都是 2 字节，如图 6.36 所示。各字段意义如下：

（1）源端口字段：源端口号
（2）目的端口字段：目的端口号
（3）长度字段：UDP 数据报的长度
（4）校验和字段：防止 UDP 数据报在传输中出错

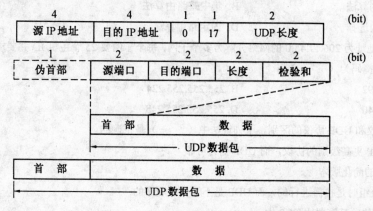

图 6.36 UDP 数据包的首部和伪首部

UDP 数据报首部中校验和的计算方法比较特殊。在计算校验和时在 UDP 数据报之前要增加 12 个字节的伪首部。所谓"伪首部"是因为这种首部不是 UDP 数据报真正的首部。只是在计算校验和时，临时和 UDP 数据报连接在一起，得到一个过渡的数据报。校验和就是根据这个过度的 UDP 数据报来计算的。伪首部既不向下传送，也不向上递交。图 6.36 给出了伪首部各字段的内容。

伪首部的第 3 个字段为全零，第 4 字段为 IP 首部中的协议字段的值。对于 UDP，此协议字段为 17。第 5 字段为 UDP 数据报的长度。

习 题 6

一、名词解释

1. 子网掩码　　　2. 因特网　　　3. 自治系统　　　4. 时间戳　　　5. 流量控制

二、填空

1. TCP 是互联网中的_____层协议，它使用_____次握手协议建立连接。当请求方发出 SYN 连接请求后等待对方回答_____。这种建立连接的方法可以防止_____。TCP 使用的流量控制协议是_____。

2. 如果 IP 层不能传送某个数据报，将会被_____。

3. 在 IP 协议包头中，与分片无关的字段是_____。

4. 给定 IP 地址为 192.55.12.120，子网掩码是 255.255.255.240，那么子网号是_____，主机号是_____，直接的广播地址是_____。如果主机地址的头 10 位用于子网，那么 184.231.138.239 的子网屏蔽码是_____。

5. ICMP 协议属于 TCP/IP 网络中的_____层协议。ICMP 报文封装在_____协议数据单元中传送，在网络中起着差错和拥塞控制的作用。常用的 PING 程序中使用了_____报文，以探测目标主机是否可以到达。如果在 IP 数据报传送过程中，发现生命期（TTL）字段为零，则路由器发生_____报文。如果网络中出现拥塞，则路由器产生一个_____报文。

三、选择

1. 路由信息协议（RIP）是内部网关协议（IGP）中使用的最广泛的一种基于（　　）协议。

　　A. 链路状态路由算法　　　　　　B. 集中式路由算法

　　C. 距离矢量路由选择　　　　　　D. 固定路由算法

2. 要将一个 IP 地址为 206.17.45.0 的网络分解为多个子网，每子网要 25 个主机 ID 并要求尽可能多的子网。指定子网掩码为（　　）。

　　A. 255.255.255.192　　　　　　　B. 255.255.255.224

　　C. 255.255.255.240　　　　　　　D. 255.255.255.248

3. 关于 TCP 协议和 UDP 协议的区别，下列说法中（　　）是正确的。

　　A. UDP 是比 TCP 更高级别的协议，而 UDP 更为可靠

　　B. UDP 是 TCP 的简化版本

　　C. TCP 在转发分组时是按需进行的，而 UDP 是不管分组顺序的

　　D. 目前 UDP 的传输开销要比 TCP 大

4. 一个网络的两个工作站有问题："他们只能轮流工作，每次只有一台可以登录入网"，该部门的其它

工作站都工作正常,可能是( )。
A. IP 地址冲突所致　　　　　　　　B. MAC 地址冲突导致
C. 物理网络出了问题　　　　　　　　D. 以上都有问题

5. 在 TCP/IP 通信过程中,数据从应用层到网络接口层所经历的变化是( )。
A. 报文流、传输协议分组、IP 数据报、网络帧
B. 报文流、IP 数据报、传输协议分组、网络帧
C. IP 数据报、报文流、网络帧、传输协议分组
D. IP 数据报、网络帧、报文流、传输协议分组

6. 如果子网屏蔽码是 255.255.192.0,那么下面的主机( )必须通过路由器才能与主机 192.23.144.16 通信。
A. 129.23.191.21　　　　　　　　　B. 192.23.127.222
C. 129.23.130.33　　　　　　　　　D. 129.23.148.127

7. 下面有效的 IP 地址为( )。
A. 202.280.130.45　　　　　　　　　B. 130.192.290.45
C. 192.202.130.45　　　　　　　　　D. 280.192.33.45

四、问答题

1. 简单说明 IP、ARP、RARP 和 ICMP 协议的作用。
2. 说明 IP 地址与硬件地址的区别,为什么要用这两种不同的地址?
3. 回答下列问题:
　(1) 子网掩码为 255.255.255.0 代表什么意思?
　(2) 一网络的子网掩码为 255.255.255.248,问该网络能连接多少台主机?
　(3) 一 A 类网络的子网掩码为 255.255.0.255,它是否是一个有效的掩码?
4. 试辨认以下 IP 地址的网络类别。
　(1) 128.36.199.3
　(2) 21.12.240.17
　(3) 183.194.76.253
　(4) 192.12.69.248
　(5) 89.3.0.1
　(6) 200.3.6.2
5. 当一个最小的 IP 数据报在以太网上传送时,它的帧有多大?
6. 判断下列地址是合法的 IP 地址吗?
A. 0.23.67.78
B. 127.35.63.85

第7章 内联网 Intranet

　　Internet 是未来 NII 和 GII 的雏形，Internet 的迅速增长使得 Internet 技术的应用更加广泛，它对信息技术的发展及信息社会的形成起着十分重要的作用。近年来遍布在 Internet 上的环球信息网的建立和发展，大大充实了 Internet 的信息资源。基于图形的客户浏览器的开发，更加推动了环球信息网技术的发展。

　　另一方面，一个单位或企业、事业部门的网络已经成为连接内部各部门并与外界交流信息的基础设施。基于局域网和广域网技术发展起来的内部网技术也得到了迅速的发展，尤其是企业网络开放系统集成技术受到人们普遍重视，在信息社会和市场经济竞争条件下，一个单位内部网络对企业的综合竞争能力的增强有着十分重要的作用。

　　Internet 的发展不但为企业网络提高了全球信息交换和信息发布的能力，而且 Internet 的技术以其开放性、标准性、成熟性和实用性为企业网络的建设、应用开发、管理和维护等，提供了很好的技术基础和借鉴。将 Internet 的技术模式和成熟技术应用到企业（校园）局域网络环境中，就形成了所谓的内联网（或称企业网）。

7.1 Intranet 概念

1. Intranet 的定义

　　Intranet 是基于 Internet/IP 协议，使用环球网 WWW 工具，采用防止外部侵入的安全措施，为企业内部服务，并有连接 Internet 功能的企业内部网络。从这个定义出发，可以概括 Intranet 的若干要点如下：

　　(1) Intranet 是根据一个单位内部的需求而设置的，它的规模和功能是根据单位业务和发展的需求确定的。

　　(2) Intranet 不是一个孤岛，它能方便地与外界连接，尤其是和 Internet 连接。

　　(3) Intranet 采用 TCP/IP 协议及相应的技术和开发工具。

　　(4) Intranet 根据单位的安全要求，设置相应的防火墙、安全代理等，以保护单位内部的信息，防止外界侵入。

　　(5) Intranet 广泛应用环球网 WWW 的工具，使内部网络用户能方便地浏览和采集内部信息以及 Internet 的丰富信息资源。这些工具包括超文本标记语言 HTML（hypertext markup language）、公共网关接口 CGI（common gateway interface）以及新的编程语言 Java 等。

　　从上述关于 Intranet 的定义可知，企业内部网 Intranet 可以看做是一种"专用 Internet"，它利用已成熟而被广泛采用的 Internet 技术，以 TCP/IP 协议为基础，以 web 为核心应用，构成统一和便利的信息交换平台。用户通过 WWW 的工具能方便地浏览企业内部和 Internet 上丰富的信息资源，而且可将电子邮件、电子新闻、电子表格和各种数据库应用等系统集成到浏览界面中，同时又能够较好地与传统的 C/S 系统相融合，使传统应用平滑地过渡到 Intranet。Intranet 还采用防火墙或安全网关的安全保护措施以防止外界侵入，为企业和单位更好地服务。

2. Intranet 的特点

Intranet 之所以在世界范围内为众多用户接纳，因为它有一系列技术优势。

(1) 它的协议和标准是公开的即平台独立，它不局限于某一硬件平台和操作系统，用户能对任何一台计算机进行。

(2) 支持多媒体信息，数据、声音、图像等多种信息，通过标准浏览器显示出来，界面统一友好，且简单易用，从而减轻了培训的工作量和费用。

(3) 所有与 Intranet 有关的文档均用 HTML 编写，HTML 简单易用，用户通过浏览器存取信息，文件容易共享，传递信息快速准确。

(4) Intranet 开发简单，传统 M/S 系统开发复杂，除了要在服务器端开发外，还要在客户端进行大量的开发，对于不同的功能都要重新设计用户界面。而对于 Intranet，开发都只需要做服务器端开发，客户端只要安装一个通用的浏览器即可，不需要做任何开发。

(5) 在现有企业的局域网中建立 Intranet，只需要改变网络的应用方式和界面，不需要改变现有网络的物理结构，而且与现有的企业管理信息系统可以有机地集成，平滑地过渡到 Intranet。

7.2 Intranet 基本组成

不同的企业、部门其 Intranet 的结构不同，图 7.1 表示了一般的 Intranet 结构。

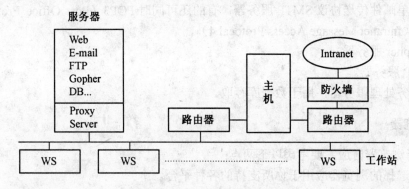

图 7.1 Intranet 结构

一般 Intranet 包括的基本部分：服务器、浏览器、支持工具、客户机、单位内部局域网及防火墙。

7.2.1 服务器

Intranet 服务器包括 Email 服务器、WWW 服务器、数据库服务器等。Email 服务器提供信息传递的电子邮件服务。WWW 服务器存储用 HTML 形式的单位内的主页信息，提供 WWW 服务。用户通过客户端的浏览器访问 WWW 服务器的内容。数据库服务器存储和管理一个单位或部门的各种数据和信息。WWW 服务器通过开放式数据接口 ODBC 等与数据库连接，各种常用的数据库都可以用 WWW 形式显示有关的信息。通过在主页中嵌入结构化查询语言 SQL 语句，用户就能直接通过主页访问数据库中的内容。

选择服务器硬件时，响应时间是主要考虑的因素，应该满足增加的 Intranet 通信负载的需求。在可能的条件下应该选容量大一些服务器。

各种 Intranet 服务器软件可安装在不同的服务器硬件中，也可以打包安装在一个服务器上。一般来说，把所有的服务器软件安装在一台服务器硬件上，其性能要受到影响，但对于规模小的单位，这种方案也是可以接收的，且管理和维护方便。

服务器软件包括以下几种：

(1) 域名服务器 DNS，处理域名服务。

(2) Web HTTP 服务器，提供 HTML 主页给 web 浏览器，有些还提供安全的 web 处理，常见的有以下几种：安全的 HTTP，即 SHTTP。安全套接字层（Secure Sockets Layer,SSL），Netscape、Microsoft、IBM 公司提供的服务器软件。专用通信技术（Private Communications Technology, PCT），微软公司提供的增强版 SSL。安全传送层协议（Secure Transport Layer Protocal，STLP）是微软公司向 Intranet 的 IETF 提交的一个建议。该建议的协议是将 Netscape 的 SSL3.0 和微软公司 PCT2.0 结合在一起。WebST 服务器 DASCOM 公司提供的完整的、高性能的 WWW、FTP、NEWS 等安全的应用服务器解决方案的软件产品。采用 OSF 的分布计算环境、DCE 提供的安全服务。安全电子事务处理（Secure Electionic Transaction，SET）是由 Master Card 和 Visa 联合开发的标准。

(3) 代理服务器的 Proxy server，能允许 Intranet 用户访问 Internet，但同时将两个系统分开。代理服务器接受内部客户的请求，并从外部服务器请求一个专门的地址，其安全性在于对外并不暴露内部的网络地址。

(4) 简单邮件传送协议 SMTP 服务器，有的还可同时 POP3（Post Office Protocal3）和 IMAP4（Intranet Message Access Protocal 4）。

(5) Gopher 服务器。

(6) FTP 服务器。

(7) 事务处理服务器，用于数据库存取。

7.2.2 浏览器

在选择浏览器时应主要考虑以下两点：

(1) 所选择的浏览器应用于你所支持的各种平台。

(2) 为了使用方便所选择的浏览器应包括所需要的各种功能，不需要再安装额外的软件工具。这些功能包括 Email、Newsgroup、FTP、Telnet、Plug_ins、Add_ons、Security、最新版本的 HTML、虚拟现实工具、Active Controls、Java Script 和 VBScript 等。在浏览器软件市场的主要竞争者是 Microsoft 公司和 Netscape 公司，两者都企图控制浏览器市场。

7.2.3 支持工具

(1)搜索工具：目前可用的搜索工具有 Alta Vista、Excite、Open Text、Lycos、Personal Library Software、Verity 和 WAIS 等。

(2)文本写作工具：理想的写作工具是 WYSIWYG（What you see is what you get）具有这种功能的软件有 Navigators Gold、Page Mill、Front Page、GNN press 等。

(3)文本转换工具：对已建立起来的文本转换到 HTML，需要有文本转换工具。Microsoft Internet Assistant 可将 Word、Excel、Power Point 文件转换成 HTML 文本。HTML Transit 可将 Word、Word Perfect 等各种不同格式的文件转换成 HTML 文本。Web Publisher 也可将 Word、Word Perfect 等文件转换成 HTML 文本。

(4)文本数据库：文本数据库存储现存的文本，且能转换成 HTMOL 格式，并在 Web 浏览器上显示。一些有代表性的文本数据库工具有 Basis Document Manager、Dyne Web、Folio InfoBase Web Server、Inter Notes Web Publisher 等。

(5)数据库查询工具：数据库查询工具还是初期阶段，为了从 Intranet 查询现有的数据库，需要选用合适的工具。已有的工具 Allayer 公司开发的 Cold Fusion、Oracle 公司开发的 Web server, Sybase 公司开发的 Websql，以及 Microsoft 公司开发的 Internet Information Server 等。

7.2.4 客户机

客户机是 Intranet 的用户端，是用户访问 Intranet 的设备。用户通过客户机中的浏览器提出访问服务器信息的请求。服务器接收请求并对数据进行处理，再将结果返回给客户机提供给用户。

7.2.5 单位内部的局域网络

单位内部的物理网络是 Intranet 的核心，其规模及复杂程度依据单位的需求而定。一般企业的局域网络采用浏览器/服务器计算模式，通过通信线路和通信设备将分布在单位内的各个结点计算机连接在一起，实现单位内部的网络通信。

7.2.6 防火墙

所谓防火墙就是一种运行特定安全软件的计算机系统，是 Intranet 的一种安全机制。它是在单位内部网与外部网之间构筑一个保护层，只有被授权的用户通信才能通过保护层，防止未授权访问、非法入侵和破坏行为。

7.3 Intranet 网络技术

1. TCP/IP 协议

TCP/IP 协议簇已经成为 Internet 的协议体系。TCP/IP 协议既可以用于广域网（WAN），也可以用于局域网（LAN），Intranet 使用 TCP/IP 协议作为其主要通信技术。

2. IP 地址

Internet 使用的 IP 地址可分为两种类型：授权的 IP 地址和非授权的 IP 地址。

授权的 IP 地址同 Internet 上的 IP 地址一样，由全球统一管理的有关机构进行地址分配，这种 IP 地址具有全球唯一性。在 Intranet 中与外界具有直接通信能力的主机或网络设备必须使用授权的 IP 地址。

非授权的 IP 地址仅在 Intranet 内部使用，由管理该 Intranet 的运行机构在本 Intranet 内部的统一管理下进行地址分配。这种地址在 Intranet 内部是唯一的，可以与外部的 IP

地址重复。具有非授权IP地址的主机或网络设备没有直接对外通信的权限，它们对外通信可通过代理服务器进行，或者根本不允许对外通信。在Intranet内部使用非授权的IP地址，可大大节省现有的IP地址资源，也便于Intranet的安全管理。

3. 域名系统（DNS）

Intranet与外界具有直接通信能力的主机或网络设备使用的是授权的IP地址。IP地址有对应的在域名管理机构申请的域名，通过域名系统DNS实现转换。一个企业或单位的域名已成为这个企业或单位在网上的标志。

DNS域名服务器负责实现主机名对IP地址的静态解析，当Internet内部有多个Web服务器或其它应用服务器时，域名服务将有助于网络的管理和运行。如果Internet对外服务拓展后，当有多个Web服务器或应用服务器也对外提供服务时，并且已向有关部门申请了三级域名之后，DNS域名服务器将承担解析内部四级域名的工作。

4. 路由器

路由器是Intranet中非常重要的网络设备，Internet的广域网是一个基于路由器的广域网，Intranet的局域网是一个用路由器分隔子网的局域网。

5. 代理服务器

代理服务器（proxy server）受网络管理者的委托对某个子网的某些功能进行代管，常常用于将内部网络与外部网络分离。内部网络中使用未经授权的IP地址的主机，所有进出内部网的数据分组都经过代理服务器进行。对这些主机上的用户使用的各种服务进行控制和转换。代理服务器的安全控制功能可以做得十分强大，但也会给代理服务器带来很大的开销。

在将Intranet接入Internet中，代理服务器担任很重要的角色，它在提供给Intranet网络用户访问Internet能力的同时，还将控制Intranet与Internet之间的信息交换，提供一些防火墙功能，现以用于NT系统的代理服务器产品的Micro proxy server 2.0为例，说明其功能。

Micro proxy server 2.0是一种需要与NT Server 2.0（service packs）和IIS 3.0配合使用的一种代理服务器。它应安装在位于Intranet与Internet连接点的NT服务器上。其安装过程比较简单，用户需要设置内容缓冲器的位置和大小，创建本地地址表和设定用户的访问权限等。

安装完成后，用户可以利用NT Server内置的Internet Service Manager来管理代理服务器，用户可以看到ISP的管理窗口中的服务数从原来的3个增加到6个。新增加的是Web Proxy、Winsock和Sock服务。

代理服务器可以控制对Internet的访问，管理员可以为Intranet内客户机分配统一但在Internet是非法的地址（如198.155.*.*，可能是美国或是其它地区的IP地址），这样Intranet内的用户如不通过代理服务器是不可能从Internet上下载任何信息的，从而限制了网内的用户必须通过代理服务器访问Internet。这样做的另一个好处是Internet上的用户也无法访问Intranet内部的主机。Ms Proxy Server 2.0还提供了内容缓存服务，用户从Internet下载的信息在指定缓存内（一般设置为100 kB）缓存。这样如果Intranet内的其它访问同一内容（网页）时就可以从内容缓存区提取。由于Intranet内的用户访问内容接近，会经常访问一些特定的站点，因而内容缓存技术可以避免重复下载，明显地减少了下载量和提高了访问效率。

网络管理员还可以通过 Ms Proxy Server 设定单个或一组用户对 Internet 访问权限，例如可以将名为 Internet 组的所有成员授予访问权，这样今后如需调整网内用户访问 Internet 的权限时，只需要将该用户加入或退出 Internet 组即可。

Ms Proxy Server 2.0 防火墙功能可以管理 Intranet 内部对外部的访问，可以允许或许可某一（组）用户对某一些站点进行访问。

为了保护 Intranet 不受外界访问，用户可以在本地地址表（LAT）中罗列内部网络需要代理服务器保护的 IP 地址，同时由于内部 IP 地址已事先分配为 Internet 上非法地址，两种保护措施合为一体可以有效地隔绝来自外部的入侵。

7.4 Intranet 的安全技术

7.4.1 防火墙技术

由于 Intranet 要与 Internet 或其它外部网络相连接，因此 Intranet 的安全问题必须考虑。

目前保证 Intranet 的安全主要是采用"防火墙"技术。防火墙是一种运行特定安全软件的计算机系统，它要在企业内部与外部之间检查网络请求分组是否合法，网络中传送的数据是否会对网络安全构成威胁。

防火墙通常由分组过滤路由器和应用层网关组成。过滤器起封锁某些类型通信量传输的作用。网关是借助于代理应用去转发内部网和外部网之间服务的设备，其驻留的中间地带称为隔离地带。

分组过滤路由器是基于 IP 的防火墙，实际上就是基于路由器的防火墙。它使用报文动态过滤技术，按照"拒绝除特殊许可服务外的所有服务"的原则，对每个 ID 分组的分组头进行动态检查，根据源 IP 地址、目的 IP 地址、服务类型及使用协议等做出对 IP 分组进行过滤或通过决定。

网络层防火墙的主要缺点之一是容易受到电子欺骗的攻击。所谓电子欺骗是指来自外部网络但使用伪造的内部资源 IP 地址的 IP 分组，因为一般路由器在选择路由时只检查每个分组的目的地址，而不检查分组的源地址，所以作为网络层防火墙必须专门检查所有分组的源地址，对来自外部网络而又具有内部源地址的任何分组均可以丢弃。

应用层网关（代理服务）是通过代理应用对内部网与外部网之间的服务进行转发的设备。为此要在应用层网关上安装代理服务软件，针对特定的应用各个代理模块独立运行，相互无关。网络管理员根据需要安装相应的代理模块。应用层网关对于外部用户的 Telnet、FTP 等高层网络协议的服务请求，代理服务机制将对用户的身份进行合法性检查，决定接收还是拒绝。先由外部网络客户端与代理服务建立连接，之后两者经过代理服务器发数据。应用层网关又称堡垒主机，这是个加固了的主机系统，运行防火墙软件。应用层网关的优点是：内部网与外部网无直接的连接，便于进行全面的访问与控制，通过配置访问控制表决定内部网络与外部网络的哪些用户可使用哪个代理模块连接到哪个目的主机；能采用先进的认证机制，进行严格的身份检查；易于记录工作对象与过程，便于必要时进行审计等。主要缺点是不透明性引起使用不便。

从应用情况看，企业的防火墙多采用代理服务的方式，因为它的安全性更高，能进行严格的用户身份验证，从而能进行基于用户的网络访问控制。此外，它还解决了企业 IP 地址不够的问题。企业可以把申请到的 IP 地址分配给代理服务器（Proxy Server）。内部网络使用虚拟的 IP 地址，对外访问通过代理服务器实现。代理服务器可以直接安装在对外提供服务的 Web 服务器上。

7.4.2 其它安全措施

1. 访问控制

访问控制即限定允许入网者及出网者，访问控制的关键因素是识别现有的全部服务和应用，但分组过滤技术无法处理应用层，而应用代理需占用大量 CPU 开销，对 Internet 上的新的服务如多媒体的支持也很慢。而目前应用最广的 Checkpoint Firewall-1 通过采用状态监控技术，结合面向对象的方法，能够提供较好的应用层识别，并且能快速方便地支持 Internet 上的新的服务。

2. 身份认证

身份认证是通过鉴别正式连接请求的合法性，识别发出访问请求用户的身份。这是防止对外欺骗的重要手段，也是对用户资源访问进行控制的基础。

3. 数据加密

数据加密是在数据传输过程中防止非法截获信息的有效手段，也是提高资源访问控制能力的重要补充手段，它通过使用一定的数学方法替换数据，打乱数据排列顺序，实现对数据的加密；通过使用对应算法将替换重排后的数据恢复成明文，实现数据加密。

4. 网络地址连接

Internet 技术是基于 IP 协议，每个参与通信的设备必须是具有唯一的 IP 地址。但是 Internet 上 IP 地址的资源是有限的，可为 Internet 上每个设备分配一个未授权的 IP 地址。IP 地址转换完成两项功能：

- 把内部未授权的 IP 地址转换成 Internet 上已授权的合法 IP 地址。
- 隐藏企业内部 IP 地址和内部网络，避免遭受黑客的攻击。

5. 连接控制

连接控制就是在提供安全的同时维持网络最优性能的能力，即在能提供相同服务的多个服务器之间实行负载分担。

一个单位通过建立自己的 Intranet，逐步实现办公自动化，不仅一个单位内部的信息得到充分共享，而且也可加强对外信息交流，使各种信息能够为管理决策提供有效的依据。

7.5 网络计算

20 多年前，计算机界普遍使用的是功能强大的大型机，采用的是以大型机为中心的集中式计算模式（或分时处理模式）。随着微型机及局域网络的发展，出现了以服务器为中心的计算模式。网络技术使计算模式发生了巨大变化，从共享的服务器模式发展到客户/服务器计算模式（C/S 模式）。Internet 技术的推广应用，又产生了浏览器/服务器模式，并开发了相应的软件和工具,从而使网络计算模式获得广泛的应用。

7.5.1 网络计算的要求

应用于内联网络的网络计算(如企业网、校园网)涉及一个单位管理的全过程、各个部门以及本单位与外界有关的单位,因此对网络计算主要有以下要求:

(1) 连接性,包括网络的内部连接和与外界的连接。

(2) 合作处理,一个单位的网络计算不仅要求物理上连通,更为重要的是各个部门的互操作,使之能合作处理协同工作。

(3) 网络和系统管理,由于网络计算一般是基于复杂的内联网,要求易于管理,并且安全可靠。

(4) 过渡策略和技术,随着对网络计算需求和改变、信息技术和产品的发展和换代,需要制定企业网络计算的过渡策略,提供相应的支持技术。

(5) 恰当地选择网络计算的平台及相应的产品。

7.5.2 网络计算的组成

网络计算的基本组成有以下几部分:

1. 客户机/服务器的计算

在一个内联网内部,多个客户机和一个或多个服务器以及操作系统内部进程通信系统共同组成一个支持分布式计算、分布式处理的系统。客户机/服务器模式的最大特点是系统使用了客户机和服务器两方面的智能、资源和计算能力来执行一个特定的任务,也就是负载由客户机和服务器双方共同承担。

2. 分布式数据库

一个单位的内部网络的数据库比较复杂,因为一个网络系统中可能包含多种数据库产品,要实现本地控制,有多个访问的路径以及保证数据完整性等,可以构成同构等数据库和分布式异构数据库。企业数据库的建立要从整个企业的观点来规划,建立分布式数据库。

3. 数据仓库

主要用于决策支持,目前企业常用的数据库系统大多用于联机处理作业,但用于分析数据作为决策时,还要汇集数据库的数据作进一步处理,由此引出数据仓库的概念,将数据的存储作全面规划,以方便用户分析数据使用。联机分析工具(OLAP)是数据仓库的重要组成部分,它将数据按照不同的条件汇集起来便于检索。

4. 网络和通信

这是企业网络计算的基础,包括本地的局域网(从速率为 10 Mbps 的以太网络到高速交换式局域网)、远程联接的广域网及其互联、桌面多媒体系统。远程计算机联网包括租用电话线路、公共分组交换网、高速广域网。近年来,语音通信、移动通信在内联网络和通信中得到应用。

5. 网络和系统管理

日益增强的互联的局域网和广域网,改变了传统的网络模式。网络需要新的集成网络管理。今天很多内联网选择简单网络管理协议(SNMP),这是 Internet 开发的一套简单实用的网络管理协议。但是，随着内联网逐步完善和扩充，网络的管理将从基于 SNMP 的平台转移至管理功能完善的分布式网络管理环境。

6. 各种网络应用

根据一个单位的业务目标，开发各种网络应用。

7.5.3 内联网开放系统集成技术

开放系统是一类系统的总称，它体现了一种新的系统设计思想和策略，所谓开放系统是对一个不断发展的、与厂家无关的、用于对整个系统进行有效的配置、操作和替换的接口、服务、协议和格式的规范描述的实现，它的应用和组成部件可以用不同厂家的同类产品来替代。

开放系统标准主要是指开放系统开发环境和开放系统运行环境(OSE)标准。因此，可以将开放系统分为应用开发和运行环境及网络计算两部分。开放系统应用开发和运行环境为种种应用系统的开发和运行提供了统一的支撑平台，而开放系统网络计算则在网络范围内将应用开发和运行环境连接在一起。这样，开放系统互操作性也就大大加强了，因为没有关于格式及协议的共享，互操作性将很难达到。

1. FRAMEWORK——应用开发和运行环境

FRAMEWORK 是应用程序开发环境，它实际上是中间件（例如，用户接口服务、网络服务、数据管理服务和数据交换服务等）和操作系统的组合。

应用开发和运行环境目前流行的产品有 CICS，Windows 和 UNIX。在应用开发和运行环境方面，COSE 小组（Common Open System Environment）专门制定了自己的开放系统环境规范，主要技术包括用于窗口管理的 Motif、标准 API 接口和用于数据库管理的 SQL。图 7.2 为开放系统环境框图，图中除 COSE 环境外，还有 Windows 开放服务结构 WOSA 环境和客户信息控制系统 CICS 环境。在窗口管理方面，WOSA 采用 Windows GUI 图形界面，而 CICS 则采用 CICS BMS。WOSA 采用专用的 Windows API 接口，CICS 也采用专用的 CICS API 接口，而在数据库管理方面都采用 SQL。

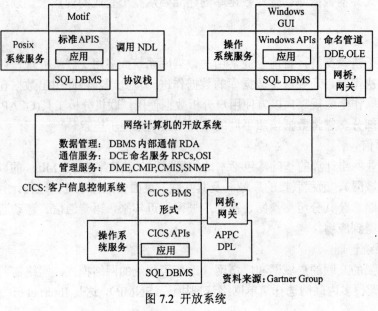

图 7.2 开放系统

在窗口管理方面，最有发展前途的是 OSF 的 Motif。COSE 小组已将 Motif 纳入其制定的 CDE(Common Desktop Environment)环境中，并且 Motif 也被 X/OPEN 采用，这样 Motif 几乎已成为窗口管理方面事实上的标准。

2. 信息系统与网络计算

信息系统与网络计算主要实现在网络范围内的数据处理、通信和网络管理，从图 7.3 可以看出，开放系统网络计算主要有以下一些技术：

(1) 在数据管理方面有应用于数据库间通信的 RDA，即远程数据访问；
(2) 通信服务：DCE（分布式计算环境）、RPC（远程过程调用）、OSI（开放系统互联）；
(3) 管理服务：DME（分布管理环境）、SNMP（简单网络管理协议）。

OSF 的 DCE 有望在大多数 UNIX 系统上实现，有些组件（如名字服务等）也会很快在非 UNIX 系统上实现，如 DEC 的 OPEN VMS 和 IBM 的 MVS 及 OS/I。

图 7.3 列出了 DCE 的结构及采用的技术，总之，OSF 的 Motif 和 DCE 很有可能成为事实上的标准。

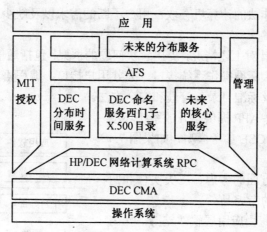

图 7.3 OSFDCE 结构

相对于 Motif 和 DCE，分布式传输处理和系统管理技术成熟要慢，在 OSF 的 DME 推出之前，用户的管理只能基于 Open View 和 Net View 的部分功能。现在 OSF 的 DME 还不足以称为开放管理环境。用户寻求一个开放的系统及网络管理环境是希望开放管理环境(OME)能实现不同厂家的系统及网络管理部件的集成和替换。而 OSF 的 DME 虽然在开发阶段已具有此开放性为目标，但目前还未达到这个目标。

7.5.4 开放系统环境应用可移植框架

开放系统环境应用可移植框架（Open System Environment Application Portability Projcee OSE/APP）由美国政府代理 NIST 为企业网络计算体系结构制定的规范，包括操作系统服务、用户接口服务、参考模型、编程服务、数据管理服务、数据交换、图形服务、网络服务。

• 操作系统服务的规范。核心操作 POSIX.1，命令和应用程序 P1003.2，系统管理 SNMP 和 CMIP，安全 P1003.6。

• 用户接口服务的规范。客户机/服务器的运算，目标定义和管理，窗口管理，对话管理和用户接口安全。

· 参考模型。共七层分别是应用层、会话层、表示层、工具集、子程序基础、数据流接口和数据系统编码。

· 编程服务的规范。3GLS（第三代语言）和 CASE。

· 数据管理服务的规范。SQL、IRDS 和远程数据访问 RDA。

· 数据交换的规范。开放文件体系结构 ODA，开放文件语言 ODL，开放文件交换格式 OOIF 以及 SGML、IGES、STEP 等。

· 图形服务的规范。图形核心系统 GKS、编程的层次交互式图形系统 PHIGS。

· 网络服务的规范。政府开放系统互联框架 GOSIPV2.0。

由上述 OSF/APP 的规范可见，作为一个内部网开放系统环境，除了分布计算环境的连接性和协议互操作问题外，还包括在内部网络计算环境内的多种操作系统、多种硬件平台、多厂商的产品共存；已有应用软件在新的系统软件版本上不能运行，应用软件之间不兼容的数据格式；随着系统不断拓展，缺少系统管理工具来鉴别瓶颈所在；现有的安全措施未能阻止非法的计算机存取；用户不断的需求以及缺少熟练的集成系统的技术人员等问题。

OSE/APP 正是针对上述情况，提出解决问题的框架，包括通信的连接性和互操作性、标准数据交换格式、标准操作系统接口、公共用户接口、编程语言标准的 API、公共数据模型和存储，以及标准目录、管理和安全方法。

可移植框架文件 APP 提供了开放系统环境框架，NIST 提出的 OSE 参考模型，如果图 7.4 所示。

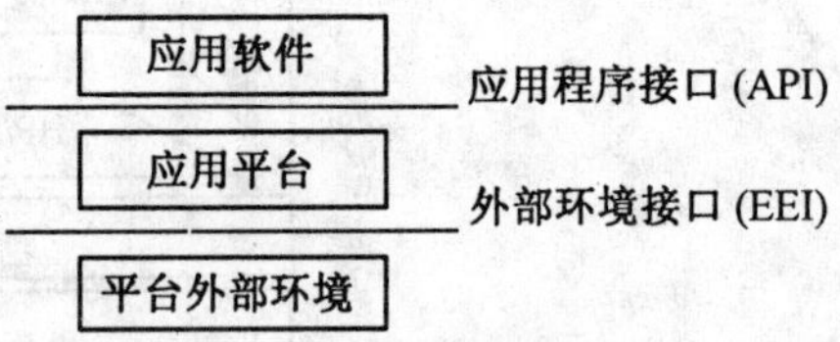

该模型有五个方面的考虑、三类实体和两类接口。五个方面的考虑是：

（1）管理策略：由应用层软件支持，作为管理进程的工具；

图 7.4 OSE 参考模型

（2）用户接口：用户和应用程序之间的接口；

（3）应用平台和应用程序之间的接口；

（4）在应用程序之间的信息交换；

（5）在应用程序之间和系统之间的通信。

OSE 参考模型的三类实体是应用软件、应用平台和平台外部环境。两类接口是应用程序接口 API 和对用户、数据、平台的外部环境接口 EEI(Eocternal Environment Interface)。

7.6 Internet 接入技术

要使用 Internet 提供的服务，首先必须将计算机接入 Internet，然后才能访问 Internet 中提供的各类服务与资源。

7.6.1 接入 Internet 的准备工作

连接 Internet 的要求并不很高，硬件方面计算机只要是 486 以上机器就可以，当然，如果机器速度快，上网的速率也相应地比较快。还需要一块网卡，通过局域网连接到Internet，或者是一个Modem通过拨号方式连接到Internet。同时还需要必要的软件支持，操作系统应能方便地支持联网操作，包括拨号上网、专线上网等。如果需要网络的多功能服务，还需要一些工具软件。

具备了上述的软件和硬件后，就可以上网了。在能使用Internet之前，应选择一条路径使数据能在用户计算机与Internet之间传送，这条通路可以是一条高速数据通信电路、本地局域网（LAN）、电话线或一条无线电频道。其次还要选择用户的Internet服务提供商ISP（Internet Service Provider），申请账号。

Internet服务提供商ISP是用户接入Internet的入口点。一方面，它为用户提供Internet接入服务；另一方面，它为用户提供各类信息服务，如电子邮件服务、WWW服务等。

不管使用哪种方式接入Internet，首先都要连接到ISP的主机。ISP位于Internet的边缘，用户计算机（或计算机网络）通过某种通信线路连接到ISP，再通过ISP的连接通道接入Internet。

用户只有在ISP处成功地申请Internet账号，成为合法的用户才能通过ISP访问Internet，目前ISP很多，各个国家和地区都有自己的ISP。我国的四大互联运营机构CHINANET、CERNET、CSNET、GBNET在全国大中型城市都设立了ISP，有些ISP还提供不需要申请的公用账号，如CHINANET的"169"服务。此外，还存在较多的四大互联网延伸出来的小型ISP。

7.6.2 通过电话拨号接入

用户的计算机（或代理服务器）和ISP的主机通过调制解调器与电话网相连，用户在访问Internet时，通过拨号方式与ISP的主机建立连接，借助ISP的连接通路访问Internet。这种方式普遍用于个人用户，或使用代理服务器的小型局域网。

由于电话线路传输的是模拟信号，计算机输出的数字信号直接在电话线上传输，需要在计算机与电话网之间加入调制解调器进行模拟与数字信号的转换。其通信速率由与ISP间的通信线路的质量及调制解调器的速度决定的。

在这种接入方式中，ISP一般采用串行Internet协议SLIP（Serial Line Internet Protocol）或点到点协议PPP（point to point protocol）作为拨号连接的通信协议。在这种方式下，需要预先安装SLIP或PPP的报文分组驱动程序，或加装SLIP或PPP的模块，之后在执行通信程序进行拨号。现在Windows本身带有的拨号服务程序就支持SLIP或PPP协议。

通过电话拨号连接Internet的具体方法有两种：

1. 通过电话拨号直接连接

利用串行接口协议SLIP和点到点协议PPP，通过电话拨号方式进入一个Internet主机，如图7.5所示。它是通过TCP/IP协议将用户计算机变成Internet的一部分。

需要的条件：需要一个调制解调器Modem，TCP/IP和PPP软件，如系统运行的是Windows系统，则需要Winsock的软件支持。同时，还需要有一个服务提供者，允许用户通过电话拨号进入SLIP或PPP服务器。

得到的服务：Internet所提供的各种服务的访问，但访问速度比直接连接到Internet要慢，并取决于调制解调器速率。为了获得大部分Internet服务，调制解调器速率至少要

14.4kbps，低于此速率则太慢了。

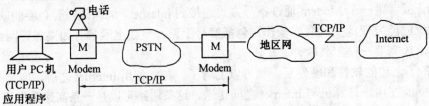

图 7.5 电话拨号直接接入

这种连接的费用主要是，Modem 和网络软件的费用，加上为访问 SLIP 和 PPP 服务器所需要的服务提供者的费用。

2. 通过电话拨号间接连接

通过电话拨号进入一个提供 Internet 服务的联机服务系统，如图 7.6 所示。这种方式是用户 PC 机以仿真终端的方式访问 Internet。

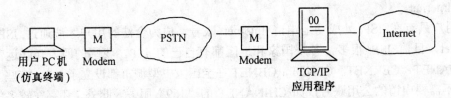

图 7.6 电话拨号间接入网

这种连接的条件是，需要一个调制解调器 Modem、标准的通信软件和一个联机服务账号。

通过这种连接得到的服务是，该联机服务所提供的 Internet 网络服务的访问。有些服务只提供 E-mail，有些服务提供完整的 Internet 支持（包括 E-mail、新闻组、Gopher 服务和其它服务），American Online 正在迅速发展。

使用该系统所需要的费用主要是联机服务的费用。对电子邮件按邮箱容量收月租费。

从物理上看，电话拨号直接连接与电话拨号间接连接 Internet 基本上是一样的，都是拨号上网，但它们与主机的通信方式是不一样的。前者是利用 TCP/IP 协议，接入后获得一个动态 IP 地址，是 Internet 上的一台主机，应用程序均在它上面运行，而间接接入方式是利用通信软件，仅是一个远程仿真终端，所以应用程序均在登陆的主机上运行。

7.6.3 通过局域网接入

用户计算机连接到某个局域网络中，而该网络已经连接到 Internet 上。一般只有规模较小的局域网通过电话拨号接入 Internet，大多数局域网是利用路由器通过数据通信网与 ISP 相联，借助 ISP 与 Internet 的连接通路访问 Internet。数据通信网的种类很多，如 DDN、X.25、帧中继、ISDN 等。

通过局域网访问 Internet，首先需要在用户计算机上安装网卡，然后通过同轴电缆或双绞线将用户计算机连接到局域网中的 Hub 或者路由器。目前大部分的局域网使用的是以太网。

通过局域网访问 Internet，将使访问更加方便和更加高速。

7.6.4 使用其它通信入网

1. 以 DDN 专线方式入网

电话拨号连接方式主要是针对个人用户或小公司用户，对于大的部门、组织都有自己的局域网络和非常多的网络用户，此时应选择 DDN 专线连接方式，如图 7.7 所示。

图 7.7 通过 DDN 实现局域网连接 Internet

使用这种连接方式时，需要在用户及 ISP 两端分别加装支持 TCP/IP 协议的路由器，为局域网上的每台计算机申请一个静态的 IP 地址，并向电信部门申请一个 DDN 数字专线，由用户独自使用。DDN 专线可支持不同速率，为该局域网上所有计算机提供完全的 Internet 连接。专线连接方式的最大优点是访问速率高和可靠性高。

专线连接不需要拨号过程，当软、硬件设置好后，用户的局域网就融入了 Internet，成为 Internet 的一部分。所以无论用户要何时入网，只需要用自己的账号、口令登陆到网上即可访问 Internet。表 7.1 是电话拨号与 DDN 连接方式的比较。

表 7.1 各种接入方式比较

	所需的硬件和软件	速度/bps	性能描述	适合对象
终端方式	PC 机、调制解调器、电话线、终端仿真及相应软件、账号	28.8 kbps	费用低廉，只能作为远程主机的哑终端，可以使用的服务有限	个人或要求不高的部门
SLIP/PPP	PC 机、调制解调器、电话线、SLIP/PPP 等相应软件、账号	56 kbps	费用适当，能作为 Internet 上的主机，可以使用全部服务	个人或小型企业
专线入网	局域网、DDN 专线、路由器、调制解调器及相应软件、一组 IP 地址	64 kbps~2.048 Mbps 或更高	费用较高，作为 Internet 上的网络，独立管理 IP 地址和带宽，可以享受全部功能	有一定规模的企业

2. 通过 ISDN 接入

综合业务数字网 ISDN（Integrated Services Digital Network）是一种基于公共电话网的数字化网络。它能够利用普通的电话线双向传送数字信号，实现语音、数据、图像等通信业务。ISDN 主要用于 Internet 接入、语音等业务、公司网络的互联或远程接入、桌面可视系统及视频会议等应用。ISDN 是专为高速数据传输和高质量语音通信而设计的一种高速率、高质量的通信线路。凡加入这个网的用户都可实现只用一条电话线连接不同的终端、进行不同类型业务通信的功能。用户可以到电信局申请 ISDN 线，使用数字式的 Modem 或是指定为路由器的计算机（该路由器能将数据转换为 ISDN 协议）连入 ISDN。使用 ISDN 比普通电话有许多优势，比如可获得至少 64 kbps 的传输速率，如果不传输声音，可以获得 128 kbps 的传输速率。

公共数字数据网 DDN（Digital Data Network）是利用数字信道传输网络，DDN 的传输媒体有光缆、数字微波、卫星信道以及用户端可用的普通电缆和双绞线。DDN 是同步数据传输网，不具备交换功能，但是可以支持任何规程、不受约束的透明网络，可以支持网络层及其以上的任何协议，从而可以满足数据、图像、声音等多种业务的需要。DDN 将数字通信技术、计算机技术、光纤通信技术以及数字交叉技术有机地结合在一起，提供了高速度、高质量的通信环境。DDN 传输带宽为 2.4～2048 kbps，可提供点对点、专用电路、点到点广播、数据轮训和多点桥接电路业务。

3. 通过 X.25 网接入

由于用户计算机情况不同，可有不同方式：

(1) 通过 CHINAPAC 的 X.28 异步方式入网

这种连接方式是通过 X.28 异步拨号线路接入分组网 CHINAPAC（X.25），分组网端口接通后，需要输入网络用户标识符（NUI）和用户密码，核对正确后，返回用户一个接通的分组网端口号，然后用户还应输入分组网与 Internet 网连接的分组网端口地址，最后输入 Internet 所需的用户账号和口令，核对正确后，用户就可以以仿真终端的方式登录到远程主机。分组网上的 X.28 用户只能以终端的方式接入 Internet。

(2) 通过 CHINAPAC 的 X.25 方式入网

如果是单机入网，用户的计算机中需要插入一块 X.25 网卡，另外还需要一台同步 Modem。入网时，通过呼叫 CHINAPAC 与 Internet 的分组网端口地址接通 Internet，经过用户账号和口令检查后从终端登录到 Internet 的远程主机上，这种连接方法只能以终端方式接入 Internet。

如果是局域网接入 Internet，则需要在局域网上安装一台支持 TCP/IP 的路由器，为网上的每一台计算机申请一个静态 IP 地址，并安装 TCP/IP 协议栈。通过路由器连接到 Internet 的局域网上的每台计算机都作为 Internet 的主机共享 Internet 的全部服务。这种连接方式是用于使用电子邮件并且通信量不大的用户，其传输速率在 64 kbps 以下。

4. 通过帧中继入网

通过帧中继入网只适用于将局域网接入 Internet 的用户。这种连接方式除需租用一条帧中继线路外，基本上类似于用 X.25 将局域网接入 Internet。与 X.25 比较，帧中继省略了网络层协议，并简化了传输处理过程，所以具有通信效率高、成本低的优点，其通信速率可达 2.048 Mbps。

5. 通过网络电缆直接入网

如果入网计算机或局域网与 ISP 的局域网之间的距离非常近，便可以采用这种方式，即用网络电缆将本地计算机或局域网与 ISP 的局域网直接连接起来。这种连接的数据传输速率与 ISP 的局域网络的传输速率相同，可达 10～100 Mbps。当然这时仍需要把本地的每一台计算机都申请一个 IP 地址。为了安全，可能还需要在本地局域网与 ISP 的局域网之间加入一台路由器。表 7.2 给出了各种通信线路适合的 Internet 接入方式及速率。

表 7.2 各种通信线路适合的 Internet 接入方式

	CHINAPAC 的 X.28	CHINAPAC 的 X.25	帧中继 FR	CHINADDN 的高速汉字专线	ISDN 专线	直连电缆	拨号电话线
终端方式	√	√					√
主机方式		√	√	√	√	√	√
速率	≤14.4 kbps	≤64 kbps	≤2048 kbps	≤2048 kbps	≤128 kbps	局域网速率	≤56 kbps

6. 通过代理服务器（proxy）入网

局域网上的多台工作站同时上 Internet，有两种方法，第一种方法就是前面提到的为每一台上网计算机申请一个 IP 地址，并通过路由器将局域网和 Internet 连通，路由器与 ISP 服务器或主机的通信通过 DDN 专线或 X.25 线路实现。这种方法存在浪费 IP 地址资源，费用较高等缺点。第二种方法通过代理服务器入网，在这种方法中，代理服务器软件运行于局域网上的一台计算机上，通常称其为代理服务器或网关。这个代理服务器的广域网端口接入 Internet，局域网端口与局域网相连，局域网上运行 TCP/IP 协议。当局域网内的其它计算机有对 Internet 资源和服务的请求时，这些请求将被提交给代理服务器，并由代理服务器将它们送到 Internet 上去；对于从 Internet 上返回的信息，代理服务器将识别这是局域网中哪台计算机的请求和响应，并把相应的信息传给该计算机，从而完成局域网内的计算机对 Internet 的"代理服务"。这种代理服务是同时实现的，即局域网内的每台计算机都可同时通过代理服务器访问 Internet，它们共享代理服务器一个 IP 地址和统一账号，如图 7.8 所示。

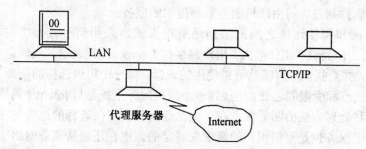

图 7.8 通过代理服务器接入 Internet

代理服务器可完成的代理服务包括：
- WWW 代理服务；
- FTP 代理服务；
- E-mail 服务；
- Telnet 网关服务；
- DNS 代理服务；
- WAIS 代理服务；
- News Group 代理服务；
- 其它多种代理功能的服务。

代理服务可通过 Modem 的拨号连接接入 Internet 的拨号连接，这就免除了为每台计算机配备 Medem 和电话线的需要；也可通过数字专线或其它线路实现与 Internet 的连接，解决了目前 Internet 地址不足的问题。局域网内每台计算机都可以通过代理服务器同时使用 Internet 的全部功能，如同 Internet 连接在其本机上一样。

除了代理 Internet 服务外，通常代理服务器还可配置防火墙，既能阻止他们从外部非法侵入局域网，也能通过规则设置，防止内部对 Internet 的一些不适当访问，这主要通过三个方法：
- 设定对于连入主机的限制规则；
- 设定对于连出主机的限制规则；
- 设定对于 URL（用户资源定位符）的限制。

代理服务器还可支持对 WEB 页面的缓存功能。用户从 WWW 上得到的 HTML 文档、图形以及其它各种文件，都被代理服务器保存在缓存（cache）内，当以后局域网内的任何一台计算机有相同的 WWW 请求时，直接从缓存中取出，从而大大加快了浏览速度，也节约了对 Internet 的访问时间。

对于通过 Modem 拨号连入 Internet 的情形，代理服务器还可提供按需拨号功能。当局域网内的任何一台计算机有对 Internet 的连接请求时，代理服务器将自动拨号接入 Internet。而在一定时间内对 Internet 无访问时，代理服务器又可自动挂断线路，待下一次发生请求时重新拨号。

局域网用户通过代理服务器接入 Internet 节约了每台计算机所需的单独拨号账号、Modem 和电话线路，并且节约了宝贵的 IP 地址资源。可以说，利用代理服务器将局域网接入 Internet 是小型 LAN 用户的最佳选择。图 7.8 是通过代理服务器接入 Internet 的示意图。

7.6.5 用户选择连接方式考虑的因素

对于拨号直接连接或通过局域网连接，用户运行 TCP/IP 协议，在 Internet 上具有和其它 Internet 用户同样地位。而拨号间接连接，联机服务系统是直接连接至 Internet，用户终端仿真软件则去访问由联机服务系统提供的服务。

直接连接和间接连接之间的差别还是很大的，采用何种连接方法将决定用户在 Internet 上的工作类型和工作能力。用户网络与 Internet 连接之前，应确定对 Internet 提供服务的需求，并查找一下有哪些可供使用的选择。每一个可供选择的连接 Internet 的方法都有各自的优点和受限制之处。连接到一个联机服务系统是与 Internet 网络连接的最容易的方法，这种处理方法的明显优点在于他比任何其它可供选择的连接方法都要简单。选择哪一个联机服务也是根据用户的需求来确定的。现在还能从商业网络服务得到对超文本链路、多媒体的环球网络 WWW 的访问。

采用直接连接方法，用户的计算机系统必须运行 TCP/IP，TCP/IP 是基于 UNIX 操作系统的传输控制/网络互联协议，它对 Internet 的连接性起关键作用的"协议栈"采用把信息打包的方法来简化各种不同类型的计算机之间的信息传输。虽然 TCP/IP 不是最有效的协议，但在 Internet 的异种机各种平台互联环境上发挥了显著的作用。

在用户系统运行 TCP/IP 后，可以选择直接通过一个局域网与 Internet 网络连接，这个局域网有一条到 Internet 的连接线。这种连接方法要求用户系统和服务提供者的主机系统都要运行一个串行通信协议，这就是串行线路接口协议或点到点协议。

上面阐述了连接 Internet 的各种方法及优缺点，用户可以根据需要进行合理的选择，选择时需要考虑以下四个因素：

（1）联网的目标和需求；
（2）用户内部配置的网络基础设施；
（3）用户支持 Internet 联网费用的能力；
（4）对 Internet 安全服务的需求。

7.7 Internet 提供的服务

Internet 的飞速发展，已使它能提供各种各样的服务，其中大多数服务是免费的，Internet 的商业化趋势，将使它能提供的服务进一步增多。

Internet 的各种服务，基本上都是遵照同一种工作模式，即客户-服务器的模式，这种工作模式是 Internet 的信息服务得以发展的基础。对于多种的 Internet 信息服务，除了最基本的 DNS 域名服务，还有电子邮件 E-mail、文件传输 FTP、远程登陆 Telnet、电子广告牌 BBS 和 Internet 新闻服务 News、WWW 信息浏览服务等。

7.7.1 客户-服务器模式

在客户-服务器（client-server）模式中，"客户"是指提出资源和服务请求的一方，"服务器"是指处理请求的另一方，它们通常是两个独立运行在不同计算机上的程序，分别称为客户程序与服务器程序，它们之间通过特定的协议进行通信。

通常，在 Internet 上的用户是通过客户程序使用 Internet 服务的。用户运行本地的客户程序，向远地的服务器发出请求，服务器程序接受客户方的请求，并按照请求进行处理，然后将处理结果传送回给提出请求的客户。这种提出请求、处理请求、传回结果，即"请求/响应"的运行模式就是客户-服务器模式，如图 7.9 所示。

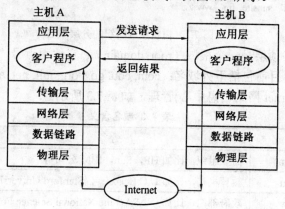

图 7.9 客户-服务器模式

客户-服务器模式的优势在于广泛地采用了网络技术，将参与信息服务的各部分任务分配给分布在网络上的担任不同角色的计算机，把较复杂的计算和管理任务交给网络上的高档机算机。通过这种结构完全实现了网络上信息资源的共享。

7.7.2 DNS 域名服务

域名服务（domain name service，DNS）是 Internet 中基础和非常主要的服务。Internet 上有成千上万台主机，而主机是采用 32 位 Internet 地址（IP 地址）来作为其唯一标识。需要一种简捷和形象化的方法来表示 Internet 地址，域名服务是帮助人们在 Internet 上用名字来唯一标识一台主机，并保证主机名和 IP 地址一一对应的网络服务。

域名系统是一个以分级的、基于域的命名机制为核心的分布式数据库系统。域名系统将整个 Internet 表示为一个域名空间，域名空间是由不同的域组成的集合。

1. DNS 域名空间

DNS 域名空间是一个层次化结构的系统，分为根域、顶极域、二级域等。域代表了网络中命令资源的管理集合，这些资源通常代表了主机、服务器、路由器等。每个域都有自己的域名服务器，域名服务器负责管理存放当前域的主机名和 IP 地址的数据库文件，以及下级子域名服务器的信息，如根域服务器不必知道根域内所有主机的信息，它只要知道所有子域的域名服务的地址即可，所有域名服务器中的数据库文件中的主机和 IP 地址集合组成 DNS 域名空间。域名服务器位于 Internet 上不同的地方，它们之间通过特定的方式进行联络，这样可以保证用户通过本地的域名服务器查找到 Internet 上所有的域名信息。由树状结构组织的分层域名组成的集合如图 7.10 所示。

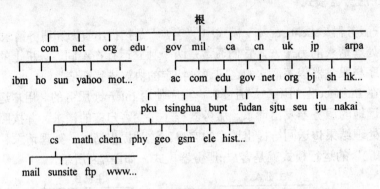

图 7.10 树状结构组织的分层域名

在域名空间，顶层是一个根域（root domain），它使用点号"."来表示。在根号之下的是顶极域名，目前包括下列域名：com, edu, gov, org, mil, net, arpa 等，所有顶极域名都由 InterNIC(Internet 网络信息中心)管理，如表 7.3 所示。

表 7.3 域名含义

域 名	含 义
com	商业组织，比如 HP，Sun，IBM 公司等
edu	教育机构，比如 U.C.Berkeley, Stanford University, MIT 等
gov	政府部门，比如 NASA，the National Science Foundation
mil	军队组织，比如 the U.S Army 和 Navy
net	网络组织和 ISP 等
org	非商业组织
arpa	用于返向地址查询的
cn	居于国家代码的域名，cn 表示"中国"

2. 域名服务的工作原理

域名服务在 Internet 中起着至关重要的作用，基本上任何服务都依赖于域名服务，如文件传输、电子邮件、WWW 浏览等都需要借助于域名实现网络连接。将 IP 地址转换为域名的过程，就是所谓的域名解析。域名解析通常发生在用户输入一个命令后，如在 Windows 系统输入命令"C:>ftp ftp.cdrom.com"，这时客户机首先要从 DNS 服务器获得 ftp.cdrom.com 对应的 IP 地址，才能和远地服务器建立连接。

DNS 域名空间中的域名是由分布在不同地方的域名服务器来管理的，而域名的解析是由用户指定的域名服务器来完成的。用户指定的通常是本地域名服务器，也就是说该域名服务器和用户的计算机是在同一域中。为了提高域名解析的效率，每个域名服务器都维护一个高速缓存，存放最近获得的域名以及从何处获得该域名解析的域名服务的信息。

域名服务采用的是客户-服务器模式。域名服务的客户方被称为解析过程函数（resolve），它们是嵌套在其它应用程序之内的。当用户运行这些应用程序时，这些应用程序就会调用域名解析过程函数，发送请求给指定的域名服务器（一般为本地域名服务器）。本地域名服务器始终运行它的域名服务器进程（named），该进程接收到客户请求时，就开始进行域名解析。

现在以查找"frp.cdrom.com"的 IP 地址为例，说明域名解析的具体步骤：

(1) 本地域名服务器查找它的缓存的域名信息。如果缓存中有要查找的主机域名或 IP 地址，服务器进程就将结果返回给客户程序；如果在本地缓存中没有相应的记录，则本地域名服务器会询问其它名字服务器，或直接向根名字服务器发送一个递归查询（即"请发给我你所知道的最佳答案，我来完成其余的工作"）。根域名服务器的信息是在域名服务器进程启动时直接从一个文件中读入缓存的。

(2) 根名字服务器返回它所知道的最佳结果。如在本例中根名字服务器给出的是有关"com."的域名服务器的名字和它们的 IP 地址。

(3) 本地名字服务器根据返回的结果继续查询"com."的一台名字服务器，同样采用递归查询方式。

(4) "com."的名字服务器返回它所知道的最佳结果，也就是"cdrom.com"的名字服务器的域名和 IP 地址。

(5) 本地域名服务器和一台"cdrom.com"的名字服务器建立连接，发送和以前一样的查询请求。

(6) "cdrom.com"域名服务器返回"ftp.cdrom.com"的 IP 地址，由本地服务器将查询最后结果返给客户。客户系统获得相应 IP 地址后，客户方命令继续执行。

7.7.3 电子邮件服务

1. 电子邮件的特点

电子邮件简称 E-mail(Electronic mail)，是通过 Internet 发送和接收的邮件，是 Internet 为用户提供的最基本服务，也是 Internet 上应用最广泛的服务，为 Internet 上的用户提供了快速、简便、廉价的现代化通信手段。电子邮件具有以下几个优点：

(1) 速度快。要发送一封电子邮件到任何地方，一般只需几秒至几分钟就可以传送到收件人的信箱中。

(2) 价格低。发送一封电子邮件比普通信件便宜得多。

(3) 一信多发。利用电子邮件系统提供的一对多的功能，将一封信同时发给多个收件人。

(4) 多媒体信件。电子邮件系统不仅能传送各种文字信息，而且能传输图像、语言与视频等多种信息，已成为多媒体信息传输的重要手段之一。

2. 电子邮件系统结构

电子邮件系统在结构上可分成两大部分，即人机界面和邮件传输。人机界面用于发送者和接受者书写、编辑和阅读邮件；而邮件传输则负责将邮件从发送端传送到接收端。

邮件服务器是 Internet 邮件系统的核心，它的作用类似于邮局。在收发电子邮件过程中，提供中转邮件服务的计算机叫做服务器。有两类服务器，一类是接收邮件服务器，负责接收用户送来的邮件，并根据收件人地址发送到对方的邮件服务器中；另一类是发送邮件服务器，负责接收其它邮件服务器发来的邮件，并根据收件人的地址分发到相应的电子邮箱中，如图 7.11 所示。

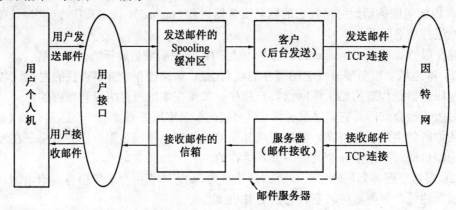

图 7.11 TCP/IP 电子邮件系统模型

以 TCP/IP 的电子邮件系统为例，用户发送邮件时，首先利用邮件软件生成邮件，然后通过用户接口传送给本地邮件服务器，本地邮件服务器将发送邮件放入 spooling 缓冲区，然后，服务器上的用户发送进程以后台方式尝试与接收方的邮件服务器建立 TCP 连接。如果连接成功，便发送邮件，对方服务器将接收下来的邮件存放在接收方用户的信箱中；发送完后，客户发送进程将相应的邮件从发送缓冲区中删除。如果发送客户进程不能与接收方主机建立 TCP 连接，发送客户进程将记下发送时间。发送客户进程将周期性地（如 30min）检查缓冲区，当发现有未发出的邮件，或用户邮来一个新邮件时，发送客户进程将尝试再次发送邮件。如果客户进程发现某邮件很长时间（如 3d）都发不出去，将把邮件返回给用户，并报告原因。

3. 收发电子邮件协议

在收发电子邮件时，各邮件服务器之间必须遵守同样的规则才能在相互之间正确地传递信息，这些规则就是电子邮件协议。对应于接收和发送邮件服务器，有两种基本的协议。

发送邮件服务器遵守的是简单邮件传输协议 SMTP(simple mail transfer protocol)。它属于 TCP/IP 协议簇中的应用层协议，能实现不同类型的计算机之间电子邮件的传送。

大多数接收邮件服务器遵守的是 POP（Post Office Protocol）协议，也有的遵守 IMAP（interactive mail access protocol）协议。

当服务器采用 POP 协议时，邮箱中的邮件被拷贝到客户机中，在邮件服务器中不保留邮件的副本，用户在自己的计算机中阅读和管理邮件。这种方式适合于用户从一台固定的计算机中访问服务器的情况。

当服务器采用 IMAP 协议时，可以选择是否将邮箱中的邮件拷贝到客户机中，是否在邮件服务器中保存邮件的副本，以及是在客户机还是在服务器中阅读和管理邮件。这种方式适合于多台计算机访问邮件服务器的情况。但是，目前这种协议的邮件服务器并不多。

有的 ISP 使用同一台计算机同时完成接收和发送电子邮件的功能，这时接收邮件服务器和发送邮件服务器的名称是一样的。

4. 电子邮件账号和电子信箱

使用电子邮件服务首先要拥有一个电子信箱（mail box），用来存放用户的电子邮件。电子邮箱是由提供电子邮件服务的机构（一般是 ISP）为用户建立的。当用户向 ISP 申请 Internet 账号时，ISP 就会在它的邮件服务器上建立该用户的电子邮件账号，其中包括用户名（user name）与用户密码（password）。电子信箱用户申请到电子邮件账号后，由 ISP 在邮件服务器的硬盘上为用户开辟一块专用的存储空间，用来存放该用户的电子邮件。对于某个用户的电子邮箱，任何其它用户都可以将邮件发送到该信箱中，但只有该信箱的合法用户才能查看电子邮件的内容，并处理其中的邮件。

Internet 上的许多站点都提供免费的 Internet 电子信箱，用户可以申请使用，例如 sohu、yahoo 等站点。

5. 电子邮件地址

每个电子信箱都有一个地址，称为电子邮件地址（E-mail address），有了电子邮件地址，才能发送和接收电子邮件。电子邮件地址格式是固定的，并且在全球范围内是唯一的。

用户的电子邮件地址格式为：用户名@主机名，其中"@"符号表示"at"，用户名是指在邮件服务器上为用户建立的电子邮件账号，由用户指定，一般是用户的姓名或其它易记的标识。主机名指拥有独立 IP 地址的邮件服务器的域名，邮件域名也采用分层体系结构。例如，邮件地址为 Liu@tju.edu.cn，其中 Liu 为用户名，tju.edu.cn 是用户 ISP 的邮件服务器的主机名。

6. 电子邮件应用程序

Internet 上的电子邮件服务是工作在客户机/服务器方式下，用户在客户端要和电子邮件服务器进行交互，必须要有客户端的软件，即电子邮件应用程序。常用的有 Microsoft 公司的 Outlook Express， Netscape 公司的 Netscape communicator。电子邮件应用程序负责将写好的邮件发送到邮件服务器中，也负责从邮件服务器中读取邮件，并对它们进行处理。

目前，各种电子邮件应用程序所提供的服务功能基本相同，都可以完成以下操作：
- 创建与发送电子邮件；
- 接收、阅读与管理电子邮件；
- 账号、邮箱与通信簿管理等。

7. 电子邮件服务的工作过程

在 Internet 上的电子邮件服务的具体工作如下：
- 发送方根据需要利用电子邮件应用程序编写邮件。
- 发送方将写好的邮件发送给自己的邮件服务器。
- 发送方邮件服务器接收用户送来的邮件，并使用 SMTP 根据收件人地址将邮件发送到对方的邮件服务器中。
- 接收方邮件服务器接收其它服务器发送来的邮件，并根据收件人的地址放到收件人电子信箱中。
- 接收方使用电子邮件应用程序从自己的邮件服务器中接收邮件。
- 接收方使用电子邮件应用程序阅读、处理接收的邮件。

7.7.4 文件传输服务

1. 文件传输

文件传输服务是 Internet 的重要功能之一，也是其它 Internet 服务的基础。文件传输服务提供了在 Internet 的任意两台计算机之间相互传输文件的机制，是广大用户获得丰富 Internet 资源的重要方法之一。

文件传输服务是由 TCP/IP 协议簇中的文件传输协议 FTP（file transfer protocol）支持的，其作用是在两台不同计算机系统间传送文件，与主机的类型无关，文件的种类不限，只要求它们支持 FTP 协议，就可以相互传送文件。

2. FTP 工作原理

FTP 是基于客户/服务器模式，在客户与服务器之间利用 TCP 建立连接，但与一般 C/S 模型不同的是，FTP 客户端与服务器之间要建立双重连接的控制连接和数据连接。建立双重连接的原因在于 FTP 是一个交互式会话系统，FTP 客户进程每次调用 FTP 便与服务器建立一个会话，会话是由控制连接维持的，直至退出 FTP。控制连接负责传输控制信息，尤其是客户命令（如文件传输命令）。利用控制命令，FTP 客户进程可以向服务器提出多次要求（一个请求是一个 FTP 命令）。而 FTP 客户进程每提出一个请求，服务器便再与 FTP 客户进程建立一个数据连接，进行实际的数据传输。一旦数据传输结束，数据连接就被撤消；但控制连接依然存在，客户可以继续发出 FTP 命令，直到客户键入 close 命令撤消控制连接，再键入 quit 命令退出会话，双方控制进程结束，如图 7.12 所示。

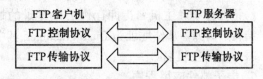

图 7.12 FTP 服务工作过程

为了满足多 FTP 客户进程请求的需要，FTP 服务器采用并发服务方式。FTP 主服务器进程先于其它进程而存在。当客户端用户进入 FTP 后，客户端首先建立一个客户控制进程，该进程建立自己的半相关，并向主服务器发出 TCP 连接建立请求。主服务器接到客户连接请求后，派生（fork）一个子进程（服务器控制进程），该子进程与客户控制进程建立相关（即控制连接），双方进入会话状态，此时主服务器进程进入阻塞状态并等待新的 FTP 请求。

在控制连接上，客户控制进程向服务器发出 FTP 命令（如数据传输）。服务器控制进程接受到 FTP 命令后，派生一个新的进程，即服务器数据传输进程，该进程建立自己的半相关，并向客户控制进程发出 TCP 连接建立请求。客户进程收到请求后，派生出一个客户数据传输进程，并与服务器传输进程建立相关（即数据连接），然后双方进行数据传输。数据传输结束后撤消数据连接，双方数据传输进程"死亡"。FTP 客户/服务器模型如图 7.13 所示。

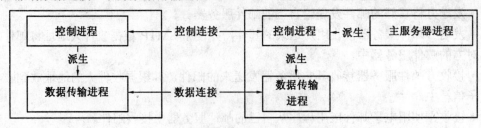

图 7.13 FTP 工作原理

3. FTP 的使用

FTP 服务是一种实时的连机服务。在访问 FTP 服务器前，用户在客户机上启动 FTP 客户端程序，与远程主机建立连接，在 FTP 服务器上进行登陆。登陆时要求用户正确键入自己的用户名和密码。只有在登陆后，才能访问 FTP 服务器，向 FTP 服务器发出传输命令。服务器在收到命令后会立即回应，传输文件。根据所使用的用户账号的不同，可以将 FTP 服务分为特许 FTP 服务和匿名 FTP 服务类型。

- FTP 服务。特许 FTP 服务是指用户在 FTP 服务器上建立有自己的账号，在进行 FTP 操作时，要求用户使用正确的用户名与用户密码。
- 匿名 FTP 服务。对于大量的没有账号的用户，为了获得在 Internet 上发布的各种信息，许多机构都提供了一种称为匿名 FTP（anonymous FTP）的服务。

匿名 FTP 服务的实质是提供服务的机构在它的 FTP 服务器上建立一个公开账户（一般为 anonymous），并赋予该账户访问公共目录的权限。如果用户要访问这些提供匿名服务的 FTP 服务器，登陆时以 "anonymous" 作为用户名，"guest" 作为用户密码，有些 FTP 服务器可能要求用户用自己的电子邮件地址作为用户密码。

目前，Internet 用户使用的大多数 FTP 服务都是匿名服务。为了保证 FTP 服务器的安全，几乎所有的匿名 FTP 服务都只允许用户下载在公共目录中可读的文件，而不允许用户上载文件或修改服务器中的文件。

7.7.5 远程登录服务

远程登录（Telnet）是 Internet 的远程登录协议，用户可使用自己的计算机通过网络登录到另一台计算机上，访问远地系统的资源。

1. 远程登录服务（Telnet）

远程登录是 Internet 最早提供的基本服务功能之一。其功能是把用户在使用的终端或主机变为某一远程主机的仿真远程终端。利用远程登录，用户自己使用的计算机与远程主机相连，从而使用该主机上的多种资源，包括硬件资源、软件资源以及数据资源等。

远程登录允许在任意类型的计算机之间进行通信，因为所有的操作都是在远程主机上完成的，用户的计算机仅仅作为一台仿真终端向远程主机传送击键信息和显示结果。

2. 远程登录协议

Telnet 是 TCP/IP 协议簇中的应用层协议，包括网络虚拟终端 NVT（network virtual ternunal）和选项协商等内容。网络虚拟终端 NVT 是 Telnet 为实现异种计算机之间的互操作而提供的一种标准键盘格式。Telnet 具有包容异种计算机和异种操作系统的能力。

Telnet 协议的重要优点就是能够解决不同类型的计算机系统之间的互操作问题。为了解决系统的差异性，Telnet 协议引入了网络虚拟终端的概念，它提供了一种专门的键盘定义，用来提供屏蔽不同计算机系统对键盘输入的差异性。

3. 远程登录的工作原理

Telnet 允许用户计算机与远地计算机上的登录服务器建立 TCP 连接，然后通过该连接将用户键入命令直接传递到远地计算机上，远地计算机执行命令，并将结果返回给用户机器的屏幕上。

Telnet 协议实现了三大功能。第一，定义了一个网络虚拟终端协议，为远地系统提供了一个终端接口。第二，允许客户进程与登录服务器进行选项协商，并且 Telnet 协议还提供一组选项。第三，Telnet 对称处理连接的两端。

像应用层上的其它应用软件一样，远程登录也采用客户/服务器方式。远程登陆的工作过程如图 7.14 所示。首先，本地机器上的 Telnet 客户程序与远程登录服务器建立 TCP 连接；然后，客户程序将从用户终端接收键盘输入的命令并将通过 TCP 连接传送给 Telnet 服务器，同时它会接收从服务器返回的字符数据，并通过本地操作系统将它显示在用户终端上。

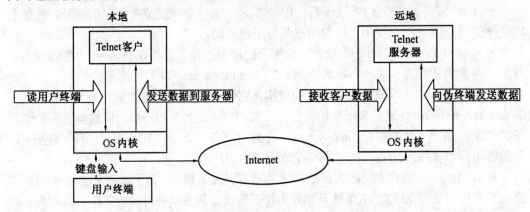

图 7.14 远程登陆的工作过程

图 7.14 所示的"Telnet 服务器"只代表处理某个连接的从进程，实际上，Telnet 服务器工程过程比图中复杂得多，因为它要处理并发请求。通常一个主服务器进程要等待新连接的到来，并为处理每一个连接创建一个新的从进程。

4. 网络虚拟终端

Telnet 的优点是能够提供各种异构环境（异种计算机和异种操作系统）的互操作能力。例如，Telnet 用户可以从一个 VMS 终端登录到 UNIX 系统中，也可以从 Windows98 计算机登录到 VMS 系统。

对于 Telnet 远程登录来说，系统间的异构性表现在不同系统对键盘输入的解释各不相同。为了统一异构系统对键盘输入的解释，Telnet 专门提供一种标准的键盘定义格式，叫做网络虚拟终端（network virtual terminal，NVT）。

在客户机和服务器系统两端，输入/输出都采用各自的本地格式。在远程登录连接上，Telnet 客户软件将用户中断的输入信息转换成标准的 NVT 数据和命令序列，经 TCP 连接传到远地机的服务器，服务器再将 NVT 序列转化为远地系统的内部格式。由于客户和服务器既了解各自系统的内部格式，又了解 NVT 定义，所以上述转换很容易实现。这样，关于终端键盘输入的异构性就被 NVT 所屏蔽，从而为实现异构系统的互联打下基础。NVT 的工作原理如图 7.15 所示。

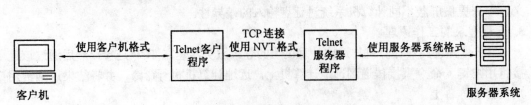

图 7.15 NVT 的工作原理

NVT 对不同键盘解释的处理采用屏蔽的方式。通过 NVT 的屏蔽作用，任何本地终端对远地服务器的键盘输入以及任何远地服务器对本地客户的终端输出都是一致的。

NVT 将信息分为两种类型：一种是数据，一种是命令。其数据用 7 比特的标准 ASCII 码表示（各字节的最高位为 0），命令用 8 比特的扩展 ASCII 码表示（各字节最高位为 1）。在标准的 ASCII 字符集中有 128 个字符，其中 90 个为可见字符（包括字母、数字、标点符号和一些特殊的字符），NVT 保持这些字符的原来意义；另外有 33 个控制字符，NVT 对其中的 8 个控制字符进行重新定义。

7.7.6 WWW 信息浏览

WWW（world wide web）称为万维网，是一种特殊的结构框架，它的目的是为了能够方便地访问遍布在 Internet 上的数以百万计的计算机上的信息。WWW 是一种基于因特网的分布式信息查询系统，它使用超文本和超媒体技术，为用户提供了一种交叉、交互式查询信息的方式。

1. Web 页面浏览

WWW 也是基于客户/服务器模型，它由遍布在世界各地的许多 WWW 服务器组成，用户通过一个被称为 WWW 浏览器的交互式应用程序来查看 WWW 服务器的信息。在 WWW 中，每个服务器上的信息由许多文档组成，也称页面（page）或网页。页面中除了包括基本的文档信息外，还含有指向其它文档的指针，用户可以沿着指针找到世界上任何地方的相关文档，我们把这种指针称为超链接（hyperlink）如文档仅含有文本信息，则称为超文本（hypertext）；而如果文档含有多媒体技术，则称为超媒体（hypermedia）。

有了超文本和超媒体技术，一个服务器除了提供自己的信息服务外，还可以通过链接找到存取在其它服务器上的信息，如此循环下去，便形成了遍布世界的信息网。对该信息网的搜索采用树形结构，从根开始，逐级向下延伸。因此，从技术上讲，WWW 是一个支持交互式访问的分布式超媒体系统，它把世界上的各种信息资源收集起来形成一个巨大的资源库，并为用户提供了一种交叉、交互式查询信息的方式。

(1) 浏览器和服务器：WWW 浏览器是一个交互式的应用程序。浏览器读取服务器上某个页面，并以适当的格式在屏幕上显示出来。页面一般由标题、正文或其它信息组成。链接到其它页面的文本超链接将会以突出的方式显示，如带有划线或另外一种颜色显示。

WWW 页面上除了一般的文本和超文本外，页面中还包括图标、图片等多媒体信息，而这些多媒体信息也可以被链接到其它页面，即构成超链接，单击这些超链接同样能导致浏览器显示新的页面内容。

浏览器一般采用本地盘来缓冲它自己抓取的页面。浏览器在抓取某个页面前，首先检查该页面是否以在本地缓冲器中；如果是，再检查它是否被更新过，如果没有被更新，就无需重新下载该页面。因此，在浏览器单击 back（后退）按钮浏览前一个页面，一般显示速度比较快。

每个提供 WWW 服务的站点都必须有一个 WWW 服务器进程监听 TCP 的 80 端口，等待打开一个连接并请求制定的页面，随后服务器发送请求的页面，关闭连接并等待下一次请求。

同其它网络应用不同的是，WWW 浏览器和服务器之间的 TCP 连接只维持一小段时间。浏览器建立的 TCP 连接，发送请求，服务器端响应，然后释放连接。这就是说，一旦文档后图像传输完毕，TCP 连接就会被撤除，浏览器与服务器之间不保持长时间的连接。

(2) HTTP 协议：在 WWW 中，浏览器与服务器之间通过超文本传输协议（Hyper Text Transfer Protocol,HTTP）进行通信。HTTP 协议由两部分组成：资源定位和信息内容格式。由于传输的内容为多媒体文件，HTTP 采用电子邮件中的 MIME 协议定义被传送数据的格式。

WWW 工作可分为 4 个基本阶段：链接、请求、应答、关闭。

链接：当用户键入一个链接地址时，浏览器查找相应的 WWW 服务器的主机名并请求建立连接。

请求：一旦与 WWW 服务器链接成功，浏览器向服务器发一个请求。该请求要指出所用的协议，所寻找的目标和用户的应答方式。

应答：WWW 服务器的 HTTP 软件响应客户的服务，把用户所需要的数据文件按 MIME 格式传送给客户机。

关闭：完成此次链接服务后，关闭链接。

如果用户用鼠标点击屏幕上另一个连接，就开始下一个请求和响应过程。

(3) HTML：WWW 服务器上的页面是由超文本标记语言（hyper text markup language，HTML）编写的。HTML 允许用户编写包含文本、图像以及各种超链接的网页。HTML 描述文件结构的方法是利用一些指令符号，将文件效果展现出来。HTML 只是提供指令符号的标注语法，是一种标注式语言。

HTML 语言使用 HTML 解释器对程序解释执行。它是第一代浏览器，由于显示 HTML 文档，因此它不能运行 Java applet。但他有一些内置的模块来处理其它协议，如 HTTP1.0、FTP，另外浏览器还内置一些图形、图像以及音频数据格式的解释模块，如图 7.16 所示。

(4) 统一资源定位器 URL：利用 WWW 获取信息要标明资源所在的位置。Internet 上资源的地址由统一资源定位器 URL(uniform resource locator)定义。URL 以一种统一的唯一标识来确定某个网络资源。标准的 URL 有三部分组成：浏览器检索资源所使用的协议，资源所在的主机地址，资源所载的路径名和文件名。

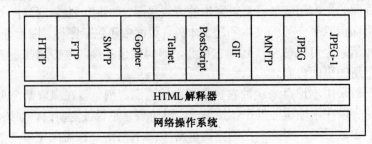

图 7.16 第一代 Web 浏览器

URL 地址格式为：

应用协议类型://信息资源所在的主机地址（或域名）/路径名/文件名

2. 交互式动态页面

上面介绍的是 WWW 服务器提供的静态页面浏览。这种静态页面缺少交互性，用户只能被动浏览信息，而不能像服务器发请求。为了使浏览器与服务器能进行交互和得到动态画面，必须在服务器端开发交互式动态页面。实现交互式动态页面技术包括 CGI、Java 和 ASP 等技术。

(1) CGI：广泛使用的构造动态 WWW 文档的技术是通用网关接口(common gateway interface，CGI)标准。CGI 标准说明了 WWW 服务器如何与服务器上新增的应用程序进行交互，以实现动态文档。这种新增的应用程序被称为 CGI 程序。

CGI 标准告诉 HTTP 服务器如何将用户输入的参数传递给 CGI 程序(使用环境变量)，这样 CGI 程序就可以根据用户输入的不同参数而形成不同的动态文档。CGI 标准还说明了 HTTP 服务器如何调用 CGI 程序以及服务器如何解释 CGI 程序的输出。HTTP 服务器与 CGI 程序的交互过程如图 7.17 所示：

图 7.17　HTTP 服务器与 CGI 程序的交互过程

- HTTP 浏览器向 HTTP 服务器发 HTTP 请求；
- HTTP 服务器将用户输入的参数传递给 CGI 并启动 CGI 程序的运行；
- CGI 程序将处理结果返回给 HTTP 服务器；
- HTTP 服务器将相应结果传递给浏览器。

CGI 标准允许 CGI 程序使用各种编程语言，如各种脚本语言 Perl、TCL、Unix SHELL、JAVA Script 及 C++ 和 Java 等。此外，CGI 程序的输出也不仅仅限于 HTML 格式，CGI 标准允许 CGI 程序生成各种文档格式，如图形、图像等格式。

(2) Java：随着 HTTP 和 Web 浏览器的发展，交互式动态文档已经不能满足客户的需要。这是因为 CGI 技术无法及时刷新用户屏幕并提供诸如动画的显示效果。

要使得用户的屏幕能够不断得到刷新，一种办法是让服务器定期产生并发送新页面给浏览器从而达到屏幕连续更新的效果。但这种方法要求 WWW 服务器必须有足够的处理速度和网络有足够的带宽，这是比较困难的。

另一种方法是让服务器返回一小段程序给浏览器，浏览器通过运行该小程序达到屏幕更新的效果。Java 使用通用、跨平台、面向对象并且支持网络编程的高级程序设计语言。存储在服务器上的 Java 小程序（通常为 Java applet）可以被浏览器下载并执行，实现屏幕更新的目的。

用户使用 Java applet 的方法有两种，一种是通过浏览器直接下载 Java applet 并在客户端执行；第二种方法是在服务器端的 HTML 文档中用一个<APPLET>标记标注 Java applet,当浏览器在显示 HTML 文档过程中遇到<APPLET>标记是，就会从 WWW 服务器下载这个 Java applet 程序并执行它。

通过在 HTML 文档中嵌入 Java applet 可使 Web 页面变得更加丰富。通过 Java applet 可以在页面中嵌入动画和声音，当嵌入有 Java applet 的页面被下载到浏览器时浏览器将自动执行页面中的声音和动画。

Java 技术包括三个关键的组成部分：

①程序设计语言。Java 包含一个新的程序设计语言，它既可以用于编写传统的计算机程序，也可以用于编写 Java applet。

② 运行环境。Java 系统还定义了一个运行 Java 程序所必须的运行环境。

③ 类库。为了使编写 applet 容易，Java 还提供了强大的类库支持，以提高编程效率。

Java 语言的运行方式是解释执行。Java 编译器把 Java 源程序编译成一种与机器硬件独立的中间代码，称为 Java 字节码(Bytecode)，执行 Java 程序的计算机用解释器负责字节编码的解释执行，从而使 Java 程序可以移植到各种计算机平台上执行。

Java applet 解释器是一个复杂的程序，它的核心部分是一个类似于计算机执行指令的简单循环。解释器有一个指令计数器，初始定位于 Java applet 的开始处。在每一个循环操作中，解释器在指令计数器指定的地址取出字节码，然后对字节码进行解释执行相应的操作。

除此之外，Java applet 解释器还必须包括 Java 运行环境的支持。也就是说，Java applet 解释器必须能够在屏幕上显示出图形、访问 Internet、执行 I/O 操作等。另外，Java applet 解释器还必须设计成使 applet 可以使用浏览器中标准 HTML 文档功能的工具。即要求浏览器中的 Java applet 解释器必须能够和浏览器的 HTTP 客户及 HTML 解释器通信。

(3)ASP：虽然 CGI 技术和 Java 技术可以实现交互式动态页面，但它们都各有不足之处。CGI 难于创建和难于修改，而且 CGI 程序不能嵌在 HTML 文档中。此外，CGI 速度慢且服务器的开销大，原因是用户每发一次请求，服务器必须执行一次 CGI 程序。而支持 Java applet 的浏览器比较庞大。

随着 Web 技术的不断发展和日益增长的对与动态交互性能 Web 应用的需求，ASP(Active Server Page)技术应运而生。ASP 是服务器端脚本编写环境，它使用户能够创建并运行动态的、交互的、高性能的 Web 服务器应用程序。

用户可以在 HTML 文档中嵌入 ASP 脚本，从而其 Web 站点创建动态交互的页面。ASP 提供了对 VBScript 或其它脚本语言的引擎，因此 ASP 能让 Web 服务器直接处理 VBScript 或其它语言的命令。用户的浏览器无论是否支持 VBScript，都可以直接浏览嵌有 ASP 脚本的 HTML 页面。

ASP 的工作流程是：当浏览器请求 Web 服务器上的一个 ASP 文件，便同时启动了服务器端的一个 ASP 脚本，然后，Web 服务器解释执行 ASP 脚本并动态生成一个 HTML 页面返回给浏览器。

ASP 通过处理.ASP 文件来完成其各个功能。".asp" 文件是一个纯文本文件，可由简单的文本编辑器程序生成。它可以包括以下几项：纯文本、HTML 标记、脚本命令。其中脚本命令是指示计算机如何工作，给某些变量赋值。

创建一个.asp 文件十分容易：只需要重命名任何一个 HTML 文件，将其文件的扩展名 ".htm" 或 ".html" 用 ".asp" 代替。为了使.asp 脚本本件对 Web 用户可用，需要将文件保存在 Web 共享目录下。当浏览器下载该 ASP 文件后，用户就可以看到 ASP 处理结果。

ASP 使 Web 开发者能够使用多种脚本语言编写程序，而根本无需担心用户浏览器是否支持。另外，因为脚本是在服务器端进行处理，所以请求 ".asp" 文件的用户浏览器无需支持编程。ASP提供了一个脚本引擎的主机环境并将".asp"文件交给引擎处理。对于每个与ASP编程有关的脚本语言，其脚本引擎必须在Web服务器上安装。例如，VBScript语言是ASP默认的语言，所以VBScript引擎作为一个公共对象管理对象被存放在服务器上，使ASP能够理解并处理VBScript脚本。

7.7.7 其它服务

除了上述的服务外，Internet还提供了电子公告板、网络新闻服务、菜单式信息查询工具Gopher、广式信息服务WAIS等，读者可参考其它有关书籍，这里不予赘述。

习题 7

一、名词解释

1. 客户-服务器模式　　2. 浏览器-服务器模式　　3. 域名服务　　4. 文件传输
5. 远程登录　　6. 虚拟终端　　7. 代理服务器　　8. Intranet
9. 防火墙　　10. 授权IP　　11. 非授权IP

二、填空

1. www 是基于_____方式工作的。
2. 电子邮件客户端应用程序从服务器接收邮件时使用_____协议。
3. www 服务器把信息组织成为_____。
4. 网络计算包括_____、_____、_____、_____、_____。
5. Intranet 的组成为_____、_____、_____、_____、_____。
6. 代表广域信息网服务的是_____。

三、选择题

1. 在 Internet 服务中，标准端口号是指（　　）。
A. 网卡上的物理端口号　　　　B. 主机在 Hub 上的端口号
C. TCP/IP 协议中定义的服务端口号　　D. 网卡在本机中的设备端口号

2. 进入匿名 FTP 服务器的用户和密码是（　　）。
A. anonymous/任意 Email 地址　　B. anonymous/申请的密码
C. 申请的用户名/申请的密码　　　D. 申请的用户名/任意 Email 密码

3. 浏览 WWW 使用的地址称为 URL，URL 是指（　　）。
A. IP 地址　　B. 主页　　C. 统一资源定位器　　D. 主机域名

4. 超文本与普通文本的主要区别是（　　）。
A. 超文本必须包括多媒体信息　　B. 超文本的信息量超过了普通文本
C. 超文本含有指向其它文本的链接点　　D. 超文本必须在浏览器中显示

5. 在 Internet 上，实现超文本传输协议的是（　　）。
A. HTTP　　B. FTP　　C. WWW　　D. Hypertext

6. FTP 只能识别两种基本的文件格式，它们是（　　）。
A. 文本格式和二进制格式　　B. 文本格式和 ASCII 格式
C. 文本格式和 WORD 格式　　D. WORD 格式和二进制格式

7. 当电子邮件访问 POP3 服务器时（ ）。

A. 邮件服务器保留邮件副本

B. 从不同的计算机上都可以阅读服务器上的文件

C. 比较适合用户从一台固定的客户机访问邮箱的情况

D. 目前支持 POP3 协议的邮件服务器不多，一般都使用 IMAP 协议

8. WWW 超链接中定位信息所在的位置使用的是（   ）。

A. 超文本技术　　　　　　　　B. 统一资源定位器

C. 超媒体技术　　　　　　　　D. 超文本标准语言 HTML

9. 下面关于 FTP 的描述正确的是（   ）。

A. FTP 既依赖于 Telnet 又依赖于 TCP

B. FTP 仅依赖于 Telnet

C. FTP 仅依赖于 TCP

D. FTP 既依赖于 UDP

四、问答题

1. Internet 的基本特点是什么？

2. Internet 是由哪几部分组成的？

3. 在 Internet 应用中主要的支持工具有哪些？

4. Internet 通常采取的安全措施有哪些？

5. 用户接入 Internet 有哪些方法？

6. 简要说明 Internet 提供哪些服务？

第8章 网络设计与组网工程

8.1 网络的规划与设计

组网（networking）是一项复杂和高投入的网络工程，涉及一系列的问题。组网的目的是提供高效、迅速、安全而经济的服务。在当前网络化、数字化和信息化的时代，人们的需求多样化，要求能简单快捷且价位低廉地接入和使用网络，高速传送各类信息。组建一个网络系统需要根据使用单位的需求及实际情况，结合现有的网络技术和产品的性能，经过需求分析和市场调研，确定网络建设方案，有计划有步骤地实施网络建设。一般来说，组网可分为四个阶段：网络规划、网络设计、网络实施、网络运行管理维护，如图8.1所示。网络和规划设计中也有反馈到前一阶段不断优化的过程。

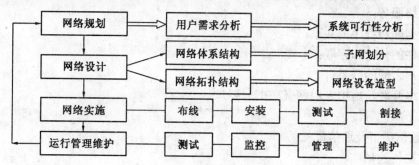

图 8.1 组网的四个阶段

8.1.1 网络规划

网络规划是在用户的需求和系统可行性分析的基础上确定网络总体方案的过程，既要考虑用户长远的需求，又要考虑现实情况，直接影响到网络的规模、性能、效益和投资。

1. 网络系统需要分析

(1) 问题定义：任何一个单位要建立一个网络，总要有一定的目标和要解决的一些问题。定义就是指确定用户使用网络达到什么目标和解决什么问题。

(2) 系统调研：问题定义中所确定的问题还比较笼统，不够具体，无法确定问题之间的关系，所以需要对现有的系统进行比较详细的调研，以便对问题进行准确的定义和描述。对现有系统的调研可以采用自顶向下的分析方法，具体的做法是：

• 与用户交流：通过与用户交谈，准确地把握现有数据处理的需求，确定当前存在的问题，找出与网络规划设计有关的信息。如终端或工作站的数量、位置，现有通信设施的情况，主计算机系统的规模及用户对未来数据处理和通信的要求等。

• 查询技术报告和文档：深入地了解已有的网络信息，如工作站、多路复用器、路由器、网关等的准确位置、配置、拓扑结构、传输速率、编码方式、体系结构和协议，已有的网络服务及系统投资等。

- 使用问题调查表：通过问卷调查，可以收集现有网络的数据，尽可能客观地反映现实，有利于网络规划和设计。

(3) 需求分析的内容：通过对系统全面细致地调研和分析从五个方面明确问题定义。

(a) 环境需求
- 网络中心及各种网络设备的位置；
- 用户数量及位置；
- 地理范围，网络中最远的两个用户间的传输距离；
- 用户群组织，即在同一楼或同一楼层的用户；
- 特殊的限制，如连网的介质中间是否有障碍物或禁区等。

(b) 用户设备类型
- 终端数量和型号；
- 个人计算机数量和类型；
- 主机及服务器数量和类型；
- 其它的设备和类型；
- 网络服务；
- 数据库和程序的共享；
- 文件的传输和存取；
- 用户之间的联系；
- 网络互联，虚拟专用网（VPN）要求；
- 电子邮件等。

(d) 通信类型及通信量
- 数据传输量；
- 视频信号；
- 音频信号。

(e) 网络容量的性能要求

网络容量是指任何时间间隔网络所能承载的最大通信量，网络性能则包括网络（端到端）时延（或响应时间）、吞吐量、网络可用性等。当网络通信量接近网络容量时，则网络响应时间会加大，影响吞吐量，使网络性能变差。

2. 系统可行性分析

系统可行性分析是结合用户单位的具体目标和要求，论证组网的正确性和科学性。可行性分析的主要工作是完成对所收集资料和数据的分析，并以此为基础确定所要求采用的网络系统的体系结构、功能和性能方面的要求和需求，这些分析结果应尽可能地量化。当这些要求和需求得到用户的确认后，交由网络设计者及网络工程人员进行设计和实施。

系统可行性分析包括四个方面：

(1) 通信网络
- 传播方式（基带/宽带）
- 通信类型
- 通信容量
- 数据传输率

- 通道数

(2) 用户接入口
- 接入协议
- 主机类型
- 工作站（终端）类型

(3) 服务器（主机）接入接口
- 接入协议
- 服务器类型
- 服务器与软、硬件资源

(4) 网络管理、控制和安全

在分析工作完成之后，要形成可行性分析报告。可行性分析报告要说明网络必须完成的功能和达到的性能要求。可行性分析报告一般包括以下部分：

① 网络认同和描述。确定所采用的网络解决方案，并对方案进行适当描述。

② 论证网络方案。说明所提出的网络解决方案的优点，与其它网络方案比较有什么好处（可同时提出几个解决方案）。

③ 组织机构及计算机和计算机网络的应用情况。经过调研和分析对该单位的组织机构及资源情况，计算机和计算机网络的应用情况作概括性描述。

④ 网络运行描述。描述网络的运行方式，如采用 C/S 方式或 B/S 方式。

⑤ 数据的安全性要求。说明网络安全性要求的级别，一般情况下的网络安全性措施有用户账号、用户标识、用户口令等措施。但如果网络传输和应用的是对安全性非常敏感的数据，则必须采取其它安全措施，例如数据加密、安全认证系统等。应该指出保证网络安全是要花费一定的系统开销。

⑥ 网络提供的服务。网络的建立是为了解决应用上的问题，那么网络应用提供哪些应用或服务？是否能满足用户应用的要求？能否容易增加新的应用和服务（增值服务）所以，业务驱动是网络得到应用的基本保证。

⑦ 响应时间：响应时间是网络的主要性能之一，不同的应用所要求的网络响应时间是不一样的。列出不同应用所要求的响应时间，有助于网络设计。

⑧ 要求达到的可靠性。对系统的可靠性要求包括：
- 对计算机系统的可靠性要求；
- 对数据传输系统的可靠性要求；
- 对软件和数据的可靠性要求。

⑨ 网络支持的通信负载。即要求网络有多大的通信容量，一般用比特/秒（bit/s）表示。

⑩ 节点的地理分布。在给定网络拓扑结构后，标出网络节点的地理分布，即有多少节点、分布的位置、地理范围有多大？

⑪ 扩展性要求。包括扩展后增加多少设备？什么设备？多少用户？增加什么应用？网络范围扩大多大？要与哪些外部网络互联？

⑫ 其它要求。如管理维护要求，应用操作要求，提供的文档资料、培训计划等。

可行性报告中还可能包括一些其它要求取决于设计的网络类型和规模的不同而变化。

8.1.2 网络设计

网络规划为网络系统的建设提出了一个整体设想方案,但该方案不能具体实施。网络设计则是制定出网络实现的技术方案。良好的网络设计是保证网络快速稳定运行的关键之一。

1. 网络设计的基本原则

网络系统技术复杂性能要求高,涉及的领域跨度大,在其设计过程中应遵循以下原则。

(1) 开放性原则:要确保网络的互操作性,必须遵循开放的和标准化的原则,即选择开放的技术,开放的体系结构、接口和组件。

(2) 成熟性:采用成熟技术,选用成熟的产品。

(3) 先进性:采用先进的设计思想,先进的网络结构方案和软、硬件以及开发工具。

(4) 安全可靠:在网络系统中采用多种安全可靠措施,如选择容错技术、故障检测和恢复、加密、过滤、认证等。

(5) 完整性:网络建设实现的目标是优化的网络设计和安全的数据管理,高效的信息处理、友好的用户接口界面。

(6) 可扩展性:采用良好扩展性的网络拓扑结构和组网方案、结构化的布线方法,可以支持网络结点的增加、业务量的增长、网络距离的延伸和扩展等。

(7) 可维护性:在组网方案中配置相关的检测设备和网络管理硬件和软件,可以加强对网络的监控和快速的故障处理恢复,使系统能长时间稳定运行。

2. 网络体系结构

网络的体系结构包括网络功能的分层及各层采用的通信协议,核心问题是选择协议的集合。网络体系结构的确定与网络的运行环境、用户对网络的功能要求及网络技术的现状和发展密切相关。

目前,在网络体系结构上主要考虑是支持 ISO/OSI 标准,但由于 OSI 本身是一个框架结构而并非是可用的标准,因此,在实际设计中选取广泛使用的工业标准,如 TCP/IP 协议。在局域网络中 IEEE-802 协议也是局域网络主要使用的协议。

3. 网络拓扑结构设计

网络拓扑结构主要是确定各种网络设备以什么方式互相连接起来以及它们的几何构形。在设计时应考虑网络的规模、网络的体系结构、所采用的协议、网络的设备类型,以及扩展和升级等方面的因素。网络拓扑结构设计是网络设计中首先要决定的问题,它对网络的性能和投资均有较大的影响。

网络拓扑结构设计常采用层次化设计方法,即分层和模块化。一般对于企业级以上规模的网络采用三层结构如图 8.2 所示。

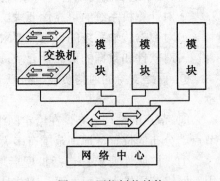

图 8.2 网络树状结构

(1) 主干层(back born):由大容量的核心交换机、路由器组成的主干网,是信息传输的公共通道。

(2) 转接层（也称分布层，distribution）：由中等性能档次的交换机和路由器组成，把一个大网分布成几个子网。

(3) 接入层（访问层）：由局域网构成，用户设备一般通过局域网络接口协议进入网络。

4. 网络安全设计

网络安全是指网络系统的硬件、软件及其系统中的数据受到保护，不因偶然的或恶意的原因而遭到破坏、更改、泄露，系统连续可靠地运行，网络服务不中断。广义地说，凡是涉及到网络上信息的保密性、完整性、可用性、真实性和可控性的相关技术和理论都是网络安全所要研究的领域。网络安全涉及的内容既有技术方面的问题，也有管理方面的问题，两方面相互补充缺一不可。技术方面主要侧重于防范外部非法用户的攻击，管理方面则侧重于内部人为因素的管理。

网络安全体系设计的重点是根据安全设计的基本原则，制定出网络各层次的安全策略和措施，然后确定出应选择什么样的网络安全系统产品。

(1) 网络安全设计的原则：尽管没有绝对安全的网络，但是，如果在网络方案设计之初就遵循一些合理的原则，那么相应地网络系统的安全和保密就会更加有保障。从工程技术角度出发，在做网络安全设计时，应遵从以下原则：

(a) 强调对信息均衡全面地进行安全保护。网络信息系统是一个复杂的计算机系统，它本身在物理上、操作上和管理上的种种漏洞构成了系统的安全脆弱性，尤其是多用户共享的网络系统自身的复杂性、资源共享性使单纯的技术保护防不胜防。攻击者使用的是"最易渗透原则"，即在系统中最薄弱的地方进行攻击。因此，全面、充分、完整地对系统的安全漏洞和安全威胁进行分析评估和检测，是设计网络安全系统的必要前提条件。

(b) 网络安全系统的整体性原则。要求在网络发生被攻击的情况下，必须尽可能快地恢复网络信息服务，减少损失。这里强调和重视安全防护、监测和应急恢复，所以网络安全系统应该包括三个机制：

• 安全防护机制：根据具体系统存在的各种安全漏洞和安全威胁，采取相应的防护措施，不给入侵者攻击的机会；

• 安全监测机制：监测系统的运行情况，及时发现和制止对系统进行的各种攻击；

• 安全恢复机制：在安全防护机制失效的情况下，进行应急处理和及时地恢复信息，减少攻击的破坏程度。

(c) 全系统的有效性和实用性原则。网络安全应不能影响系统的正常运行和合法用户的操作活动为前提。一般地说，网络系统中的信息安全和信息的利用是一对矛盾：一方面，为了健全和弥补系统缺陷和漏洞，会采取多种技术手段和管理措施；另一方面，这又势必给系统的运行和各用户的使用造成负担和系统要付出一定的开销，因而会引起网络性能（如时延）下降。

(d) 网络安全系统的分级原则。网络安全系统一般分为不同的安全等级，包括：

• 信息保密程度分级（绝密、机密、秘密、一般等）

• 对用户操作权限分级（网络管理员、超级用户、一般用户）

• 对网络安全程度分级（安全子网、安全区域）

• 系统实现安全的结构分级（应用层、网络层、链路层），针对不同的用户和安全级别，提供全面的、可选的安全算法和安全体制，以满足不同层次的安全需要。

(e) 安全有价原则：网络系统的设计是受经费制约的，因此在考虑解决方案时，必须考虑性能价格的平衡，而且不同的网络系统所要的安全侧重点各不相同，必须有的放矢，具体问题具体分析，把有限的经费用在关键的地方。

(2) 网络信息安全设计与实施步骤：

(a) 确定面临的各种攻击和风险。网络安全系统的设计实现必须根据具体的系统和环境，考查、分析、评估、检测和确定系统存在的安全漏洞和安全威胁。

(b) 明确安全策略。安全策略是依据网络安全系统设计的目标和原则，是对应用系统安全的完整的解决方案。安全策略要综合以下几方面优化来确定：

• 系统整体安全性，安全性是由应用环境和用户需求决定，包括各个系统的安全目标和性能指标。

• 对原系统造成的负荷和影响（如网络通信时延和数据通信量的增加），即系统为安全付出的额外开销。

• 便于网络管理人员进行控制、管理和配置。

• 可扩展的编程接口，便于更新和升级。

• 用户界面的友好性和使用的方便性。

(c) 建立安全模型。安全模型的建立可以使复杂的问题简单化，可以更好地解决和安全策略有关的问题。安全模型包括安全系统的各种子系统，网络安全系统的设计和实现可以分为安全体制、网络安全连接和网络安全传输三部分。

(d) 安全体制。包括安全算法库、安全信息库和用户接口界面。

• 安全算法库：包括私钥算法库、公钥算法库、Hash 函数库、随机数生成程序等安全处理算法。

• 安全信息库：包括用户口令和密钥、安全管理参数及权限、系统当前运行状态等安全信息。

• 用户接口界面：包括安全服务操作界面和安全信息管理界面等。

• 网络安全连接：包括安全协议和网络通信接口模块。

• 安全协议：包括安全连接协议、身份验证协议和密钥分配协议等。

• 网络通信接口模块：网络通信模块根据安全协议实现安全连接，有两种方式：第一，安全服务和安全体制在应用层实现，经过安全处理后的加密信息送到网络层和数据链路层，进行透明的网络传输和交换。这种方式实现简单不需要对现有系统做任何修改，用户投资数额较小。第二，对现有的网络通信协议进行修改，在应用层和网络层之间加上安全子层，实现安全处理的自动性和透明性。

(e) 网络安全传输。包括网络安全管理系统、网络安全支撑系统和网络安全传输系统。

• 网络安全管理系统：安全管理系统安装于用户端或网络结点上，是由若干可执行程序组成的软件包，提供窗口化交互化的"安全管理器"界面，由用户或网管人员配置、控制和管理数据信息的安全传输，兼容现有通信网络的管理标准，实现安全功能。

• 网络安全支撑系统：整个网络安全系统是由网络安全管理人员维护管理的安全设备和安全信息的总和。包括密钥管理分配中心，负责身份密钥、公开钥和秘密钥的密钥生成、分发、管理和销毁；认证鉴别中心负责对数字签名等信息进行鉴别和裁决。安全支撑网络系统的物理和逻辑安全都是至关重要的，必须受到严格的保护。同时也要防止管理人员的内部攻击和误操作，必要时可以引入秘密分享机制来解决这个问题。

- 网络安全传输系统：包括防火墙、安全控制。

(f) 选择并实现安全服务。在网络系统结构的各个层次上实现网络的安全服务。

- 物理层的安全：主要是防止物理通路上的损坏、物理通路的窃听和物理通路的攻击（干扰等）。
- 链路层的安全：要保证通过网络链路传送的数据不被窃听，如采用划分 VLAN（局域网）、加密通信（远程网）等手段。
- 网络层的安全：网络层的安全需要保证网络只给授权的客户使用授权的服务，保证网络路由正确，避免被拦截或窃听。
- 操作系统的安全：保证网络用户使用网络操作系统命令时的访问控制的安全，同时能够对操作系统上的应用进行审计。
- 应用平台的安全：应用平台指建立在网络系统之上的应用软件服务，如数据库服务器、电子邮件服务器、Web 服务器等。由于应用平台的复杂性和多样性，通常采用多种技术来增强应用平台的安全性。
- 应用系统的安全：应用系统使用应用平台提供的服务来保证用户信息的安全，如通信内容安全、通信双方的认证和审计等。

(g) 安全产品选型测试。该项工作要严格按照企业信息与网络系统安全产品的功能规范要求，利用综合的技术手段对参测产品进行功能、性能与可用性等方面进行测试。测试方法必须科学、准确、公证，采用一定的技术手段；测试的标准应是国际标准、国家标准与企业网络系统产品功能规范的综合。测试内容是产品的功能、性能、与可用性。

8.2 网络实现技术方案设计

8.2.1 网络层次结构

网络结构设计一般要在其它设计工作之前进行，良好的网络拓扑结构是网络稳定可靠运行的基础。一个大规模的网络系统往往被分成几个相对比较小的部分，它们之间既相互独立又互相联系，这种做法称分层结构设计。分层设计方法是网络通行的做法，即把网络分为核心层、分布层和接入层，如图 8.3 解示。然后根据每一层的功能特点进行有针对性地设计。

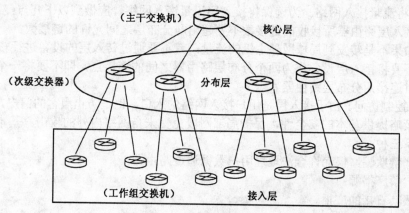

图 8.3 网络拓扑分层结构

1. 分层网络设计方案
    （1）分层设计的目标
    • 核心层是处理高速数据流，主要任务是数据包的交换；
    • 分布层负责聚合路由路径，收敛数据流量；
    • 接入层负责将流量馈入网络，进行网络访问控制，并提供相关的边缘服务。
2. 拓扑设计原则
    按照分层结构规划网络拓扑，遵守以下基本原则。
    • 网络中因拓扑结构改变而受影响的区域应被限制到最小程度；
    • 路由器（及其它网络设备）应传输尽量少的信息。
3. 分层结构特点
    分层结构设计中，流量从接入层流向核心层时，被收敛在高速的链路上，流量从核心层流向接入层时，被发散到低速链路上。因此接入层的路由器可以采用较低档的设备，而核心层则须采用功能强、速度高、支持多种协议的高档路由器。
4. 分层拓扑设计要点
    (1) 核心层：网络核心层的主要工作是交换数据包，设计时应注意以下两点。
    • 不要在核心层执行网络策略，所谓策略是指一些设备支持的标准或系统管理员定制的规划。核心层的任务是交换数据包，应尽量避免增加核心层路由器配置的复杂程度。网络策略的执行一般由接入设备完成。
    • 核心层的所有设备应具有充分的可到达性，即核心层设备具有足够的路由信息，智能化地交换发往网络中任意目的地的数据包。
    (2) 分布层：分布层将大量的低速链路（与接入层设备的链接）通过少量宽带的链接接入核心层，以实现通信量的收敛，提高网络中聚合点的效率，同时减少核心层设计路由路径的数量。分布层的主要设计目标是：
    • 隔离拓扑结构的变化；
    • 控制路由表的大小；
    • 收敛网络流量。
    要实现分布层设计目标的方法有两种：
    • 路径聚合；
    • 核心层与分布层的连接最小化。
    (3) 接入层：接入层的设计目标有二个：
    (a) 将流量接入网络。为确保将接入层流量馈入网络，应做到以下几点：
    • 接入层路由器所接收的链接数不要超出与分布层之间允许的链接数；
    • 如果不是转发到局域网外主机的流量，就不要通过转入层的设备进行转发；
    • 不要将接入层设备作为两个分布层路由器之间的连接点，即不要将一个接入层路由器同时连接两分布层路由器。
    (b) 控制访问。由于接入层是用户接入网络的入口，也是防止黑客的门户，接入层通包过滤策略提供基本的安全性，保护局部网段免受来自网络内外的攻击。基本的过滤策略有以下三种：
    • 严禁欺骗，仅允许合法地址用户数据通过路由器；
    • 严禁广播源；
    • 严禁直接的广播。

8.2.2 网络硬件系统平台

网络的硬件系统平台由主机系统、传输介质、网卡和联网设备组成。

1. 主机系统

主机系统是网络信息资源的处理系统，按用途和功能的不同，主机系统又可分为服务器和工作站。主机系统的配置要求是由网络软件系统和应用环境决定的。

2. 传输介质

传输介质是把主机系统的网卡与联网设备的网络接口连接起来，实现网络互联。常用的传输介质包括双绞线、同轴电缆和光缆等。

（1）双绞线：双绞线分为无屏蔽双绞线(unshielded twisted pair，UTP)和屏蔽双绞线(Shielded Twisted Pair，STP)。UTP 为分为 3 类、4 类、5 类和超 5 类，而 STP 又分为 3 类和 5 类两种。屏蔽双绞线价格相对较高，安装时要比非屏蔽双绞线电缆困难，必须有支持屏蔽功能的特殊连接入口。

非屏蔽双绞线电缆具有以下优点：
- 无屏蔽外套，直径小，节省空间；
- 质量轻、易弯曲和易安装；
- 将串扰减至最小程度；
- 适用于结构化布线。

（2）同轴电缆(coaxial cable)：其频率特性比双绞线好，能进行较高速率的传输。而且它的屏蔽性能好，抗干扰能力强，通常用于基带传输。

（3）光缆：光缆纤维是一种传输光束的细微而柔韧的介质，光缆是数据传输中最有效的一种传输介质，它有以下优点：
- 频带较宽；
- 电磁绝缘性能好；
- 衰减较小。

3. 网卡

网卡是连接主机与外设介质的外设接口，可实现连网。

（1）网卡的基本功能：提供与网络主机的接口电路，实现数据缓存器的管理、数据链路管理、编码和译码。

（2）网卡的工作原理：以太网卡结构原理如图 8.4 所示。

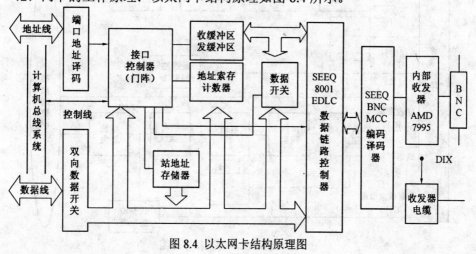

图 8.4 以太网卡结构原理图

- 接口控制器：网卡接口电路包括两部分，一部分是提供与网络主机相连的匹配电路，另一部分是网卡的板内控制电路，从而能接收来自主机的控制命令并按序执行。接口控制器包含多个寄存器和锁存器，它们是主机与网卡交换数据的控制点。
- 数据缓存器（收发缓冲区）：是主机和网卡交换数据的中转站。
- 数据链路控制器（EDLC）：以太网卡的核心部件，完成数据包的接收和发送。
- 编译译码器：把二进制数据编译成数字信号，检测网络是否平静及保持同步作用。

4. 调制解调器(Modem)

Modem 是为了现有的模拟电路线路实现数字数据传输而产生的。电话线路是模拟线路，高带宽的数字信号无法直接在模拟线路上传输，用 Modem 进行信号的转换。

(1) Modem 分类：
- 按数据传输速率，Modem 可以分为高速 Modem 和低速 Modem。
- 按通信同步方式，Modem 可以分为异步 Modem 和同步 Modem。
- 按制造结构，Modem 可以分为卡式、台式、PCMCIA 和组合式四种。
- 新型 Modem 还包括智能 Modem、56 kModem 和电缆 Modem。
- 按传输介质分为有线 Modem 和无线 Modem.

(2) Modem 工作原理：Modem 工作原理如图 8.5 所示，图中虚线仅用于同步 Modem，上部为调制器，下部为解调器。数据终端设备 DTE（串口）与 Modem 的发送工作流程如下：
- DTE 向 Modem 发出请求发送信号 RTS；
- Modem 准备好后向 DTE 返回允许发送信号 CTS；
- DTE 收到 CTS 后，按规定的串行数据通过串行发送口 TD 向 Modem 发出串行数据。

Modem 对 TD 发来的二进制数据调制并发向电话线，直至撤除 RTS 发送请求，接收工作流程如下：
- Modem 从电话线上收到有效模拟数据信号后，由载波检测电路向 DTE 发出检测到有效载波信号 DCD；
- DTE 收到 DCD 后准备接收数据；
- Modem 将收到的模拟数据信号解调转为二进制数据发送给 DTE 的串口，由 DTE 串行接收。

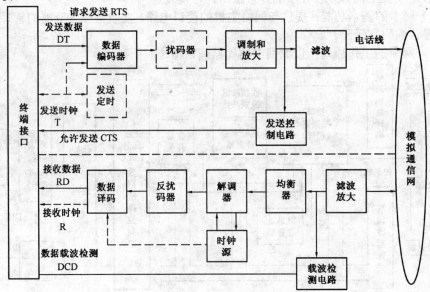

图 8.5 Modem 的工作原理图

(3) 高速 Modem 的标准协议

(a) 调制协议。CCITT 建议的高速 Modem 调制协议有三种：

• V.32 协议是 9600 bps 高速 Modem 的标准调制协议，用调幅和调相相结合的调制方式，AM 正交调制，传输速率达到 9600 bps，但电话线路差时可能降到 2400 bps。

• V.32 bis 协议是 14400 bps Modem 的标准调制协议，是 V.32 的增强版本，采用网络编码调制方式(TCM)传输速率达 14400 bps，但又与 V.32 兼容，线路差时可降到 12000 bps、9600 bps、7500 bps、4800 bps。

• V.34 协议采用四维网络编码调制方式、编码自适应功能和协商握手的先进技术，其传输速率达到 28.8 kbps。

(b) 差错控制协议。

• Microcosm 制定 3 MNP(Microcosm Networking Protocol)协议族，其中 MNP 2、MNP 4 是差错控制协议。

• V.42 是 CCITT 公布的差错控制协议，由两个差错控制算法组成，以链路接入规程 LAPM（Link Access Procedure for Modem）为主要算法，以等效的 MNP4 规程为辅助算法。

(c) 数据压缩协议。其是高速 Modem 的关键技术，它有两个标准。

• V.42bis 采用 Lempel-Ziv 压缩理论，建立在差错控制协议基础之上，其压缩比可达 4:1，所以 9600 bps 的 V.42bis Modem 数据率为 9600×4=38.4 kbps。

• MNP5 压缩协议。它要求 MNP4 的支持，采用 Huffman 编码和游程长度编码压缩技术，其最大压缩率可达 2:1，即 9600 bps 的 Modem，数据速率可达 19.2 kbps。

5. 集线器(Hub)

集线器是计算机网络中连接多个计算机或其它设备的网络设备，它是网络管理的最小单元。Hub 基本上是一个共享设备，其实是一个中继器，提供信号放大和中转的功能，它从一个端口接收的全部信号向所有端口分发出去。

Hub 主要用于星形以太网，它是解决从服务器直接到桌面的最经济的方案。使用 Hub 组网灵活，它处于网络一个星形节点，对节点相连的工作站进行集中管理。

Hub 有多种类型，各个种类具有特定的功能，提供不同等级的服务。

• 依据总线带宽的不同，Hub 可分为 10 M、100 M 和 10/100 M 自适应三种。

• 若按配置形式的不同可分为独立型、模块化和堆叠式三种。

• 根据端口数目的不同主要有 8 口、16 口和 24 口三种。

• 根据工作方式分为被动集线器、主动集线器、智能集线器和交换集线器四种。

目前所用的 Hub 基本是 10 M/100 M 自适应智能型可堆叠式 Hub。

6．局域网交换机（LAN switch）

交换机(switch)是帧交换数据通信设备，主要运行于 OSI 参考模型第二层，早期的交换机本质上是具有流量控制的多端口网桥。把路由技术引入交换机，可以完成网络路由选择，称为路由交换机，也称第 3 层交换机。

交换机具有多个端口，每个端口都具有桥接功能，可以连接一个 LAN 或一台高性能网络工作站或服务器。所有端口由专用的处理器进行控制，并经过控制管理总线转发信息，同时可以用专门的网管软件进行集中管理。交换机的主要的功能如下：

（1）可以把每个端口所连接的网络工作站分割为独立的 LAN，每个 LAN 成为一个独立的冲突域，LAN 可以利用 Hub 按照 5，4，3 规则（5 个 Hub、4 个网段、3 个网段上有主机）组成一个共享 LAN 或扩展 LAN，从而扩大网络直径。

（2）每个端口都提供专门的带宽，这是因为每个端口都与底板相连通，流经底板的流量为交换机的总流量。

（3）流量控制功能，交换机能提供足够的缓冲器并通过流量控制来消除阻塞，这由交换机的处理器解决。

（4）采用不同的专用集成电路 ASIC（Application Specific Integrated Circuits）处理器，交换机上升到高速交换机的水平。交换机连接的一些 LAN 是 10Mbps 带宽，而另一些 LAN 为 100Mbps 带宽。这些任务都由交换机内的专用处理器来完成。

（5）网络管理功能，一般交换机与 SNMP 兼容，收集网络的流量和状态信息，排除故障和改变流量。实现网管的方法有两种，一种是通过交换机内的芯片收集管理信息，并存储在专门的管理器中供各站查询，另一种是用一台 PC 机作为专门管理机来收集交换机的统计信息和各端口的管理信息。

现在多数交换机都采用了远程监控（RMON）管理信息库 MIB（Management Information Base）技术，这种软件允许用户查看每个交换端口上的流量。

7．路由器（Router）

路由器是网络层的互联设备，它提供了各种速率的链路或子网接口，同时参加网络管理，提供对资源的动态控制。路由器的功能如下：

（1）连接 LAN，包括各种 WAN 接口，如 X.25、ISDN、帧中继、ATM 和卫星链路。

（2）微波、租用或拨号线和同步链路。

（3）数据处理，包括过滤、转发、优先、复用、加密和压缩等。

（4）管理设施，包括配置管理、容错管理和性能管理。

目前路由器有多种厂家生产的多种型号产品，主要有如下几种分类：

（1）按支持协议的能力，路由器可分为单协议路由器和多协议路由器。单协议路由器可用于特定的协议环境，使用较少，多协议路由器支持多种协议并提供一种管理手段允许/禁止某些特定的协议，应用时提供了灵活的选择。

（2）按用途的不同可以分为访问路由器和边界路由器，访问路由器用来连接远程工作组和个人接入骨干网。访问路由器一般由一个 LAN 接口和 2～3 个网络层协议接口（一般包括 IP）组成。边界路由器是配合中央交换路由器用于一种特殊体系结构的路由器，其特点如下：

• 只有中央交换路由器需要两个以上的接口。每一个边界路由器仅需一个 LAN 和 WAN 端口，所以它是一种经济地构造大型网络的方法。

• 每一个边界路由器仅需支持它所连 LAN 上的协议。

• 中央交换路由器负责域间路由，路由算法会很快在最优路径上收敛。

按照性能和价格，路由器可分为高档、中档和低档三种。高档路由器构成企业互联网的主干，支持所有通用的路由协议和网络协议，支持多于 50 个的局域网或广域网端口。

• 中档路由器：用于在大企业中连接主干设备，也可用于组建小型企业主干网，可支持常规的路由协议和网络协议。

• 低档路由器：一般用作访问路由协议，把小规模的端点连入企业网。其典型配置是一个 Ethernet 接口及 Token Ring 接口，支持低速租用线或拨号连接。这种路由器简单，易于配置和管理。

8. 防火墙（Firewall）

防火墙在计算机网络中用于作为网络安全屏障，放置在网络连接点处，用来控制内部网与外部网络的通信。防火墙在网络中的位置如图 8.6 所示。

防火墙特性：防火墙具有如下特性：

• 所有从内到外和从外到内的数据包都要经过防火墙。

• 只有被安全策略允许的数据包才能通过防火墙。

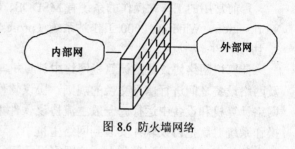

图 8.6 防火墙网络

• 防火墙本身有预防入侵的功能。

在逻辑上，防火墙是过滤器、限制器和分析器，在物理上，防火墙的实现有多种方式。不同的防火墙的配置方法也不同，这取决于安全策略。安全策略是在构筑防火墙之前制定的一套完整的安全规则，分为网络服务访问策略和防火墙设计策略两个层次。

防火墙功能：防火墙的功能可归纳为如下几点：

• 防火墙是阻塞点。可以控制所有进出的信息都要经过防火墙的检查，这样可以集中统一实施安全策略。

• 防火墙可以实行强制的安全策略。可以允许某些服务通过防火墙，而不允许另一些服务通过。这样可以有效地保护内部网络，不让入侵者利用那些存在严重安全缺陷的服务进行攻击。

• 防火墙可以记录网上的活动情况，这样网络管理员可以通过阅读日志跟踪和发现入侵者。

8.2.3 网络软件系统平台

软件系统平台由服务器操作系统、工作站操作系统和网络管理系统组成。此外，还包括一些其它软件，例如协议软件、设备驱动程序、设备设置程序和浏览器等。

1. 服务器操作系统

服务器操作系统即为通常所说的网络操作系统 NOS（network operating system），安装在网络服务器(server)上。NOS 提供网络操作基本环境，除了具有常规操作系统的管理功能外，还具有网络用户管理、网络资源管理、网络运行状态统计、网络安全建立和网络信息通信等其它网络服务管理功能。

NOS 系统都是多任务、多用户的操作系统，都有专门设计的特色功能，诸如性能优化、访问控制、高级安全性保障以及众多的 Web 功能。

目前在各种计算机网络中得到广泛应用的 NOS 包括 Netware、Windows NT Server、UNIX 系列的 NOS、Linux 系统。Windows 2000 系统，它的服务的版本包括 Windows 2000 Server、Windows 2000 Advanced Server 和 Windows 2000 Data Center Server，以及 Windows

2000 Professional 的个人版本。

2. 工作站操作系统

工作站操作系统是微机操作系统。作为网络工作站的操作系统软件（如 Windows）具有网络功能，比如支持网络协议、具有命令重定向功能等。如 Windows 的"资源管理器"中具有"映射网络驱动器"的功能，为资源共享提供了便利的操作。

目前常用的工作站操作的系统有 MSDOS、Windows 3.X、Windows 9.X、Windows NT Workstation、Windows 2000 工作站系统（professional）和 Windows Experience(XP)等。

3. 协议软件

计算机网络协议是指计算机网络中计算机与计算机之间、计算机与网络设备之间以及网络设备之间进行信息交换的规则。协议软件就是实现协议规则和功能的软件，它在网络计算机和设备中运行。一般主流协议软件集成在网络操作系统中，用户在安装网络操作系统时就把协议软件安装到网络主机中。还有一些进行数据传输的通信软件已经固化在芯片中，并安插到设备上，使网络设备运行速度更快性能更高。

4. 设备驱动程序

驱动程序（driver）是指操作系统使用硬件设备时所需软件程序，它是操作系统与设备之间的接口。连接在计算机上的硬件设备只有通过驱动程序才能被用户使用，例如常见显卡驱动程序、硬盘驱动程序等。现在这些标准的驱动程序已被固化到芯片中了，一般不需要用户再进行设置。需要用户参与设置像网卡那样的外插硬件的驱动程序。网卡需要设置的参数有中断号（IRQ）、输入输出地址（I/O Base）、缓冲区地址、带宽和通信方式等。早期的 MS-DOS 系统中，网卡参数的设置是通过运行随卡附带的网卡诊断程序实现的，在 Windows 9X/NT 系统下，网卡的设置是由系统的即插即用功能自动检测完成的，这是因为 Windows 9X/NT 系统自带各种主流网卡的驱动程序。当系统没有网卡的驱动程序时，使用随卡附带的驱动程序安装设置。在 Windows NT 系统中，网卡安装以后还可以对它重新设置。

5. 设备设置程序

设备设置程序是反映对网络设备的状态、模式、配置和功能等指标进行设置的软件，如交换机和路由器的设置程序。

设置程序的使用方式有两种，一种是通过命令来实现的，另一种是通过图形界面（或命令菜单）来实现的。有时两者结合使用。如先通过命令与网络设备建立连接，屏幕上弹出一个窗口界面，然后在设窗口中使用菜单或按钮命令进行设置。

6. 网络管理系统软件

网络管理系统软件 NMS（network management system）简称网管软件，是用来对网络运行状况进行信息统计、报告、警告和监控的软件系统。网管软件在某台工作站（称网管工作站）上运行，管理人员通过软件提供的界面全面监控网络设备的运行，可以了解到网络的连通情况、结合数据的吞吐率、数据包的丢弃率和负载情况等。另外，对网络中出现的异常情况，网管系统会发出警告和报警信息，提示管理员对网络进行监控和修复。

7. 浏览器

如果要从 Internet 上查询信息，可以使用以下软件：

① Gopher 软件，一种交互式菜单工具；
② WAIS (wide area information service)，一种查询文档的工具；
③ Archie，一种查找文件的工具。

当前最重要的 Internet 信息查询软件是浏览器，它可以浏览 WWW (world wide web) 服务提供的众多信息。浏览器是安装在用户工作站计算机中的软件程序，用户可以使用它连接到提供网络信息服务的服务器，把服务器 WWW 主页 (Home page) 显示到用户计算机的屏幕上，进而完成信息的浏览、搜索和下载(Down load)。

常见的浏览器有 Netscape 公司的 Navigator/Communicator 和微软公司的 Internet Explorer (IE)。

8.2.4 用户上网方式选择

选择用户上网方式应考虑的几个问题。
(1) 单机上网还是局域网上网。
(2) 使用电话线还是使用专线上网 (DDN、ISDN、XDSL 和 FHC)。
(3) 使用拨号设备还是使用路由器。
(4) 选择哪个 ISP (中国电信、中国联通、中国网通等)。

8.2.5 备选的上网方式

1. PSTN 公用电话网拨号上网

拨号上网费用较低，比较适合个人和业务量小的单位使用。采用这种方式上网用户所需的设备简单，只需要一台计算机、普通的通信软件、Modem 和电话线，再到 ISP 申请一个上网账号，即可使用。调制解调器是通过电话线接入 Internet 的必不可少的设备，其主要功能是进行模拟/数字信号的转换。调制解调器的速率在逐步提高，常见的传输速率为 33.6 kbps，最高速率可达到 56 kbps。

2. DDN 专线上网

DDN 即数据数字网，是半永久性连接的数据传输网，相对于拨号入网方式而言，通过 DDN 上网具有速度快，线路稳定和保持连通等特点。对于那些上网量较大或需要建立自己网站的单位来说，利用 DDN 专线是比较理想的选择。现在电信提供的 DDN 专线速度标准很多，从 64 kbps 到 2 Mkbps，速度越高租用的费用越高。使用 DDN 上网除基本的设备外，还需要购买一台基带 Modem 和一台路由器。

DDN 专线申请到位后，要先将两段双绞线（用户端所见）与基带 Modem 相连，再将基带 Modem 与路由器的同步端口连接，最后将路由器的以太网接口连上局域网。

3. ISDN 方式上网

PSTN（传统电话网）上网速度慢，而专线上网费用昂贵，而 ISDN 上网费用与 PSTN 相当，但却可以获得专线上网的快速稳定的服务。

ISDN 与传统的 PSTN 相比，它提供端到端的数字式连接，相对于 PSTN 模拟传输更加可靠。ISDN 可用一个网络为用户提供各种通信业务，如语音、数据、传真、电子信箱和可视电话等。现在中国电信提供 2B+D 和 30B+D 两种（一个 B 通路的速率为 64kbps，D 通路速率为 16 kbps），可分别提供两个和 30 个终端使用。

对一般用户来说，申请一条 2B+D 的线路比较合适。因为它的传输速率为 64～128 kbps，在同一时间可打两个电话，或者一个 B 信道打电话一个 B 信道仍能够上网，或者把两个信道合为一个信道上网。一条 2B+D 的 ISDN 线路外观上是一对双绞线，但模拟设备和数字设备不能直接接到线上使用。首先要将这对双绞线接入电信局免费提供的 NTI（网络终端 I）和 U 接口上，NTI 上还有两个 S/T 数字接口，这两个数字接口可以连接 ISDN 的数字设备，例如数字电话，内置 ISDN PC 卡和 TA（终端设备）等。其中 TA 必须自己购买。常用的终端设备 TA 提供两个 RJ11 端口和一个 RS-232-D 数据接口。RT11 端口可直接连接两部模拟设备（模拟电话、普通 Modem 和普通传真机等），RS-232-D 数据接口可以和计算机的串口直接相连。

4. ADSL 上网

ADSL（asymmetric data subscriber Line）即非对称数字用户线路。当在电话线两端分别放置了 ADSL Modem 时，在这段电话线便产生了三个信息通道：一个速率为 1.5M bit/5.9M bit/s 的高速下行通道，用于用户下载信息；一个速率为 16kbps～1Mbps 中速双工通道；一个普通的电话服务通道。这三个通道可以同时工作，不过具体的通信速率还要依赖线路的质量和长度而定。

5. 无线上网

近来 WAP 手机正在广泛使用，WAP 是在数字移动电话、因特网、计算机及其它个人数字助理机（PDA）之间进行通信的开放标准。它是由一系列的协议组成的，用来标准化无线通信设备，可用于 Internet 访问，包括收发电子邮件、访问 WAP 网站上的页面。WAP 将移动网络和 Internet 以及企业的局域网络紧密地联系起来，提供一种与网络运行商的终端设备独立的移动增值业务。通过这种技术，无论在何地、何时，只要打开 WAP 手机，就能享受网上资源。

6. 光纤上网

上网还可以用光纤接入技术。光纤用户网是指交换局这一端与用户之间完全以光纤作为传输媒体的接入网。用户光纤化包括很多方案，有光纤到路边（FTTH）、光纤到小区（FTTZ）、光纤到办公室（FTTO）、光纤到楼面（FTTF）和光纤到家庭（FTTH）等。不管是何种领域的应用，实现光纤到户都必须满足高速率带宽业务以及双向宽带业务的客观需要。

光纤用户网的主要技术是光波传输技术。目前我国的接入网可以用传统的铜缆用户线，也可以采用光纤接入设备。

8.3 网络系统与设备选型

设计和建设企业网（包括校园网），网络工程系统集成的关键工作是网络系统和设备的选型。选型直接影响到网络的可用性、可靠性、先进性和可扩展性。选型要综合考虑网络工程投资限制及设备性能配置等多种因素。设备选型应遵守的原则是：在一定资金限度内，在保证可用性和可靠性的前提下，争取先进性和可扩展性，以获得较高的性能/价格比。

8.3.1 传输介质选择

1. 传输介质类型

传输介质是网络中最基本的部分,用来在网络设备之间传输信号。目前使用的传输介质有:
- 双绞线(UTP,STP)
- 基带同轴线缆
- 宽带同轴电缆
- 光纤介质

2. 选型考虑的因素

选择传输介质主要考虑以下因素:

(1) 传输特性:包括支持模拟信号还是数字信号传输,支持的通道数,每个通道的最大数据传输速率等。

(2) 连通性:支持的是点到点连接,还是多点连接。

(3) 地理范围:能覆盖的最大网络范围,以及传输介质使用的环境,如用在办公室、建筑物内还是建筑物之间。

(4) 安装特性:最大介质长度,铺设线槽弯角及最大允许直径。

(5) 防护特性:抗干扰特性和抗噪声的能力,不易造成物理损伤的能力。

(6) 相对价格:在一个较大型的网络中可能会使用多种不同类型的传输介质,满足性能/价格比最好。

8.3.2 网卡选择

网卡(net interface card)是局域网中最基本的连接设备之一。网卡将计算机和网络连接起来,网卡的性能直接影响着网络的使用效率。

选择网卡要注意的问题是:

1. 接口总线与数据传输速率

目前网卡所用的总线大致分两类,即 ISA 总线和 PCI 总线。根据数据传输速率来分,网卡有 10 M、100 M、10 M/100 M 自适应以及 1000 Mbps 速率的网卡。

- 10M 的网卡大多采用 ISA 总线结构,适用于小型以太网络。如果网络中交换的数据量大,那么 ISA 网卡是很难适应的。

- 32 位的 PCI 总线很容易达到 100 Mbit/s 数据传输速率,而且 PCI 网卡对系统资源的使用率要比 ISA 网卡小得多。很多网卡生产厂家都把 PCI 网卡做成 10 M/100 M 自适应的,这样既可以充分利用原有的设备,又可为将来升级网络留有余地。

- 现在有不少整合型主板,将声卡、显卡、网卡和调制解调器都集成到主板上,这时就不需要另配网卡了,而且内置的网络适配器大多都是 10 M/100 M 自适应的。

- 如果是笔记本电脑接入网络,需要一块 PCMCIA 网卡。采用即插卡通常还有 Modem 卡。

2. 选网卡接头

- BNC 连接头:用于连接 RG 58 同轴电缆(细缆),采用此连接头的多为 10M ISA

网卡。
- RJ-45 连接头：用于连接 UTP 电缆（双绞线），所有 PCI 网卡均为 RJ-45 接头。
- AUI 连接头：连接 AUI 电缆（粗缆）所使用的连接头，现在少用。

3. 是否支持即插即用（plug and play，PNP）

PNP 是 Windows9x/2000 的先进特性之一，它使硬件驱动程序的安装变得非常简单。要使用即插即用的功能，除了要求接口卡性质支持 PNP 以外，主板 BIOS 和操作系统也必须支持 PNP 规格的网卡，可以省去手工设置 IRQ 和 I/O 地址时很容易产生硬件冲突。使用 PNP 网卡时操作系统会在开机时自动给各个接口卡分配资源。

4. 是否有 Boot ROM 插座

如果购买网卡的目的是为了将其用于 DOS/Netware/Windows9x 无盘工作站，那么一定要选用预留有 Boot ROM 插座的网卡，并根据网卡的具体型号向硬件供应商购买相应的 Boot ROM 芯片。若不需要远程启动功能，则不考虑此项。

目前比较好的网卡品牌有 3com，Intel，IBM，NOVELL，Digytal，D-Link 和 TP-Link 等。

8.3.3 集线器选择型

集线器（Hub）是对网络集中管理的重要设备，它是一个共享设备。在网络中，集线器用于解决从服务器直接到用户桌面终端的最佳最经济的方案，在交换式网络中，Hub 直接与交换机相连，将交换机端口数据送到桌面。使用 Hub 组网灵活，它处于网络的一个星型结点上，对结点相连的工作站进行集中管理，不让出问题的工作站影响到整个网络的运行。

由于 Hub 在网络中起到重要作用，所以对它的选型也非常重要。下面介绍对 Hub 选型时应考虑的问题。

1. Hub 带宽的选择

根据带宽的不同，Hub 可分为 10 M、100 M、和 10 M/100 M 自适应三种。在规模较大的网络中，还使用 100 M/1000 M 自适应和 1000 M 两种。集线器带宽的选择，主要取决于以下三个因素。

(1) 上联设备带宽。如果上联设备支持 IEEE 802.3（速率为 100 Mbit/s），可选用 100 M 集线器。

(2) 站点数。由于连接在集线器上的所有站点均争用同一个上行总线，处于同一冲突域内，所以如果站点数过多，会造成冲突过于频繁。

(3) 应用需求。前几年，10 M 网络几乎已经成为网络的标准配置，有相当数量的 Hub 在分散式的星型结构网络布线结构中为用户提供长距离的信息中继，或作为小型办公室的网络核心。但这种应用在现在已不是主流，随着 100 M 网络的日益普及，100 MHub 给桌面提供了 100 M 的数据传输速率，但当网络速率从 10 M 升级到 100 M 以后，除了原来的网络布线系统可用外，原来的 10 M 设备将无法使用，所以在 100 M 速率情况下，最好选用兼容 10 M 和 100 M 的 10 M/100 M 自适应 Hub。10 M/100 M 自适应 Hub 在工作中的端口速率可根据工作站网卡的实际速率进行调整。当工作站的网卡速度为 10 M 时，与之相连的端口的速度也将自动调整为 10 M；当工作站网卡的速度为 100 M 时，对应端口的速度也将自动调整为 100 M。

2. 用户数目拓展

Hub 根据端口数目的多少一般分为 8 口、16 口和 24 口几种，当一个集线器提供的端口数不够时，一般有以下两种拓展用户数目的方法。

(1) 堆叠：堆叠是解决单个集线器端口不足的一种方法，但是因为堆叠在一起的多少集线器工作在同一环境中，所以堆叠的层数不能太多。一方面可堆叠层数越多，一般说明集线器的稳定性越高；另一方面，可堆叠层数越多，每个用户实际可享有的带宽则越小。

(2) 级联：级联是在网络中拓展用户数的另一种方法，但是级联的使用是有条件的，即 Hub 必须提供可级联的端口，此端口常标有"Up-Link"或"MDI"字样。用此端口与其它 Hub 进行级联，如果没有提供专门的端口，进行级联时，连接两个集线器的双绞线在制作时必须进行错线（Cross Link 将双绞线 RJ45 插头的第 1、2 槽与另一头 RJ-45 插头的第 3、6 槽连接，反之亦然）。

3. 支持网管功能

根据对 Hub 管理方式的不同，可分为 Damp Hub(集线器)和 Intelligent Hub(智能集线器)两种。智能集线器改进了普通 Hub 的缺点，增加了网络的交换功能，具有网络管理和自动检测网络端口速度的能力。而 Damp Hub 只起到简单的信号放大和再生的作用，无法对网络性能进行优化。

4. 外形尺寸

集线器的选型和选购应在综合布线结束，骨干设备已经定型之后。如果系统比较简单，没有楼宇级别的综合布线，LAN 内的用户比较少，可选用 8 个口的 10Base-TX 集线器。如果已完成智能大厦的布线，准备将网络设备置于机柜中，需要选择几何尺寸符合机架标准的集线器。

5. 配置形式选购

根据配置的形式不同，Hub 可分为独立性 Hub、模块化 Hub 和可堆叠式 Hub 三大类。

(1) 独立性型 Hub：最早使用的 Hub，其价格低，故障容易查找，网络管理方便等优点，在小型 LAN 中广泛使用，但这类 Hub 的工作性能一般，速度也不高。

(2) 模块化 Hub：模块化 Hub 一般带有机架和多个卡槽，每个卡槽中可安装一块卡，每块网卡的功能相当于一个独立的 Hub，多块卡通过安装在机架上的通信底板进行互联并进行相互间的通信。现在使用的模块化 Hub 一般具有 4～14 个插槽。模块化 Hub 在较大的网络中便于对用户实施集中管理，所以在大型网络中得到广泛的应用。

(3) 可堆叠式 Hub：这种 Hub 是利用高速总线将单个独立型 Hub "堆叠"或短距离连接的设备，其功能相当于一个模块化 Hub。一般情况下，当有多个 Hub 堆叠时，其中存在一个可管理 Hub，利用可管理 Hub 可对其它"独立型 Hub"进行管理。可堆叠式 Hub 可非常方便地实现对网络的扩充。

6. 注意接口类型

选用 Hub 时还要注意信号输入口的接口类型，与双绞线连接时需要具有 RJ-45 接口。如果与细缆连接还需具有 BNC 接口，与粗缆相连需要有 AUI 接口。当局域网长距离连接时，还需要具有与光纤连接的光纤接口。

8.3.4 交换机选型

1. 交换机的作用

交换机（switch）是比集线器（hub）功能更强、用途更广的网络互联设备，在互联网中采用交换机可以实现以下功能。

- 高速接口级交换
- 网络可伸缩性得到扩展
- 更好的故障检测和隔离
- 构成虚拟网

2. 交换机的选型标准

交换机的选型标准，除了集线器所具有的功能外，交换机的选择还要考虑的主要因素是对标准的支持，交换机的重要标准包括以下几条。

(1) 生成树标准（spanning tree）：生成树标准为 IEEE 802.1D。生成树标准可以避免回路，增加网络安全性。生成树算法自动屏蔽掉网络流量小的一条通路，并在网络出现断路时自动恢复其屏蔽的通路。

(2) 流量控制方式：交换机采用的流控方式主要有动态分配内存和背压（BACK PRESSURE）。在动态分配内存方式中，交换机的各个端口共用缓冲器，交换机识别网络的流量，自动根据网络流量为每个端口分配内存以保证数据的完整。在背压方式中，交换机的各个端口独立具有缓冲区，当接收端口的缓冲即将满时，向发送端口发送假冲突信号，强迫发送端口不发数据以保证不丢失数据。

(3) VLAN 虚拟网：虚拟网将传统的广播域分割成各个独立的广播域，因为广播域的缩小可以提高网络的性能。虚拟网包括基于端口（PORT）的虚拟网、基于 MAC 地址的虚拟网和基于 IP 地址的虚拟网。

(4) MII 标准：MII 接口亦称为介质无关接口（media independent interface），MII 接口支持外部转换器进行物理介质转换，如 MII-RJ 45 和 MII-SC。MII 为 100 M 接口，相当于 10 MAII 接口。MII 接口为 40 针。

(5) Port Trucking 功能：分别连接两个交换机的多个端口，方便提升网络性能，成倍地增加交换机级联的速度，使用户方便地获得多个高速的交换端口。

(6) 交换网管标准：包括 SNMPMIB（management information base）和 RMONJMIB。SNMPMIB 是基于简单网络管理协议的，通过嵌入到网络设备中的代理软件（AGENT）收集网络通信信息和有关网络统计信息，并将信息保存至 MIB 库中。网管工作站定期地轮询 MIB 库以获得信息。但带来的问题是：由于不停地在进行轮询，会导致网络阻塞的发生。RMONJMIB 是为克服 SNNP 在分布式网络管理中的局限性而提出。RMONJMIB 由一组统计数据、分析数据和诊断数据构成，具有独立于厂商的远程网络分析功能。由 RMON 探测器和 RMON 客户机软件一起实施 RMON，RMON 探测器不会干扰网络，交换机能自动地工作，上报网络意外事件。它可以根据用户定义的参数来捕获特定类型的数据，当 RMON 探测器发现一个网段处于不正常状态时，会自动与中心网管平台联系。

3. 交换机的类型选择

根据用途不同，交换机可以分为主干级、部门级和工作组级。

(1) 主干级交换机具有高级网管功能。支持 VLAN 及 RMON，支持千兆以太网、ISDN 和 ATM 模块，易于升级扩充网络。支持 Spanning Tree 协议，避免回路及提供冗余备份功能。支持 Port Trucking，提供高速级联。支持 SNMP 网络管理。

(2) 部门级交换机、非智能部门级交换机和智能型部门级交换机。智能交换机的主要指标如下：
- 流量控制防止包丢失
- 存储/转发交换机制
- 动态分配内存
- 自动学习网络结构
- MAC 地址表
- 包转发/过滤速率

(3) 工作组级交换机的指标与部门级的大同小异，只是配置要低一些。

8.3.5 路由器选型

1. 路由器的作用

路由器（router）是工作在 OSI 七层模型中第三层（网络层）的网络设备，根据应用，主要有内部路由器和边界路由器之分。

(1) 内部路由器的作用主要是将不同的网段连接起来，或是将不同的网络操作系统（network operating system，NOS）上运行的不同协议进行转换，以实现异构互通。

(2) 边界路由器则以同步方式（X.25、Frame Relay 或 ISDN）或异步方式（V.34 或 V.90）通过专线或公网（PSTN）接入 Internet 或实现局域网互联。

2. 路由器选型原则

由于 Windows 已成为主流操作系统以及第三层交换技术的出现，内部路由器正逐渐被交换机取代，因此只有在受距离限制，又必须要有远程访问能力时，才能考虑选用路由器。由于路由器带宽的限制，往往会形成瓶颈，而且价格一般很高。如果只有内部路由的需要可以考虑第三层交换。下面主要介绍远程访问的路由器选型问题。

(1) 访问方式的选择：一般来说，访问方式根据载波信号种类有数字和模拟两种。根据连接方式有交换和专线两种。如果通信量大，且不经常波动，又要求有稳定的连接，可以考虑使用专线，协议主要有 Frame Relay、X.25 或 XDSL，但专线较贵。如果通信量不大，且多是突发性数据，异步拨号的访问方式可以考虑使用，价格便宜，缺点是带宽窄且连接不稳定。

(2) 端口的选择：路由器都带有至少一个局域网接口和一个广域网接口。广域网接口有同步并口（serial）和异步串口（asyer），大部分路由器同时具有这两种端口，少数路由器例外。一般的路由器既有串口也有并口，如 Cisco 2501，它的广域口为同/异步可调，AUX 为异步拨号备份端口，当主通信线路通信中断时，异步拨号备份线路自动拨号，以保持数据交换的连续性。

(3) 外形尺寸的选择：如果网络较大或已完成楼宇结构布线，工程要求网络设备集中管理，应选择机架式路由器。

(4) 路由器品牌的选择：主要的路由器生产厂家有 Cisco、Intel、华为、LG 系列等。

(5) 安全方面的考虑：大多数路由器都推荐自己的 VPN（virtual private network）解决方案。用户选择产品可以考虑如下因素。

(a) 访问控制。一般分为 PAP（password authorization protocol）和 CHAP（challenged password authorization protocol）两种协议。

• PAP 要求登录者向目标路由器提供 User Name 和 Password，与其访问列表（Access List）中的信息相符才允许登录。它虽然提供了一定的安全保障，但用户登录信息在网上无加密传递，易被人窃取。

• CHAP 把随机初始值与用户登录信息（user name 和 password）经过 Hash 算法运算后成新的登录信息，这样在网上传递的用户信息难于被 Hacker 窃取。

(b) 数据加密。在加密过程中加密的位数是一个很重要的参数，它关系到解密的难易程度，其中 Internet 9000 系列路由器加密位数最长，为 100 多位。

(c) 防火墙。大部分路由器都提供防火墙功能。

(d) 网络地址转换（network address translation，NAT）。由于 IP 地址和 MAC 地址在网上无加密传送会不安全，NAT 把合法的 IP 地址和 MAC 地址翻译成非法的 IP 地址和 MAC 地址后在网上传送，到达目标路由器后再还原成合法的 IP 地址和 MAC 地址。

(6) 运行费用：

(a) 同步通信费用。包括专线租金和信息量费用两部分，其中专线费用固定，要降低费用尽量减少网上的流量，使用技术手段减少无价值流量，尽量减少对带宽的占用。当运行 RIP（routing information protocol）时，路由器将定时（每 30 s）更新，更新过的路由表将广播至全网。但是，当网上无真实数据传送时，路由表不会有变动，Cisco 通过触发式 RIP 解决了这一问题，即只有当网上有真实数据传送时，路由表才被更新一次，这样网上无谓广播减少了，使用费用也随之下降。

(b) 异步通信费用。异步通信中费用是按通信时间计算的，这样提高带宽与数据压缩比成为提高单位时间通信量从而缩短通信时间的有效手段。从数据压缩比考查，Cisco 2500 系列路由器系列支持 3 种压缩方式，可以不同应用采用不同方式。

• 包头与数据压缩。适用于专线通信，其压缩比最大。

• 只压缩数据。适用于异步拨号，经公网的通信方式，如果压缩包头，目的地址将丢失，该包将被丢掉。

• 只压缩包头。当在广域网上传输多媒体数据时，为确保信号尽可能小地失真，不应该对数据进行压缩，而应压缩包头。

(7) 传输质量（QOS）：随着利用 IP 传输 VOD 等多媒体信息量的应用越来越重，IP 会表现出时间延迟长、丢包造成信号不连续、失真大等缺点。为此，厂家提出如下解决方案：

(a) 基于不同对象的优先性。如某些设备（多为多媒体应用）发送的数据包可以后到先传，再如基于协议的优先级，用户可以定义哪种协议优先级高，后到先传等。

(b) 链路整合（multi link point to point protocol，MLPPP）。Cisco 支持将连接两点的多条线路做带宽汇聚，从而提高带宽。

(c) 资源预留协议（resource reservation protocol，RSVP）。它将一部分带宽固定地分给多媒体信号，其它协议无论如何拥挤，也不能占用这部分带宽。

8.3.6 服务器选型

1. 高端服务器的技术特征

高端服务器作为网络中重要硬件产品之一，是在网络环境下提供网上客户机共享资源（包括查询、存储和计算等）的设备。它具有高可靠性、高性能、高吞吐能力和大内存容量等特点，并且具备强大的网络功能和友好的人机界面，是以网络为中心的现代计算机环境的关键设备。

服务器的核心技术可以用4个字母SUMA表示，S表示可扩展性（scalability），U表示好用性（usability），M表示易管理性（manageability），A表示高可用性（Availability）。为实现这4个特性，已经发展了许多成熟技术，如RAID（冗余磁盘陈列）技术、智能输入/输出技术，智能监控管理技术和热插拔技术。

2. 高端服务器分类

服务器可以分为两大类。

（1）IA（inter architecture）服务器，也就是常说的PC服务器或NT服务器。

（2）RISC/UNIX服务器，比IA服务器性能更高，称为高端服务器。高端服务器的种类很多，从小型机、大型机到巨型机都有。

高端服务器国外产品有IBM、HP、SUN和SGI公司生产的服务器，国内产品有曙光公司生产的诸如"曙光1000"、"曙光2000"等超级服务器。目前大多数高端服务器都是RISC/UNIX服务器。它是在RISC技术架构的基础上，各厂家研制出了自己处理器。目前使用的主要有PowerPC处理机、SPARC处理器、PA-RISC处理器和MIPS处理器。

3. 高端服务器技术

服务器性能指标以系统响应速度和作业吞吐量为依据。响应速度是指用户从输入信息到服务器完成信息处理系统给出响应的时间。作业吞吐量是整个服务器在单位时间内完成的任务量。为了缩短服务器的响应时间，可以分配给它更多的资源。

（1）技术目标：服务器的高可扩展性、高可用性、易管理性和高可靠性是服务器所追求的技术目标。

• 可扩展性：表现在两个方面，一是机器具有充足的可用空间，二是充裕的I/O带宽。

• 可用性指设备处于正常运行状态的时间比例作为衡量指标。部件冗余是提高可用性的基本方法。

• 可管理性：可管理性指在利用特定的技术和产品来提高系统的可靠性，从而减少管理人员的维护工作量和避免系统停机带来的损失。

• 可靠性：要求服务器必须稳定运行，关键在于操作系统与硬件设备的协作，如果待处理的资源控制在CPU和操作系统上而不是在应用上，就会避免由于某项任务处理出错而导致无法运行，服务器停机率大大降低。

（2）SMP（symmetrical multi-processor）：对称式多处理器。在对称式结构中，计算机里每一个位处理器的地位都是一样的，它们连接在一起，共享一个存储器。每个计算机都能运行存储器中的操作系统，都能响应外部设备的请求，即每个处理器的地位是平等的、对称的。

（3）集群技术：集群技术至少将两个系统连接在一起，两台服务器能像一台机器那样工作。采用集群技术通常是为了提高系统的稳定性和网络中心的数据处理能力及服务能力。常见的集群技术包括以下几种：

• 服务器镜像技术。服务器镜像技术是将建立在同一个局域网之上的两台服务器通过软件或其它特殊的网络设备（比如镜像卡）对硬盘做镜像。其中，一台服务器被指定为主服务器，另一台为从服务器。客户只能对主服务器上镜像卷进行读写，即只有主服务器通过网络向用户提供服务，从服务器上相应的卷被锁定将以防对数据的存取。主/从服务器分别通过心跳监视线路互相监测对方的运行状态，当主服务器因故障停机时，从服务器将在很短时间内接管主服务器的应用。但这种技术只限于两台服务器的集群。

• 应用程序接管技术。容错接管技术是将建立在同一个网络里的两台或多台服务器通过集群技术连接起来，集群节点中的每台服务器各自运行不同的应用，具有自己的广播地址，对前端用户提供服务，同时每台服务器又监测其它服务器的运行状态，为指定服务器提供备份。当某一节点因故障停机时，集群系统中指定的服务器会在很短的时间内接管故障机的数据和应用，继续为前端用户提供服务。容错接管集群技术通常需要共享外部存储设备——磁盘陈列框，两台或多台服务器通过 SCSI 电缆或光纤与磁盘陈列框相连，数据都存放在磁盘陈列框中。这种集群系统中通常是两个节点互为备份的，而不是几台服务器同时为一台服务器备份，集群系统中的节点通过串口、共享磁盘分区或内部网络来互相监测对方的状态。容错接管集群技术经常用在数据库服务器、Mail 服务器等的集群中。

• 容错集群技术。容错集群技术一个典型的应用是容错机，在容错机中，每个部件都有冗余设计。在容错集群技术中，每个节点都与其它节点紧密地联系在一起，它们经常需要共享内存、磁盘、CPU 和 I/O 等重要的子系统。容错集群系统中各个节点被共同映像成为一个独立的系统，并且所有节点都是这个映像系统的组成部分。在容错集群系统中，各种应用在不同节点之间的切换可以很平滑地完成，不需要切换时间。

目前在提高系统的可用性方面用得比较广泛的是应用程序容错接管技术，即通常所采用的双机通过 SCSI 电缆共享磁盘陈列的集成技术，这种技术与集群软件和操作系统软件结合和扩充，形成形形色色的集群系统。

（4）操作系统：Internet 的出现，对服务器提出来了更高的要求，如何适应并满足不断变化、增加的网络应用需求成为服务器技术发展面临的重要问题，作为服务器核心的处理器不能完全依赖主频的提高来提升处理能力，处理器结构成为提高服务器的瓶颈。为此，网络操作系统在提高服务器性能上起着非常重要的作用。目前计算机网络系统中广泛应用的网络操作系统是 UNIX、Linux、Windows NT 和 Netware 等。

• UNIX。UNIX 操作系统具有功能强大、技术成熟、可靠性好、网络及数据库功能强的特点，是目前唯一能在各个硬件平台上稳定运行的操作系统。UNIX 等操作系统厂商的策略之一是采用新技术，不断加强性能和容量方面的领先地位，主要包括 64 位处理器及 64 位操作系统、快速可扩充的互联技术、大内存及高性能的集群以及高带宽 I/O 技术等。将 UNIX 具备的开放性发挥到顶峰，真正实现应用系统平台作用，为用户提供最大的灵活性。

• Linux。Linux 在企业计算机方面应用的主要有 RAS（可靠性 Reliability、可用性 Availability、可服务性 Serviceability）技术、冗余磁盘陈列（RAID）技术、集群技术（Cluster）和并行计算技术等。Linux 这个新兴的操作系统，随着其普及程序的提高和自身的迅速发展，伴随 IA-64 运算平台推出的 IA-64Linux 和支持多达 64 个 CPU 和 64 GB 内存的企业级核心 2.4 的发布，Linux 将在企业计算领域发挥越来越大的作用。

· Windows NT。Windows NT 是一个 32 位的操作系统，提供了友好的图形操作界面。既是单用户操作系统，同时也是一个网络操作系统，具有多任务的能力，采用"主从式"结构，支持客户机/服务器的工作模式。内置网络功能支持多种通信协议。具有 RAIN0、1、2、5 四种程序的磁盘阵列容错能力。具有良好的可移植性，其应用程序可不加修改即可在不同的 CPU 结构上运行。采用了 NTFS 的文件系统，以保证文件系统的安全性。支持远程管理，也支持 X.25 和 ISDN 等广域网服务。同时借助于"网关服务"，NT 可直接存取 Novell 网络中的文件与打印服务，也支持多处理器。

Windows NT 操作系统分为两部分：

· Windows NT Server

· Windows NT Workstation

其中，Windows NT Server 是服务器端软件，而 Windows NT Workstation 是客户端软件。

4. 高端网络服务器的选择原则

由于目前网络市场操作系统品牌多，涉及专门技术多，价格差别大，如何为网络建设选购功能强大、适应需求的高端服务器往往是用户最感到困惑的问题。这里提供选择服务器应遵循的 MAPSS 原则，即 M 表示可靠性，A 表示可用性，P 表示性能，S 表示服务，S 表示成本供参考。

（1）可管理性（management）：网络管理员的一项重要工作就是对服务器的管理。服务器的管理工作一方面表现在可以及时地发现服务器的问题，进行及时的维护、维修，避免或减少因为服务器的故障造成用户系统全面瘫痪；另一方面，管理员可以通过管理及时了解服务器性能方面的情况，对运行有问题的服务器进行升级。这些都与网络操作系统提供的可管理性有密切关系。

（2）可用性（availability）：高端服务器是网络、数据的中心，服务器的停机和故障会造成企业内外信息的中断，这是不允许的。在选择产品时要考虑：服务器能否保证不间断地运行，是否有冗余技术。运行在关键环境下的服务器要求有多电源，热插拔硬盘和 RAID 卡，必要时提供双机备份的方案。

（3）性能（performance）：由于大量的数据要在服务器上运行，因此服务器的性能直接影响到工作效率。高性能的服务器要求选用更高主频的 CPU、更大的内存，服务器的整体性能由以下方面决定：

· 芯片组。芯片组用于把计算机上各部件连接起来，实现各种组件之间的通信，所以芯片是计算机系统的核心部件。芯片组直接决定系统支持的 CPU 类型、支持的 CPU 数目、内存类型、内存最大容量、系统总线类型和系统总线速度等。选择最先进的芯片组结构才能保证系统性能的领先。

· 内存类型、最大支持容量。这对系统的运算处理能力有非常大的影响。

· 采用高速的 I/O 通道。I/O 始终是计算机系统的瓶颈，采用高速的 I/O 通道对服务器整体性能提高有非常重要的意义。

· 网络支持。服务器通过其内部的网卡与客户机通信，网络带宽对服务器具有决定意义。

（4）服务（service）：不间断地服务对用户是非常重要的。

（5）节约成本（saving cost）：选择服务器时必须从管理性、可用性、性能和服务四个方面全面考虑，才能得到真正合理的成本，服务器性能的每一点提高都是以金钱为代价的，合理的性能价格比是十分重要的。

8.4 结构化综合布线系统

结构化布线系统是一种采用模块化的方法为网络设备和通信设备在建筑物和建筑群之间构造信息传输系统。结构化综合布线系统（SCS）是一种集成化的通用传输系统，它利用双绞线或光缆传输建筑物内的多种信息。

在现代化的大型建筑中，除计算机网络系统以外，通常还有电话系统、楼宇控制系统等各种专业布线系统。传统的做法是为不同的专业系统配置不同的线缆、插座及接头等不同的布线材料来构成各自网络；并且联接这些不同网络的插头、插座及配线架，它们之间互不兼容，只要变动终端机的位置，就必须重新布放新的线缆、安装新的插座。在这种传统的布线方式下，因办公室的重新规划及办公设备的变更而导致系统的变更要耗费大量的资金及时间。同时，传统的布线方式，对于布线系统的日常维护和管理、故障的检查和排除都不是很方便。

为解决传统布线方式中的种种弊端，推出了结构化综合布线系统。SCS将所有的话音、数据、图像及监控设备的布线组合在一套标准的布线系统上，采用统一的线缆、插头、插座及配线架，当终端机的位置需要变更时，只需将其插入新地点的插座上，然后作一些简单的跑线就行了，不需要布放新的线缆，也不需要安装新的插孔。另一方面，SCS采用星形结构，系统的管理维护及故障的检查和排除也非常方便。SCS以其高度的灵活性及多元化服务而越来越得到人们的重视。

SCS包括六个子系统，如图8.7所示。组成SCS的六个部分为：
① 工作区子系统(用户端子系统)
② 水平布线子系统(水平子系统)
③ 干线子系统(垂直子系统)
④ 设备间子系统
⑤ 管理子系统
⑥ 建筑群子系统

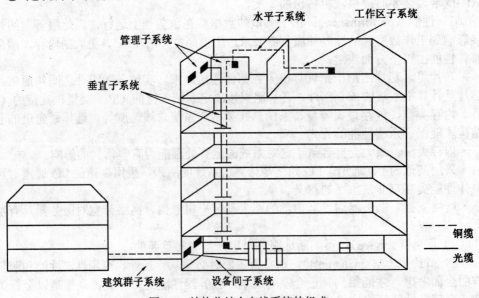

图8.7 结构化综合布线系统的组成

8.4.1 工作区子系统

在工作区子系统的结构化综合布线系统中,将用户终端设备连接到布线系统的子系统上。工作区子系统包括各种不同型号的信息插座、适配器、连接跑线等将设备连到插座上所需的各种配件,如图 8.8 所示。

一个独立的需要设置终端设备的区域划分为一个工作区,一个工作区的服务面积一般按 5～10 m 估算,每个工作区设置一个电话插座和一个计算机插座。

信息插座是终端设备与水平子系统连接的接口,8 针模块化信息插座是为所有的综合布线系统推荐的标准 I/O 插座。信息插座的选型由这样一些因素决定:

(1) 用户通信质量及速率要求:根据不同的质量及速率要求选择三类、五类甚至超过五类双绞线插座。

(2) 插座安装环境要求:可根据不同的地理环境选择桌台型、墙上型或地台型插座。

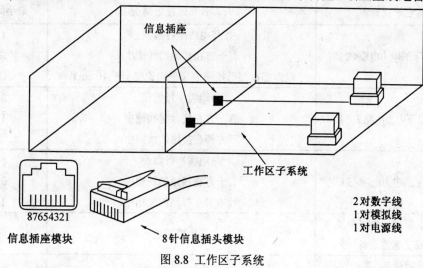

图 8.8 工作区子系统

8.4.2 水平布线子系统

水平布线子系统是结构化综合布线系统中连接用户工作区与布线系统主干的子系统。水平子系统由每层配线间至信息插座的配线电缆和工作区用的信息插座等组成,如图 8.9 所示。在结构化综合布线子系统中,水平子系统起着支线作用,它将所有用户端子通过一些连接件连接到配线设备上。

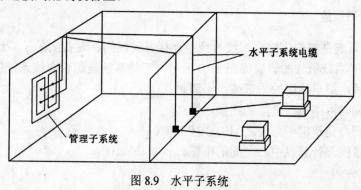

图 8.9 水平子系统

在设计水平子系统时，除了根据不同的应用需求选择不同类型、不同颜色的双绞线外，还应根据安装地点的环境，选择好的路由及布线方式。

水平布线系统中常用的电缆类型有：

- 100Ω非屏蔽双绞线（UTP）电缆；
- 100Ω屏蔽双绞线（STP）电缆；
- 50Ω同轴电缆；
- 62.5/125 μm光纤电缆。

水平布线路由还应尽量避免电磁干扰，和强电缆保持一定的距离，表8.1是推荐的通信电缆与其它干扰源的距离要求。

表 8.1 通信线与电力线间距要求

其它干扰资源	与综合布线接近情况	最小间距/cm
380 V 以下的电力电缆<2 kW	与电缆平行敷设	13
	有一方在接地的线槽中	7
	双方都在接地线槽中（平均长度小于 10 cm）	1
380 V 以下电力电缆 2~5 kW	与地缆平行敷设	30
	有一方在接地的线槽中	15
	双方都在接地的线槽中	8
380V 以下的电力电缆>5 kW	与电缆平行敷设	60
	有一方在接地的线槽中	30
	双方都在接地的线槽中	15
荧光灯、氩灯、电子自动器或交感性设备	与电缆接近	15~30
无线电发射设备、雷达设备、电磁感应炉等	与线缆接近	≥150
配电箱	与配线设备接近	≥100
电梯、变电室	尽量远离	≥200

8.4.3 干线子系统

干线子系统是结构化综合布线系统中连接各管理间、设备间的子系统，又称垂直子系统。干线子系统所处的位置如图 8.10 所示。干线系统是综合布线系统的骨干，包括：

- 供干线电缆走线用的垂直或水平通道；
- 设备间与网络接口之间的连接电缆；
- 设备间与建筑群子系统之间的连接电缆；
- 主设备间与计算机中心之间的电缆。

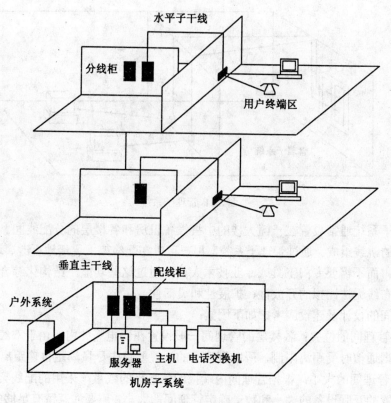

图 8.10 干线子系统

综合布线系统的干线可根据距离的远近和用户对传输速率及传输质量的要求,选择多对数双绞线或光缆。一般在楼内的语音通信采用三类的多对数双绞线作为主干;数据通信可采用高品质的五类双绞线,也可以采用光缆;如果电磁干扰严重,则推荐采用光缆作为数据主干。在做干线子系统的设计时,首先要确定一层楼干线需求,总结出整座楼的干线总体需求,确定干线电缆的种类及尺寸,然后确定干线电缆路由通道。

8.4.4 设备间子系统

设备间子系统是结构化综合布线系统中安装在设备间内的布线子系统。设备间是指集中安装大型通信设备的场所,如 PABX、大型计算机、计算机网络通信中枢等设备。

并非每一个综合布线系统都有设备间子系统,但在大型建筑物中一般是有的。设备间子系统中的电话、数据、设备、计算机主机设备等。在设备间子系统中还要考虑配电系统(不间断电源 UPS)和设备接地等。

8.4.5 管理子系统

管理子系统是结构化综合布线系统中对布线电缆进行端接和配线管理的子系统。管理子系统所处的位置如图 8.11 所示。

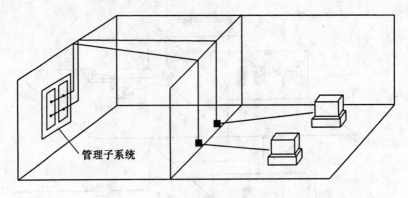

图 8.11 管理子系统

管理子系统通常设置在一幢大楼的中央设备机房和各楼层的分配线间。一般由配线架和相应的跳线组成。通过管理子系统，用户可以在配线架上灵活地更改、增加、转换、扩展线路，而不需要专门工具或专业技术人员。通过这些功能，结构化综合布线系统才具有传统布线无法比拟的开放性、扩展性和灵活性。

管理间的设计及建设应考虑如下因素：

（1）管理间的位置：各楼层的管理间一般设置在弱电竖井内，由于双绞线用于计算机网络数据通信时受距离限制，所以管理间的设置要首先尽量满足传输距离的要求。

（2）管理间的大小：根据管理间内端接的信息点的数量，采用的配线架的大小和数量及要放置的互联设备的大小和数量确定管理间的大小，还要注意留有足够的操作空间。

（3）管理间的环境要求：管理间要注意防尘、防火，并根据设备的要求及相关的规范保证一定的温度和湿度。

（4）标识：为了管理维护的方便，在管理子系统端接的线缆都应有明确的标识，同时对管理间的配线架也应有标志，以显示配线架划分的不同区域。

（5）对管理间内的配线架的排列应遵循的原则是：进出线方便，跳线方便，尽量短，墙面布局合理。

管理子系统中的光缆部分简称为光缆管理子系统。光缆子系统的主要元件有：光缆接线盒、过线槽、光纤跳线、连接（ST，SC等）各类光纤耦合器。

光缆管理子系统是实现主干光缆互联、交连的场所，通过它可以实现光纤与光纤之间，光纤与设备之间的灵活跳接。标识对于光缆管理子系统的管理和维护也非常重要，一般光缆子系统的标识应包括以下信息：光缆编号、光缆远端连接的位置、光缆长度、光缆芯数（使用的光纤数及备用的光纤数）、光缆的类型（单模或多模光纤）。

8.4.6 建筑群子系统

建筑群子系统是结构化综合布线系统中由连接楼群之间的通信介质及各种支持设备组成。建筑群子系统也称户外子系统，其传输介质除了各种有线手段之外，还可包含其它无线通信手段，如微波、无线电通信等。

8.5 网络测试

网络测试是对网络设备、网络系统以及网络对应用的支持进行测试,以展示和证明网络系统是否满足用户在性能、安全性、易用性、可管理性等方面的需求。网络测试的实施一般包括以下环节:

- 根据测试目的,确定测试目标;
- 在对关键网络技术和实施细节透彻掌握的基础上,设计测试方案;
- 建立网络负载模型;
- 设置测试环境及测试工具;
- 采集和整理数据;
- 分析和解释数据;
- 准确、直观、形象地表示测试结果。

网络测试包括网络设备测试、网络系统性能测试和网络应用测试三个层次。

8.5.1 结构化布线系统的测试

结构化布线是网络中最基本、最重要的组成部分,它是连接网络各种设备的纽带。作为传输高速数据的介质,结构化布线对线缆的要求较严格,一旦线缆产生故障,严重时可能导致整个网络系统瘫痪。因此,在布线系统完成之后,必须对整个布线系统进行测试。

1. 测试仪器和测试标准

在进行测试之前,需要选择合适的测试仪器和测试标准,通常采用国际上认可的测试表进行基本的连接性(导通)测试。在对 5 类线进行测试时,采用微软公司 Pantrascanner5 类测试仪进行测试。在做光纤损耗方面的测试时,采用微软公司的光缆测试仪进行测试。同时,选择 E2A/T1A568A、TSB-76 标准作为测试的依据。

2. 具体测试方法

目前,网络建设使用电缆主要有三种类型,即光纤、非屏蔽双绞线和同轴电缆。光纤具有很高的传输速率、良好的抗干扰性能及远距离传输等特点,主要用于主干线。非屏蔽双绞线是最近几年来使用较广泛的通信介质,它的传输性能好,可用交换机或集线器实现转接,常用于近距离传输和楼宇内布线。同轴电缆现在使用较少。

(1) 非屏蔽双绞线测试:从工程的角度,结构化布线非屏蔽双绞线测试可分为二类:导通测试和认证测试。

导通测试就是在施工过程中由施工人员边施工边测试,可以保证所完成的每一个连接都正确。导通测试注重结构化布线的连接性能,不关心结构化布线的电气特性。认证测试是指对结构化布线系统依照标准进行测试,以确定结构化布线是否达到设计要求。通常结构化布线的通道性能不仅取决于布线的施工工艺,还取决于采用的线缆及相关的硬件质量,所以对结构化布线必须要做认证测试,也称 5 类测试认证。通过测试,可以确认所安装的线缆,相关连接硬件及其工艺能否达到设计要求,这种测试包括连接性能测试和电气性能测试。

① 链路的验证测试。电缆安装是一个以安装工艺为主的工作，为确保线缆安装满足性能和质量的要求，必须进行链路测试，以检查连接工作可能出现的一些错误。通常的连接错误有以下几项。

- 开路和短路：在施工中，由于安装工艺和穿线技术欠缺等问题，会产生开路或短路故障。
- 反接：同一对线在两端针位相反。
- 错对：将一对线接到另一端的另一对线上。
- 串扰：将原来的两对线分别拆开后又重新组成新的线对。

② 电缆传输通道的认证测试。认证测试并不能提高综合布线的通道性能，只是确认所安装的线缆、相关的连接硬件及其工艺能否达到设计要求。只有使用能满足特定要求的测试仪器并按照相应的测试方法进行测试，所得结果才是有效的。

(2) 光纤传输通道测试：虽然光纤的种类较多，但光纤及其传输系统的基本测试方法大体相同，使用的测试仪器也基本相同。

对连接后的光纤传输系统，必须进行光纤特性测试，使之符合光纤传输通道测试标准，基本的测试内容包括连续性衰减/损耗、光纤输入功率和输出功率、分析光纤的衰减/损耗及确定光纤连接性和发生光损耗的部位等。实际测试还包括光缆长度和时延等内容。光纤测试指标主要是衰减，如果衰减在标准范围内为"PASS"，反之为"FAIL"。

8.5.2 网络设备测试

网络设备测试包括以下几个方面：功能测试、可靠性测试、一致性测试、互操作性测试和性能测试。

- 功能测试：验证设备是否具有设计的每一项功能。
- 可靠性、稳定性测试：通过加重负载的办法来分析和评估系统的可靠性和稳定性。
- 一致性测试：不同的网络设备之间要能互操作。一致性测试要试验设备的各项功能是否符合标准，如交换机对 IEEE802.3、IEEE802.3z、IEEE802.1q、IEEE802.3x 等的支持。
- 互操作性测试：考查一个网络产品能否在多种不同厂家的多种网络产品互联的网络环境中很好地工作。
- 性能测试：主要的目标是分析产品在各种不同的配置和负载条件下的容量和对负载的处理能力，如交换机的吞吐量、转发延迟等。

典型的网络设备测试方法有两种：第一种是将设备放在一个仿真的网络环境中进行测试；第二种是使用专门的网络测试设备对产品进行测试。

8.5.3 网络系统和应用测试

网络系统测试除了普通意义上的物理连通性、基本功能和一致性测试外，主要包括网络系统的规划验证测试、网络系统的性能测试、网络系统的可靠性与可用性的测试与评估、网络流量的测试和模型化等。

1. 网络系统的规划验证测试

主要采用的两个基本手段是模拟和仿真。模拟是通过软件的办法建立网络系统的模型，模拟实际网络的运行。通过设定各种配置和参数模拟系统的行为，对系统的容量、性能以及对应用的支撑程度给出定量的评价。这对大型网络的规划设计是必不可少的环节。

仿真是指通过建立典型的试验环境，仿真实际的网络系统。规划验证测试的目的在于分析所采用网络技术的可用性和合理性，网络设计方案的合理性，所选网络设备的功能性能等是否能够合理地有效地支持网络系统的设计目标。

2. 网络系统的性能测试

通过对网络系统的被动监测和主动测量确定系统中站点的可达性、网络系统的吞吐量、传输速率、带宽利用率、丢包率、服务器和网络设备的响应时间、哪些应用和用户产生最大的网络流量，以及服务质量等。这项测试同时可以发现系统物理连接和系统配置中的问题，确定网络瓶颈，发现网络问题。测量设备记录一段时间内的网络流量，实时和非实时分析数据。被动测量不干涉网络的正常工作，不影响网络的性能。主动测量向网上发送特定类型的数据包或网络应用，以分析系统的行为。

3. 网络应用层测试

主要测试网络对应用的支持水平，如网络应用性能和服务质量的测试等。例如在进行基于 IP 的语音传输 VOIP 时，最直接的问题是网络中的交换机和路由器是否有效地支持语音传输；网络能支持多大的语音流量、多少个语音通道；如果支持 VOIP，对网络的其它业务，特别是关键业务，会产生什么影响；网络是否支持服务质量 QOS，这些问题都需要通过网络测试来回答。

4. 网络流量测试和模型化

网络流量测试和模型化对于分析网络性能和带宽的利用率，指导网络流量管理，开发高速的网络应用十分重要。这方面的主要工作有：

- 产生已知特征的流量，使该流量沿网络传播，最后回到测试仪。记录和分析流量特征的任何改变。
- 对链路的总体流量的测量和传输时间、吞吐量、带宽利用率等的分析。
- 分析特定流量的特征和提供的 QOS，搜集一个时间段的测量数据进行分析、分析流量沿网络传播过程中流量特征的变化和网络流量的统计行为，建立流量模型。

8.6 网络性能评价

随着计算机网络数量的增长和规模的扩大，网络性能成为十分重要的问题。因此，对于一个大规模的网络，网络性能的监控就十分必要。为了满足用户的需求，设定恰当的性能指标，以便更好地选择网络结构和组成，获得性能/价格比高的网络，需要对网络性能进行评价。一般来说，了解网络性能的好处是：

- 合理地选择和配置网络产品；
- 设计性能/价格比高的网络；
- 便于管理网络；
- 网络故障的检测和排除；
- 科学地评价网络；
- 规划今后网络的发展。

8.6.1 网络性能度量

为了评价网络性能,需要选择一些准则,用来衡量网络的性能品质。而性能准则的选择又取决于网络用户的应用和需求。不同的用户对网络有不同的应用服务的期望和性能要求。例如,对于交互式的应用,最重要的网络性能是响应时间;而经常要批量传输数据的应用,最重要的网络性能是吞吐量,即在给定时间内能传输数据的总量。对于网络管理员,它最关心的网络性能是网络资源的利用率。

影响网络性能最重要的可变参数是网络负载,当增加网络负载到一定程度后,网络性能会下降。当网络负载增加到饱合点时,则形成瓶颈,网络延迟会快速增长,导致阻塞。

当度量和评价响应时间,需要考虑以下方面:
- 设定一个有效的采样区间,以能充分地反映网络响应的性能;
- 在实际网络负载条件下运行;
- 在相同条件下进行多次测量,以便能有效地比较;
- 采用一致的方法度量;
- 没有其它作业和网络作业竞争系统资源。

8.6.2 响应时间

1. 响应时间的计算

对于一个网络环境下的信息查询系统,进行网络响应时间的测量可以分成以下三步:
- 测量在远地进行查询的响应时间;
- 通过网络在远地进行同样的查询,测量其响应时间;
- 上述两次测量结果之差即为网络延迟,对于传送一个文件的响应时间可用下述公式计算

$$R = A + (p \times s)$$

式中,R 为响应时间;A 为建立源结点和目的结点之间连接所需时间;p 为每个数据块进行处理、存取盘以及在链路间传送文件所需时间;s 为文件大小,以数据块为单位。

2. 计算值的测量

A 值可以通过测量能够复制一个空文件所需的时间得到,采用以下的方法可以得到 p 值。

- 测量传输不同大小文件所需的时间,得到相应时间和文件大小的关系,如图 8.12 所示。

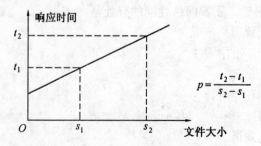

图 8.12 响应时间和文件大小的关系

- 在图中选择不同文件大小的两点（s_1 和 s_2），以及对应的传输时间（t_1 和 t_2）；
- 按下式就得 p

$$p = (t_2 - t_1) / (t_2 - t_1)$$

3. 影响响应时间的因素

影响响应时间的因素来自三部分：本地系统、网络和远程系统。一般来说，响应时间取决于这三个部分处理通信数据的元件特性、源结点和目的结点的负载以及网上的通信量。

在源结点和目的结点影响响应时间的因素有：
- CPU 的容量及可给网络使用的时间；
- 系统的类型，如分时系统或专用系统；
- 在源结点的终端线速度；
- I/O 处理能力；
- 缓冲区的大小；
- 报文大小；
- 内存访问优先程度和存取速度。

在网络层，主要有以下三个因素：
- 协议处理的开销；
- 网络负载；
- 传输时间。

此外，网络的规模、网络拓扑结构的复杂性、路由器的容量、线路的误码率和重传机制、交换系统特性等都对响应时间有影响。

为了改善网络的响应时间特性，通常采用网络硬件和网络资源升级、调整负载、调整应用以及实现分布处理等方法。

8.6.3 吞吐率

吞吐率是指单位时间内网上的总通信量，它是用来表示网络的传输能力。

测量和评价吞吐率的最简单的方法是计算端到端的用户吞吐量除以传送数据的时间，并考虑传送误差的因素，通常

$$吞吐率 = \frac{M \times (1 - P)}{(M / S) + t}$$

式中，M 为报文长度（比特数）；P 为误码率；S 为线速度（but/s）；t 为报文间的空闲时间（s）。

吞吐率的估算通常有以下三种。

方法(1)

$$T = U \times (1 - E) \times S$$

式中，T 为吞吐率；U 为每个报文内用户数据和总数据量之比；E 为报文重传的概率；S 为线速度。

方法(2)

$$R = A + (P \times B)$$

$$P=(R-A)/B$$
$$T=B/(R-A)$$

式中,R 为响应时间;A 为存取时间;P 为数据块处理、磁盘存取及传送时间;B 为文件含的数据块。

方法(3)

在固定速率的链路上传送一个大的文件,测量传送时间,估计实际用户的吞吐率。影响吞吐率的主要因素有:

- 处理通信数据的硬件频宽或容量;
- 处理通信数据的通信软件效率;
- 在源系统和目的系统的负载;
- 网上的通信量。

8.6.4 资源利用率

资源利用率用以度量资源忙的时间所占的百分比,是评价网络性能/价格比的关键参数。通常有总利用率和净利用率两类,总利用率是用户数据处理和开销一起占总容量的百分比,净利用率也称有效利用率,是用户数据处理占总容量的百分比。

$$\text{有效利用率} = \text{实际吞吐率}/\text{名义吞吐率}$$

利用率、吞吐率和响应时间之间没有一个固定的关系,需要找到一个合适的平衡。通常一个大容量的网络利用率往往被网内一个小容量的组成部分所限制,从实际经验看,网络利用率平均为 30% 是比较合适的,这样可以保证在高峰负载时仍有足够的频宽提供给用户。

资源利用率包括 CPU 利用率、传输线路利用率、磁盘利用率以及网络利用率。

如果 CPU 不能提供足够的容量来处理网络任务,则 CPU 就成为瓶颈,通常 CPU 利用率为 30%~60%,超过这个数时,网络的性能会急剧地下降。采用以下的方法可改善 CPU 的利用率:

- 调整系统和网络;
- 调整负载;
- 重新设计某些应用;
- 提高 CPU 的容量。

传输线路的利用率取决于下列因素:

- 线路容量和负载;
- 通信协议和通信设备;
- 线路噪音和误码率;
- 报文大小。

改善线路利用率的方法主要有:

- 提高 CPU 的吞吐率以改善调整线路的利用率;
- 采用效率高的通信协议以改善低速线路的利用率;
- 使用多路复用器和集中器。

网络利用率是总数据流对理论的最大数据流之比,即网络成功地传递的通信总量对网络能携带的最大通信量之比。影响网络通道利用率的主要因素是：
- 分配至通道的网络数据流和网络容量不一致；
- 各个通道之间数据流和容量之比的差异很大。

改善网络利用率的措施是减少上述的不一致和差异，采用适当的流控机制。

8.7 网络设计与组网工程举例——校园网建设

8.7.1 校园网应用体系模型

我国 1994 年开始建立中国教育科研计算机网 CERNET，现在已经基本完成了国内高等学校的校园网建设并与 Internet 相连接。

对于校园网建设来说，其应用是核心，网络环境是基础，网络教学是根本，而利用网络的人（用户，管理人员）是关键。评价一个校园网的成功与否，可以从以下四个环节来考虑：网络基础平台是否满足通信需要；网络应用系统是否成功实施；网络教学资源是否丰富以及教育科研信息活动对网络依赖到什么程度。

校园网是一个宽带且具有交互功能和专业性很强的内联网。教学管理系统、多媒体教室、教育视频点播系统、电子阅览室以及教学、考试资料库等都可以在校园网上运行。图 8.13 是校园网应用体系模型，概括起来校园网包括四方面的典型应用。

图 8.13　校园网应用体系模型

（1）学习活动：校园网为学生学习活动服务，是一种学习工具。它不但是学生之间的交流工具，同时也是学习资源的提供者，有利于学生进行探索学习和协作学习。

（2）教学科研活动：校园网是为教师的教学和科研活动服务的，如提供教学资源、辅助教师备课、参与课堂教学活动和支持教师学习活动。

（3）教务活动：校园网为学校教学管理活动服务，如辅助学校的学籍管理、人事管理和财务管理。

（4）信息交流：校园网为沟通学校与外界的窗口，利用它可以从校外获得各种信息，也可以向外界发布各种信息。

8.7.2 校园网需求分析

1. 校园网应具有的条件

大学是一个小社会，网络应用复杂，信息媒体类型较多，且具有信息流突发性。在校园网建设中，应充分兼顾信息资源共享与服务，多媒体教学和教务管理等因素对网络的需求，同时在网络技术上应该留有一定的发展空间。校园网设计应该能满足以下条件：

（1）网络应具有传递语音、图形、图像等多种信息媒体功能。

（2）具有性能优越的资源共享功能，以及校园网中各信息点之间的快递交换功能。

（3）由于大学校园网规模较大，教学与科研部门较多，如果有较多的信息集中在一个冲突域中，则网上广播风暴会使网络性能下降，中心交换机应支持 VLAN 和第三层交换技术，支持 QOS，对网络用户具有分类控制功能，对网络资源的访问提供完善的权限控制，以提高网络的安全与性能。

（4）校园网与 Internet 相连后，应有防火墙的过滤功能以防止网络黑客入侵网络系统。

（5）能够对接入因特网的用户进行权限控制和记费管理。

2. 校园网的应用要求

（1）电子邮件系统：用于同行交往，开展技术合作和学术交流活动。

（2）文件传输 FTP：以获取重要的科技资料和技术支持。

（3）建立网页：通过 Internet 服务，学校可建立自己的主页，利用外部网页进行为学校宣传提供各类咨询信息等，利用内部网页进行管理（如发布通知，收集学生意见等）。

（4）计算机教学：包括多媒体教学和远程教学。

（5）图书馆检索系统：用于计算机查询、检索、阅读等。

（6）教务办公：使学校领导能及时、全面、准确地掌握全校的教学、科研、学籍查询、财务、人事方面的管理。

（7）Internet 接入：通过实现与 CERNET、Internet 的互联使教师可以在家庭、宿舍上网，从事家庭办公、课外学习和资料查询。

8.7.3 校园网应用系统

高校的校园网应用系统可分为校园网络中心、教学子网、办公子网、图书馆子网和宿舍区子网几大部分。主要的应用系统包括：

（1）学籍管理：包括学生信息管理、新生分班管理。管理的信息有姓名、出生日期、籍贯、民族、政治面貌、招生类别和总分等。

（2）成绩管理：录入学生各科考试成绩，并具有浏览和查询等功能。但对成绩的修改要进行严格的控制，不同的用户对成绩的查询有不同的权限。

（3）教学管理：它涵盖的信息较多，包括教师评估内容管理、教师评估结果管理、教案管理、课件管理等。

（4）班级管理：对学生班级的信息进行管理。

（5）课表管理。

（6）网上图书管理：包括输入有关的图书的信息、图书查询、图书预借等功能。

（7）公告管理：将校内通知、公文等发布到校园网上，达到网上办公、校务公开的目的。

8.7.4 校园网的层次结构

从逻辑设计的角度，校园网可分为核心层、分布层和接入层，如图 8.14 所示。

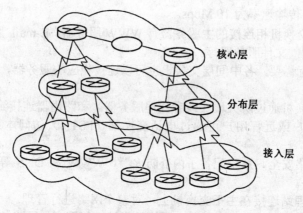

图 8.14 校园网的分层结构

1. 网络核心层设计

大学的校园采用层次化网络拓扑结构,核心层采用两台带有三层交换模块的千兆以太网交换机。在核心交换机之间连接最多 4 条负载均衡的冗余连接。当两个交换机之间的一条线路出现故障时,传输的数据会快速自动切换到另一条线路上进行传输,以使网络真正具备高容量、无阻塞、可靠的多媒体传输和优质的管理能力,可将千兆以太网交换、快速以太网交换以及路由构成一套有机的网络主干。

核心层为下两层提供优化的数据转移功能,是一个高速的交换骨干,其作用是尽可能快速地交换数据包而不涉及数据包的处理,否则会降低数据包的交换速度。

核心层包括 IP 路由配置管理、IP 组播、静态 VLAN、生成树、设置陷阱和警报、RMON 监控管理及服务器的高速连接。

2. 网络分布层设计

在校园内楼宇可放置二层或第三层(路由)交换机。分布层交换机与核心层交换机之间均以全双工模式下的 GBE 宽带连接,保证分支主干的无阻塞交换。

分布层提供基于统一策略的互联性,它连接核心层和接入层,对数据包进行复杂的运算。在校园网络环境中,分布层主要提供如下功能:地址的聚集;部门或工作组的接入;广播域、组播传输域的定义;VLAN 分割;介质转换和安全控制等。

3. 网络接入层设计

接入层交换机放置于每层楼的楼层内,可用于直接接入信息点。应采用可网管、可堆叠的高性能交换机以便于扩展,交换机应具备扩展槽,以便根据需要加插可堆叠模块、单口式双口的千兆模块。

接入层的主要功能是为最终用户提供对网络访问的选择,主要提供如下功能,带宽共享、交换带宽、MAC 层过滤和网络分段。

在接入 Internet 设计时,推荐采用局域网光纤专线接入方式,此方法通过配备路由器设备,租用电信部门的专线并向 CERNET 管理部门申请 IP 地址及注册域名,并通过路由器记费代理进行校园网内学生上网记费。

8.7.5 网络结构设计

整个网络结构分为三个层次,网络主干交换机连接中间层交换机的上连端口,构成网络结构的最高层,传输速率为 1 Gbps;中间层交换机连接低层交换机的上连端口,构成网络结构的中间层;传输速率为 100 Mbps;低层交换机连接各楼层信息端口,构成网络结构的最低层,传输速率为 10 Mbps。

(1) 与主干交换机相连接的主服务器有 WWW 服务器,E-mail 服务器,DNS 服务器,数据库服务器,文件服务器等。

(2) 根据实际需要,各中间层交换机也可以连接相应的服务器,该服务器配置在相关楼层的配线间。

(3) 主干交换机通过防火墙(或者代理服务器)和路由器连接到 Internet 上。

(4) 移动用户或远程用户可通过电话交换网(PSTN)访问本系统内部服务器和 Internet。

(5) 为了网络安全,系统配备了内外防火墙,WWW 和 DNS 等服务器,可对外发布信息,提供服务。

(6) 网络管理站连接在主干交换机上,对整个网络进行管理。

(7) 可根据需要划分 VLAN,并由网络管理站进行管理。网络的组成与结构方案如图 8.15 和 8.16 所示。

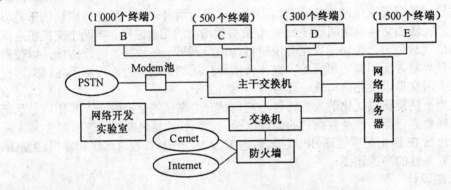

图 8.15 网络构成

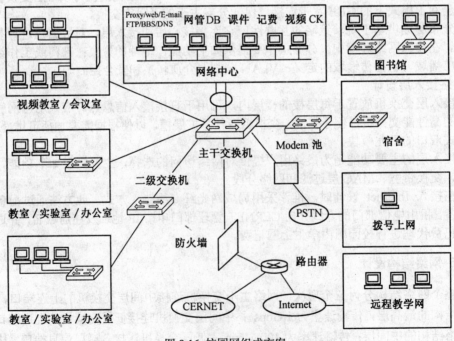

图 8.16 校园网组成方案

8.7.6 系统布线

（1）由于各个教学楼和学生公寓楼层在6层到10层之间，但要求的传输速率较高。所以垂直布线采用1 Gbps 的超五类双绞线来连接中心，采用全双工通信方式。

（2）在水平布线系统设计中，可根据各楼层信息端口的多少确定配线间。对于信息端口比较少的楼层，可几个楼层设置一个配线间；对于信息端口比较多的楼层，可每个楼层设置一个配线间。由于楼层信息端口水平布线其距离均不超过100 m,可采用5类（或超5类）UTP 双绞线及相应的连接模块和配线架。

（3）对于话音传输，也可以采用5类UTP 双绞线，并配置相应的连接模块和配线架。

（4）各楼层都有信息端口通过水平布线汇集到本楼层（或相关楼层）配线间的配线架上，在楼层配线间中配置相关低层交换机，并在相关楼层配线间中配置中间层交换机。高层交换机、主服务器、网络管理站、防火墙和路由器等设备集中放置在网络中心的中心设备间，便于管理和维护。

（5）各楼层数据线分别经各自相关楼层配线间的配线架IDF，连接到低层或中间层的交换机上，向经过中间层的上连接口与高层交换机或光纤连接，经光纤配线架LIU 与中心设备间的光纤总配线架LGX 连接，最终连到主交换机SW 上。

（6）各个教学楼之间采用多根多模或单模光纤连接并在带宽上留有余地，以适应以后的发展。

系统布线如图8.17所示。

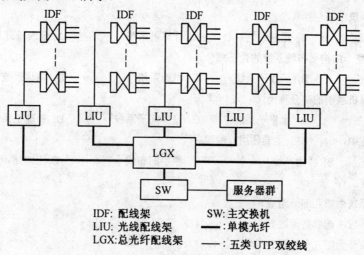

IDF: 配线架　　　　SW:主交换机
LIU: 光线配线架　　━━━ :单模光纤
LGX:总光纤配线架　━━━ :五类UTP双绞线

图 8.17 系统布线示意图

习 题 8

一、名词解释

1. 防火墙　　　　2. 安全策略　　　　3. 协议软件　　　　4. 网络操作系统
5. 网络管理软件　6. 综合布线系统　　7. 网络测试　　　　8. 网络利用率

二、填空

1. 按网卡所使用的总线，网卡分为_____网卡和_____网卡。
2. 根据带宽的不同，Hub可分为_____、_____、_____、_____四种。
3. 当集线器提供的端口数不够时，拓展用户数的方法是_____和_____。
4. 结构化综合布线系统包括_____子系统、_____子系统、_____子系统、_____子系统、_____子系统和_____子系统。
5. 在网络测试中，对于交互式的应用，最重要的网络性能是_____；而经常批量传输数据的应用，最重要的网络性能是_____；而对于网络管理员，最关心的网络性能是_____。

三、选择题

1. 结构化综合布线系统主要包括（　　）和（　　）。
   A. 电缆　　　　　　　B. 外部设备　　　　C. 各种备件　　　　D. 其它
2. 布线系统与（　　）紧密相关。
   A. 传输介质　　　　　B. 楼群　　　　　　C. 局域网　　　　　D. 网络体系结构
3. 在单个建筑物内低通信容量的局域网，较合适的布线传输媒体为（　　）。
   A. 光纤　　　　　　　B. 双绞线　　　　　C. 无线　　　　　　D. 同轴电缆
4. 结构化布线系统与传统布线系统的最大区别是（　　）。
   A. 使用的传输介质不同
   B. 使用的工程标准不同
   C. 布线系统的结构与当前所选的设备位置无关
   D. 使用的工具不同
5. 结构化布线系统中不包括（　　）。
   A. 外部连接系统　　　B. 竖井系统　　　　C. 计算机系统　　　D. 配线管理系统
6. （　　）是整个结构化布线系统的骨干部分。
   A. 工作区子系统　　　B. 干线子系统　　　C. 电源系统　　　　D. 电话系统
7. 用来连接计算机系统的部分称为（　　）。
   A. 工作区子系统　　　B. 水平子系统　　　C. 设备间子系统　　D. 管理子系统
8. 现在布线工程中，（　　）主要使用双绞线。
   A. 房间内布线　　　　B. 楼内布线　　　　C. 楼宇间布线　　　D. 以上都可以

四、问答题

1. 结构化布线系统由哪几部分组成？
2. 选择硬件设备应考虑哪些问题？
3. 网络设计通常分为哪几个步骤？
4. 网络设计的基本内容有哪些？
5. 综合布线系统的特点是什么？

附录：实验指导书

实验一 网络通信线的制作和测试

一、实验目的与要求

1. 熟练掌握以太网双绞线电缆的制作。
2. 掌握使用双绞线电缆测试工具对双绞线电缆进行测试。
3. 掌握对双绞线电缆测试结果的分析。
4. 实验课时：2 课时。

二、实验内容与步骤

1. 制作直连双绞线

(1) 取适当长度的双绞线线缆一段，用剥线钳在线缆的一端剥出一段长度的线缆。

(2) 用手将 4 对绞在一起的线缆按橙白、橙、绿白、蓝、蓝白、绿、棕白、棕的顺序拆分开来，并小心地拉直（注意，切不可用力过大，以免扯断线缆）。

(5) 将线缆整平直并剪齐，确保平直线缆的最大长度不超过 1.2 cm。

(6) 将线缆放入 RJ-45 插头，在放置过程中注意 RJ-45 插头的把子朝上，并保持线缆的颜色顺序不变。

(7) 检查已放入 RJ-45 插头的线缆颜色顺序，并确保线缆的末端已位于 RJ-45 插头的顶端。

(8) 确认无误后，用压线工具用力压制 RJ-45 插头，以使 RJ-45 插头内部的金属薄片能穿破线缆的绝缘层。

(9) 重复步骤(1)~(7)制作线缆的另一端，直至完成直连线的制作。

(10) 用网线测试仪检查制作完成的网线，确认其达到直连线线缆的合格要求，否则重新制作直连线。

2. 制作交叉双绞线电缆

制作方法与平行双绞线电缆的制作方法基本相同，注意应将 1 号线与 3 号线、2 号线与 6 号线进行互换；使用双绞线电缆测试工具对制作好的交叉双绞线电缆进行测试，注意分析测试结果。

做 RJ-45 插头应注意的问题：

1. 双绞线头是否顶到了 RJ-45 插头的顶端，若没有则该线的接触会比较差。
2. 观察 RJ-45 侧面，看金属片是否已刺入绞线之中，若没有则容易造成线路不通。
3. 观察双绞线外皮去掉的地方看使用剥线工具时是否切断了绞线，若是则可能造成线路不通。

三、实验思考题

(1) 双绞线中的线缆为什么要成对地绞在一起，其作用是什么？

(2) 在实验中，为什么把线缆整平直的最大长度不超过 1.2 cm？

四、实验报告
(1) 实验设备。
(2) 实验步骤。
(3) 实验中遇到的问题及解决方法。
(4) 思考题解答。

实验二　　局域网络组网基础

一、实验目的与要求
1. 掌握网卡的驱动与检测方法。
2. 掌握 IP 地址的基本概念和基本 IP 地址的规划和配置。
3. 了解子网掩码的作用和工作原理。
4. 掌握网络测试命令的使用。
5. 实验课时：2 课时。

二、实验内容与步骤
1. 网络的拓扑设计。
2. 网络的物理连接。
3. 网卡的检测。
4. 网络协议的安装与配置。
(1) 添加 TCP/IP 协议。
(2) 安装 Microsoft 网络客户端。
(3) 设置 IP 地址和子网掩码。
(4) 设置计算机名和工作组名。
5. 用 IPCONFIG 命令检查 TCP/IP 设置及其他信息。
6. 网络连通性的测试 PING IP(网络中其它计算机的 IP)。
7. 网络故障排除。
(1) PING 127.0.0.1：若 PING 通，表示网卡工作正常；否则要检查网卡。
(2) PING 本台计算机的 IP 地址：若 PING 通，表示本机网络设置正常；否则要检查本机网络设置。
(3) PING 与本台计算机相连的其他计算机的 IP 地址：若 PING 通，表示网络工作正常；否则要检查连网设备和物理线路。

三、实验思考题
1. 连接在同一网段上的计算机,如果有两台或两台以上的计算机使用相同的 IP 地址,会出现什么情况？
2. 如果在一个网络中,某台计算机 PING 另外一台主机不通,而 PING 其他 IP 主机均能通,则故障的可能原因有哪些？
3. 在使用 PING 命令时,有两种典型的表明对方主机不能连通的提示信息,即"destination unreachable" 和 "request timed out"。请问这两种提示有什么区别？

四、实验报告
(1) 实验设备。
(2) 实验步骤。
(3) 实验中遇到的问题及解决方法。
(4) 思考题解答。

实验三 对等网组网

一、实验目的与要求

1. 了解简单网络，即对等网络的特点及其用途。
2. 设计组装对等网络。
3. 了解对等网的彼此资源共享。
4. 实验课时：2课时。

二、实验内容与步骤

1. 对等网络的物理连接。
2. 对等网的网络连通性的检查。
3. 对等网的工作组设置。

   (1) 选择网络连接。　　　　　　　(2) 选择网络组件类型。
   (3) 选择网络客户。　　　　　　　(4) 选择网络服务。
   (5) 设置计算机名和工作组名。

4. 对等网络中的共享目录设置。

   (1) 设置共享文件夹。　　　　　　(2) 设置共享权限。

5. 访问共享目录。

三、实验思考题

1. 对等网和主从网在物理组网上是否存在区别？
2. 对等网的规模是否不受限制？
3. 对等网中除了文件与目录的共享外，是否其它的资源如打印机也可共享？

四、实验报告

(1) 实验设备。　　　　　　　　　　(2) 实验步骤。
(3) 实验中遇到的问题及解决方法。　(4) 思考题解答。

实验四 Windows 2000 Server 的安装

一、实验目的与要求

1. 理解 Windows 2000 Server 网络系统的特点和网络系统的主用功能。
2. 掌握 Windows 2000 Server 的安装步骤。
3. 掌握 Windows 2000 Server 组件的选择、工作组和域的选择。
4. 实验课时：2课时。

二、实验内容与步骤

1. 检查计算机硬件配置是否符合安装要求。
2. 安装 Windows 2000 Server。
3. 设置用户授权模式（服务器模式/客户机模式）。
4. 进行网络设置。
5. 选择工作组或计算机域。

三、实验思考题

1. Windows 2000 Server 的主要功能是什么？
2. 安装 Windows 2000 Server 需要注意的问题是什么？

四、实验报告

(1) 实验设备。　　　　　　　　　　(2) 实验步骤。
(3) 实验中遇到的问题及解决方法。　(4) 思考题解答。

实验五　主从网络的配置

一、实验目的与要求

1. 进一步明确对等网和主从网络之间的区别。
2. 了解 Windows 2000 网络中关于活动目录的概念。
3. 掌握 Windows 网络中关于域和域服务器的概念。
4. 掌握 Windows 主从网络中服务器端和客户端的配置方法。
5. 实验课时：2 课时。

二、实验内容与步骤

1. 计算机物理连接并检查其连通性。
2. 服务器端进行设置。
   (1) 在 Windows 2000 sever 上安装活动目录。
   (2) 选择域控制器类型。
   (3) 在域控制器上添加域中的计算机。
3. 客户机设置。
   (1) 查看并更改计算机标识。　　(2) 登陆域服务器。

三、实验思考题

1. 同一域中的不同计算机能否具有相同的计算机名？为什么？
2. 不设置 IP 地址是否影响登陆网络？

四、实验报告

(1) 实验设备。　　　　　　　　　　(2) 实验步骤。
(3) 实验中遇到的问题及解决方法。　(4) 思考题解答。

实验六　Windows 2000 Server 用户管理

一、实验目的和要求

1. 掌握用户管理对网络管理的作用和重要性。
2. 掌握 Active Directory 下的用户管理。
3. 掌握用户安全策略的使用。
5. 实验课时：2 课时。

二、实验内容与步骤

1. 熟悉 Active Directory 的用户界面和功能。
2. 规划、创建用户账号。
3. 用户工作环境的制定。
4. 用户测试。
5. 用户删除。
6. 本地和全局组的规划、创建和删除。
7. 规划和制订域安全策略。

三、实验思考题

1. 组的概念在网络管理中有何作用？删除组的时候是否连同组中的用户一起删除？
2. 系统中为什么要设立 Administrators 这样的缺省组？如果一个用户被加入这些组中意味着什么？

四、实验报告

(1) 实验设备。　　　　　　　　　　(2) 实验步骤。
(3) 实验中遇到的问题及解决方法。　(4) 思考题解答。

实验七　文件共享和安全性

一、实验目的与要求

1. 掌握 Windows 2000 Server 的文件系统及资源管理器的使用。
2. 理解 Windows 环境下目录与文件共享的概念并掌握有关的操作。
3. 理解 NTFS 系统中目录与文件安全性的作用并掌握相关的操作。
4. 掌握目录与文件共享目录与文件安全性之间的区别与联系。
5. 实验课时：2课时。

二、实验内容与步骤

1. 共享文件夹的基本操作。
   （1）共享文件夹的设置。
   （2）共享权限的指派。
   （3）共享文件夹的连接。
      a. 使用命令。
      b. 使用映射网络驱动器与共享文件夹进行连接。
   （4）共享文件夹连接的断开。
2. 创建隐藏的共享文件夹。
3. NTFS 权限的基本操作。

三、实验思考题

1. 如何设置共享文件？应注意的问题是什么？
2. 为什么设置共享权限时，除了用户本身的完全控制外，还要有 Administrators 和 Everyone 权限设置？目的何在？

3. 用户 User1 属于组 1、2、3，且这三个组对文件夹 student 分别具有读取、完全控制、更改的权限，请问用户 User1 对 student 这个文件夹的有效权限是什么？

四、实验报告

(1) 实验设备。　　　　　　　　　(2) 实验步骤。
(3) 实验中遇到的问题及解决方法。　(4) 思考题解答。

实验八　　DHCP 的配置

一、实验目的与要求

1. 了解 DHCP 的作用及工作原理。
2. 掌握如何运用 DHCP 来自动进行 IP 设置。
3. 实验课时：3 课时。

二、实验内容与步骤

1. IP 地址的规划。

IP 地址规划表

DHCP 的 IP 地址	
DHCP 服务器的子网掩码	
DHCP 能够提供的 IP 地址的范围	
DHCP 提供的 IP 地址的子网掩码	
DHCP 服务器为客户机保留的 IP 地址	
DHCP 服务器为客户机分配的网关地址	
DHCP 服务器的租用期限	

2. 安装 DHCP 服务组件。
3. 创建 DHCP 作用域。
   (1) 打开 DHCP 管理器。
   (2) 添加服务器。
   (3) 新建 DHCP 服务域。
   (4) 确定排除的 IP 地址。
   (5) 租约期限的设置。
4. 配置网关地址。
   (1) 选择作用域选项。
   (2) 配置网关选项。
5. 为客户机保留地址。
   (1) 获取相应主机的 MAC 地址。
   (2) 进入"新建保留"对话框。
6. 配置客户机获得动态分配的 IP 地址。
7. 验证 DHCP 服务器分配的 TCP/IP 信息。

客户机 IP 配置

客户机的 MAC 地址	
客户机的 IP 地址	
客户机的子网掩码	
客户机的地址租用期限	
客户机的网关	
分配该地址的服务器 IP	

三、实验思考题

1. DHCP 功能是什么？

2. DHCP 服务器是否可以选择自动获得 IP 地址？

3. DHCP 服务为何要实现保留 IP 地址功能？保留 IP 地址时，为什么要先记录需保留 IP 地址的客户机网卡的物理地址？

4. 当指定了动态 IP 地址分配的客户机无法与 DHCP 服务器连接时，用 ipconfig 命令显示其 IP 配置时，会出现一个特定的 IP 地址值，通过实验找到答案。

四、实验报告

(1) 实验设备。　　　　　　　　(2) 实验步骤。
(3) 实验中遇到的问题及解决方法。　(4) 思考题解答。

实验九　　DNS 的配置

一、实验目的与要求

1. 了解 DNS 的工作原理。
2. 掌握 Windows 环境中的 DNS 的配置。
3. 掌握 Nslookup 命令的使用。
4. 实验课时：2 课时。

二、实验内容与步骤

1. 安装 DNS 服务。
2. 使用域名服务管理器管理 DNS。
　（1）域名服务器的管理界面。
　（2）创建 DNS 主区域。
　（3）创建反向命名区域。
　（4）在区域中添加记录资源。
3. DNS 功能的测试。
　（1）在服务器端使用 Nslookup 命令进行测试。
　（2）在客户机上使用 ping 命令测试。

三、实验思考题

1. 什么是 DNS？
2. 简述域名解析的顺序与过程。
3. DNS 为什么要创建反向搜索区域？

四、实验报告

(1) 实验设备。
(2) 实验步骤。
(3) 实验中遇到的问题及解决方法。
(4) 思考题解答。

实验十　　FTP 的配置和使用

一、实验目的与要求

1. 了解 FTP 服务的体系结构与工作原理。
2. 掌握利用 IIS 实现 FTP 服务的基本配置。
3. 熟悉常见 FTP 命令的使用。
4. 实验课时：2 课时。

二、实验内容与步骤

1. 安装 IIS。
2. Internet 服务管理器。
3. 配置 FTP 服务。
   （1）启动 FTP 服务。
   （2）配置 FTP 服务属性。
   （3）配置安全帐号。
   （4）配置 FTP 服务的主目录。
   （5）建立 FTP 下载文件。
4. FTP 客户端的使用。
   （1）FTP 交互模式。
   （2）使用 IE 的 FTP 客户端功能。

三、实验思考题

1. FTP 服务的缺省端口为 21，除此之外能否使用其它端口？
2. 结合 NTFS 权限的概念建立一 FTP 站点，使得匿名用户只能下载文件，该如何实现？

四、实验报告

(1) 实验设备。
(2) 实验步骤。
(3) 实验中遇到的问题及解决方法。
(4) 思考题解答。

实验十一　　WWW 的配置和使用

一、实验目的与要求

1. 了解 WWW 服务的体系结构与工作原理。

2. 掌握利用 Microsoft 的 IIS 实现 WWW 服务的基本配置。
3. 掌握 Web 站点的管理。
4. 实验课时：2 课时。

二、实验内容与步骤

1. 安装 IIS。
2. WWW 服务器的配置。
（1）启动 Web 服务。
（2）配置 WWW 服务属性。
（3）配置 Web 服务的主目录。
（4）配置"目录安全性"选项卡。
（5）设置"文档"选项卡。
（6）制作网页文件并保存到主目录指定的本地路径。
3. 使用 WWW 服务。

三、实验思考题

在同一 WWW 服务器上能否建立多个 Web 网站？

四、实验报告

(1) 实验设备。　　　　　　　　　(2) 实验步骤。
(3) 实验中遇到的问题及解决方法。　(4) 思考题解答。

实验十二　　E-mail 服务器的安装与配置

一、实验目的与要求

1. 熟悉电子邮件的工作原理。
2. 掌握 Exchange 2000 Sever 的安装和配置。
3. 熟悉客户端软件 Outlook Express 配置，并收发 E-mail。
4. 实验课时：2 课时。

二、实验内容与步骤

1. 准备工作。
（1）服务器已升级为域控制器。
（2）确保已安装了 NNTP 和 SMTP 两种服务。
（3）已经安装了 DNS 和 DHCP。
2. 安装 Exchange 2000 Sever。
3. 创建邮箱。
4. 日常管理。
5. 客户端配置 Outlook Express，并收发邮件。

三、实验思考题

简述电子邮件的工作原理。

四、实验报告

(1) 实验设备。　　　　　　　　　(2) 实验步骤。
(3) 实验中遇到的问题及解决方法。　(4) 思考题解答。

参 考 文 献

[1] 张立云,马皓,孙辨华. 计算机网络基础教程[M]. 北京:清华大学出版社,北方交通大学出版社,2000.
[2] 孙学军,喻梅. 计算机网络[M]. 北京:电子工业出版社,2000.
[3] 沈金龙. 计算机通信与网络[M]. 北京:北京邮电大学出版社,2002.
[4] 谢希仁. 计算机网络教程[M]. 北京:人民邮电出版社,2002.
[5] 鲁士文. 计算机通信网络基础教程[M]. 北京:科学出版社,2000.
[6] 林生. 计算机通信与网络教程[M]. 北京:清华大学出版社,1999.
[7] 冯博琴,吕军. 计算机网络[M]. 北京:高等教育出版社,1999.
[8] 冯博琴. 计算机网络与通信[M]. 北京:经济科学出版社,2000.
[9] 张基温. 计算机网络原理[M]. 北京:高等教育出版社,2003.
[10] 蔡开裕,范金鹏. 计算机网络[M]. 北京:机械工业出版社,2001.
[11] 褚建立,刘彦舫. 计算机网络技术实用教程[M]. 北京:电子工业出版社,2000.
[12] 雷震甲. 网络工程师教程[M]. 北京:清华大学出版社,2004.
[13] KUROSE J F, ROS K W. Computer Networking[M]. 北京:高等教育出版社,2001.
[14] 吴功宜. 计算机网络[M]. 北京:清华大学出版社,2003.
[15] TENENBAUM A S. 计算机网络[M]. 熊柱喜译. 北京:清华大学出版社,1998.
[16] 刘正勇. 校园网系统集成技术与应用[M]. 北京:清华大学出版社,2002.
[17] 王保顺. 校园网设计与远程教学系统开发[M]. 北京:人民邮电出版社,2003.
[18] 胡道元. 计算机网络[M]. 北京:清华大学出版社,1999.